遂昌文獻集成

胡剛　李鋒　主編

中共遂昌縣委宣傳部
遂昌縣社會科學界聯合會　整理

光緒遂昌縣志

〔清〕胡壽海　史恩緯　著
王閏吉　魏啟君　點校

西泠印社出版社

圖書在版編目（CIP）數據

光緒遂昌縣志 / (清) 胡壽海, 史恩緯著；胡剛, 李鋒主編；王閏吉, 魏啟君點校. -- 杭州：西泠印社出版社, 2023.12

（遂昌文獻集成）

ISBN 978-7-5508-4409-4

Ⅰ. ①光… Ⅱ. ①胡… ②史… ③胡… ④李… ⑤王… ⑥魏… Ⅲ. ①遂昌縣—地方志—清代 Ⅳ. ①K295.54

中國國家版本館CIP數據核字(2024)第000615號

光緒遂昌縣志

胡　剛　李　鋒　主編

胡壽海　史恩緯　著　王閏吉　魏啟君　點校

出版發行　西泠印社出版社

（杭州市西湖文化廣場 32 號 5 樓　郵編：310014）

責任編輯　儲岱越

責任校對　應俏婷

責任出版　馮斌強

照　　排　杭州立飛圖文製作有限公司

印　　刷　浙江海虹彩色印務有限公司

開　　本　710mm × 1000mm　1/16

印　　張　35

字　　數　418 千字

版　　次　2023 年 12 月第 1 版

印　　次　2023 年 12 月第 1 次印刷

書　　號　ISBN　978-7-5508-4409-4

定　　價　410.00 圓

《遂昌文獻集成》編纂委員會

總序

毛建國

遂昌歷史悠久，文化積澱深厚。四千多年前，遂昌先民在這裏繁衍生息，創建了『東方文明曙光』——好川文化；自東漢建安二十三年（二一八）建縣至今，已有一千八百年歷史。

在漫長的歷史長河中，遂昌人才輩出，著述豐厚。據記載，清代以前遂昌縣考録進士七十餘名，有古籍二百八十餘部。宋代龔原哲學著作《周易新講義》和尹起莘歷史名著《資治通鑑綱目發明》，名垂千古；宋代王鎡《月洞詩集》、元代鄭元祐《僑吴集》《遂昌雜録》及尹廷高《玉井樵唱》被收入《四庫全書》；明代王養端、括蒼詩派後起之秀黄中及朱應鍾的詩作，應櫃律法專著《大明律釋義》，戲曲家湯顯祖遂昌任上寫成的《牡丹亭》，萬古流芳；清代毛桓書畫、王夢篆《窺園詩鈔》、吴世涵《又其次齋詩集》，清新脱俗……這些鴻篇巨製，傳承遂昌千古文脉。但由於年代久遠，水火摧殘，典藏古籍老化破損嚴重，且零散各地，搶救、保護和傳承這些珍貴的文化資源迫在眉睫。

『睹喬木而思故家，考文獻而愛舊邦。』這些珍貴的古籍文獻作爲遂昌的文脉所承、斯文所繫，是遂昌最寶貴的精神財富，是遂昌尋找自身歷史淵源，釐清自身發展脉絡，更好地走向未來的根和魂。現在，遂昌縣整合各方力量，邀請縣内外專家學者，分三年實施，將系統地整理、收集遂昌自宋至清十餘位先賢二十餘部典籍和四部縣志等，點校後編纂成《遂昌文獻集成》。

整理編纂《遂昌文獻集成》，在遂昌歷史上尚屬首次，工程浩大，意義深遠。《遂昌文獻集成》是遂昌歷史文化典籍的集成，具有濃鬱的地方特色，文獻價值大，對地方學術文化研究裨益甚多。同時，《遂昌文獻集成》具有獨特的城市形象宣傳價值，將這些長期束之高閣的文獻展露真容，普惠大衆，爲遂昌歷史文化的傳播與弘揚提供有效途徑，也增強海内外研究者對遂昌歷史文化的關注和興趣，可以有效提升遂昌的形象與文化影響力，并激發全縣人民熱愛家鄉、建設美麗幸福家園的自信心和自豪感。

適逢二〇一八年建縣一千八百年之際，開展《遂昌文獻集成》整理，亦爲慶祝建縣獻上一份厚禮。是爲序。

二〇一八年五月

點校説明

一、《遂昌縣志》始修於明正統前。明嘉靖、隆慶、崇禎，清順治、康熙、乾隆、道光、光緒年間以及中華人民共和國成立後多次續修。今存世《遂昌縣志》共有康熙、乾隆、道光、光緒、一九九六年新版五種版本。關於光緒《遂昌縣志》，《續修四庫全書總目提要》稿本第九卷曰：『光緒《遂昌縣志》，十二卷，光緒二十二年（一八九六）刊本。知縣事胡壽海、史恩綽主修，訓導褚成允總纂。是志之目次，曰疆域、沿革表、城池、公署、學校、山水、水利、田賦、儲積、兵制、祠祀、寺觀、古迹、冢墓、職官、選舉、人物、列女、藝文、風俗、物産、兵戎、災祥、補遺，爲類二十五，凡十二卷。别爲外編四卷，曰典禮彙考、藝文輯存、舊志拾遺、捐産備查。案此作蓋規仿麗水志之體例，而志變道光之面目者也。道光志既不爲輿論所許，此志總纂者，乃取法麗水志，門類簡要，壁疊一新，誠爲善變。若其仿黄佐嘉靖廣西志，郭樂萬曆廣東志之例，作爲外編四卷，猶具調停之苦心。貲郎例鹽，本無可紀，然率爲邑之巨家，一體删削，將群起而詬詰，操筆者不勝其應對矣。至若舊志蕪雜，誠爲不免，然事爲里俗流傳，概從刊落，或失群情，歸入外編。實爲得體耳。』光緒《遂昌縣志》，中國科學院圖書館、浙江圖書館、湖北省圖書館、國家圖書館、南京圖書館、天津圖書館、北京大學圖書館皆藏有清光緒二十二年尊經閣刻本。遂昌縣檔案館於一九八三年從民間搜集到一些殘本并予以補全，二〇〇八年又從縣民國檔案裡發現了一光緒《遂昌縣志》全本和一殘本。

二、光緒《遂昌縣志》僅光緒二十二年尊經閣刻本，半頁十行，行二十一字；小字半頁二十行，行十九字。單黑魚尾。四周單邊。版心鐫有書名及卷次。今以此爲底本，以新式標點點校。大字用五號宋體，一行雙字的小字用小五號字體。物名、地名或人名與介紹文字之間的空格用冒號，如『君子山：在縣治北隅之右』。

三、底本漫漶不清的地方，據康熙《遂昌縣志》、乾隆《遂昌縣志》、道光《遂昌縣志》或各版本《處州府志》《浙江通志》予以補出，確實没有可參版本，盡力據文意予以補出，但由於能力所限，恐有錯補，故以『字漫糊不清』出注説明。仍有少部分難以補出，亦不敢妄加補改，故根據字數以（標出，有幾個漫糊不清之字，就標出幾個）。

四、通假字、古今字按原字形過録，都不煩一一出校。避諱字、俗體字徑改，不一一出注説明。

五、人名、地名、疑難字詞以及引用和用典之處頗多，都不一一出注説明。

六、光緒《遂昌縣志》寫某地或某人時，常引古人詩文全文，篇幅頗大，故點校時引號多不標出。書名號後多有卷次，故亦多不標出，如『易講義十卷、續解易義十七卷、周易圖、春秋解各十卷、論語、孟子解各十卷、文集七十卷、潁川唱和集三卷』。因爲有時倘用書名號，反而不好理解。如『《論語》《孟子解》各十卷』或『《論語》《孟子》解各十卷』似乎都不妥當。

七、點校過程中，得到了麗水學院、遂昌縣委宣傳部、西泠印社出版社領導和同仁的支持，在此深表謝意。

王閏吉　二〇二三年六月二十日于麗水學院民族學院

重修遂昌縣志序

筮仕之江幾三十年矣，踪迹徧浙東西，歷権新城、分水、象山、嘉善諸縣篆，未尝不以搜羅掌故、勸懲風俗爲己任。然去来爲传舍，猝猝無湏臾暇。惟丁丑攝慶元篆，適有修志之役，所謂搜羅勸懲者，得於編輯之下，少抒所懷，迄今忽忽二十載。春仲莅平昌任，會前仕胡君東清修邑志未成，東清告余曰：『是書也，議修於江君，舉行於不佞，告成於吾子。而載筆者，为廣文褚君。』余詣褚君，詢所以纂修始終條理者，褚君曰：『郡志譏前志曰「乖謬」、曰「蕪雜」，今修又非續貂比。修志難，修等於創，爲尤難。兵燹之後，文獻無徵，易失之略；采访之士，诏於陋習，易失之訛；前書瑕多，剷削過嚴，易失之漏；因踵之误，考核不真，易失之舛。矧如康海之《武功》，韓邦靖之《朝邑》，范氏成大之《吴郡》，王氏鏊之《姑蘇》，皆一代作手，而議者謂《武功》有乖刺，《朝邑》多疵累，范氏眉目欠分，王氏次序顛倒，指摘之加，賢者不免。刻雖剞劂過半，得執事來主持而釐定之，殆此書之厚幸夫。』余曰：『吁！然！然！郡志所譏曰「乖谬」，獘在體例，今而更正之，折衷有本矣；曰「蕪雜」，獘在遺詞，今而筆剖之，枝葉皆删矣。於正志外，列外編四卷，其略，其訛，其漏，其舛，又不待言而知其免也。殚精竭慮，盡吾力之所能，與吾見之所及，不立异於前哲，不邀譽於來者，雖不敢與康、韓、王、范齊軌，試眇前志而絜之，爲優为絀，必有能辨之者。』書修於乙未三月，成於丙申十二月，即吾兩人所言，書之以爲序。

光緒貳拾貳年丙申冬月

重修遂昌縣志序

天下創修之故，興廢之機，其時代相去，往往不謀而合，或非其時，又往往欲行輒阻。《遂昌志》創自前明嘉靖丙申，至隆慶戊辰一修之，至國朝順治甲午再修之，相去皆在三四十年之間。自甲午至乾隆乙酉又修之，自乙酉至道光乙未又修之，或六十年而近，或六十年而遥，至今乙未又值六十年，豈甲子一周，志之廢者當興與？前任江君敬庵議修有年矣，鳩貲已得什五，遷延未行。前年殘臘，余於風雪中莅遂昌攝縣事，而褚廣文季菘攝學篆，亦於風雪中先余十日至。余以爲括郡屬邑志，自粤寇亂後，皆次第畢修，獨遂昌闕如。下車之始，尤以此事爲急務。於是上告大吏，續捐輸，勤采訪，下令邑中，其有地方利弊，興修沿革，及忠臣孝子、義夫節婦、耆年碩德、文學隱逸，志悉以告。夫事隔六十年，中更兵燹，盛衰遷變，尤成凋謝，書籍蕩然，綜舉而釐正之，誠非易事。然余代江任也，江去任，意得旋歸舊地，而敬庵竟卒於省垣。然則是書也，非江之任，余任之矣。昕夕與褚君往返商搉，修輯過半，會余又瓜期及繼，余任皆爲史君静伯，然則非余之任，又史任之矣。今年秋，褚君書來，告志垂成，索余序。余惟一志書成，必三易其任，可必符六十年之相去。創修之故，興廢之機，固自不謀而合，無能相强者在；與至建置之變易，山川之扼要，風俗之盛衰，人心之純駁，與夫是書之體例，全書具在，閱者披索得之，無待贅言也。

光緒二十二年丙申仲冬　前署遂昌縣知縣胡壽海撰於杭垣廙齋

舊志朱序

邑之有乘，豈獨志封域、表形勝、誇古迹已哉！蓋有關乎養民者，如山川、隄堰、户口、田糧、賦役、積貯、物産、坑冶諸大端是已；有關乎教民者，如禋祀、學校、選舉、人物、藝文、風俗諸大端是已。顧教養因時而制宜，時有變通，教養有增改。志教養者，即不能不隨時而增修之。邑志創自前明隆慶戊辰池公浴德，自後徐公治國於順治甲午續修之，繆公之弼於康熙壬辰再修之，至乾隆乙酉王公憕重修之，閱今七十年，其中疆域依然，形勝不改，古迹仍舊。若山川之修闢，隄堰之整理，户口之滋生，田糧之開墾，賦役之報升，積貯之充盈，物産坑冶之繁富，事關養道者，較前有增而無減。至教道多端，除風俗依然醇美，廟宇祠壇時常修飾外，如配享又增崇祀，學校又增書院，選舉又增科第，人物藝文可以表勵末俗、扶翼世教者，又增傑出之選，是均不可以不志也。余不敏，爰集邑之諸君子，相與裒集而纂訂之，旁搜博採，顯微闡幽，缺者補之，訛者正之，不敢遺，亦不敢濫，庶於教民養民之道，稍有俾益云爾。是爲序。

道光十五年乙未　遂昌縣知縣北平朱煌匇軒氏書

舊志續稿翁序

夫志豈易言哉！邑有志，古列國史也。史官掌記時事，藏之金匱石室者，秘而弗彰，以俟天下後世公論之，定將以考信於志也。是故作志君子，宅心欲公，秉筆欲直，知人欲詳，覈事欲實，學博而才贍，識明而見遠，量宏而器大。有紀必信，弗信弗紀者，斯可以語志矣！斯可以資史矣！學淵未有一於是也，何以與於志焉？特搜前人散佚之書，采今日多士之論，及廣於四方所聞見之志，去取折衷，續成草稿。雖淺陋弗文，莫之或掩，斷斷乎傳信傳疑，不敢鹵莽，殆亦足以備斷案，昭鑑戒。將來任其責者，公是公非，加之刪定，或可藉之爲完乘乎？矧舊志漫滅無足考，已不知編志爲誰。成化甲辰，一嘗修入郡志，中又多脫略，嗣更五十餘年，竟未有續修之者。夫古人重載籍以徵永久，若并是而□之，將軼事弗傳，何所考據以決信從乎？此區區續稿之所以成也，抑慨吾遂嘗有幞頭壇之謡，今栝川非曩日周氏、尹氏父子昆弟所産之地耶？樵夫牧竪，以耕以息而已。非惟科目之英，久焉乏人，即求呻吟占畢爲秀民者，亦不可得。地非靈於昔，而人才獨不傑於今，顧學與弗學，有志與無志焉耳。兹稿既續，庶幾環邑父老，暢然令其子弟自奮以植志，時敏以務學，蒸蒸乎凡民日起而俊秀，雖有德有造之咏可追也。孰謂志之所繫小小哉！孰謂邑之志不有關於國史也哉！録成，因書此以告邦之人，以俟後之博雅者。

嘉靖丙申　刑部郎中邑人翁學淵譔

舊志吴序

邑有志，猶國有史也。粤自《禹貢》著於唐虞，至成周，疆理萬國天下之圖，職方掌之。邦國四方之志，小史、外史領之，其經制尤備焉。後世作於朝廷者曰史，於四方者曰志。明興，四方之志蓋爛然矣。法雖與史异，而備物垂軌，足爲勸戒。其大要實相類，則志四方亦史也，庸可忽乎？遂昌隸栝郡，爲名邑，故未有志。而附於栝乘者，歲久多舛遺，觀者病之。丙寅冬，邑大夫池侯明洲初入境，采故問俗，靡得而述，心竊慨焉。不期年，政行化洽，民是翰而士攸式，四境蒸蒸稱治。乃欲振一邑之墜典，俾文獻足徵也。於是集師儒，攟摭記傳之説，網羅金石之文，旁摎博采山泯宿老之談，考訂編次，爲志若干卷，凡若干萬言，亦殫厥心矣。戊辰夏，余自刑部尚書郎承乏泉南，取道歸省，適遘先君之變，杜門守制，得遹觀厥成焉。蓋首天文，次地理，次王制、人物，而三才之道已著，復附之外志，亦崇正黜邪云爾。且辭不繁而其事備矣，序不淆而其統正矣，文不侈而其體質矣，書其美則惡者戒，書其得則失者彰，而勸懲之義昭矣。後之莅兹邑者，按籍酌時，鑿鑿可見行事，上裨於國，下利於民，誠有如郡侯李亨庵公之所云者，是其所關甚大，豈徒紀述彌文已哉。若王仲淹謂陳壽之書、范甯之春秋，思過半者，蓋以遷、固而下，制作紛紛，率競博洽，而鮮勸戒，其志寡也。池侯是志，其可傳矣夫。余辱侯命，於是僭爲之序。

隆慶二年仲秋　知泉州府事前刑部郎中邑人吴孔性譔

舊志徐序

湍秋即恭承上台命，督修邑史，慄慄惶懼，以不克勝爲虞。爰迓賢軌，集紳士，登父老，而咨諏之曰：既膺兹役，與衆分勤，亦與衆分榮焉。闡幽顯微，括芳剔瑜，幸夙夜祇承之，毋怠。紳士父老咸踴躍唯唯，趨蹡史席，以共襄乃事。凡再易歲，八閲月而始成。成之吉，整席披鉛，展函而讀，僉曰：志較前粲然可觀，亦緯然而理也。何則？志首山川，山川則泉石煙霞爲後，而險地遐邇爲先矣。次財賦，財賦則貨産生殖爲後，而會計庾廩爲先矣。次人物，人物則簪纓榮達爲後，而道德節義爲先矣。其前之筮仕兹土，而有功於民者，則又誦之。其地理之通會閉隔，與利弊一方者，則又眉列之。凡夫蠢動之草竊，與用兵之顯績，仙靈之异，機祥之驗，暑雨祁寒之故，靡不擇其大端，以與我子民相係切者，再四去留之也。僉曰：都休哉！余亦曰：丕成哉！諸賢之烈也，獨不能不愀然而私慨者。明之末，靛寇即已滋種，延及於今，已十餘載，日夕靡寧。余莅兹土凡三期，介馬而馳，躬閲險阻，以與周旋，韃不啻數十次。無奈山川之崇沓，與門户之雜處，兵至賊颺，兵歸賊來，一勦一興，實逼他邑。天實爲之，謂之何哉！按兹册而與昔之全盛時較，不知費若何之痌癢，與幾何之歲月，而始能復古時之觀也。興言及此，余又臆傷而神愴之矣。

順治甲午　知遂昌縣事遼陽徐治國序

舊志繆序

志，猶史也。史，始於黄帝，夏商分置左右史，周官有大史、小史、内史、外史、御史，分掌其事。至列國俱各有史官，厥後史家擅勝者，無如遷、固。若華嶠，稱曰良史；若吴兢，止稱其不假借；若李延壽，止稱其直筆。况夫學不足，則取材荒略；才不足，則設辭闒茸；識不足，則持論乖錯。作史之難蓋如此！而志又豈易乎哉？特志與史微有分：史善惡兼舉，志則揚善而隱惡；史是非互見，志則存是以泯非。凡以示勸也，示勸則盡量而與未免。惟其文不惟其情，傳其信兼傳其疑。烏乎！可今夫峰岩聳拔，迅流震渫，輿圖之大概也。秩統坊表，何以遞有變更？官師表率，何以各自奮勵？人才有昔盛今非之感，何以使振興弗替？制賦有裁留增減之殊，何以使公私俱利？德功之報，何以踵舉不廢？戎兵之設，何以更置維新？其在龍韜虎符，功高於保障；循良卓茂，澤溢於寰區，以及砥行立節之概，引商刻羽之才，何以勳猷不讓曩哲，而風徽可立後型？至於蔓草荒煙，頽垣古冢，一經俯仰，感慨係焉。藪蘖叢奸，福善禍淫，一爲傳述，鑒誡以之。凡此者，必博稽往迹，殫著新猷，後先相承，變通會適。文不過情，疑不參信，始足以傳。修志之難又如此而以云。遂志則尤難。遂有志，創於先明浴德池公，越順治甲午，治國徐公修焉。後之計復舉者三，皆中寢。更苦於氾漲，舊志多浸没，而梨棗所載，半飫蟲鼠之腹矣。况我皇上治定功成，德教遐敷，一旦遣使者輶軒四出，擠羅掌故，有司將何以對？故予來莅兹土，芟薙蠹訌外，即揭邑之廢墜者，以次興舉。尤於續修邑乘爲兢兢，而又喜借鑒往行前言，以飭躬率物，一切臆見師心，未敢自逞也。於是請於大吏，俱許可。乃諏吉開局於署之東園，邑紳士鄭士楨等分類而編摩之，司鐸陳君雲鍾、高君宏緒詳加討論焉。若校訂及潤色，則程子定所珥筆而成者也。其間爲綱者十，爲目者六十有六，繁不盡繁，簡不盡簡。要使觀者知遂之形勝在某山某水也，知遂之古迹在某閣某亭也，知遂之風俗則曰若者淳、若者漓也，知遂之吏治則曰某也廉、某也能也，知遂之賦徭則知土田幾何、户口幾何也，知遂之以科第顯者若而人、以德行著者若而人、以忠孝節義傳者若而人，是又知其人文燦同日星也。庶幾文不過情，疑不參信，而一邑之紀載俱備，六十年之曠廢可續，自一傳再傳，而人心且共知勸歟！若後之從事兹役者，筆擅三長，舉余志所溢美、所闕略者，從而删定之、增訂之，使得無舛謬，以永垂於不朽，又豈非余之所厚望也哉！

康熙壬辰　知遂昌縣事崇仁繆之弼勛岳氏題

舊志王序

遂昌，山邑也。深僻幽阻，不與外接；舟車不通四方，賓客之所不屆。然而嶺嶂層疊，有險隘之固；峰岩秀聳，有攀踐之勝。其土物芳鮮而腴潤，其風俗節儉而淳謹。官於是者，有風幹惠愛之遺；生於是者，有淵粹雋傑之概。邑雖小，足以與名區奥壤争雄競烈，此志之所以不可闕也。邑之志，初創於隆慶戊辰池公浴德，續修於順治甲午徐公治國，再修於康熙壬辰繆公之弼。自繆公以來，甲子將周，而志闕焉未備，識者病焉。歲辛巳，余始莅是邑，撡訪利病，凡有便於民者，次第修舉，略有成績。獨念是志之闕，凡職司之遷歷，軌度之興改，政治之休美，行誼之芳懿，經閲綿遠，日以沈晦，後之人奚所考而質焉？是不可以不能辭。爰以暇日，徵引邑中之髦碩，相與搜討而裒輯之，以舊志爲本，證以《通志》《府志》，壬辰以後之事，則增入焉。首陳輿地，次詳賦役，標建置之迹，秩禋祀之典，序官師以徵治績，列選舉以表科名，紀人物以昭激勸，述兵戎以謹衛禦，博之以藝文，廣之以雜志，提綱以舉要，分目以致詳，疑者闕之，誤者正之。秉約簡之旨，而不敢疏漏；寓褒勵之意，而不敢濫溢。謀始於甲申之秋，告竣於乙酉冬月，一邑之紀載，庶幾其爲完書。余不敏，蓋盡心焉，抑衆君子之用力亦勤矣。夫志之名，昉於班氏。昔之論史者，恒以作志爲難。然史家之志，主於論典故；而鄉縣之志，則人物備載焉。是蓋以志而兼傳者，其難直與作史等。余譾陋，何敢言史？而遷、固實録之義，則懍乎勿之有違。矧我皇上加惠江浙，翠華屢幸，兩浙之山川民物，咸被光耀。遂雖蕞爾，亦兩浙之版圖也。陳風展義，固當不遺，宜有攟摭，以備采擇。余於是編，尤加慎焉。若夫恢宏藻潤，以允協乎作史之體，則敬俟之博雅君子。

乾隆乙酉冬月　知遂昌縣事蜀西王燈平甫譔

遂昌縣志凡例

知縣清河胡壽海、宛平史恩緯重修

志爲史裁，不遵體例，則失之誣。一意規仿，又失之僭。一定之中，實無一定。折衷至當，在擇善而從。以一方之成書，爲一方之記載。處州屬縣志書，《麗水縣志》可稱善本。昔江蘇吴嵩甫侍郎，視學之江，其序文謂：他日九巴修志，可以踵效。是書悉仿麗水志例，參以新修府志例，未敢別立體裁。

舊志體例，失諸蕪雜。今仿麗水志例，實當删削者多。然間有不嫌瑣屑，足使後來有所稽考。明黄佐嘉靖廣西志，有外記十一卷。郭棐萬曆廣東志，有外志七卷。仿其例，別輯外編四卷。既於全志體例無乖，於記載亦不患有遺漏。

舊志繪圖，漫無經制。其繪十二景，如君子、叢儒、壽光、仙迹各圖，命名搆意，無所取裁。又繪處州合屬縣圖，尤爲淆雜。今僅繪縣境全圖、城治圖，仿古人圖經之例，以揭一縣全勢。聖廟圖、縣署圖，統於所尊也。妙高山、含輝洞，爲一邑勝地，餘則從略。

星野之説，《清類天文分野》《禹貢》：揚州之域，斗分吴地。崇禎《處州府志》：古栝蒼地，於天文屬揚州斗分。所言皆同。然在一省，通志應立專門，處州特一隅耳，何從占其分野？况以一邑之地，尤難辨晰微茫。麗志從删，實徵卓見。

子目繁碎，最乖志體。舊志門類尤多，如選舉有仕宦、職銜、吏員之名，人物有宦績、仕功、循良等目，篇目虚張，未知命意。今則僅分數門，以歸簡易。

職官、選舉入於方志，皆表體也。麗水志於職官則立表，於選舉則分行，體例未能畫一。竊意必有所因，邑職官唐代以前，半多無考。趙宋之際，間有遺亡，必强爲立表，不免淩躐。爰仿府志，分行登載。凡治迹昭著，及効忠殉節者，各綴事實小傳，不復立宦績名目。

選舉一門，舍科舉、徵辟、正貢外，無類可歸。舊志以封廕、職銜、吏員入之，未免繁冗。人果卓有可傳，於仕宦則有鄉賢，於行誼則有人物，足以昭示來兹。今將封廕各類，歸入外編，以符體例。

明制：貢監多由諸生充補，故入監肄業，得登仕版。我朝尚沿其舊，區而爲五：曰恩貢，曰拔貢，曰歲貢，曰副貢，曰優貢，外此則貲選矣。舊志例貢、監生盡入選舉，殊失之濫，今概削不書。其以貲選已登仕版，有事迹可傳者，列於宦迹；無事迹者，并入外編，職銜亦仍其舊云爾。

舊志分綴各門詩詞，微嫌過濫，所謂披沙竟日，見寶無時。今詳加弃取，間有删削，佚其詩之劣者，以存其名，藏其拙，正重其人也，非止不敢湮没之意而已。

採輯金石文字，原主於搜剔幽隱，考核舊聞。故歐陽、趙、洪諸家，惟主於搜求古刻。邑金石古刻絶尠，府志僅載唐隆因院鐵鐘，今在明倫堂、壽光宫宋處士碑兩種。麗水志謂嘉興李金瀾《栝蒼金石志》，已摎輯無遺，無庸詳載。舊志本無金石一門，今亦概從闕如。

范氏《吴郡志》，詩文散見名門，舊志既用其體，藝文志又分序文、碑銘、詩賦各類，亦非體例。今仍依類綴輯，而於諸家著述，仿班書之例，於藝文一門，僅列書目，其詩文不載。

志乘之體，原貴簡要，然措詞過從。省文沿於俗例，近代志家，往往習焉不察。列傳雙名，輒稱一字，以爲省文，古人久論其非。至人物小傳，於教諭、訓導，則曰某縣諭、某縣訓，尤爲不經。舊志大率類此，并爲釐正。

節婦旌表，必合年例，律令不得不然。凡守節年在三十四五以前者，并現年未至五十者，茹苦含辛，果卓有可傳，亦當别爲一類，亟登記載，以表善善從長之意。

風俗所以采俗，以見一方風氣不同，民俗厚薄見焉。舊志載有宗祠，此凡邑皆有，非遂俗所獨。且群姓宗祠，悉載簡編，何勝枚舉。府志獨譏遂昌志乖謬，正謂此類。今將宗祠列入外編。

是編取裁麗水志，不用舊志體例，因也實等於創。加以兵燹之後，興廢不常，以及殉難官紳士民男婦姓氏事迹，事增於前，文不加於舊，由舊志太覺冗沓，繁者削之，缺者補之，煞費經營。又僻處一隅，無書可採，雖於舊志略有糾正，而集遺稱缺，糾謬訂訛，實有望於博雅。

遂昌縣志

纂校姓氏

督修

二品頂戴浙江分巡温處兵備道宗源瀚

監修

鹽運使前處州府知府謙貴道銜處州府知府趙亮熙

議修

同知銜前遂昌縣知縣江繼曾

主修

補用同知前署遂昌縣知縣胡壽海

知州銜遂昌縣知縣史恩綍

總纂

光禄寺典簿銜前署遂昌縣訓導褚成允

協纂

遂昌縣教諭錢振鎬

署遂昌縣訓導吴逢慶

總校

五品銜遂昌縣典史陳星涵

襄校

乙亥恩科孝廉方正歲貢生王嘉言

附貢李景華

生員華殿賓

附貢葉永蘅

運同銜考取丁酉科拔貢生徐達聰

分校

貢生劉紹庭

廩生項庭

增生徐焕章

繕寫

生員項熣

生員王泮清

儒童王昌煦

督梓

五品銜前署松陽縣

外委包國純
五品銜候選縣丞毛亨然
武生葉昌麟
武生童永淮

城鄉採訪勸捐各姓氏

生員項炳華
生員葉永祺
生員包其祥
廩生項堂
生員華時章
生員劉紹唐
生員魯毓賢

監生潘步墀
生員潘景沂
監生朱兆英
武生周以南
生員徐應華
武生鄭鳳麟
生員鄭世榮
生員鄭啟藩
武生鄭邦昌
生員周祖豳
生員張書銓
職員項名榮
生員周祖岐
監生黃耀德
監生董敬銘

監生蘇雨芹
監生華存仁
監生張繼祥
監生張觀根
監生蕪日炳
生員蕪藩
監生蕪尚榮
廩生徐敬承
生員徐步青
生員程鵬
貢生周聘臣
監生王煥俊
監生王嘉猷
生員王景羲
監生駱福養

監生王政
監生柴作楫
生員柴承棟
生員黃卷
監生吳錫榮
貢生宋寅
監生張肇文
貢生官贊謨
職員官承鎮
武生官振庸
增生劉紹彬
附貢鄭英蘭
生員朱其相
廩生吳廷賡
生員全煥林

監生戴芹
生員吳德藩
生員陳肇元
生員毛俊文
生員毛錫麒
生員毛成章
生員吳士林
監生吳發□
監生吳興孝
生員葉桐封
貢生葉慶雲
貢生吳則周
生員吳英華
職員李品蘭
生員包以蘭

生員包青
生員吳遠翻
監生吳成熙
監生涂盛椿
監生涂玉廷
監生應佐廷
監生朱筌
貢生朱蔭棠
生員謝玉樹
生員華桂林
監生吳尚周
廩生鄭昌年
監生巫宗賢
監生黃度
監生巫紹賢

例貢徐智堂
附貢周徵庸
貢生傳庚
廩生包兆含
廩生周慶棠
廩生潘承淵
生員潘承洙
監生周揚苓
廩生潘作渠

遂昌縣志

圖

《周禮·土訓》講道〔一〕地圖，凡阨塞要害，皆可按圖以求，非爲山水名勝、游覽登眺而作。麗水志繪一都一圖，尤爲詳盡。今僅繪城治圖、縣境全圖，各都里仍詳註明，悉從舊志也。增以聖廟、邑廟、武廟、縣署及妙高山、含輝洞各圖。

校注

〔一〕講道：據《周禮》原文當作『掌道』

北至龍游縣界
東至松
胡
周公源
廿都
洋溪源
蔡源
十一都
高坪
湖山
廿四都
白水
白馬山
三歸岑
天師坪
廿二都
大坪田
東梅村
七都
三都
古亭
六都
十都
社稷壇
君子山
北門
濟川橋
四都
長濂
馬鞍山
平昌山
鍾山
東門
聖廟
武溪
土鼓山
雨明山
二都
瑞山

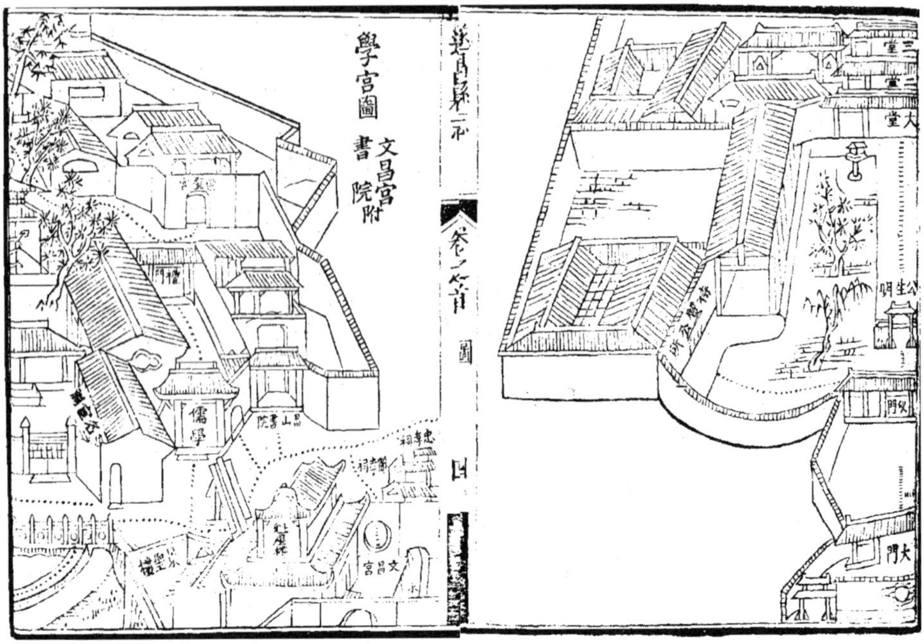
學宮圖
文昌宮
書院附
遂昌縣志
卷之首
圖
四
儒學
文昌宮
三
堂
二
堂
大
堂
公生明
儀門
大門

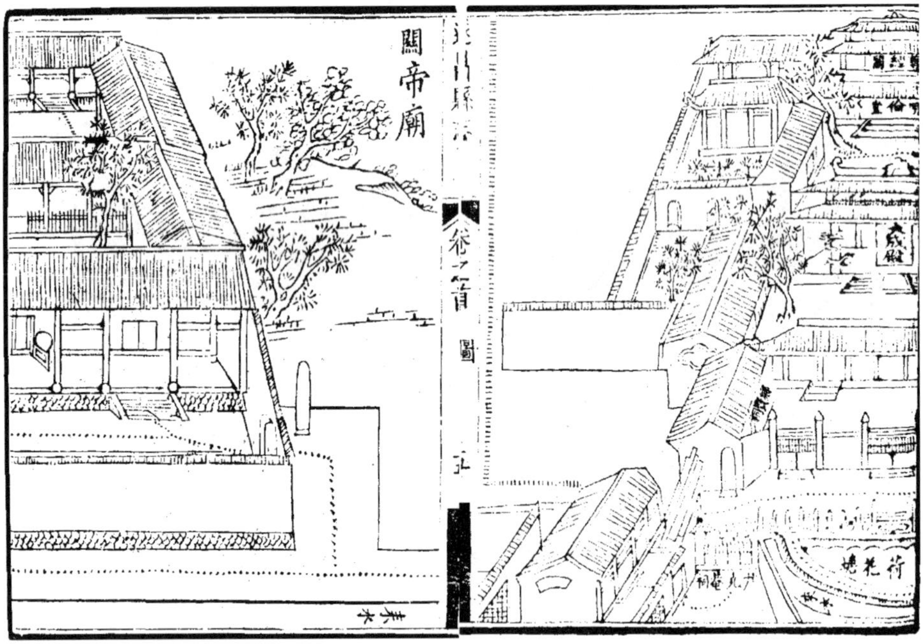
關帝廟
卷之首
圖
五
大成殿
荷花池

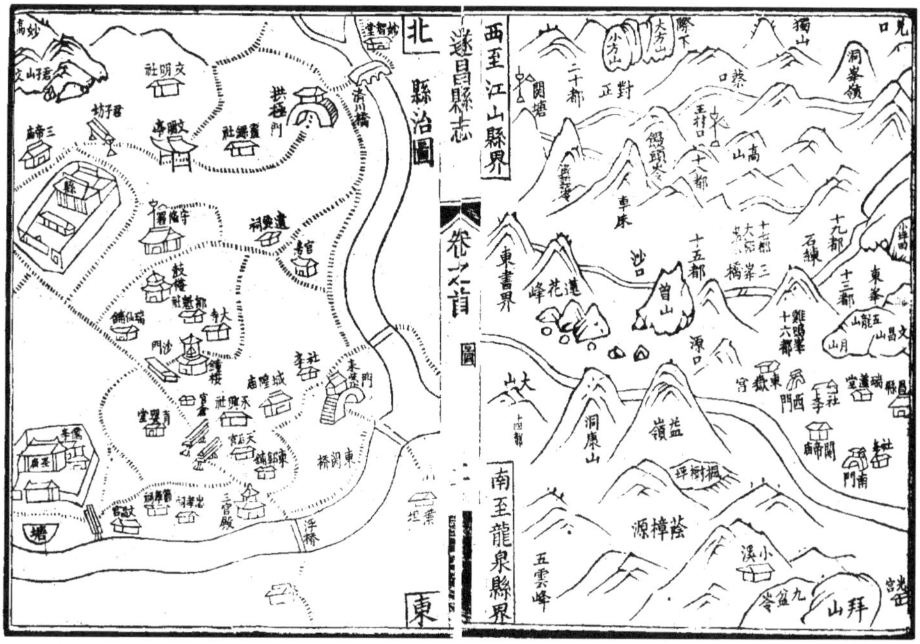
北
縣治圖
東
遂昌縣志
卷之首
圖
西至江山縣界
南至龍泉縣界

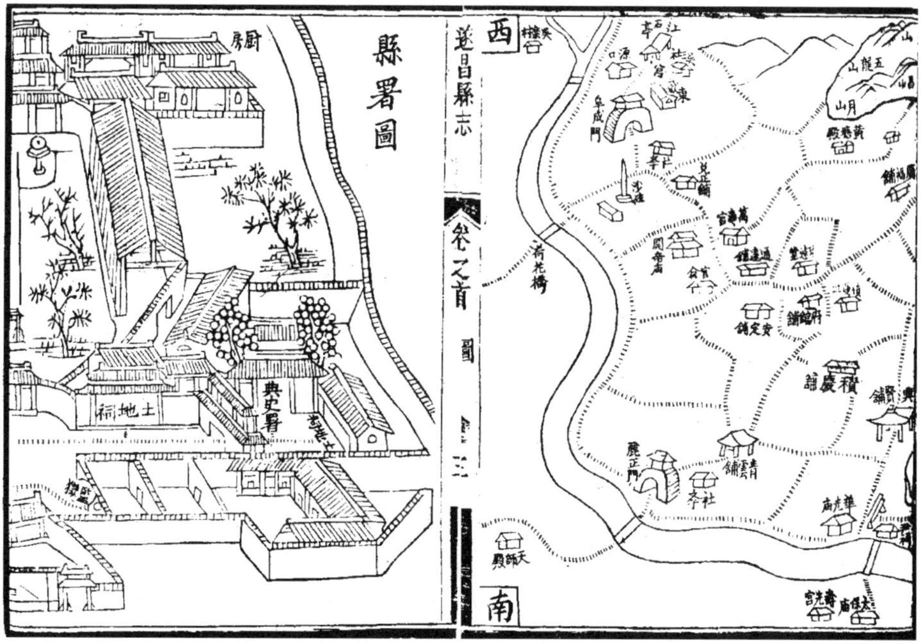
縣署圖
廚房
土地祠
典史署
遂昌縣志
卷之首
圖
西
南

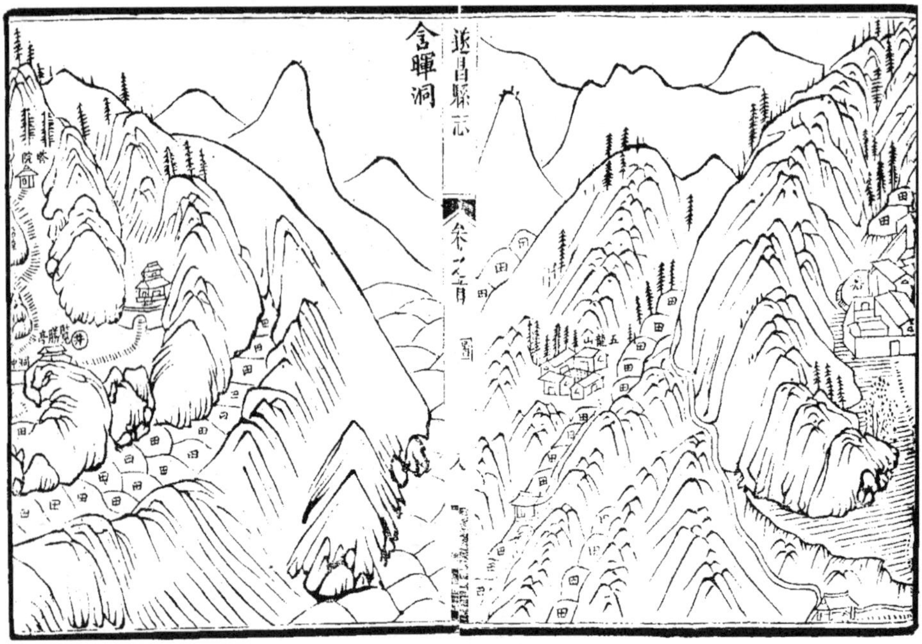
含暉洞
遂昌縣志
卷之首
圖
八
五龍山
覽勝亭
田

遂昌縣志
卷之首
圖
九
石船亭
三台寺
客房
含暉洞
山門
田

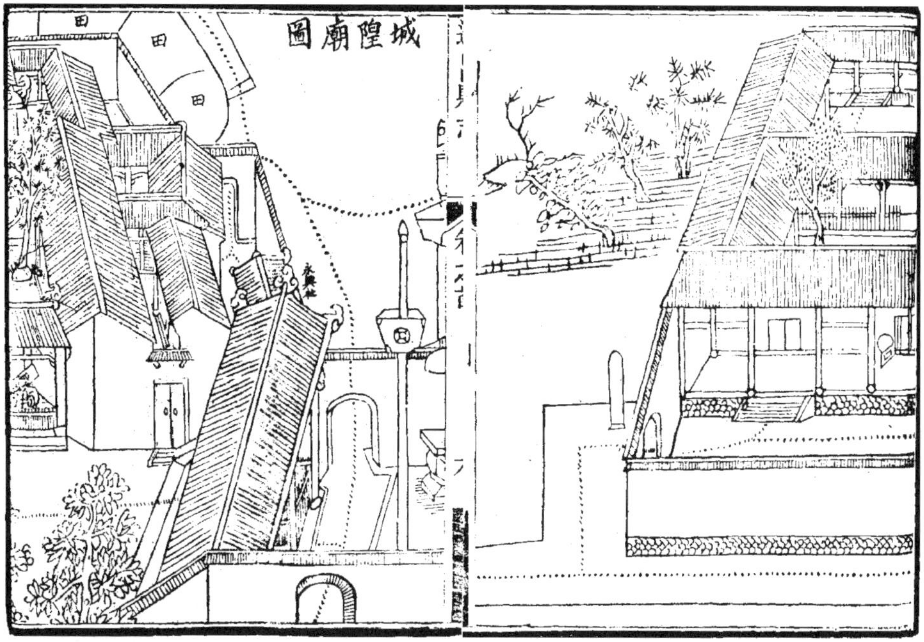
城隍廟圖

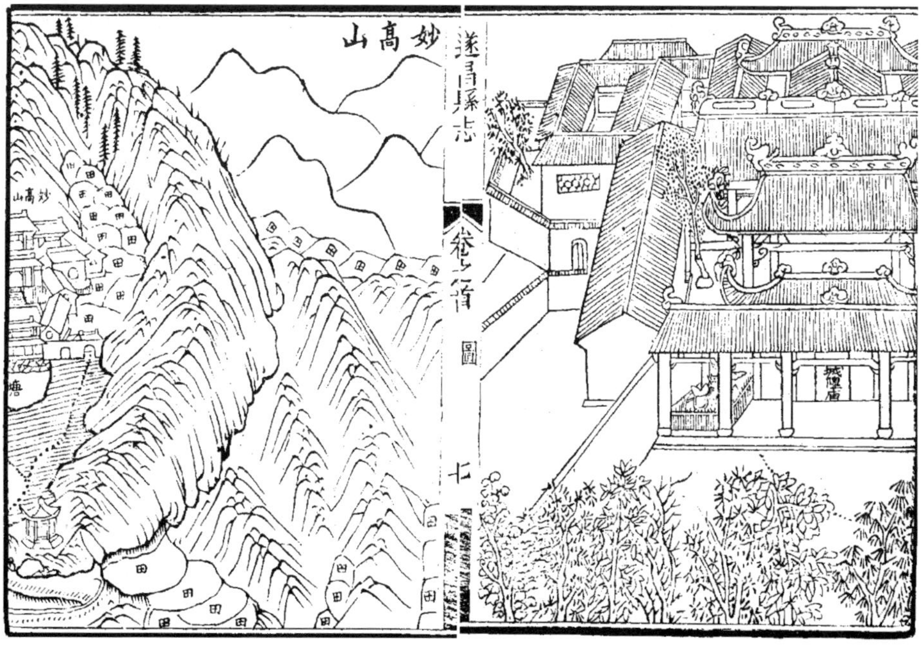
妙高山
遂昌縣志
卷之首
圖
七

目録

卷之一……一
疆域……一
沿革表……七
城池……一〇
公署……一四
卷之二……四六
山水……四六
水利……七九
卷之三……一〇一
田賦（户口附）……一〇一
外賦……一〇四
賦税……一一六
户口……一四二
積儲……一四五
兵制……一五七
卷之四……一六〇
祠祀……一六〇
卷之五……一八四
古迹……一八四
冢墓……一九五
卷之六……二〇一
職官……二〇一
縣丞……二一五
教諭……二二一
武功……二三二
卷之七……二三五

選舉……二三五
舉人……二三八
武進士……二四〇
武舉……二四〇
徵辟……二四一
貢生……二四二
卷之八……二四九
人物……二四九
理學……二四九
忠義（殉難附）……二五四
殉難……二五九
孝友……二七二
宦迹……二八三
篤行……二九六
文學……三三二
隱逸……三四五
卷之九……三四七
列女……三四七
卷之十……四二四
藝文……四二四
卷十一……四七二
風俗……四七二
物産……四七五
兵戎……四八七
卷十二……四九五
災祥……四九五
雜志……四九七
補遺……五〇九

卷之一

知縣清河胡壽海、宛平史恩緯重修

疆域

自吴赤烏置平昌縣，晉太康改平昌爲遂昌，唐省遂昌入松陽，後又復松陽以西爲遂昌，明成化又析北鄉八、九兩都地入湯溪。前代疆里變遷其詳，不可得聞見。據今治所及核實計里，而以坊表、郵亭附舊志。東西南北廣袤皆一百里。東南距西北一百二十里，東北距西南二百六十里。東至松陽縣界二十里，至縣治六十里。南至龍泉縣界九十里，至縣治一百八十里。西至江山縣界一百里，至縣治二百三十里。北至龍游縣界四十里，至縣治一百二十里。由縣至府一百八十里，至省九百三十里，至京師四千七百八十里。古有建德、資忠、保義、桃源四鄉。一都、二都、十三都、十四都、十五都、十六都、十七都、十八都曰建德。三都、四都、五都、六都、七都曰資忠。八都、九都、十都、十一都、十二都曰桃源。十九都、二十都、二十一二都、二十三都、二十四都曰保義。

原設都二十四，圖四十一，里四百一十。在城四隅。自縣前横街轉直街爲南隅，治後枕君子山爲北隅，治左迤東爲東隅，由南達西曰西隅。

附郭一都，爲圖十一：東一圖葉坦、龍磹、池林、隖内、吕川。南六圖小溪、蔭章、岱根、爐頭、孟嶺、烏尖。西二圖缸窑畈、源口、石門、溪灘、謝山頭、張坪頭。北二圖尹川、吴突頭、古院、東梅村、東門、木旦。

東鄉爲都六：二都金岸莊，離城十里，轄航川、亭根、上江、黄莊、鐘山、陰路、陽條、楝丈、高路、資口、椏义堰、東横十二莊，共一圖。三都大橋莊，離城十五里，轄孟山頭、潘石川、塢湖嶺、周嶺、西源頭、高坪、大坪、連頭、内葛坪、外葛坪、倉畈十二莊，共一圖。四都一圖、二圖長濂莊，本坦，去城二十里。三圖梧桐口莊，去城三十里，轄後垵、朱坑、下町、隴下、嶺腳五莊。四圖劉隖莊，去城三十里，轄梧桐、蘇村、治嶺頭、黄礌、潘村、劉坑、小岱、大竹、柘坑、垵門、瓦窰崗、横阡、裏坑、外畈、田崗、隴嶺腳、岩頭十七莊。五都湖邊莊，去城二十里，轄樟州、洋濠、沙崗、氺背、社後、寶山口、石步下、後葛、古亭九莊，共一圖。六都一圖寺後莊，去城三十里，轄龍口、後潘、大務、沙川、早畈、黄塢、處塢、蘇山、荷上嶺、木岱、鑛坑、劉大塢、徐坳、市享、崗後、崗前、墩頭共十七莊。二圖上市莊，去城三十五里，轄東菰、下岩、牛頭、山上畈、外岱、東源、裏潭、大西坑、祥川、礦坑、下馬村、前大垵、桑宊頭、内十坑、外半坑、嶺根、傳濟、門陣十九莊。七都馬頭莊。去城三十里，轄柘渡、旦里、資塢、潘塢、塘根、礌上、山前、源谷、鄭坳、下淤十莊，共一圖。

北鄉爲都五：八都九都，成化八年析入湯溪。十都白水莊，去城五十里，轄北界、荷塘、坑裏、山後、黄塢、嶺上、小官塘、茂家里、華村源、雙坑十莊，共一圖。十一都一圖應村莊，去城四十里，轄大侯、小侯、溪淤、白益塢、茶圩、茗野、遠路口、山井、東源、黄家源、高山、大官塘、南塘、署頭、半嶺頭、下旦源、桐樹源、天師礌、花巒二十莊。二圖高坪莊，去城七十里，轄麻陽、大處、上村、黄壇、榅樹塢、小金竹、丁溪、交塘、白岩、定村、高需、塘嶺、梭溪、潘坑、洋溪、李村、雙溪口、碩樹、甘坑、初坑、連頭、石門塘、石嶺、下淡竹、官坑二十五莊。十二都一圖馬埠莊，去城二十里，轄雞樹窟、侵雲嶺、大源坑、車馬巒、新路、垵溪、西畈、印村畈、雙黄坑、吊源、内塢、蕉川、嶺後、山岸、上侯共十四莊。一圖磹頭背莊。去城四十五里，轄登埠、黄塢、乾溪、棋盤山、蘇村、黄雀橋共六莊。

西北鄉爲都一：十三都葉塢莊。去城二十里，轄源口、曾山寺、魁川、上篁、三墩、橋内外莊、潘村、章塢、高坡街、大定橋、丁口、陰路、楊門口、大覺、中村、葉塢、上高、木岱、坑口、家庄十九處，屬西。東峰、葉村、嶺頭、項村、坳頭、紙坊以上六處屬北。總二十五莊，共一圖。

南鄉爲都一：十四都大山莊。去城五十里，轄吴樂、楓樹坪、陳坑、湯山頭、蘇洋、陰坑、大鋪、周山頭、壬午岱、溪淤、駱村、應岱、庫要、垵口根、竹口、師公壇、鋸陽、葛坪、東塢、東需、坡頭、上坑、前村、古樓、横坑、黄壇、西岱、石柱、倉口、朱坑、稍岱、札要、小岩、岩下、溪口共三十五莊。

西鄉爲都十：十五都沙口莊，去城二十五里，轄大忠、好川、漈上、沙里、高橋、方嶺、吴塢、龍藏、小忠、錢村、源内、排前、車牀十三莊，共一圖。十六都上旦莊，去城三十里，轄横町、住前、派前、後村、長垣、後山、陳村、黄垵、全塢、大坪十莊，共一圖。十七都溪東莊，去城四十里，轄後隴、大田、後象、大畈、射坑、柘上、塘根、高山、石步頭、太虚觀、横嶺頭、黄墩十二莊，共一圖。十八都大柘莊，去城四十里，轄横岡、五坦、象岡、停村、柳村五莊，共一圖。十九都一圖石練莊，去城五十里，轄章師一莊，共一圖。二圖獨山莊，去城八十里，轄前山、弦上、竹上、瞻樓、秦會、蔡源、葉村、台峰、蔡口、焦灘十莊，共一圖。二十都王村口莊，去城八十里，轄戴進墩、前庵頭、後湖山、後高巒、上巒頭、山前、樓梯坪、小塢宅、門頭嶺、大路後、早田頭、西山、磨岑、冷水、半嶺、按上、大坑、沈坑、石筍頭、山錦關、川坳頭、黄莊、獨口、碗下、隴口、楓口坪、木槐坑、莊根山、棗坪、洋岑、下遥、楓西、坑口、黄塔、流槽、赤枝、黄塌𥗽三十九莊，共一圖。二十一都周公口莊，去城一百里，轄烏溝、新佐、肩洋、山頭、燈盞架、苎埠、翁架、山前、上塘、後垵、福羅圩、龍門、對磜、邵村、木瓜洋、横坑、大樓寺、冷水坑、大峒源、鐵爐嶺、大蟠嶺、高洋、吊口、小峒源、半山、石馬嶺、上町洋、茂源、普坑口、焦山、小洋坑、黄突坑、𥗽後隴、仙人𥗽、黄沙要、金山、殿郎、許口、大熟、半岑、嶺根、黄山、黄旗畈、後坳、范山尖、添坪、彭村、坑西、黄家莊、山後、北洋、柘岱口、鎖匙坑、山棗洋、聳谷源、朱馬闌、吴嶺、毛洋、球源、尹宅、柳下、陰坑口、游家墩、仙峰庵、黄師坑、楊梅崗、烏崗、漈下、洋溪源、舉圩、渡口、大忠圩、鄭村、葉村、西畈、長要、獨坑、湖台、繞山七十七莊，共一圖。二十二都湖山莊，去城八十里，轄前溪、後溪、山歸、犁石、毛洋、梭溪橋、周邱、崆莊、丁家地、洋塢、獨口、游下坪、大坪、鐘山、姚嶺、場後、黄市、埂上、青石坑、石柱、内方、黄羅、金雞、𥗽塘、下大畈二十五莊，共一圖。二十三都金竹莊，去城八十里，轄長坑、高步頭、雲溪、翁村、西岸、新溪、官塢、葉村、石硯、華溪、任坑塢、溪口、局苎、挾下十四莊，共一圖。二十四都一圖弈山莊、去城八十里，轄名塢一莊，共一圖。二圖龍鼻頭莊。去城一百里，轄赤山、大溪邊、場前、雙坑、小翁源、塘岸、將軍塢、𥗽頭莊、大坑口、都亭、王川、大亭、棗塢、嶺上、隴内、陰嶺、古樓、大派、大崗、包村、内棗源、弈溪、小弈、楓塘、淤頭二十五莊，共一圖。

縣前鋪、航頭鋪，邑東五里。資口鋪，邑東二十里。太平坊，在邑左。宣化坊，在儀門外。主簿文英立。興賢坊，在學左。育才坊，在學右。進士坊，爲蘇民立。在城隍廟中。泮宫坊，知縣胡熙立。澄清坊，在東隅。仁壽坊，在邑東壽光宫。安定坊，在南隅。知縣黄芳立。通遠坊，在西隅。公正坊，在西隅。春桂坊，在北隅。范仙坊，在北隅。義民里坊，在二都。明初，知縣魏良忠立。知縣池浴德重修。攀桂坊，爲舉人毛翼立。在南隅。萬曆年間，裔孫毛廷相、毛德淵重修。登雲坊，爲舉人吴紹生立。在北隅。青雲坊，爲舉人蘇祥遂立。在南隅。登第坊，爲舉人張璿立。在東隅。步蟾坊，爲舉人王永中立。在南隅。淩雲坊，爲舉人吴文慶立。在南隅。應麟坊，爲舉人徐景明立。在北隅。擢英坊，爲舉人俞宗進立。在西隅。應奎坊，爲舉人張誠立。在東隅。時英坊，爲舉人鄭傑立。在二都。翔鳳坊，爲舉人董晟立。在西隅。騰霄坊，爲舉人王玘立。在東梅口。進士坊，爲王玘立。在東梅口。昂霄坊，爲舉人黄公標立。在縣前。大司馬坊，爲蘇民立。在迎恩門内。世科坊，爲舉人王熷立。在東梅口。總督重臣坊，爲兵部侍郎應檟立。在縣左。獨持憲節坊，爲御史黄中立。在縣右。丹鳳坊，爲進士翁學淵立。在南隅。天垣都諫坊，爲吏科都給事中項應祥立。在縣前。文昌坊，在君子山。乾隆二十八年，知縣王憕建。貞烈坊。爲徐懋厚妻王氏立。在東隅徐祠門右。以上均廢。

君子坊，在北隅。晝錦坊，爲進士周德琳立。在十一都。父子進士坊，爲吴紹生、吴志立。在北隅。冲霄坊，爲舉人朱仲忻立。在二十都。進士坊，爲朱仲忻立。在二十都。尚書坊，爲進士蘇民立。在東隅。進士坊，爲應棐立。在十一都。桃溪五馬坊，爲進士應果立。在東隅。大文宗坊，爲進士應檟立。在學左。大總憲坊，爲進士吴孔性立。在學右。天垣諫議坊，爲進士鄭秉厚立。在司左。百歲坊，爲賞六品頂戴百有二歲壽翁朱連立。在二十四都弈山莊。節孝坊。一在南隅，爲毛築妻周氏立；一在北隅，爲童巽妻朱氏立；一在石練，爲劉光濂妻朱氏立；一在湖山，爲王紹華妻朱氏立；一在獨山，爲葉嗣俊妻鄭氏立；一在二都東横，爲鄭祥采妻朱氏立；一在石練，爲吴國賢妻王氏立；一在潘村，爲王國蘭妻俞氏立；一在三都葛坪，爲陳兆福聘妻朱氏立。

省氣亭，在縣前屏墻外。知縣繆之弼建。今廢。舉春亭，在縣東一百步。結駟亭，在縣東二百步。百歲亭，在長濂。翠微亭，邑西黃山。鑑漪亭，瑞仙橋頭。宿雲亭，四都長濂雙清閣左岩畔，有翼然臨上之景。嘉慶庚申，被水沖廢。南觀亭、東望亭、疑雷亭，俱在盤溪。思孝亭，弈山。今圮。芙蓉亭，西門外東嶽宮前。偕樂亭，長濂。來翠亭，西隅。得月亭，邑南臨溪，有十八景。今圮。邑令黃德裕詩云：石筍樓空枕急湍，公餘登眺倚闌干。黃花對我添秋興，綠醑逢人戰午酣。山色數重雲外見，水光一片鏡中看。清涼味到天心處，自覺身輕振羽翰。壽域亭，邑西二里。嘉靖間，里人周慶養建。淩雲亭，邑西八十里。覽勝亭，邑西一百里。尚義亭，邑西一百里。侵雲亭，邑北二十里。芳碧亭，碧瀾橋側。今圮。種德亭，邑東三里。今圮。留青亭，弈山東三里。乾隆八年，里人朱夢麟、朱楫同建。嘉慶年間，朱秉性重造。擁樹亭，在南門外。王宗瀛建。今圮。清碧亭，在金岸。里人建。積翠亭，在邑北五里。俞長輝建。濟孤亭，在大柘横街。遞年中元，里人祀孤於此。且亭，在西嶺腳。陳天錫建。今圮。幽嶺亭，在幽嶺寺前。嘉慶八年創建。應運亭，在邑東三里。俞長淮建。今圮。留淳亭，在文昌宫前。葉姓建。衛昌亭，舊名水德亭，治南安定鋪石板街。創自明萬曆。國朝康熙辛卯，知縣繆之弼重修。嘉慶二十五年，被水沖没，故舊志未載。光緒初年，安定里人捐資重建，有碑記勒石。三里亭，在大拓三里許。國朝建。咸豐戊午，寇毁。光緒二十一年，勸捐重建。上下涼亭，在邑東岑岡嶺下。梯雲亭。在治東四十里九雲峰半山。

按十一都二圖，高坪莊所轄，尚有堂下莊、楠坪、分水坪、桃源、聖塘、胡下、殿前、石鼓下、竹内等莊，舊志失載。而所載石嶺下一莊，今亦無其地。今特詳載各莊於後，俾有稽考。又二十三都華溪上十里，有籮桶丘，舊志失載。

沿革表

處州爲《禹貢》揚州之域，春秋戰國屬越。舊志表秦以前皆屬揚州。《栝蒼彙記》有越亡入楚國之説，而麗水志沿革表始自秦，故亦斷自秦始。

沿革表

處州爲禹貢揚州之域春秋戰國屬越舊志表秦以前皆屬揚州栝蒼彙記有越亡入楚國之說而麗水志沿革表始自秦故亦斷自秦始

世次		縣	郡	省
秦	始皇五年	資治通鑑注秦爲太末縣屬會稽郡按太末實爲今衢州地當時遂昌其地隸太末縣耳孟康注大如闔反讀如達	閩中郡 秦滅楚以其地屬閩中郡按清類天文分野之書遂昌漢太末縣地水經注太末是越之西鄙姑蔑之地秦以爲縣而漢志有會稽郡無閩中郡故元和郡縣以下諸書皆誤云處州屬會稽郡也然處州本漢回浦縣地元和志於台州下云秦幷天下置閩中郡又云本漢之回浦鄉分立爲縣則志因以漢之回浦爲閩中郡	
漢	惠帝三年		東甌國 立越王之後搖爲東海王屬東甌國	
	武帝黃龍三年		會稽郡 徙東海王於淮以地屬會稽郡按西漢時其地仍隸太末屬會稽郡	揚州刺史部
東漢			會稽郡	揚州刺史部
後漢			會稽郡	揚州刺史部
三國吳	赤烏二年	平昌縣 分太末之南界置平昌縣以去治東十五里兩山前後平疊如昌字故名	會稽郡 初屬會稽郡寶鼎時屬東陽郡後分東陽置臨海郡屬臨海郡	揚州 治建業今江寧府
晉	太康元年	遂昌縣 改平昌爲遂昌歷宋齊梁陳隋郡皆爲遂昌縣	東陽郡 分臨海置永嘉	揚州
	太寧元年		永寧郡 改永嘉爲永寧	
宋				東揚州 治會稽
齊				揚州
梁	普通五年			東揚州
	太平元年			揚州
陳	天嘉三年			東揚州
隋	開皇八年		處州 廢臨海永寧二郡爲縣復分置栝蒼縣松陽縣九年合四縣置處州尋改處州爲栝州遂昌屬之	
唐	武德八年		縉雲郡 改栝州爲縉雲郡遂昌併入松陽	

朝代	年	縣	郡	州
東漢			地仍隸太末屬會稽郡	
			會稽郡	揚州刺史部
後漢			會稽郡	揚州刺史部
吳	黃赤烏二年	平昌縣 分太末之南界置平昌縣以去治東十五里兩山前後平曠如几字故名	會稽郡 初屬會稽郡寶鼎時屬東陽郡後分東陽置臨海郡	揚州 治建業今江寧府
晉	太康元年	遂昌縣 改平昌為遂昌歷宋齊梁陳隋郡皆為遂昌縣	東陽郡 分臨海置永嘉	揚州
	太寧元年		永嘉郡 改東陽為永嘉	
宋				東揚州 治會稽
齊				揚州
梁	普通五年			東揚州
	太平元年			揚州
陳	天嘉三年			東揚州
隋	開皇八年		處州 廢臨海永寧二郡為縣復分置括蒼縣松陽縣九年合四縣置處州尋改處州為栝州遂昌屬之	
唐	武德八年		縉雲郡 改栝州為縉雲郡遂昌併入松陽	

朝代	年	縣	州	道
（唐）	景雲二年	遂昌縣 刺史孔琮復松陽以西地為遂昌縣	栝州 後復栝州為處州	江南東道
吳越		遂昌縣		
宋		遂昌縣		浙東道
元	至元十三年	遂昌縣	處州路	浙東道
	至元二十二年			浙江行中書省
明	洪武九年	遂昌縣	處州府	浙江布政使司 治杭州
	成化八年	遂昌縣 析北鄉八九二都入湯溪都止二十有二撥 舊志謂仍編舊額浮稅於各都至今為累云		
國朝		遂昌縣	處州府	浙江布政使司 治杭州

城池

城池，以資保障。遂昌僻處萬山，環山傍水而無城，庸因地制宜。以形勝言，守城不如守隘。如貴義嶺各隘，皆天設險要，前人設寨阨守，特附於後，俾後之留心形勝者，知所預籌焉。

舊有四關門，東曰迎恩，南曰南明，西曰鎮西，北曰朝天，圍以土垣。明萬曆丁未，知府鄭懷魁檄知縣辜志會重加修葺，以爲保障。縣令湯顯祖記：遂昌爲栝蒼郡西南邑，治萬山溪壑中，介長松、龍泉，猶毗境也。西北而南，走衢、嚴、婺、鄣，犬牙信州，以接於閩。綿遈奥絶，緩急猝不可檄制。地少田畜，而豐於材。其茭蒔薪採，則旁邑流傭也，多隱民焉。而鄉若邑長老子弟無賴者，常藪其奸，與爲利。盗以故出没不可迹。夜掫者復多虎憂。而境旁數礦，近詔止采，盗亦時時有之。余昔治此，故未有城。横亘一街，可步而竟。居人悉南其溪，而闌以一橋門，可闖而入也。念城之帑無見儲，不可刑政者，吾城耶。乃稍用嚴理，課殺虎十七，而勒殺盗酋長十數人，縣稍以震。因循四五年，乃幸無事，然意未嘗不在城也。余去治一年，而遂有殺人於市，横橋門而去者，民脅息以譁。歷三政，得晉安辜公，以名德淵雅，來蒞兹邑。秉素絲之心，持大車之體，當其操執介然，雖極勢力機利之衆，不能奪也。一意酌損，與民俸薪，時以治客，衣食無所餘，至不能遣子嫁女。訟明而寬，清惠聲有聞於千里之外。民習教令，盗日以遠，而公且上三年最矣。尤顧惠其民曰：『縣如是，其亦舉無陁茀與？獨如城何？吾不能爲千仞石城，而土城數仞之，其可乎？』請於上而謀於下，必躬必親。引溪度山，畫圻而程。物力有宜，帑餘有經。以賦弓司，以屬其耆德。神告咸庥，不可以疑。築踴絙趨，橐鼓弗渝。邪許句婁，雜民歡謳。大姓居閒，欣焉自完。屬間填埤，工倍於官。察所不任，官苴其難。以楨以茨，民乃不煩。蓋數百丈之城，數十日之間，而公與士民休然晏寢，具文書報成事矣。士民擇吉釁醽歌舞，用塞司隍之貺，而懽呼稽首爲公謝曰：『保障有邑以來，未始有也。』公始從官屬，民履其壖，莫不仰天嘆曰：『玆役也，不欐巢而巍，不睨瞭而遠，不髹粉而華，不闢扼而固，皆我公之惠也。』公嗛然俯首而謝曰：『良以籓吾坊之人，安寢無吪，謹司之而已。邑近寶而嚱，幸國家無事，异時虞盜兵之來，邑之君子阻溪而障，或跨溪而城，未可知也。語不云乎？椎輸爲大路之始。累石委土，庶幾自吾始乎？雖然，昔人比志金湯，志而渝，三里城猶折樊也。邑雖小，豈無四維腹心干城？汝士民所以自衛也。吾行矣。』已而監撫使者上公治行，求即丞梧蒼，終其勤績。不報。而且以知瓊管萬州事。士民愈用謳思以城，予志也。千里而來告成，且求銘。予所不能爲士民庇依者，公能爲之，其又何敢以辭。銘曰：天於平昌，險不可升。繚以地形，山川邱陵。維城弗咨，缺其威淩。旁邑甫連，伏莽攸興。搜匿討亡，憯莫勝懲。我公來治，惠和澄清。士民安歌，不吪不騰。寬而盜遠，有德者能。公曰其然，維城是應。君子之堂，叢山爲肱。引梁爲喉，帝溪爲膺。隙隧如夷，出没我乘。溥城實難，連墉其勝。乃卜乃營，子來蒸蒸。其氣溶溶，其聲薨薨。循淮逶迤，袁山崚嶒。垠疏者新，碕望則仍。爾絶爾聯，爾埤爾增。隱以冲冲，削之馮馮。其横霓睨，其矗雲昇。自公指麾，材宣力凝。和會陰陽，作中棐繩。以裕而升，有速而恒。橋扉汲門，偵營是兢。士女朝迫，以林以蒸。牛羊夕歸，靡夷靡崩。毋侵露藏，庶無盜憎。赤烏以來，百雉斯稱。業以時臻，道在人宏。百世之仁，我公是徵。釃酒麗牲，神休所憑。我銘我公，于豆于登。戒邑于隍，以莫不承。

邑人項應祥《新建土城記》：遂故不列墉，蓋西北枕妙高之麓，矗矗千仞，若負扆棋布其下。穆昭二流，夾肩抱膝而東。滂泓滮湝，若天設之塹。至環域數百里，危崖絶壑，交牙错距。在昔季劫，大盜飆起，延之莫敢入。以故彈丸黑子不克墉，亦不必墉，往往柝約及肩，足捍已。明興化日舒長，露積寢般。無賴仄目揶揄，陰援暴客於境外，爲同室蠹。又操割者不戒於篁簋以和之，綠林胠篋，實繁有徒，幾不免有李涉暮雨之嘆。比癸卯冬，公然礫閭左而攫之金，則前玆所罕覯矣。邑侯韋公甫下車，巧與事遘。會冶金使者踞近郊，亡命烏合，闤闠益凜凜重足。侯憮然曰：有是哉！是尚可不亟完牖户、計桑土哉！乃下令屬諸父老黔首，謀繚垣以備不虞。肇自西南暨東北，延袤數里。削土盈仞有咫，趾廣三尺。冠木其上，冒以瓦。啟便門若干，通採汲籍。三户丁年，晨而昏之。西北則緣山麓，以仍其故。百姓歡然子來，畚鍤雲集，百堵具作，不再朔而功告成。蜿蜒逶迤，望之巋然雄鎮也。迄今五閱歲，士甯其家，民安其業，無復昔時萑苻宵柝之警，莫非侯賜青衿。士大夫爭繪圖詩歌，喁喁頌侯德。不佞業已俚言引其端已。丁未秋八月，郡伯鄭公移檄下里，申厥令。蓋計侯將飛舄而垣或壞，無復固護吾民者。學博孫君懋昭、洪君有觀、董君用威率諸生周税輩，仍屬余記，以勒諸石。余不佞，復唯唯執簡爲識。歲月如此。其後門垣盡圮。

國朝康熙五十六年，知縣何其偉建造四門城樓，改名東曰來紫，南曰麗正，西曰阜成，北曰拱極，俱設營房以守之。久已傾廢。咸豐八年三月，粵寇自龍游越侵雲嶺而來，驟入遂城，越數日遁去。至六月初旬，又從龍游陷遂城，秋後退去。十一年，又遭寇至，至同治元年夏初始退。

貴義嶺隘：在邑南七十里，接壤龍泉。流賊抵龍泉，每由此道入寇。正德閑，知縣張鉞設寨守之。

龍鼻頭隘：在邑西一百里，弈山之西。昔爲衢、信盜賊出没之所。正德閑，知縣張鉞設寨守之。有龍鼻頭渡、出風洞，四時風出如扇。下一里許，則西安界。有嚴博巡檢司，索木排常例，人甚苦之。萬曆六年，知縣鍾宇淳請院司立石禁之。其略曰：通商惠民，王政首務。睦鄰修好，古昔休風。嚴博界連北壤，乃指稱盤詰，索取分例，越界藥魚，肆行鬬毆，積蠹殃民，莫此爲甚。會同西安，明揭弊端，刻石禁諭，往者不究，來者可追。而今而後，敢有稔惡怙終，故違憲條者，法紀具在，其孰敢私？嗟嗟！山兮永峙，水兮常東。勒石以示，永永無窮。金石可泐，我碑不滅。所不悛者，其視此石。

新嶺隘：即赤津嶺。今屬龍游界，在邑北六十里。山勢峻絶，兩山如門。正德閑，知縣張鉞以西江姚源之變，設寨守之。釋真可有留題湯臨川謡云：湯遂昌，湯遂昌，不住平川住山鄉。賺我千岩萬壑來，幾回熱汗沾衣裳。又詩云：步入千峰去復來，唐山古道是蒼苔。紅魚早晚遲龍藏，須信湯休韻不灰。湯顯祖詩云：歸去侵雲生赤津，瘦藤高笠隱精神。只知題處天香滿，紫柏先生可道人。前身那擬是湯休，紫月唐山得再游。半偈雨花飛不去，卻疑日暮碧雲留。

坑西隘：在邑西一百四十里，路通江浦，乃要害之區。嘉靖間，因礦賊起，知縣池浴德設寨守之。

礱口隘：在邑西一百四十里，界連龍浦。嘉靖間，礦徒竊發，每烏合於此。知縣池浴德設寨以守。

高坪隘：在邑北七十里，萬山之巔。中寬平，方十餘里。四圍崒嵂，嶺通一線。康熙四十八年，流匪盤踞，知縣繆之弼請兵守之。

關堂隘：在邑西一百二十里，界接龍泉咽喉之地。康熙四十八年，知縣繆之弼設兵守之。

北界隘。在邑北四十里，京省通衢。知縣繆之弼詳請增兵守之。康熙五十五年建門，題曰平昌鎖鑰。舊志云：按平昌環溪爲池，依山爲城，郡西僻壤也。苟設險以固，教民以守，暴亦可弭。按舊志有木城址在西門外，邑令張鉞建，其址猶存。云張鉞任遂昌爲明正德，問當時何以獨在西郊建此木城？舊志亦失詳載。又載在古迹門，殊爲未合。今特附注於此，以備參證。

公署

出治之所，民之觀聽屬焉。代有廢興，尤宜詳載。然自咸同閑遭粵寇之亂，迄今三十餘年，僅於縣署、典史署、教諭署略加興造，未能全復舊規。餘自訓導及駐防各署，均未興復。今照舊志，一一備書。其未復者，俟次第修舉云。

縣署：在君子山麓。嘉靖浙江通志：吴赤烏二年建，後廢。至宋熙寧九年，邑令錢長侯創建。元末毁。明洪武三年，知縣魏良忠重建公廳，立譙樓。正統兵燹後，典史王安新建幕廳。天順元年，知縣王貴修葺。成化七年毁，主簿文英重建譙樓。《栝蒼彙記》：弘治末，縣治復毁，知縣邵文忠、張鉞相繼成之。正德十三年又毁，知縣張淵復建。後歲久傾圮。崇禎二年，知縣胡順化重建。胡順化記：縣親民堂建於弘治乙丑，距今百二十餘年矣。丙寅春，不佞始莅兹土，顧瞻榱棟傾圮摧折，勢將壓焉，思有以易之。以受事方新，上下未孚，弗敢舉也。越三年報満，移且近，當仍舊貫，以俟來者。而始念炯炯不能已，摎帑中得所積百金，佐以薄俸，决計改創。具其事於上官，皆先後報可。又念工役淩雜，勢不能以身周旋其間，部署總核，寄非其人，此區區者能堪漏卮乎？乃取平日所睹記，悉其操履公平者某輩，參以輿論，得八人焉。採木近郊，戒無犯人冢樹，無奪人廬舍，所庇蔭隨其願售者，計大小與值焉。而田野民益大喜，指示僻隖良材，争先挽至，間有獻所植不願受值者。以季秋月十有三日鳩工始事。會天日晴霽，和暖若暮春，匠役無龜手縮瑟之患。兩浹月堂成，宏敞軒豁，繪彩粗備，遠近觀者詫爲前所未有。於是諸鄉紳暨士民相率治具，躋公堂而落之，舉酒於不佞曰：兹堂之圮歷數十年矣，上穿下濕，具瞻謂何？前任吾邑者非不緦緦計之，顧憚勞惜費，因循代去。今得公一撤而新之，費不加賦，民不知役，父老子弟敢不任受明賜，請以是觴。不佞瞿然曰：有是哉！諸君獨不聞古語乎？夫升高而招者，臂非加長也，而見者衆；順風而呼者，聲非加疾也，而聞者遠。故適秦者立而至，有車也；適越者坐而至，有舟也。今平昌雖僻在山谷，然嘉木叢生，鬱若鄧林，不煩遠市傍郡邑，而干霄蔽日之材輻輳階下，堂不患無具矣。民間採伐，爭赴牽挽，木若無脛而走者。所舉某輩，蚤起宴卧，指畫督率，不遺餘力，工不虞媮墮矣。邀諸君之靈，適有天幸，兩師不驚，滕六退舍，工師之操斧斤者與役徒之荷畚鍤者，皆白汗交流，處蔭欲清，嚴寒無所患苦矣。而不佞乃得因材於山，因力於人，徼倖於雨雪之不狎，至拱手安坐而樂觀厥成也。然則斯堂之成，所藉助於山靈者十六，所徼惠於天時人力者十四，不佞偶以身當之，適會其成功耳，不足當諸君高會也。雖然，不佞於此亦覺有惕然者。當議創時，計畫已定矣，一二不逞之徒，尚造蜚語，冀撓工役，使非不佞不忌謗，不避勞，斷以必行，斯堂之焕然，其何日之與有？蓋慮始樂成，人情自殊，天下事大率類此，寧獨一堂爲然哉？諸君子幸識之，以見爲令者調衆口之難焉。是爲記。邑倅黄君正、樞尉黄君穀與有贊助之勞，例得并書。

國朝乾隆四十六年毁於火，知縣張翥重建。未幾，奉調去。四十七年，知縣李元位繼成之。六十年，知縣申雲鵬重修二堂、庫房、宅門、書房。嘉慶十六年，知縣向啟昌補建正廳、門亭、東西廊房。道光十一年，大門毁於火，正廳廊房亦圮，知縣朱煌重建。正廳爲親民堂，舊額居敬臨民，又額廉平。左贊政廳，右鑾駕庫。堂前甬道爲露告亭，知縣池浴德建。爲戒石亭，爲儀門，明知縣鍾宇淳建。乾隆十七年圮，署縣雷廷鉞重建。東西廊爲六房，乾隆二十六年，知縣王憕重修。東曹下爲際留倉，今廢。建蕭王祠。後爲川堂，爲君子堂，萬曆十七年，知縣萬邦獻建。左爲耳房庫，又左爲貯册庫，萬曆七年，知縣鍾宇淳建。十七年，知縣萬邦獻重修。庫後爲澹泊齋，知縣池浴德建。右爲知縣宅，東左爲縣丞宅，裁廢。右爲主簿宅，裁廢。前爲典史宅，又前爲吏廨。儀門外左爲土地祠，爲寅賓館，知縣鍾宇淳建，今圮。爲申明亭，爲監房。右爲總鋪，爲旌善亭。二亭知縣鍾宇淳同時建，今無存。前爲大門，門之上爲譙樓。嘉靖二十六年，知縣黄養蒙撤故易新，制度軒敞，額曰西栝雄觀。乾隆二十七年，知縣王憕重新之。東南墻外爲火巷，知縣鍾宇淳闢。署内有空嘯閣，知縣許啟洪建，有詩云：有魏王喬令，敢云飛舄居。偶然成小築，終自笑蘧廬。醉我煙來際，親人月上初。孫登誰共嘯，霞落四山餘。閣借雲爲護，雲流閣作郵。十松排鶴徑，萬壑隱龍湫。寂歷煙千縷，淒清月半鈎。何須阮家屐，一嘯萬山頭。和月和煙閣，惟琴惟鶴官。三撾鼓欲碎，五柳夢初殘。梅福心原熱，元龍氣不寒。卧游登百尺，栝嶺一泥丸。又《空嘯閣夜宿詩》云：鉏雲無半畝，夜色滿空庭。遣興看陶句，驅魔誦道經。蛩聲和露冷，燈影帶煙青。此意憑誰語，梅邊月一亭。内省齋，知縣繆之弼建。梅舫，知縣許啟洪建，有别梅舫詩。代庫樓，知縣繆之弼創建，今圮。咸豐十一年毁於寇。光緒元年，知縣張維垣率紳士籌捐興工，受代去。二年，署知縣胡永焯續又經營。三年，張維垣復任，踵成之。

典史署：縣儀門外左。咸豐十一年毁。同治十一年，典史孫承鏫領帑重建。

儒學署：詳學校。

附舊署公所

守備署：在縣治東，今未造。

駐防署：在北隅，今未造。

教場：舊在瑞仙麓，今在東門吕川。

馬埠巡檢司：在十二都馬埠，今裁汰，基亦廢。
陰陽學：今缺。
僧會司：在報願寺，今缺。
道會司：在壽光宫，今缺。
按察分司：在邑東。元大德七年，縣尉衛琮建。
續改察院司：崇禎八年，知縣何廷棟重建大堂。康熙十三年廢。三十四年，知縣韓武建爲常平倉。
布政分司：在報願寺右，今廢。
府公館：在報願寺内，今廢。
瞻華公署：在邑北四十里，界接龍游。知縣鍾宇淳創建，推官易騰雲重修，今廢。
飯堂公館：在十四都，去治九十里，今廢。
鼓樓公館：在十四都，去治九十里。二館俱界接龍泉，今廢，基在。
惠民藥局：在縣治東，今廢。
啟明樓：在邑東報願寺前。萬曆二十二年，知縣湯顯祖重建。
四明屠隆詩云：大地欲曙重昏坼，火輪忽涌海氣赤。萬國猶在微茫中，神光隱隱扶桑側。先有一星名啟明，前行似報東方白。炯炯盡奮列宿光，孤朗幾堪敵兔魄。天雞咿喔飛蟲鳴，玉漏銅壺不復滴。此時鐘聲出麗譙，義和得令初駕鑣。九關啟鑰容宵度，三殿傳籌放蚤朝。征衣殘月催機杼，旅騎清霜渭板橋。平昌山城俗朴茂，百事向來從簡陋。野鹿時窺長吏衙，清猿手代壺人漏。昏曉天上無常期，寒暑山中有氣候。出門起視明星爛，夙夜只恐陰雲覆。四面蒼烟高插天，亭午日始出岩岫。湯君分符宰此城，平昌更漏始分明。鐘聲縹緲聞空界，樓勢嵯峨接太清。畫棟雲霞生莽蕩，虛欄河漢切縱橫。使君欲眠來登眺，把酒聊舒萬古情。　邑令湯顯祖詩云：舊有金輪地，樓傾怯曙鐘。自他施抖擻，於此寄春容。以下雲平壑，爲高翠遠峰。聲聞懸十里，色界抵三重。霽晚千椎迴，霜宵九乳濃。空中靈響落，世上耳根逢。沸海翻晴鶴，雩雷隱夜龍。花臺遥箭刻，鐙拾閃芙蓉。去逐香螺吼，來參法鼓鼕。無因報宏願，長睡一惺忪。又《啟明樓晚眺詩》云：可憐城市欲紛紛，直上層樓勢入雲。獨樹老僧歸夕照，一山棲鳥報斜曛。初驚梵唱淩空靜，還隱鐘聲入定聞。忽怪夜來星劍曉，諸天於此震魔軍。

補

同善堂：在治南縣前街，光緒二十二年建。典史陳星涵記：親民莫切於令牧，治民莫先於政教。所以神明之治，在一語默，一動作，而一邑食其福，數世蒙其庥，小民已陰受其惠，豈必有迹象可見。故夫登高而呼，群壑易振，權力重而事業隆，憑藉寬而濟施博也。至於簿尉下吏，鞅掌塵網，卑無所事已矣。然事之微而輕者，善之淺而近者，如惜字、施藥、施醫、施棺，擴其量，而至敬恤儒孀等事，凡爲令所不必加意經營者，則下尉或得而藉手也。遂昌山僻而地瘠，民贛而俗樸，儽儽之輩，輒以細憤，仰阿芙蓉膏以自戕。治方雖夥，要皆法冗智懵，臨事掣肘。壬辰春，余廚役吞烟毒發，有以西製白葯粉進，得蘇。於是購備施治，始則城民之服毒走索者，月有所需，日有所急；繼則四鄉丐藥者，踵漸接焉。乃擇豁谷之窩遠，村鎮之輻輳，分給而預儲，以便其取用。兩年中，有以一事活兩人，一人活兩次者，頗不罕覯，而外此遑論矣。甲午秋，余將以秩滿行，慮事不繼，適旌德江茂才志賢，以寓公之身，籌善後之策，議設善堂，以垂久遠。復得葉君永蘅、王君者香兩茂才，分任募勸，而王君恩溥、項氏昆仲、庭堂諸君子，繼起勛勸，踴躍伊始，然草創未就也。乙未春，余回，遂會觀察上元宗公，備兵東甌，念切民瘼，聞而鼓策之，檄賚百金，爲先事倡。余因復與江君、葉君，各增助置産，而觀感興作。城鄉不乏好善之士，或畀多金，或割腴壤，其間復有以治南興賢舖基地獻者，乃購拓而卜築之，建樓三楹，甃石爲楣，曰同善堂。堂成，不佞某某作而言曰：大吏深仁，諸君高義，獲成此舉，近復得史候時時佽助而護持之，則斯堂之興，正未有艾。夫善創難，善守亦不易；善始奮，善後或偶渝。今章程既立，措置自宜，尤願以慮始之盛心，行樂成之實事。書曰：吉人爲善，惟曰不足，遂人之幸，即諸君之福也。諸君其勉乎哉！若夫締造經營，埶挪揞拄，江君之力多也，余何與焉？光緒丙申八月。

育嬰堂：在東隅。邑人王嘉言記：乾道成男，坤道成女。有男女，然後有夫婦、有父子、有君臣。生理滅，斯人倫絶，人奈何不思哉？自溺女之風行，徑尺之盆，涔蹄之水，可使甫生人世者，旋登鬼録。嗚呼慘已！仁人君子所以有育嬰之舉也。遂昌有育嬰堂，舊矣。堂有田，收其息以撫嬰。兵燹後，堂存數椽，而田已侵没，無過問者幾三十年。項君炳華之父榮椿，故董堂事者。炳華以不忍人之心，慨然有承先之志。會甲午秋，邑令張公尊三代江候繼曾之任，炳華與包生其祥諸人上其事於張公，願規復之。公許之，首倡捐。繼其任者爲胡候，亦賚若干緡。於是書册勸募，而觀望者半，踴躍者什二三。夫事莫難於創始，尤難於圖成。凡他善舉，今日力不逮，俟之异日；异日又不逮，可畫然而中止。嬰堂之設，呱呱待哺，朝不及夕，始收之，終弃之，仁者不然也。而且必有房室以安其所，必有衣絮以蔽其寒，必有醫藥以防其疾病，必有錢穀以養其乳媪，又必察其勤惰，時其賞罰，酌其豐嗇，司其出納。噫！繁矣，重矣！今又得史侯護持而玉成之。自此推廣樂成，尤黄口嬰娩之幸也。炳華曰：自前年試辦，勞苦拮據，向之呱泣者，今匍匐行矣；向之匍匐者，今高及几矣。亦可見其志之專、事之勤矣。爲書巔，未以告吾黨。樂善者曰：無有始而鮮卒，無此界而彼疆。千狐之腋，可以集成；千斤之鼎，可以衆舉。光緒丙申十月。

學校

遂昌爲古太末地，吴始置邑，宋始有學。自龔武陵興濂洛之學，尹堯庵發明紫陽綱目，於是乎人才輩出，於宋爲尤盛。凡在庠序，聞風興起，又當何如也。學校以士重，士亦當增重於學校。爰詳載興修始末，而以書院、義學附焉。

儒學：在縣東南隅。初，學在西郭。宋雍熙二年，邑主簿房從善創建。郡丞梁鼎記：皇帝御宇之十載，處之屬邑遂昌簿清河房從善，分俸募民，建先聖廟宇於邑之遺址，越二月廟成。像設既備，乃績其事聞於州。通判郡事安定梁鼎嘉其能，爲親立之碑曰：維先聖之道，廣博淵粹，不可得而知也。嘗聞其指於連山之書曰：立天之道陰與陽，立地之道柔與剛，立人之道仁與義。嘻，天地之道大矣，遠矣，而仁義行於其中，謂之三才，儒之本也。故我先聖戴仁抱義，恢乎至教，以爲民極。則我先聖之道，媲合二儀，無得而窮。孟子云：夫子賢於堯舜遠矣。堯舜行仁義於己者也，先聖傳仁義於人者也。堯舜之道不及於夏，先聖之教施於萬代。則所謂賢於堯舜者，有旨哉。唐開元中，始勑郡縣置祠嚴祭。洎唐室板蕩，干戈既作，廟學悉廢，亦將百年。逮我皇宋，平一妖祲，纘統區宇，然郡邑先聖祠鮮有存者。知郡殿中丞尹輔有感，慨然興建，期月有成。郡中惟遂昌首復其事。既完葺矣，非頌聲無以揚其休烈，庶百世之下，知皇宋文德之誕敷也如此。乃作誦曰：赫赫先聖，二儀配德。享以王禮，祀於萬國。惟此吴會，缺而不治。仁義之道，將墜於地。猗歟佐邑，乃嚴斯宮。乃像斯容，來復儒學。於穆儒風，光扶聖運。播於頌聲，垂之無窮。慶曆間，李令、王令修之。邑人龔原記：自慶曆中，天子詔興學，郡縣吏務應者，至鳩民財新棟宇，否則因舊夫子廟爲之，各隨力以稱天子育才意。方是時，遂昌之學圮於大水，毘陵李侯、海陵王侯實修之。故雖彌二十年，而其新乃若初造者。使吾邑講有常師，而學無廢業，數君子之賜也。邑人皆曰是宜書，且以屬余。故道其本末，俾刻於石。若夫道德性命之理，教者以數，學者以興，則三經義方行，譬諸飲河，可取而足也，尚何言哉！時熙寧年月記。皇祐中，邑令何辟非始遷今址，後令施肅成之。宣和三年，毁於寇。紹興辛酉，邑令鄭必明重建。邑人周綰記：遂昌僻居一隅，先時籍不滿萬户，地險且瘠，大率以詩書爲資，士風彬彬，與麗水、龍泉二大邑等，他邑莫敢望焉。宋興四葉，聖天子恢儒右文，復詔天下立學。遂昌於時首相率應詔，而縣序之建，迨兹八十餘年矣。士之薦於有司者，多以魁選，角立傑出，進爲時用者，踵相躡而背相望焉。自兵興，士不群萃，而學處爲吏者，方以趨辦賦調爲急，學館之成壞，漫不加省。今鄭侯之來也，專以儒術緣飾吏事，咸有條理。因得餘力從事於學，鳩工度材，取傾者扶之，闕者補之，漶漫不治者雅飭之，役不煩民，工不踰時，輪奐一新，使士之來者隆師親友，得以講明聖人之道，且以風勸於四境士德。侯之賜，願有記。以書請予者交至，乃爲之言曰：夫學校者，禮義所自出，而道之所由興也。道不可須臾離，則學校不可一日廢。三代之學，皆以明人倫，流風餘澤，漸民也遠。周衰，王者迹熄，魯之僖公以修頖宫見頌，鄭之子産以不毁鄉校爲賢，至於學廢不修，則子衿刺之。下逮言偃之於武城，區區小邑，猶以弦歌爲政。自秦滅學，言治者推漢、唐學之盛衰，雖由時主之好尚，至一郡一邑之間，或廢或興，未嘗不係其守令之賢否何如也。蜀之文翁，閩之常衮，此尤其表表者。若韋景駿、羅珦輩，皆以一令之微，修學宫，闢黌舍，列於循吏。今鄭侯此舉，真可以比美古人矣。客有言曰：今日之世，正當以馬上治之，於學校乎何有？予曰：不然。事固有若緩而當急，若後而當先者。漢光武未及下車，先訪儒雅，息馬論道，曾不敢暇。唐更安史之亂，時多故矣，劉賓客奏記，深以學校不修爲憂。杜甫衡山宰新學之咏，反覆稱嘆，至謂侁侁舞雩之風，可以坐壓戎馬之氣。乃知尊主庇民，固不在彼而在此也。伏觀翠華南幸，駐蹕武林，栝蒼乃今股肱郡，剖符出宰者，皆一時望人，殆不當效前日俗吏，徒以簿書期會爲事也。况時當用武，斯文委地，晚學後進，往往挾其私見曲説以自是，而老成之典型，承平教養賓興之制，寢不及見，可勝惜哉。鄭侯乃能於干戈擾攘之際，以名教爲先，以陶冶士類爲急，使此道中僨而復振，其賢於人遠矣。异時美化行於閭里，人材成就，出爲邦家之光，社稷之衛，而來者知所矜式，則人思咏侯之德，豈有量哉。

乾道戊子，邑令李大正重修。淳熙丁酉，邑令林采增修，移向曾山。邑人鄭俅記：縣之學，占城闉之勝，規模亦壯矣。前逼通衢，而勢少隘，識者病焉。淳熙丙申，林侯被命出宰，首謁先師，延見諸生。閱數月，剸裁盤錯，悉意於學。參衆議，遷其門而南，仰揖曾山，俯瞰平湖，雲煙蔥蘢，秀氣可掬。又闢其墻而廣之，外爲坦途，以遠喧囂，訖工於明年冬。若其經營謀畫學職，閭邱景憲實贊之，俾衿佩萃於其間，非惟江山之助，藻掞天庭，芥拾青紫，袞袞相望。當知出入是門，由是路者，必惟禮義之歸，率斯道以發揮遠業，戴林侯之德，曷有窮已。昔漢于公令高其門，容駟馬車蓋。晉王濬使廣其路，容長戟幡旗。二公祈徯於後，雖皆如志，特爲一家榮耳。侯今此舉，非己私也。况吾邑自舍法更士，不復養於學。兹學既新，侯始摎括舊租，爲養士經久計。春秋校試諸生，其凡例率約上庠法，所以設心者甚廣，而望於邦人者甚切，諸君勉之，其無負。侯名采，字伯玉，慈祥明敏，加之公勤，處事得寬猛之中，致君澤民，固其優爲，可謂知所本矣。士夫願有記，球竊喜，載名其間，併爲邦人賀，乃不敢辭。

鄭琳記：舊聖廟在西郭，圮。宋雍熙二年，簿房從善重建。皇祐中，令何辟非於邑東南隅始創學宫，後令施肅成之。宣和三年，毀於寇。後二十一年，令鄭必明重修。又二十有八年，知縣李大正補漏全缺，鑿環流溝於西，植登瀛閣於東。逮淳熙丁酉，林公采來主邑事，累改叠修，遷面曾山，闢廣垣墉。慶元己未，左史張公奉祠，里邑居士請主其議，復徙重門南向拜山，築垣居水，鑿池立橋，遷竪登瀛閣，名曰雙峰，下曰麗澤，又創軒名曰見山，仍新講堂之額曰明倫。四齋：博文、敏行、懷忠、敦信，氣象愈偉。學舊有租米四十餘石，林公摎括民田之絶而冒占者，盡以歸之學，歲入税額七十餘石。學有贍士之金，中間令有獻助於郡庠者，林公力請而回去，後復爲郡所需。太守胡公登視郡縣爲一體，因諸生請，慨然復歸舊物，嗣今可爲經久之計云。慶元己未，復徙南向，建重門。明成化七年毁，通判郭鼎始建明倫堂。國朝順治七年，教諭鍾天錫修。乾隆二年，教諭張錫理又改建之。東西列兩齋：博文約禮。東齋而下爲號舍，外爲禮門，堂後爲敬一亭。隆慶元年，知縣池浴德建，知縣湯顯祖重修，尊經閣今建。

御書亭：右爲樂育堂，堂後爲教諭宅，堂前爲此君亭，又名留香亭。禮門外爲訓導宅，在東隅街，係合庠公置，葉姓業。乾隆壬午，知縣王燈捐俸重修。爲儒學門。成化十年，推官趙巡建。

大成殿塑：聖像置祭器，未既代去。二十年，知縣俞鱐成之，戟門、兩廡、齋舍悉爲創建。主簿文英建櫺星門。弘治八年，知縣黄芳重修。正德丁丑又毁。教諭戴鑾請於知府林富重建。邑人鄭還記：柳江戴君鑾來掌吾學教事，視齋廡壞陋弗支，而禮殿尤甚。時幸郡侯林公爲政，以興學爲先，往陳其所當修舉者，得緡錢若干，遂撤其壞，拓其陋，因舊以爲新。一夕，以民火弗戒，罄燼無遺。戴君乃督役去瓦礫，相基址，謂疇昔區畫尚未盡善，乃復陳其經營之略於侯。侯可其請，乃次第措給白金五百餘兩。遂不憚寒暑，不間雨暘，或肩輿原隰，或徒步險隘，登山擇材，鳩工興作，度延袤，定方向，移明倫堂於近北，大成殿於近南，齋廡、戟門、號舍整而有度，焕然改觀。甫畢工，而遂膺國博之命。自謂建學非郡侯不能成，乃走幣周都院，徵文勒石。侯曰：此戴廣文之力也，於我何有？邑令張君淵請别以志。竊惟戴君掌教兹邑，文學其職也。學之修廢，蓋非其責，而乃身任是役，經畫出人意表，官緡出納，毫髮無私，是其智足有見，廉足有守，才足有爲，可以仰體郡侯興學之盛心矣。顧乃不敢當而獨歸之侯，侯不欲居而復歸諸君。古人德讓之風，復見於兹矣。易曰：有勞而不伐，有功而不德，厚之至也。郡侯有其功而不德，戴君有其勞而不伐者歟？是爲記。

嘉靖間，知縣黄養蒙開拓學前基地，鑿半月池。知縣洪先志修葺，置石檻。

武林高儀記：浙之東南，有郡曰處州，治介萬山間，其地最僻。郡之西北，有邑曰遂昌，越在一隅，其地爲尤僻。民之生其間者，安於田里，不見外慕。於是士皆沉茂雅樸，稱爲易教，誦詩讀書，被禮服義，以游於庠校，升於科第，而効用於天下者，蓋自建學以來，彬彬然可考而知也。顧其學再燼於火。正德己卯，教諭戴鑒始經營之，而詘於財力，僅備規制。迨今三十餘年，承其簡陋，繼以朽壞，上漏旁穿，弗蔽風日。嘉靖庚戌，海陽洪君先志來爲邑令，既謁先聖於廟，乃登堂以臨諸生，顧而嘆曰：學敝甚矣，兹非有司者之責乎？夫學，教士之地也，敝且莫省，則於教士之道，其肯加之意乎？比歲科舉乏材，而士業不振，殆職此歟？惜吾政未信於民，而遽興役，不可。久之，政令既通，民用孚洽，乃斤材斫石，考日聚工，屬典史何京董其役。若殿廡，若櫺星門，若堂齋，若號樓，以次修治，撤敝易腐，補罅支傾，期於堅緻。復跨泮以爲梁，緣梁以爲檻，凡所規建，秩然畢備。又以戟門外有池，蓋前令黄君養蒙所闢，而引南溪之水以入焉者，近亦湮塞。乃濬上流之渠，甃以完石，障以長欄，植以芳桂，俾民之緣渠以居者，十家置一石窗，窗内污者有罰。於是紆縈澄湛，若帶若環，而學制益美矣。時適督學阮公檄至，欲表章名宦鄉賢，立祠以祀之。君即偕師生考其應祀者若干人，拓學東南隙，并黄公舊闢西南地，建二祠以祀焉。教諭廣陵鄭君器以洪君崇學造士至意，不可無記，乃命其弟直暨諸生王養端重繭來杭，請文刻石。予惟古者列國莫不有學，學則三代共之。春秋於築囿則書，築臺則書，作門作廏則書，而不書建學，豈無學乎？蓋書其事之可已不已者，而以建學爲常事不可已，故不必書也。今之郡縣猶古之列國，若守令則諸侯之任也，乃汨没於簿書期會之間，困悴於趨走徵求之末，視學校廢興不啻逆旅，間有修舉，又或藉以侵公帑、充私橐，孰肯視爲事之不可已，而以興學造士爲心如洪君者哉？故使孔子作《春秋》於今日，又必易其事而有不得不書者矣。昔者蜀之與閩，士不知學，文翁、常袞一振作之，遂遽收得士之効。矧遂昌素稱多士，非閩、蜀比，而洪君日與諸生講聖賢心學之傳，其意又出文翁、常袞上。今復舉此以樹風聲、新瞻聽，士有不翕然變、勃然興者乎？是故居則爲名儒而化行一鄉，出則爲名臣而業垂萬世，庶無負洪君意，而於學校爲有光也。科第云者，特致吾身之階耳，果足爲士子望哉！萬曆六年，知縣鍾宇淳一新之。郡人何鏜記：遂昌，古太末地，是在姑蔑之墟，栝蒼之西阻也。自吴赤烏初年始爲邑。宋雍熙乙酉，邑主簿房從善建先聖廟，於是遂昌始有學。慶曆中，邑人龔武陵先生篤志明經，崛起濂洛，未興之先，致身通顯，於是遂昌人始知學。歷代以來，屢圮尋徙，至正德間重建，隨毀而再新之。嗣多修拓增飾，見謂留心庠序矣。然惟壯觀視爲名高，其甚者僡精力於徵輸期會，更歲臨試，以應一時品題，見謂舉其科條，不至廢鞠已耳。乃化導誘進，一意敦率，所以觀人文而化成之者，蔑如也。嗟乎，難言哉！雲間鍾侯，自萬曆戊寅初夏始到官，時時行邑中害利，秩有條理，諸所貞舉，率破拘攣，務垂斯人久遠利愛。乃於學校教化，尤爲篤志，雅意興起，底於熙明。時集諸生，試其課藝，品第高下，犁然當所失得。業既欣欣服從，謂得良師帥焉。已又聯彙聚立課限，俾人自敬。業爰以疇昔精義所自得者，示之標的。蓋不半歲，而士知鄉方矣。於是廉得前令所叢廢寺羨産，裒其值若干，召者民分督。貿則鳩工率作，凡先師廟宇，諸賢翼室，以至廨舍膳堂，靡不增美。費不足，則捐俸足之。已又建聚奎亭於池西，視昔不啻重新。弦誦之聲，洋洋域中。山谷之老，無不遣子入城，爭欲爲學官弟子。時郡太守校視諸邑童，求可補博士諸生者若干人。惟遂昌爲十邑最，高可以應選試，下亦不失爲進修。士趝然稱之曰：是安所得俄頃助耶！余惟子言之，君子之德風，舉善而教不能則勸。誠然乎，風之哉！士有不勸，非夫也。昔漢文翁好教化，修起學宮成都市中，至今巴蜀好文雅，況當時耶！余目見遂昌人士，彬彬多文學，日躋於顯榮。即旁邑將聞風興起，謂梧蒼儒林，寖寖可比鄒魯焉，實鍾侯始基之矣。是役也，肇工於是歲秋七月，落成於冬十有一月。不煩里旅，捐帑藏而樹聲，貞教於是底績，將貽休於億千百載云。十六年毁。知縣王有功清括民間欺隱官田，易價爲再建資，未幾行取去。十八年，知縣萬邦獻成之，併徙。建啟聖祠於禮門內，於櫺星門內建名宦、鄉賢二祠。舊在櫺星門外月池左右，因毁，移建於此及土地祠。仁和張瀚記：遂昌處支邑也，而君子、妙高、眠牛、飛鶴、土鼓、文筆諸奇巘，夾層溪而剡碧流藻焉。即材產若文梓、孤桐、楩楠、松檜之屬，飾犧尊而繩梁棟者，不下他郡也。士生其間，起而肩斯文之任，補前人未竟之勳，粤尹起莘而後，如周如應，炳蔚蜚芬，亦既有聲東偏矣。雖維嶽降神，亦會其學宮儲育也。顧自成化辛卯來，遞興遞圮，凡火者再矣。今天子御極，己丑復火焉。夫學士之肄，先聖所妥靈也，而燼薦更，豈盈虛之數，冥冥者適然耶？第竊异之。先是南城萬公，戊子將偕計北上，夢神人彷彿先聖像者贈之，言有文廟鼎新，荀龍薛鳳之句，寤而莫之解也。比己丑拜遂昌令，下車謁先師，始知鼎新之任，非偶然也。乃復理前令王公所發官田議，及諸工費便宜狀，上之郡守郭公，調劑中度，報可。公於是括所欺隱官田若干畝，召民貿價若干緡，鳩工庀材，分任視成，以方舊制宏麗矣。得巨材爲梁，旋斫之，龍翔鳳翥，脉若天成也者，益信荀、薛之兆，又非偶然也。啟聖故祀殿右，甚湫隘，公謂聖靈不安災，得微欲崇是乎？則改建於左，謂民居占逼火巷，致弗戢，而沿習猝難法繩也。令計户厚築崇墉，屹然數仞焉。諸土地名宦鄉賢祠，禮門兩廡齋，祭器并庫，焕然一新之，廟貌改觀矣。惟兹役不違時，民不知擾，甫期而告成也。遂士民扶攜瞻仰，快先聖而得賢侯，蓋武相躡焉。署學事余鄉孝廉於君還武林，爲頌侯莅平昌，節用愛人，清心寡慾，未易縷指也。虔請記。余謂學校之説，其所關風教，寧尠淺哉。赫然先聖監臨於上，而日繩督士於詩書禮樂之趨，蓋儲俊乂於中，爲當宁之獻也。矧宇内文化翔洽，久而後光稱循良。吏兹土者，又愛養誨迪，日有加焉。將無孕靈毓秀，含吐英芳，赴鼎新之會，發龍鳳之祥者出耶。是在多士矣。多士苟能一遵功令，稟先聖之規，瓔瑣三物，薦蓑四術，躬修而肅成之，道德經術，文章名世。是故處則養蒼生之望，隱然覘公輔也。清操諒執，式勵靡風，一出而策鴻奇，輝竹素，彬彬質有其文焉。其或師表一方，則毅然張主斯文，續河東於越之遺傳，而以行誼屹當世。即厄而處泰山之勢，觸雷霆之威，則又正氣激昂，其風烈所披勃，令山河生色。夫是乃無負熙明，有光荀、薛也。不然，捷徑青紫之媒，沉溺利達之術，其於祕躬繕性，忠上慈民，藐焉置弗顧。是不特玷衿佩，羞山川，爲先聖之弃人，抑亦重辜萬侯鼎新之舉，可惜也。是在多士矣。

二十五年，知縣湯顯祖興學重修。

縉雲鄭汝壁記：歲強圉作噩之次，不佞讀禮仙都山下，遂昌邑博士楊君士偉、夏君薊、吴君從善，介弟子員華生、牧民輩，儼然造余而請曰：不腆敝邑黄山白鶴之勝，以啟我膠庠先哲，往往輩出。乃者風氣間詘，文隅堂構未備，多士自謁奠外，無能藏修其中，以親炙羹墻，領師儒之訓。其食貧者，多莫振於膏晷間，則興學謂何？爾時臨川湯侯，以文章名海内，由南祠曹左遷下邑，謁先師而瞻嘆曰：嘻！勸學興教，是實在予。乃修明倫堂，創尊經閣，建象德堂，捐俸鳩工，既奐既翼，黌序風物，焕然一新。復置學田若干畝，群士之窶而志淬者，館穀而周之，日有餼，月有課，手爲批騭其文，時時横經程藝，陳説古昔，士用争相濯磨，彬彬然起矣。侯莅邑之日長，旦暮且徵，吾儕不能忘侯之德，願得先生一言，記侯所爲興學者。余聞之，辴然曰：有是哉！侯於是知務矣。古者重徵辟，寄選舉於鄉里，故下之作人，不祇庠序，上之司徒、司馬，在在興勸，亦不獨寄之令。我朝郡邑建學置師，而督勸一責之宰邑者。大宗伯司其綱而勢遠，督學使者董其事而力分，博士專其職而權輕。故親之而悦，尊之而信，身教之而從，惟令能爾。令而簿書之是亟，而造士無所事，夫誰與興學者？夫侯亶可謂知務矣。雖然，侯之閣而尊經也，惟以弼風隅之缺已乎？堂象德而餼寒士也，將群居而徒給之資助已乎？課藝而時也，將占畢之是工而青紫之是拾已乎？如其祇是而已也，亦何以興？即興，將安禪？夫士不患寡而患不名，不患不名而患無所以名。六經炳若日星，守之窮可以師世，行之壯可以善世。故離經而哆於言者，行必竊；謀食而踰於檢者，塞必變；騁雕龍而詭於則者，實必瀉，而詣必不遠。是豈諸士所自待？而亦非侯興學之意矣。昔子輿氏論豪傑之士，雖無文王猶興，矧有所興而可苟焉已哉？余栝誠褊小，然多賢豪長者。若文成諸君子，處則超超，出則朗朗，夫非先進之遺乎？多士事賢者而友其仁，景行前哲，當必有興焉者矣。《魯頌·泮水之什》曰：濟濟多士，克廣德心。請以是望多士，多士勖哉！

國朝康熙五十年，知縣繆之弼重修。邑人翁濤記：邑之有學，聖靈實式憑之。故必恢宏壯麗，焕彩騰輝，以肅之觀瞻，以示之風旨，而後士蒸蒸然起，收效於一日。故常衮設閩校，而蠻鴂更風；文翁興蜀學，而蠶叢頓化。而況王風翔洽，文明夙啟之鄉哉！方今聖天子崇儒重道，遠軼百王，御製孔子暨四子贊，且灑宸翰，製萬世師表額，頒郡縣。玆復詔以朱子配享十哲之次，其昌明道學，陶育人才之至意，昭如日星。凡百司牧，莫不欽承，以尊聖葺學爲兢兢。慨我遂邑，蕞爾介萬山，土曠人稀，積荒賠累，兵燹洪水，爲患頻仍。莅斯土者，往往視爲傳舍，其肯任修舉之責者，屈指十不得二。以故黌宮庭廡，崩漏傾頹，亦已有年。邑侯繆父母下車，瞻謁先師，嘆息久之。以時絀不可舉贏，爰於莅任之明年，捐俸鳩工，視其朽蠹者易之，傾圮者復之，簡陋者文飾之。若文廟，若兩廡，若戟櫺星門，瓴甓榱題，豆籩几案，無弗釐然整飭，丹雘輝煌。始事於康熙庚寅之秋，迄辛卯春而功成，誠數十年僅事也。或曰：侯科第傳家，今日之役，酌流而不忘源，登枝而不捐本之意。予曰：唯唯，而侯之意正非徒爾也。侯誠灼見夫我遂人文舊地，今則陵替已極，庸詎知元化之樞不復轉，斯文之軸不再旋也。於是急謀振興，遂多士耳目既已改觀，心思因而競奮，將闇修在道德，表建在事功，聯翩接武，樹駿流鴻，仰副朝廷作人雅化，賢父母愛士深心者，不具在斯耶。泮宫芹藻，魯邑絃歌，我侯有焉。濤不敏，敢拜手而爲之記。

雍正十年，教諭陳世修鼎新之，大成殿、兩廡土地祠、戟門名宦鄉賢祠，巍焕有加焉。學憲帥念祖記：邑當栝蒼隩區，在吴赤烏之年，稱平昌，暨晉定今名，稱遂昌縣。唐山龍溪，孕育靈异，浙東望邑也。余奉命來此，諸生合詞有言曰：縣東南隅固有儒學，歲久圮矣，飄瓦欹仄，將墮壞柱，支吾若醉復倚者。自康熙二十七年，邑令柳諱滋溥、庠師陳諱灝、朱諱永翼，謀於邑人士，經理其間，晝見日，夜見星，勤勞百倍，頓還舊觀，歷數十寒暑，而瓦又有將墮者，柱又有支倚者，學又將圮。邑之士請於庠師陳諱世修，師曰：是我與諸生事也，其何辭？經理其間，勤勞與前略等，若堂、若廡、若門，先巨後細，自左及右，始於客夏，落成於今春，幸得爲文以鐫諸石，示來者，毋俾廢壞，此諸生志也。余曰：唯唯，其何辭？考府志新成於康熙二十九年，興廢沿革，遠者闕如。所載國朝以來，其在遂昌，書旱者二，書大旱者一，書大饑者一，書六月火者二，書水者一，書大水者一，凡諸夙所指稱之清華閣、蓮化漏堂、嘉瑞堂、雙輝閣、得月亭，十沉九浮，都不可問，是學之不與俱盡者幸也。乃諸生於諸務未暇論，而獨於儒廟勤懇不休，蓋諸生之自待者厚，而所思遠矣。在宋，尹堯庵於通鑒爲功臣，其祠尚存。在明季，包似之著五經同异史編，餘言建有兑谷書院，諸生立功、立德、立言，蕲至於賢達不懈，而及於古，使來者咸指而數之曰：是某某後先相望，磊落天地，炳烺昭揭，永永無極，令一鄉一國不得而有之。其初固遂昌儒學中人也，則兹役也，其可無負矣。水深則洄，葉落糞本。首事者若干人，勸事者若干人，其一一備書於左。乾隆五十九年半月，池石檻傾圮無存，教諭陸以謙重建之。嘉慶十年，廟已就圮，合庠捐資重建。道光十四年，大成殿前半倒壞，知縣朱煌、教諭王椿照、訓導鄔宗山倡率合庠捐資修葺，殿宇并一切廊廡、神龕、墻垣煥然一新，倍加壯觀。十五年，啟聖祠梁柱將傾，明倫堂亦圮，復會同署教諭葉詁、署訓導洪鼎元復率紳士捐助修整。咸豐八年三月，粵匪陷縣治，學宮焚毀殆盡，惟大成殿兩廡、崇聖祠梁柱瓦石僅存。同治四年，知縣方泩、教諭高鴻集資復修。八年，教諭周榮椿、署訓導程炳藻籌款重修明倫堂。太守潘紹詒記：國家設立學校，所以興育人材，振勵風俗，典綦重矣。凡與斯民之責，切治道之求者，先務莫此爲急。遂昌故有學，在昔興修不一，具詳邑志中。咸豐戊午及辛酉，迭遭粵匪蹂躪，學宇成墟，惟大成殿、崇聖祠屹然僅存。事平後，校官僦民屋而居，有司方務招徠，勤徵繕，學舍之成壞，莫之或省。越八年，同治己巳，周君榮椿來掌教事，與司訓程君炳藻清釐學山，得栲里源材木，貿其值，用建明倫堂。工甫竣，費云竭，程司訓亦受代去，他工未及舉也。又明年辛未，訪有畫燭源學山一處，失管多年，文券亡考。嗣據山佃出乾隆間租帖，知與羅姓山毘連，歷被侵斫。因屬諸生就議，令羅繳價錢五百餘緡，山歸焉。復將諭署重造，并修昌山義塾，權作訓署。自此兩齋既稍完葺，講學且得其地矣。而禮殿後有尊經閣，前有兩廡，若戟門、櫺星門、泮沼、宮垣，皆不容任其墜廢也。欲謀更新，絀於費。又逾年，壬申秋，大成殿右角坍塌，柱幾傾，勢危甚，急籌修整，非集捐莫措也。乃狀其事來郡，余即報可。遂聚徒合估，凡木石瓴甓之材，丹堊髹繪之飾，繩度剸斫版築構結之用，計費幾何，經營撙節，徧示邦人。惟士與民樂於趨事，爭出金穀佐之。於是擇日授圖，簡材庀物，自殿桷榱題之當撤剔者，庭霤陛所之待陶甃者，以及廊廡門盧庖湢廩庫，次第繕完，悉如制。又創重屋爲閣，以儲經史，規模壯麗，金碧輝煌。士民聚觀，相顧動色，嘆爲昔所未有。十閲月乃訖工，共糜錢一千三百千有奇。自己巳迄癸酉，建修者三，籌捐者一，計歷五年之久，一律告成。周君之心力交至矣，而余之知君抑有深焉者。自領副貢後，以州倅出司上洋榷務，上臺頗重其能。旋以不耐煩苛，自甘簡泊，改就斯職。其才略迥不猶人，故莅官能急先務，一切秉公潔己，區畫井然，選擇堅良，惟期經久。蓋欲使游其間者，瞻顧興懷，篤學砥行，處爲純儒，出爲循吏，庶幾聖教昌明，而風俗人才蒸蒸日上，仰副盛朝植學崇文之至意。是則周君之所以報國家者，而邑人士宜何如淬厲，無負師儒之屬望也哉！玆周君造余請言，以勒貞珉，俾後有考。余責在敦勸，奚敢以不敏辭，爰嘉其善而樂道之。是役也，採物料者歲貢王嘉言、武生包國純，司出納者生員王嘉祥，咸有勞焉，例得附書。

教諭署：在明倫堂西。同治九年，教諭周榮椿籌款重建。

訓導署：舊在東隅水亭街。咸豐八年，毀於寇，廢爲圃。同治九年，修葺學左久廢之東義塾，暫作訓導署。

射圃：在東隅。

登瀛閣：在縣學。宋乾道中，邑令李大正修學，建登瀛閣。慶元間，遷是閣於講堂後，拓地、鑿池、立橋，如泮宮之制。撤講堂後值舍，增卑培薄，移閣其上，名曰雙峰，以增文筆之秀。縣尉朱大正建，今廢。

雙峰閣：在縣學。宋時建，今廢。邑人張貴謨記：余少讀書，年十五游鄉校，又十年入太學，升舍，遷登乾道五年第。既歸，典邑李侯大正下車修學，建登瀛閣東南隅，余爲作修學記。及慶元戊午春，余以左史奉祠還里，首謁廟學，見新塔崇成，與西山相直，氣象甚偉。或謂：重門内盍築垣居水，遷登瀛閣於講堂後，增壯主勢，於陰陽爲宜。邑人聞之，欣踊經始。時尉攝事，慨然任責，拓地、鑿池、立橋，如泮宫之制。撤講堂後值舍，增卑培薄，移閣其上，名曰雙峰，以增文筆之秀。閣東西翼以兩廈，連宇垂阿，與講堂相屬。登瀛故址，創軒屋六十楹，坐挹南山，以還舊觀。閣高深爲尺各三十有四，廣倍之，升高望遠，挾於兩旁。更雙小峰南向而并峙，綿谷跨溪，有層巒叠嶂，林麓薈蔚，四顧環列，晨光暮靄，與雲氣變化，四時之間，模狀不一。諸生講學，涵泳其中，食和染教，浸潤以詩書，奮發乎文章，當有俊才魁士，結軌天朝，爲世顯用。回觀此閣，爲昔蜺迹之地，又當樹崇垂鴻，而接武於淩煙之上矣。稽諏規度，僦督庸役，取羸於逋租匿役之餘，民不勞而事集，皆尉身親而力圖之。其居官自苦如此。尉吾郡，朱姓，名大正，蓋樂圃先生之四世孫云。

尊經閣：在明倫堂後。萬曆二十二年，知縣湯顯祖建。舊名敬一亭，今爲御書亭。邑人項應祥尊經閣記：甲午春王正月，邑侯創尊經閣成，廣文先生楊君士偉、黄君繼先、夏君薊，率多士相與徵余言爲記。余以病弗嫻筆研辭。三君起曰：經，古人傳心之要，道莫宏焉。尊經閣以萃古人之精蘊，典莫盛焉。閣成於臨川湯義仍先生，文在兹焉。之三者，先生又烏得以無言耶？余幡然曰：唯唯，三先生命之矣。不佞即不文，請得因三先生言爲之記。夫侯成閣，閣萃經，經傳心，則夫尊經也者，舍心其奚以哉？予讀莊周斫輪之説，曰：古之人與其不可傳者死矣，今之所讀者，古人之糟粕已耳。此無他，知以可傳者求古人之迹，不知以不可傳者求古人之心。若然，則奚取於經，又奚取於尊經也與！侯弱冠以博洽聲馳字内，其文炳矣。甫入仕，抗疏大廷，權貴辟易，避三舍，其節照矣。頃以遷官客吾邑，邑人謂侯將傳舍之，侯乃諄諄民瘼，而尤注意黌序，殫厥心焉，其政勤矣。余嘗瞰鳴琴餘暇，就侯唇吻，則滔滔若大河長江，一瀉千里，其論宏矣。是文章、節義、政事、言語，侯以身兼之，自非心印古人，條暢六經懿旨，詎能是哉！乃今學者剽竊緒餘，呻吟占畢，爲襲取青紫徑竇，便詡詡號於人曰：吾能讀經。甚且句讀未暢，而名利念頭不啻交戰於胸中。幸博一官，即侈然營營爲身家計，罔所弗至，曾不知所讀古人書爲何義。嗟乎！此離經叛道之尤，德之賊也，則何取於經，又何取於尊經也與！爾多士服習侯明訓久矣，雍容廟門，仰止經閣，當思古人之遺經謂何，邑侯之建閣謂何。曰：與一二同志商確其下，以文章則尚經世而陋雕蟲，以節義則大綱常而小徑竇，以政事則貴循良而賤搏擊，以言語則崇忠信而黜浮誇。如是，則庶幾哉讀古人之經，不愧古人之心。异日者，亦將如侯掇巍科，建大業，駸駸不可量焉。斯於建閣之意爲無負焉耳。不然，尋章摘句，徒取世資，未免蹈斫輪糟粕之戒，爲莊生所非笑，將不爲經之罪人也與？將不爲侯之罪人也與？不佞發迹此中，不勝本根之念，而又親承侯教，知侯所望於多士者殷也，故以規不以頌如此。不識三先生以爲何如？咸豐八年，毀於寇。同治八年，教諭周榮椿、署訓導程炳藻籌款重建。

相圃書院：在瑞山之麓。萬曆七年，知縣鍾宇淳創屋三間。二十三年，知縣湯顯祖加創大堂，顔曰象德，左右列舍二十八間。自二門至大門，有橋架於池，爲習射誦讀之處，并置租一百石。湯顯祖自記：今上二十有一年三月望後三日，予來遂昌。又三日，謁先聖廟，甚新。從學官諸生至講堂，堂敝，其後益庳。問所藏書，無有。問縣隅中或有他學舍爲諸生講誦，無有也。四月朔，始克視事。發檄，有學使者廣陵陳公所爲書，命諸生射。諸生皆對不能，云無射堂也。按縣治南石梁，緣溪而迤，有斷垣負牛山，故令鍾嘗爲若堂者，今廢。而其旁壽光仙人有宮，堧蕪甚衍，可以相益。諸生言如此，爲之欣然。諏吉，乃授地形於學官於君可成、周君思問、黄君繼先，直以報學使者，且營射堂矣。請以學租三千錢爲端。而予爲縣官，於禄入固無所愛，凡訟之獻金矢而不直者，賦其材，或以輸作。會夏五月，大雨水，諸山之材畢來，工作咸集。六月，堂成。瞰東山坡陀而蒼，其西有峰，遡澗而遥。門之中，引泉爲池。池之上，除道甚修，凡百數十步而垂堂，可以馳步射也。道左右，各廣丈餘而霤若繩。爲學舍者各十五，屬之門。舍容二人，合之可坐生徒六十人，閭閻如也。繚以垣，六月耘，七月穫。作者告休，八月而後克成，費百金。其右旁，武射場也。尉率歲閱兵壯而肄射，餘月課捕盜賊。射虎尚不能中程，何以令士射？夫士射，亦禮射而已耳。六藝射，於禮樂爲附。天子選士，祭必射於澤宫。卿大夫歌采蘋。采蘋，言士有幽微而可采也。余所以爲射，將歌采蘋而薦士焉，非射而已也。君子始生，爲弓矢以射天地四方，有志於其事，勉所以不愧爲男子者。噫！豈惟射哉！ 又《自置田記》曰：余築平昌射堂二十八，列定其房。士相師友而游，至夜分，莫不英英然、言言然講於詩書六藝之文。相與爲文，機力日以奇暢，大變陳常。初，余以相圃名堂，蓋非専矍相義，殆欲諸生有將相材焉。徵於今，异時必多有副余望者。余幸斯堂之與人永也，裁道宫之田而食於斯，兼以時葺，爲勒移而示後人。又給相圃租石，移文曰：爲育養學校，以垂久化事。萬曆二十二年八月十八日，據本縣儒學廩、增、附生員徐榮、李春芬、華牧民等呈稱：臺下創建射圃，陶鎔士類，千載奇遘。復蒙發租資給修葺，已經學師會議，遞年諸生在圃肄業，輪推一人管收前租，除葺屋宇外，餘租照數分給諸生膏火之助等情到縣。據此，看得遂昌學宫隘窄，旁無書舍，有社學四所，俱淺小無房。本縣重建射圃，兩旁書舍共三十間，聚諸生有志者日夜誦習，僻邑得之，號爲盛事。但恐以後無人守視，容易圮壞。因查本縣城隍廟僅廟祝一名，食田二百三十籮；壽光宫道士三名，食田至二百五十籮。夫費國租以養游食之人，不若移以養菜色之貧士。今於城隍廟廟祝糧内撥田八十五籮，遞年遴擇諸生主之，以歲請教官查視修理，稽核實數，年終開報，以免欺冒。又於壽光宫中撥田一十五籮，與住相圃人看守門墻，庶射堂不致圮壞，而諸生永得矍相之觀矣。具由申蒙提督學政蕭批：據申，具見該縣作興教育盛心，如詳依行，繳。據此，牒學遵行去後，所撥出廟宫田租土名田畝，若不刻石備照，誠恐年遠不無更易移換、冒費侵漁情弊。今將申允文移并撥過土名田畝租額，逐一備細開列其左，以示後來，毋負本縣作興學校至意，須至碑者。

湯令去後，士民思之，尸祝於堂。

知府鄭懷魁記：序者射也，矍相之圃維新；社而祝之，庚桑之祠斯在。豈非中多爲儁，斯賓禮以興；去後見思，乃神道成享。士各繹己之志，民知有父之尊。明平昌令、前祠部郎臨川湯公，諱顯祖，字義仍，學者所稱若士先生者也。掌祀鄉曹，屈居宰縣。中攖逆鱗於龍頷，終鎩長羽於鴻儀。可謂伯夷秩宗，直哉有惟清之節；子文令尹，已之無作慍之容。夫其目空塵寰，胸苞法象。探索賾隱，讀人間未見之書；窮極高深，垂身後不朽之業。故能貞教靡倦，邕如百昌之鼓惠風；樂善無私，沛若百川之歸巨海。宏開藝圃，高揭射堂。士有列次以居之，邑籍閑田而餼之。相如七經之學，遺愛通都；孟堅九流之文，收藏崇閣。二十八舍，寧止奎壁之圖書，三百六旬，不輟春秋之絃誦。爾乃講習多豫，較閱餘閑，豹侯設正，鹿中受算，決拾既佽，揖讓有儀。方鼓圜鞞，全用薛魯之奏，危弓安矢，合成唐史之規。正直無回，審固不撓，循聲而發，序賓以賢，引觶就豐，釋弸交韔，温温秩秩，肅肅雍雍，將由射不主皮，當令觀者如堵乎。三宅三俊，成斯士之譽髦；六養六安，蘇群生之彫敝。擊柝待暴，伏莽無戎，釋獲但取乎和容，藏器何勞於解悖。方衆志赴甯俟之鵠，忽遁思動伊人之駒。已歲序屋周，風儀天遠，佩韘者徘徊於其地，執經者彷彿乎其人。爰即澤宫，立兹配社，官師率作，俊乂服勤。踵其事以增華，審厥象之惟肖，閣表尊經之舊，堂仍象德之名。恍從於公，旂鸞奉載笑之色；眞遘之子，籩豆陳有踐之儀矣。於戲！行可質天地鬼神，而時逢事拙；文能安民人社稷，則學古功偉。萬鍾不入其心，三公寧易其介。代瞻清範，俗化元淳。温厚尊嚴，時行而氣已備；詩書禮樂，國入而教可知。斯事詘道伸，位輕名重者也。載稽銘典，詎闕鏤文，識虎蜼之吉金，鑱龜龍之貞石。庶使采蘋五節，思君子無争之風；《芟棠》三章，流國人勿剪之咏。其詞曰：禮稱天紀，亦曰人綱。匡君弼違，範俗率良。湯公蹇蹇，諫顯祠郎。艱危百折，尹兹平昌。經曲咸秩，飲射有章。教時學士，繩立矩翔。君子之峰，相圃在陽。雙旌雲舉，三聘星行。手之柔矣，膂力其剛。省括於度，不吴不揚。發功祈爵，敬而無方。綢繆禮樂，式序衣裳。於越鄒魯，昭代周商。身兮既隱，道乃彌芳。飛矢無忒，儀的可常。子衿且佩，悠思難忘。我圃我社，有序有皇。邈公莅止，群趨侍旁。築匪道謀，公卜允臧。右臨演武，左界壽光。嘉名肇錫，公訓用彰。聖在六籍，男事四方。父師臨汝，饗祀烝嘗。德尊報遠，武城桐鄉。千里俎豆，蔚乎相望。甌歌越舞，鐘磬鏘喤。容輝儼若，燕譽無疆。天啟四年，提學吴之甲檄建祠祀之。堂後建享堂，以前租備祭，餘備修理。年久，租侵於役。崇禎十三年，知縣許啟洪據邑人朱九綸、周士廉、時可諫、徐朝偉、周應鶴控告追復。迨後圃既傾圮，田亦湮没。郡守任可容詩云：南浦雲呈彩，臨川筆有花。文章光射斗，氣節直淩霞。豈效轅駒促，寧同伏馬譁。朝陽鳴鳳鳥，窺井笑蝦蟆。道爲投荒重，名緣折檻誇。政期還上國，何幸其天涯。白晝間琴席，青山到縣衙。春風吹杜若，秋水映蒹葭。共道河陽令，來尋勾漏砂。新民除陋習，問俗起媮窳。多士歸金冶，諸生列絳紗。論文清晝永，校射夕陽斜。相圃依山麓，經樓闢物華。藏書名并美，觀德事非遐。此日求龍種，他年羨兔罝。育才方植李，報政已逾瓜。五斗憐元亮，朱絃過伯牙。祥鸞棲枳棘，良驥伏鹽車。合浦還明月，延津會莫邪。弓旌應不遠，遷客漫興嗟。

文昌閣：舊在儒學門左。萬曆十二年，知縣王有功建。縉雲鄭汝璧記：循邑東而巋然宫者，遂昌縣儒學也。循儒學泮池之左而翼然閣者，文昌閣也。先是，泮池右故有聚奎亭，創自前令鍾侯，而虛其下，似於風氣弗完。姑蘇王侯來蒞視，始捐俸倡師生，而稱爲今閣。閣凡三楹，高可數十武，其上貌梓潼帝君像，下爲諸生講業之所。翬飛藻飾，焕乎有文而不侈於度。鳩工於萬曆丁亥春，迄秋竣事。既成，則群集譽髦其中，月爲文會者再，咸饟廪於侯，品騭陶甄，多士彬彬然起，相與歌棫樸，頌侯之德。而博士徐君朝陽、金君彬、周君思問，命弟子徐生應乾請余文以記。詩不云乎：倬彼雲漢，爲章于天。周上壽考，遐不作人。我國家右文崇化，二百年於兹，人才濟濟，輝映明時。作人之效，登三五而軼宋唐，猗歟盛矣！雖然，國祚締造之始，文運初闢，氣完而厚。斯時也，先天開而川嶽效職，生甫降申，似無資於贊助者。至於綦隆之久，精日以洩，而氣漸漓，寖明寖昧，絀伸相倚，於是有裁成輔相之功，藉地利以回天運，而靈淑始鬯。以余耳目所睹記，大抵然矣。遂昌萃黄山白鶴之勝，建學以來，英賢輩出，自昔稱盛已。乃邇者間亦少絀，則及時相助，非今育才首務哉？侯之建兹閣也，相地宜，昭天光而新景運，有三善焉，作人之功偉矣。雖然，閣必名文昌，則又何也？夫諸生亦知文昌之所爲三爲一，必經天緯地焉而文，殿邦淑世焉而文，然後能掀揭宇宙，而聲施永永，若鉛槧特其餘耳。我國家文教極盛，在高、孝兩朝，而勛賢名世，亦無如兩文成公。劉伯温翊運贊謨於龍飛日月之初，王公伯安戡亂定功於鼎運豊中之日。道德功業，揭日行天，銘旂常而炳燿今古，甯獨文章擅世乎哉？夫二公皆余鄉人也，劉公生同郡，高山在望，而王公從祀廟廡，多士羹墻見焉，文不在兹乎？多士日夕考業於斯，相與睹日星之昭回，望宫墻之美富，乘維新之景會，循名懋實，進德修業，昌於而家，以光被于國於天下，接武鄉之兩文成公，用垂休耀靈於後世，則庶幾哉無負王侯作新之意矣。第《令規》一第，以取世資，即如梓潼一十七世爲士大夫，其説杳渺，固非余所敢知，抑豈王侯屬望多士之盛心？爾多士其尚勖之哉！國朝順治七年，教諭鍾天錫重修。雍正二年毁。教諭陳世修創建義學，奉像於樓。乾隆年間，知縣王燈復建於妙高山。道光二年，合庠又捐資建於半月池左。同治間，閣宇將傾圮。光緒十七年，知縣江繼曾勸捐重建。江自爲記：邑之文廟前東偏向建有文昌宫，奉祀帝君。其對面有樓三楹，奉祀北斗文曲星，爲一邑文教所關，由來舊矣。自兵燹後，歲久失修，其間雨雪之摧殘，風霜之剥蝕，濕淫於外，蟲蠹於中，梁木朽壞，墻宇傾頹，岌岌有不可終日之勢。邑人士慨然興感，謀所以建復之而未得閒。適學使按臨處屬前廣文羅君樹棠、嚴君作霖皆在郡城，諸生畢集謁見。時群以邑治文昌宫坍圮，告請集資建復，并於勸捐各引爲己任兩廣文因諸生再三之請，就行館中定議，城以外某都某圖應輸銀若干，以某某董其事；城以内某鋪某户應輸銀若干，以某某總其成。他若管出納、掌書記，以及監督採運，凡百職事，各有專司。議既定，著諸册。試事畢回，遂出示前署縣朱君懋清，事未果行，而朱君解任去。繼曾適承乏此邦，遂以其事屬之余。余嘉諸君子之有志復興，亟贊成之。爰以昔所定之數，復視貧富等差折中增減，非敢自專，亦聊以順人情，度地利，俾此事不至有所窒礙，則善舉可成，而諸君子興復之志，亦得暢然大遂焉。今幸上棟下宇，焕然一新，并就向時餘地添築數椽，以俾篤志讀書之士，得與二三知己朝夕諷誦其間，將見文教由此蒸蒸日上。後有達者，勿忘此工之所原起，踵而維持保護之，俾有基勿壞，則幸甚。是爲記。

文昌宫捐助田畝記：人之用財於公家也，有有所爲而爲之者，有無所爲而爲之者。有所爲而爲之固可取，無所爲而爲之尤可尚已。文昌相傳爲文星，或曰司禄命，則文人學士相與求科名，邀禄位，不則世世詩禮勿替之族，爲其子孫計，馨香禱祀，默冀神之助我，綿延於無窮。又不然，有主持風教之責，爲一方振文運，於是輸將恐後，樂以有成。若婦人女子，往往惑於世俗之説，不惜捨家財，佞釋迦如來，以求福田利益，荒渺不經，牢不可破，舉世時有。光緒十七年，重建文昌宫成，釁鐘之日，有監生王維藩妻鄭氏者，走告縣令，其言曰：吾夫早世，又無子，吾夫既没，謂之曰：凡邑有善舉，宜量力以助其事。今文昌宫落成，樓閣壯觀矣，無以善其後，其何以垂永久？願上田租二十籮，以爲修葺資。嗚呼！是真善於用財者，是真無所爲而爲者，不可以不記。時縣令爲江君繼曾，許以其言勒諸石，遷延久之，而江以代任去。今余攝遂昌司訓篆，忝修邑志，爲書其顛末如此。光緒乙未，署訓導褚成允書。其田畝列《外編》。

魁星閣：即建在文昌樓之上。殿左後一楹爲後殿，祀帝君三代。

名宦祠：在泮池左，祀二十二人。梁縣令江可一，宋縣令張根、李大正、胡涓，明知縣何鉞、顧岩、張鉞，縣丞周恂，以上八人明嘉靖三十四年入祠。知縣段宏璧、萬曆四十五年入祠。池浴德、湯顯祖、以上二人萬曆四十六年入祠。胡順化。崇禎十年入祠。國朝知縣趙如瑾、順治十二年入祠。李翔。康熙二十八年入祠。訓導朱永翼，康熙三十六年入祠。巡撫范承謨，謚忠貞，康熙三十年入祠。巡撫朱昌祚，謚勤愍，康熙三十年入祠。提督塞理白，康熙三十年入祠。總督李之芳，康熙四十年入祠。總督郭世隆，總督王隲，按察使楊宗仁。

鄉賢祠：在泮池右，祀十三人。宋龔原、尹起莘、以上二人明正德七年入祠。華岳、乾隆十三年入祠。周綰、周南，元鄭元祐，以上三人嘉靖三十四年入祠。明應檟、朱應鍾、以上二人嘉靖三十八年入祠。鄭還、萬曆三十一年入祠。項森、萬曆三十四年入祠。項應祥、萬曆四十六年入祠。朱景和，萬曆四十八年入祠。國朝包萬有。康熙元年入祠。

節孝祠：舊在半月池左。國朝雍正年間，奉旨建於西隅。西義學舊址。乾隆十四年，教諭趙金簡遷建於半月池，後被水傾圮。道光二年，各節婦後裔捐資改建於忠孝祠前。咸豐十一年毁於寇。同治十三年重建。

忠孝祠：舊在半月池左。雍正間，與節孝祠同時建，後被水傾圮。道光二年改建文昌宫前。咸豐十一年毁於寇。同治四年合庠捐修。光緒二年，訓導單恩博率紳李承訓勸各後裔捐資重修。

尹祠：舊在學宫之東，祀宋處士尹起莘。明萬曆初年，學道蘇公濬建。二十七年知縣段宏璧捐修。國朝順治十五年，知府周茂源重修。康熙三十一年，訓導朱永翼倡捐重修。乾隆九年，教諭趙金簡重修。二十七年，知縣王憕、訓導王世芳創建後楹，後又被水傾圮。道光二年，後裔捐資改建半月池右。咸豐八年毁於寇。同治四年重建。

妙高書院：在縣北五里妙高山，舊文昌閣。道光初年，知縣鄭鴻文率董勸捐，於兩旁空地建造講堂齋舍，未竣，解組去。八年，知縣朱煌踵成之。咸豐十一年毁於寇。同治九年，知縣韋登瀛籌款復建。知縣朱煌記：遂邑向無書院，前明創造相圃及國初所建不息樓，雖延師教讀，旋興旋廢。四義學亦興廢不常，其租田僅足敷學師饔飧及學署歲修之用，後有增置，又甚微，義學亦漸廢。道光初年，前縣咸理以紳士控告貧生租田事，訪知其田以銀代穀，徒飽佃胥私橐，於是仍改收穀，除完糧給貧，所得羡餘，議建書院，當道可之。咸隨病故，奸佃復赴省控，意在奪前議。當道檄縣學會議，前縣鄭鴻文暨教諭童應賞、訓導顧乃德，仍固持前議。上之府，府上之院，奸佃奪氣。又廣爲勸捐，并將無主田山，查歸書院，於妙高山文昌閣兩傍餘地，添造講堂房屋，以舍士工。未蒇，鄭又緣事去。道光八年冬，予莅兹土，首先捐俸，檄紳耆催收前款，補寫未捐，剋期竣工。議立章程，於十年爲始，延訪名儒主掌教事。是役也，官歷三任，歲經十年，始得有成。苟經理得人，培養人材，從兹蔚起，斯余之意也夫。

邑人葉端記：讀詩至菁莪、棫樸諸章，論者以爲周之作人最盛。我朝聖聖相承，以經術造士近二百年，凡省會郡城及各州縣俱設書院，雖窮鄉僻壤，誦讀之聲不絶於里巷，直軼成周而上之，蓋教思之及人深矣。遂昌自赤烏建縣以來，歷唐代士族，世遠無稽。至宋深夫龔氏、堯庵尹氏，首以理學明經倡。自後名賢輩出，代不乏人，而其講學處所亦湮没無傳。至明湯義仍先生宰是邑，葺建射堂，集諸生肄業其中，以烏程孫見元先生爲之師。國初建不息樓，可爲射堂。嗣響稽崇貞志向，有田畝以垂久遠經費。嗣後流風歇絶，射堂既圮，田亦侵蝕，無可稽考。今以賢明府相繼振興，其書院所自來，有可屈指陳者。初，鄭明府任時，邑舊有貧生學田九十七畝，爲奸佃侵没，僅以銀三十七兩零散給貧生。同人大譁，控諸省，大憲檄歸學徵收穀石，以餘資作書院膏火。又鹿鳴山寺僧與華姓訟，罰租田二十餘畝，又包姓租田四十餘畝，合歸書院，以爲始基。嗣是各紳董繹絡捐輸，遂得興建講堂學舍，規模略具。鄭明府旋以事去，衆咸太息，以爲事廢半途也。兹幸朱明府來，謂垂成之功，虧於一簣，非計也。慨然倡率，重爲勸捐，用有羡餘，章程釐定，延師課讀，可以垂之久遠，以仰副熙朝作人雅化之盛，豈不休哉！竊以遂昌分太末一隅，爲浙東上游幹龍發脉之區，山川聳秀，甲於處郡，而卓犖之英，儁异之才，時見輩出。乃勳業文章，不逮前朝，良由提唱無人，離索以處，師範友資，靡所取益故也。兹以名師指授，萃聚一堂，相與講貫，心妙於静，而不流於异學，斂虚索隱之途，志趨乎高，而不雜以俗學，急功近名之念。山舊以妙高名，即以山名名書院，蓋有望於肄業其間者。以文而進於道，俾深夫堯庵，畏及後生，則所以厚期諸生，與諸生所以自待者，宜居何等也。

磐溪義塾：在二十都獨山，邑人朱子堯建。

項氏義塾：在北隅，邑人項應祥建，名觀瀾亭。

鳳池書院：在湖山，有明作堂、説于樓、歸咏橋，知縣池浴德建。萬曆六年，知縣鍾宇淳重修，建光霽亭於歸咏橋前，橋易以石，今廢。

兑谷書院：在北郊，邑人包萬有建，今廢。新建伯王承勳記：明興儒術，發事功，接武興者，吾浙兩文成。家文成倡學東南，良知一燈，炯如也。維時平昌後山包子，生栝文成之鄉，及家文成之門，有聲浙東西，道義往還，垂今猶昔。平昌蓋有君子山焉，豈其地多君子名耶？厥孫似之，克紹家學，綴輯遺書，繩筏當代，儻傳良知一炬，君子人與？建院講學問記於余，世稱兑谷書院是矣。兑於位西，於行金，於時秋，於德禮。嘗讀易至兑而感焉。兑者，説也。其象曰：麗澤兑。似之集鄉之人講此谷也，以其習服衆人，集五方之巧者過其門，朱同陸异，疑義微析。五典笙簧，三墳玉帛，在兑之和。此鵠彼彀，聚神於一殿，虎相下，心軌膠漆，在兑之孚。循委測瀾，因表揆景，獨帚衆藪，分莠別稗，在兑之商。登斯堂也，如闞孔壁，咀百子之華而弃其粃，食衆書之古而吸其髓，蓋似之。以正學爲之主盟，舉一切狐禪鼠聖，不必鑄金刻木，晝重明之烏，斷無有引之厲者，似之。眞跫谷足音，虚其心，實其腹，爲天下谷者哉。谷靜而虚，惟靜能應，惟虚能受。時習朋來，説取諸兑，四方人士聞風來者，如萬物於秋而川鳴谷應者。夫芝蘭生於幽谷，無人自芳，而其芬通天下平昌，以君子名山也。兑之谷，有以風之，四子六經零星散爲萬花之春，似之。鐸以振之，如於闃鐘聲流入中土，應有漢武皇午夜聽之。夫目上於天，耳下於谷，世儒以循行數墨笑，似之。眞海中鼈咳，未有不爲雷所嗤者也。況有兩文成之木主在，一以道脉，一以地靈，從中呵護此院，將媲鹿洞、鵝湖，與家九華、天眞諸院相與。千古余蕪，言奚足記，兑谷聊記似之。能世其家，我兩人能世其交。一燈炯炯，平昌能世有君子也。

弈山書院：離治八十里。邑令繆之弼撥長塘田十九畝零，以作膳田。公舉文行兼優者爲塾師，收租以作修脯，其糧歸肄業諸生完納。計租五十七籮，實二十三籮。田係閩人楊輝升開墾。升爲彭寇脫逃，余丙壽竊種四載。乾隆五十年，朱姓首發。縣因朱姓係書禮之家，將田撥入弈山書院，以冀教化永久焉。乾隆癸未，朱姓於書院前創建文昌宮，以主書院之祀。

雅南義塾：在練溪。前明吴氏創造。乾隆間，祠孫重建。吴文炳《義塾偶成》詩云：遠峰何嵂崒，環抱讀書闈。地接龍湫塢，門臨筆架山。煙雲諧逸性，花鳥解愁顔。更喜同心侶，討論日往還。

鞍山書院：在四都長濂馬鞍山。里人鄭姓創建。前明萬曆甲辰，殿元楊守勤未遇時，流寓於此，設教有年。有戲題池上小舟詩云：碧水浮新沼，兒童芥作舟。有帆常不捲，無棹任漂流。去去沙爲梗，行行石又留。遥知蔽日艦，須向尾閭游。里人鄭元□、吴國賢有詩。

深秀書塾：在邑西九十里琴溪，里人濮韜建。

義學：邑舊有社學四所，始於前明正德六年，知縣張鉞撤慈仁廟、安樂王廟，創東西二社學，東名素教，西名預養，各置田七十畝，共計租三百六十籮。嘉靖二十九年，知縣洪先志增置南北二社學，將前租分給四社，以資教讀。縉雲樊獻科記：遂昌洪侯莅治之三載，政洽民和，乃修葺黌序，以敦士習，教化彰矣。既而恐小子無造，黨德或遺，稽昔正德間，亞卿張公鉞令遂日，嘗立東西社學，以訓子弟，取廢寺田，以贍塾師。歲久，舍宇傾毀，田租亦漸入豪室，乃捐俸新宇，任怨以復其田。又見民居稠集，止儲養於二社，未免教澤難周，遂請於督學阮公，建南北二學，籍舊租以分贍四隅，而請記於余。余聞先王以道德一天下之民，而宣之教化，自成均以至郡國鄉黨之學，莫不具備。王制：諸侯之學，小在内，大在外，以選士由内升外也。天子之學，小居外，大居内，以選士由外升内也。我國家援古定制，國學掌於司成，郡學列於諸藩，社學設於鄉井，即古大學小學之義也。學記有大成小成之别，漢書所載八歲入小學，學六甲四方書記之事，始知室家長幼之節。十五入大學，學先進禮樂，而知朝廷君臣之禮。其有秀异者，由鄉學而移之庠序，移之國學。若德行道藝，書於州長黨正閭胥，及鄉大夫之賓興，升於司徒，帥於樂正，辨論於司馬，皆自下及上，何莫非自小學始哉。我國家設教養士，非獨重於國學，而鄉社之典，載在令甲，寄其職於有司。比年以來，或視學校爲旅舍，而修舉之者已鮮矣。况社學址爲丘墟，寧有思教其子弟而養之者乎。今洪侯奮然以立學敦教爲己任，非其智識足以自達，才力足以有爲，能如是耶。余知侯之用心，殆將循名以責實，非徒侈觀以起譽，俾遂之子弟習於節文，嫺於蹈舞，明於講肄辨説，導之勤而春秋冬夏有其術，視之詳而一年二年有其等，發其心知以善其内，謹其視聽言動以善其外，循於事物，通於倫理，其涵濡鼓舞之化，足以敷宣道德，移易風俗，而上稱朝廷育士興賢之意，則侯之所建樹者，顧不偉哉！侯志邃而氣閎，其所務必遠且大者，余故繹古而爲之記焉。若塾田之數，附載碑陰，使繼此者得所考云。

知縣徐治國、韓武先後查覈，旋又湮廢。康熙五十年，知縣繆之弼清釐田租，復建義學四處：東義學在儒學前；南義學在南城門，戴姓所助。西義學在王巷；北義學在文明巷後溪城邊，童姓所造。延師教讀。知縣繆之弼記：余莅平昌，甫下車，即詢邑義學諸生，舉韓公武所建不息樓告。是時禦寇不遑，越明年，各憲駕臨，供給奔走，未暇及此。至五十年，始得捐薄俸延師，令邑之貧而有志者來學焉。將不息樓改建東義學，因於西南北三隅各置義學，置田一百二十畝零，每學各完編銀二兩九錢二分零，令司教者主之。春夏秋免徵，俟收租後完納。但遂俗有典佃之弊，日久不無侵漁，曾經詳明立案，載藝文門中。今將四義學田土名號段開列於後，庶田可永存，而教可長施矣。

邑令王燈東義學記：東方生氣也，義學發蒙之地也。物生必蒙，蒙而無以發之，則生機窒矣。發生之氣在東，故發蒙之地必於東。周禮小學在王宮之東，諸侯避天子亦在公宮南之左，皆以迎發生之氣也。故賈誼言旦入東學，蓋學必於是乎始焉。遂昌社學舊有四，已而皆廢。康熙三十八年，知縣韓武建義塾於泮池左，顏曰不息樓。四十八年，知縣繆之弼改爲東義學，其有見於發蒙之義歟？其後繆公重興南西北三義學，以復古四社學之舊，置田一百二十畝爲之資而分給之。及繆公去，東學毁，餘三學亦廢。雍正三年，教諭陳世修於儒學左建學舍二十八間，收四學之田悉歸於東學，而儒學經理之。乾隆二十五年，教諭沈德榮、訓導王世芳復廣其廬，大其閎，延師以主教事，於是東義學之制始備。歲辛巳，余莅是邑，亟爲之墍茨丹雘，而揭發蒙之説以告之。夫東方爲仁，惟仁者爲能教不倦，願司教者本之以仁，爲九二之包蒙，毋爲上九之擊蒙，庶幾其協時中之亨，而有以成養正之功焉爾。

南義學記：東學爲發蒙之地，余既著其説矣。然物之生也，必待其長，故春生而夏長之。夏於卦爲離，於行爲火，於位爲南，萬物相見，有文明之象焉。惟學亦然。然則南學其可闕歟？遂之南義學雖僅存，而脯修膏火之資闕焉，故學存而實廢。余乃延名士以爲之師，招邑之子弟使就學焉。適有盤坑無主田三畝有奇，三寶山廢寺田二十九畝有奇，即取以爲南學修膳之資。且俾爲之師者，自收其入，庶侵漁乾没之弊，無自作焉。經畫既定，乃以愛蓮表南學之堂。夫蓮之爲華，發於盛夏，禀正陽之色，處於卑下，而自耀於光明，芳豔絶世，而不失其爲高潔，故昔人以爲花之君子。余以是命之，將使游是學者，咸自勉爲君子，彬彬焉以揚盛世之文明。此余興起南學之意也，學者其可不勖！

北義學記：北學，古有之矣。先儒之説禮者，皆以虞庠爲北學。記曰：書在上庠。上庠，虞庠也。書以載事，事爲質，北方幽陰亦爲質，故書在焉。又曰：冬讀書，典書者詔之。冬爲萬物之所藏，太陰之所居，故於北學爲宜。大戴禮又言：夜入北學。蓋冬者歲之餘，夜者日之餘，冬也夜也，皆誦讀之候也。觀此，則北學之爲益也昭昭矣。遂之北義學舊爲戎伍，假以居詩書之府，久爲弓馬之場矣。乾隆十五年，知縣黃培任始復之。十九年，知縣宋世恒始延師以掌訓課，而以天寧精進寺田爲之資。然田甚瘠，所入單尠，不足以充修脯，故講學者怠。余知其然也，乃以心定庵田十二畝有奇增益之，其制如南學。由是北學聿新，絃誦無輟。易之説曰：坎，正北方之卦也，勞卦也，萬物之所歸也。今而後，其勞之而得所歸乎？

謹按：四義學，西學久廢，乾隆五十三年，前縣彭起鵾闢地興建，以復四學。旋於六十年、嘉慶五年，遭水湮没。道光五年，已改建社倉。北學亦被水，無可修整。惟東學修葺完好，時作官寓。南學屋宇雖存，年久朽塌。二學俱借作蒙館，曠不延師。因四學租田爲學師食米及衙署歲修之用，至修租銀虛懸無着，現已詳請撥歸妙高書院，其田畝改載書院項下。舊志。

按：四義學曠廢已久，光緒二十年，直隸張君尊三來代理，江君繼曾之任，始議立義學。余適來權是邑，即於二十一年爲始，延師設學於文昌閣，每年由縣捐廉錢肆拾千文，爲塾師修脯，以教孤寒之子，亦一時權宜之計，尚須設法擴充爾。知縣胡壽海識。

學額附：廩膳生二十名，增廣生二十名。附學生每歲科試取十二名，武生每歲試取八名。

同治四年，於咸豐八年、十一年及同治元年間，被匪滋擾，若該紳民捐餉集團助勦，并克復城池，案内加廣永遠文學額三名、武學額二名。

卷之二

知縣清河胡壽海、宛平史恩緯重修

山水

環邑皆山，山倍於水。舊志云：西接建甯，北連衢婺，岩巒聳秀，溪洞澈澄。今先舉其形勝大略，類次山水勝迹，披覽登臨可知鍾毓。

遂邑環境皆山也。發脉於閩浦，由仙霞嶺歷三衢入遂，展幛於洋溪源、周公源，襟帶龍泉，如礱口、關川諸處俱與龍泉接壤。水流王村口山，復分枝於蔡源，起蔡山九峰岩，渡青城山及大梧桐、小梧桐山，至石飛嶺、門頭嶺出口，溪面一闊，是爲石練水。出大田峽口門，合柘溪上游，歷華陽直趨湖山，衆水匯聚，經西安而達於驛前。此遂邑西鄉山川境壤最爲深邃，所謂分太末一隅者，共一出水也。至其幹龍正支則從貴義嶺迤邐而來，至車牀龍亭坳一伏一起而爲雞鳴峰，透至西嶺過峽，蜿蜒而至於丁嶺，峽後聳然崛起則爲鷄冠寨，再起爲蓮花峰，復上而爲白馬山。枝腳雄峻，頂背平闊，高出群山，風日清朗，回瞰婺衢，隱然在望。此正支幹龍實爲婺紹之祖山也。山之半爲大平田，其下曰小平田。由是分支而去爲梭溪源，起高坪石母岩，伏而爲弈山，起而爲黄兆山，雄跨遂邑之西北。其水向西流而匯於梭溪橋湖山者爲西鄉，向北流而匯於應村白水者爲北鄉。其南鄉十四都源之山水，屈曲瀠洄，與松陽西鄉接壤，亦發源於貴義嶺，川行八十里，歸於邑南眠牛山下，直出河頭，與北溪合流。至北溪之水，其源有四：一從西嶺分流而下，一從丁嶺分流而下，合於丁口，一從七里源分流而出大定橋，一從東峰分流而出吴突頭，四派匯聚，行至飛鶴山前，與南溪合流十餘里，復匯四都濂溪，東注松川。此邑城山水之出口也。至縣城諸山，分脉於雞鳴峰，重巒叠嶂，起伏非常。由上篁而過樟樹嶺，崛起則發妙高山，爲縣後龍，中爲君子山，西則吴皋、天馬、月岫、屏風，北則兑谷，南有拜山爲案，東有塔山爲内關，其下則西明山爲重關。此邑會山勢之迴環拱揖，棋布星羅者也。鍾靈毓秀，由來遠矣。至白馬山之分行東北者，近則唐山、侵雲嶺，爲縣城後障。過東則爲尹公山、百丈，陡起覆螺岩，分入湯溪，趨結婺州，直達東越而止。又旋繞過曰沙源、天塘嶺，復起九雲峰，背分松宣，面結四五各都爲東鄉。轉北則過天師礓，一爲茶圩源，一爲應村源，崇山峻嶺，深源長谷，奥衍七八十里，山水會聚於北界馬戍口歷靈山，以底龍游，達於錢江。此遂邑溪流分出於三口也。緣遂邑爲處、衢交界，幹龍過峽之區，祖山復起，岩壑英奇，川巒秀澈，爲栝西名區，洵不誣也。案舊府志云：環邑山倍於水，左有土鼓之异，右有文筆之奇，瑞山屹其前，兑谷擁其後，白馬蜿蜒，飛鶴迴翔，兩溪夾流，一水東會，乃栝西名區也。舊志：邑有十二景，曰妙高晨鐘、清華夜月、眠牛積翠、飛鶴籠嵐、君子儒叢、壽光仙迹、梅溪春意、文筆雲峰、土鼓含音、幞頭應運、月山樵唱、兑谷書聲云。

瑞山：在邑東隔溪。昔有异人乘白虎至此山，創庵煉丹，紫雲呈瑞，故名。有井曰煉丹井，丹成而去。又以形似曰眠牛山。道士曹道沖詩：琳館蕭蕭薜上壇，地無俗迹户常關。檜花迎露春風細，羽客含真冥坐閑。跨虎何年歸碧落，煉丹應許定朱顔。騶虞去後神光現，從此仙翁號瑞山。　四明屠隆詩：散步溪橋看野鷗，一樽落日上眠牛。長鑱煙外山光暮，短笛風中草色秋。叩角未因歌石起，出關聊爲著書留。百年天地多郵傳，何用登臨涕泗流。　邑人吴志詩：郊原雨足草連天，耕盡人閑幾許田。今日更無人叩角，隔溪閑藉落花眠。　葉澳詩：自放桃林不記年，如今穩向白雲眠。須知石骨乾坤老，最喜花紋雨露鮮。竟夕回頭疑喘月，長眠跪足肯蹊田。世閑芻飲難招汝，漫道封人會著鞭。

塔山：在瑞山東。上有土鼓礻亶。宋縣令元成以西有尖山爲文筆峰，因建塔於山，曰雙塔。與尖山對峙，爲邑治屏障。下有潭，曰塔潭。

飛鶴山：在邑東一里。形如鶴，張翅迴翔，逆水直上，爲縣東合流護沙云。四明屠隆詩有『千年逸氣凌霄漢，一夜西風借羽毛』之句。

文昌山：原名妙高山，在治西。秀麗峻拔，中有松隱禪院。乾隆二十八年，知縣王憕建文昌閣、魁星樓及望遠亭、朝暉亭、留憩亭今圮。於山半者，曰半山亭，亦圮。改名曰文昌山。王憕記：文昌六星，其六曰司禄。説者以爲名禄之所從出，士之志科名者，必祝焉。遂昌之士，名不挂於科目者，踰兩甲子矣。乃謀奉文昌神而祀之，庶幾陰相而默佑者，顧不得爽塏之地而建宇焉。邑西北四里，有妙高山，秀拔孤峙，竦出雲際。癸未重九，余振衣而上，直窮其巔。群峰圍繞，如拱如揖；雙溪縈注，若襟若帶。天窅然而高，風泠然而清，蕭寥虚曠，超邁塵俗。絶頂之下，有田十餘畝，巒岫迴抱，竹樹參列。有僧廬焉，老屋三楹，塵埃委積，荆蔓蒙翳。余慨然曰：天生佳境，而無人力以發之，幽奇勝妙，淪晦終古，是負此山也。盍闢之以爲文昌之宫乎？歸而謀之邑人，僉曰：善。於是鳩工庀材，徙僧廬於左，而建文昌閣於其中。閣之前，濬池廣二三畝，植以芙蕖。池上爲奎星樓，與閣對峙。樓下繞以迴廊十二，屈曲相通。樓之外，層列三亭，最高者曰望遠，稍下曰朝暉，再下曰聽泉。没崖植松杉桃李，以補峰巒之不足。山半爲亭，曰引亭，以供休憩。山外立坊爲表，易山名曰文昌山，大書以揭之，所以兆是邑之祥也。甲申五月，率邑人奉文昌之像於閣，端儀有儼，睟容有穆，光華焕炳，如動喜色。憑闌而眺，則嵐翠濃淡，煙霏明滅，向之隱没於荒涼翳薈之中者，莫不争奇競巧，呈獻於指顧之下。千年湮蔽，一旦軒露，群情歡忭，交口贊善，比之崑崙閬風，非塵壒中所有，斯真可以妥帝君之靈，而兆是邑之祥矣。乃以公田六十籮隸焉，以供春秋報享之用，且謀廣其齋廡，俾諸生得肄習焉。庶幾研摩講貫，學成業修，振詞鋒，拂文鋋，奮迅而出，吐百餘年來抑塞壅閼之氣，使人知神之休應，昭赫顯著，余亦得載名兹山，以垂不朽，豈不盛哉！諸生勉旃，余且拭目以俟。

訓導王世芳記：平昌城北，山名妙高，岩石巉絶，屈曲紆迴，人必傴僂策杖而登，有半途力竭思息者，掃葉席草而坐。子竊以爲高則高矣，妙猶未也。乾隆辛巳，邑侯王公憕以西蜀孝廉來牧兹土，甫浹歲，廢興墜舉，紳士以文風不振，亟請於公，求祀文昌帝君。公欣然擇於妙高山之巔，相度形勢，經畫規宜，庀材鳩工，不期月而告成。於是游覽者有級可登，有亭可憩，徐步於茂林松柏間，不覺昔之苦高者，今已覺其妙矣。乃瞻臺閣，俯視清池，四顧峰巒向背，適意忘歸，則又妙而不見其高矣。且逍遥於塵俗之上，留連於煙霞變幻之境，酌酒吟詩，與我同游者，群呼爲文昌山，而并去其妙高之名矣。夫士人之崇奉文昌，欲開文運，會際風雲，以佐郅治之隆也。然文運之由闇而昌，必士人握管咿唔，得文入妙來之趣，則應昌時，膺高爵，不啻山之層級而升。故妙即隱於文之中，高亦寓乎昌之外。妙高也，文昌也，二而一之者也。况乎宇内名山不一，或以形傳，或以神傳也。昔之妙高者，山之形；今之文昌者，山之神也。公今從衆而命名文昌山者，公之意其在斯乎？

王憕魁星閣記：文昌之星，與斗魁相連，故世以魁星爲主文之星。然北斗七星，一至四爲魁，魁爲璇璣。天文家言魁之所主者衆矣，獨不言其主文章。以予論之，主文者乃奎星爾。懸象之麗天者，莫非天文。然惟奎十六星，鉤連屈曲，有若篆籀，爲文字之象。故從來綴文之士，稱御製曰奎章，稱御書曰奎畫。蓋天文之麗密者，莫奎若也。奎之分野爲魯。魯，禮樂之國也，聖賢萃焉。宋之興也，五星聚奎，實啓文治之盛。學問文章，至宋而極。後人論述唐、宋之文，謂之瀛奎。徽宗時，道士奏章，久伏不起。上問其故，對曰：值奎宿。方奏事，上問奎宿爲誰，對曰：本朝蘇軾。然則主文之星，非奎星歟？予既建樓於文昌山，復正其爲奎，而著其説。他日此邦之士，摛文掞藻，以近天子之光，和卿雲，賡卷阿，仰奎章之炳爍，捧奎畫之璀璨，然後知奎星之爲靈昭昭也。蓋天下之祠奎星者自此始。道光十年建書院，即舊址更新之，添設房舍，延師課士於其間，游覽勝境，遂爲一邑之冠。又有聽泉亭，邑人徐台年建。四照亭，貢生王鋆建。咸豐十一年均毁於匪。同治九年，知縣韋登瀛籌款建復，規制視昔有加。知縣柳滋浦詩：月澹山空露未晞，個中何物不禪機。松濤隱隱傳天籟，引得鐘聲到翠微。邑人王養端詩：吴皋山頭生紫煙，我跨白鹿來自天。靈風忽從石澗起，紅日常相樹底懸。大醉披衣坐岩壑，浩歌舉手拈神仙。何當乘虚直清馥，對曰吹簫散髮眠。翁高詩：行行復行行，行到白雲間。見客意不俗，逢僧心自閑。細泉分别澗，小徑入他山。擬借禪房榻，追游信宿還。鄭還詩：陟徑穿雲入翠微，天然一窟似屏圍。煙消樓閣半空出，山静風塵盡日稀。溜石澗泉清欲語，依岩禪榻坐忘機。鳥啼花落春風去，不與人間論是非。朱楷詩：在麓但言高處妙，登高衆妙一齊收。半天墨潑孤城雨，群樹紅添萬壑秋。山勢西從姑蔑起，溪聲東繞栝蒼流。北辰非遠何由覲，安得青雲載夢游。知縣王憕詩：山中萬景集，勝處在兹巘。我從東坡言，於此著庭穩。憑高攬衆妙，如室得關鍵。千岩競奔赴，不復愁偃蹇。脚健身更輕，眼寛心益遠。浮嵐劃開豁，元氣含虚渾。勁松立森森，何必蒼蓋偃。好風颯然至，清籟叶琴阮。平生林壑志，對此增繾綣。徙倚翠陰中，長吟不知返。

又翰墨池詩：飛泉出山頂，曲折穿翠靄。漱玉鳴琮琤，隨風答松籟。引之繞屋流，縈抱若衣帶。紆徐經稻田，泱泱成畝澮。樓前瀦爲池，宛轉百脉會。泓涵得展拓，瑩潔出澄汰。初觀泉疏蒙，漸喜澤成兑。碧深含太清，緑淨絶纖壒。嫋嫋牽荇絲，團團倚荷蓋。聲喧雜蛙黽，影密亂杉檜。誰言岩岫裏，思逸江湖外。掬弄興未闌，清宵夢嚴瀨。　慈谿王旭齡四照亭詩：閑登四照亭，極望無遺象。爽氣滿虛空，攬之不盈掌。　王曰謨詩：路出白雲上，亭開翠岫中。林深疑有雨，天近自多風。午夢圓清磬，秋懷付遠鴻。攜筇長嘯去，岩畔月如弓。　王夢篆詩：同儕笑語絶嫌猜，小作團欒藉繡苔。箬笠僧歸松影路，豆棚人醉月痕杯。盈疇麥熟風纔過，出水荷香花未開。獨上孤亭懷舊侶，攜尊曾爲訪秋來。　嘉興陸以謙詩：新秋暑未闌，冷署熱猶苦。畏景流中天，炎熇困亭午。側聞妙高山，頂上朱華吐。竹樹翳花宫，世界開佛土。山深氣自寒，塢静香彌聚。涼颸水面來，芳意襟裾貯。學侶四五人，招邀尋緑渚。静對不語仙，成群如欲語。惜余身苦肥，畏熱如畏虎。寂坐觀我生，不作看花主。悠然玩庭隅，蕉葉隨風舞。　又七月十六日登妙高山，是日山閣祀魁星詩云：籃輿入輕雲，晨光乍開曉。是時宿雨收，昏明未了了。空濛煙霧中，諸峰益窈窕。遥瞻傑閣高，竹樹藏深杳。爲禮星斗神，曲折窮霞表。殘荷送餘香，紅葉尚盈沼。花葉互掩映，緑波動裊裊。但愛俯清漣，卻忘凌絶島。斗墟仰文光，歸來時逾卯。初日隱雲端，微風度樹杪。兹游勝前期，庶以展幽抱。　邑人包蒙吉、張子西、劉霞、徐培、徐台位、王隆相、徐台年、朱鐸、童汝礪、毛儀熿、俞天珽、李元鼎、傅繩武、王式聖均有詩。

西明山：在邑東五里。山麓舊有清華古閣，山下有潭，曰航川潭。自葉坦塔山而外，爲第二重水口。青烏家謂於此築浮屠，則科第可蟬聯云。　邑人吴國賢詩：清輝何處覓，薄暮向西明。雲氣濕幽壑，波光浮畫楹。從來山水畔，不盡古今情。回首城東路，蒼茫皓月盈。　王夢篆詩：峭拔西明擅，平沙路熟諳。雲根穿別壑，秋影落空潭。趁渡樵登岸，梯崖佛借龕。清華泯舊迹，水木尚虛涵。

鐘山：在邑東十五里。其形如鐘，蹲踞兩河合流之中，乃縣治與東鄉之羅星也。

拜山：在邑南隔溪。林巒奮伏，體勢迴擁，有向邑俯拜形狀。下有得月亭 知縣黃德裕詩云：石筍樓空枕急湍，公餘登眺倚欄杆。黃花對我添秋興，緑醑迷人戰午酣。山色數重雲外見，水光一片鏡中看。清涼味到天心處，自覺身輕振羽翰。又有潭曰官潭，又曰射圃潭。山有樹木，咸豐六年立碑禁伐。

屏風山：在邑西，狀如玉扆，爲邑西屏障。屏風山有四景：鷺洲釣月、天馬樵雲、吴皋東作、月岩夜讀。邑人周述鷺洲釣月云：維揚喬木翰林家，底事投閑釣鷺沙。真隱每嫌勞物色，煙波深處足生涯。吴皋東作云：天設名區擁翠屏，草堂風度曉雞聲。年來不作繁華夢，飯犢郊原學耦耕。知縣湯顯祖吴皋東作詩：唤起青牛更莫眠，吴皋春雨杏花天。他山種樹能多少，酣作陶家酒米田。知縣許啟洪天馬樵雲、吴皋東作詩：幾片雲從太嶽分，樵雲玉斧碧空聞。世閑伯樂應難遇，天馬時看卧白雲。漫從父老勸深耕，春雨犁頭樂太平。婦餉姑炊兒飯犢，聲聲布穀雜鳴鶯。

琴山：在邑西。

月山：在屏風山右，圓聳如滿月。説者謂眠牛在東，若犀牛望月云。朱應鐘詩：落日千家砧杵聲，登臨孤客有餘情。屏山何事遮東北，只見西南一半城。邑人翁高亦有詩。

五龍山：在邑西。峰巒蜿蜒而下，形如五龍翔集。昔僧無高搆茅屋，建般若庵，幽深寥閴，允稱禪定佳勝。胡烈詩：蜿蜒萬壑繞群峰，擁護飛蓮現五龍。擊破翠微驚蟄卧，夜寒明月一聲鐘。徐顯志有『煙雲時入松花缽，泠浸空王般若心』句。項宗旭五龍山詩：五龍藏古寺，隱見翠微間。林鳥窺人語，岩花照客顔。彈琴方瀹茗，酌酒更看山。滿地流雲影，囂塵總不關。教諭陳灝、訓導朱永翼皆有詩。

君子山：在縣治北隅之右。邑人包蒙亨有詩。

平昌山：在邑東十五里孟山頭莊。兩山前後如昌字，因以名縣。又宋王象之所著輿地紀勝謂：昌山一名大君子、小君子山。

馬鞍山：在邑東二十里。狀如馬鞍，巍峨環抱，東鄉之望也。相傳有五株松同根而生。山麓有村曰長濂，居人鄭姓建院於山中，蓄水爲池，繞流房舍，爲課讀所。前明萬曆甲辰，四明楊殿元守勤未遇時，嘗館穀於此，壁閑有戲題池上小舟詩，藉以寓意，後果大魁天下。墨迹至嘉慶年間猶存。楊守勤五株松詩：吁嚱兮奇哉！五松百尺何崔嵬，宛如虬龍探珠出海挂晴旭，倉鱗片片迎天開。五子嘘雲欲飛走，乘風盪漾轟春雷。老翁何必數燕山，淩空獨抱明堂材。桃李繁華俱失色，梗楠縱大皆凡胎。秦玉空有大夫爵，層層結緑封莓苔。我來草元常對立，奎光映五同徂徠。

尹公山：在邑東三十里，與百丈岩相連。百丈岩者，削石淩空，陡聳數百丈。隋大業中，有尹姓者煉丹於此。

牛頭山：在邑東三十五里。峰巒層叠有九，又名九雲峰，與松陽接境。世傳真人葉法善曾騎虎創庵於頂，修煉飛昇而去。後人即其庵建天師廟，刻真人像以供奉之。至今遇旱，迎像致禱輒應。山有石子，剖之，包絡重重，若禹餘糧。又次第剖之，中得小石，紺白而圓，相傳爲葉法善碁子所化。邑人張貴謨嘗得三百六十一枚，作賦記之，疑即圖經所記太乙餘糧之類，今不可得矣。又山有石蟹、石螺，土人猶時得之。知縣胡順化詩：翠屏雲九疊，井壑樹縱橫。桃種元都觀，篁開舍衛城。亭餘霞褥紫，座吐白毫明。瑤草淩冬秀，迦陵語晝清。瑯璈泉遞響，瓔珞薜初縈。石繞疑聽法，鶴歸豈姓丁。只言金布地，倏睹玉爲京。飈馭隨花雨，潮音間鳳笙。分山傳試劍，攝魄爲題銘。缽裏呼龍出，林邊跨虎行。應知仙不死，能證理無生。愧我吞腥客，徒深訪古情。

吴皋山：在邑西二里。山峻臨溪，舊以吴姓居此得名。

曾山：在邑西十里。尖鋭聳拔，一名尖山，又號文筆峰。爲西南之秀，有寺名廣仁院。知縣徐治國有詩。邑人王景夔詩：不到仙峰二十年，山光水色尚依然。一官凛凛逾堅操，古佛如如待説禪。冠上塵纓何日濯，枝頭明月有時圓。可堪六六金鱗健，我欲乘風騎上天。翁錡詩：只道山窮路亦窮，青山斷處路還通。源泉出水潭潭碧，野果經霜樹樹紅。乞食不嫌僧舍遠，尋幽更羡僕夫同。明朝籃筍歸城市，歷歷峰巒在夢中。東有雙峰塔，宋紹興知縣朱元成建有知津亭、曾雲堂。邑人張貴謨記曰：吴赤烏二年，立平昌縣。至晉太康初，改曰遂昌。地頗岩僻，聯巒層溪，有山水之勝。縣前瑞山，高壯盤鬱。曾山剡碧西峙，號文筆峰。南北兩溪，合流而東。邑多秀民，學耕文穫，以舉進士爲業。六邑戰藝，推而先登。名人魁士，踵袂相接。如龔武陵、周蓮峰，由太學登科甲，以經術文章行世。傳後城山之劉，柘溪之周，皆三世登科。其他持己居官者，多有風迹，不啻百年於兹矣。邇年俊秀群試，有司往輒報罷。陰陽家謂風氣蕩泄，地與時之遭爾。紹興壬子，衆議於水口山，增卑益高，建七級浮圖。時葉邑尉來賓主之。越四年，邑有賢侯，下車之始，營治勤劇，剗刮弊源。因民有逋租匿役，及探借吏役緡錢過多，磨瑕補罅，不日辦治。又剖訟適決，民吏僤服，搜考得美財，遂訖塔事。塔勢騰突，拔地撐空，土枕龍角，衡接奎躔，與文筆相值。自此文祥秀氣，當復振發。學者宜與其群相爲師友，講古言道，從事於忠信孝友，蓄爲事業，奮爲詞章，躡足天庭，起取顯美，當自此塔始。塔旁駢以松竹，築堂植亭，輝映左右。塔名文筆雙峰之塔，堂名曾雲，亭名知津。東南偏有屋名塔院，給人以供灑掃。衆山横環，一水清瀉，景物四時嬉遨共樂。里有鉅公及時之名卿，俱以掄魁，大手書塔名若記，以開文筆雙峰之讖云。乾隆五十七年傾圮，道光十年建而復圮，今基址存。

峒曠山：在邑南七里曾山之右。高聳豐滿，爲溪南二都諸處小祖山。

書卷山：在北門外里許，狀如書卷。

三台山：在邑東二十里長濂山下。有熙皞亭。

赤山：在邑東二十里長濂村下。有玉泉，泉從石隙迸出，清冷异常，遇暑旱其流愈大。有玉泉亭，嘉慶中被水沖没，道光己丑重修。里人鄭培椿有記。

白馬山：在邑西三十里。自仙霞關發脉，蜿蜒至此。登山頂，遠見衢、婺，爲縣之鎮山，亦紹婺之祖龍。山半有兩湖，上曰大平田，下曰小平田。大湖廣百餘畝，來無源而流不竭，視之深不過數尺，探之又不得其底。湖面細竹叢生，往來者皆從竹根上行。其筍曰羊尾筍。遂邑羊尾筍，惟白馬山最佳。首夏，山下居民採筍入市，頗獲利。左峰矗聳天半，有上、中、下三井，龍潛其中，雲常不散，謂之三井龍湫。遇大旱，禱雨輒驗。若誤落鐵器，則風雹立至，掀棟拔木，近村落必遭其害。相傳昔有丁公家於山下，喜跨白馬，歿爲神，因名白馬山，又名丁公山。嶺曰丁嶺，村曰丁村，水下流曰丁口。上有叢祠，曾著靈异，今祠圮基存。四明屠隆詩：青冥萬丈接丹梯，山氣高寒鳥不啼。隱隱空中落鐘磬，茫茫霞外擁招提。上方只訝星河近，下嶺纔知雷電低。太白胡僧長耳相，好於此處結龕栖。

筆架山：在邑西四十里，大柘雞鳴峰之右。峰巒叠起，形如筆架。

掛榜山：在邑西三十五里，上旦蓮花峰之左。形勢端方，儼若掛榜，舊名方山。宋時里人登榜者衆，因以得名。山之半有方山廟，神稱都録王并順濟夫人、行宫夫人。相傳神兄妹三人羽化於此，曾著靈异，故至今香火猶盛。

高山、魚山：在邑西四十里，大柘。

五雷山：在邑西五十里。五峰聳峙如列屏，穹窿雄峻。中峰絶頂平曠，遠見數十里，爲練溪之鎮。山左有洗頭岩，昔有仙女洗頭於此。舊有寺，今圮，石香爐柱址猶存。里人吴國賢洗頭岩詩：五雷山峻入雲天，絶頂遥飛瀑布泉。試問何時來玉女，洗頭空自説當年。黄衣照有詩。

湖山：在邑西七十里越王峰下。溪流瀠繞，分而復合。室居壯麗，文物殷盛。又有元魁塔、明秀亭、西亭、西阻，名區也。唐僧貫休詩：山抱重湖湖抱山，人家住在水雲間。若非流出桃花片，縱有漁郎空往還。邑人吴秉純詩：湖山名勝地，兩面碧流環。竹樹滄洲外，人煙島嶼間。風騷懷往哲，幽境异塵寰。黄兆依然聳，伊人不可攀。

黄兆山：在湖山之西，離治八十五里。舊名檳榔尖，以知縣黄養蒙登眺改名。上建廓然亭。

岩山：在邑東二十五里。山麓有普濟庵，前有斗米嶺。嶺背有石穴，可貯米斗餘。

奕山：在邑西。踰湖山五里，有息亭、鍾秀塔。嘉靖十四年，朱姓建。山勢高峻，中多平曠。朱姓世居其中，文物繁盛。朱奎石橋跨水詩：兩山環似郭，一水瀉如油。石罅清泠奏，橋平翠黛浮。題詩抒遠志，濯足泝長流。卻喜行蹤少，循崖境自幽。螺峰曉霽云：卓犖挺螺峰，層層曉霧重。天空收雨意，雲澹露山容。矗立迎朝日，横開拖緑茸。千家煙火合，拭目看蔥蘢。後隴耕雲云：隴頭春已徧，山腳雨方齊。宿塊和雲撥，新疇帶霧犁。水深人没足，笠破首沾泥。灌溉頻優渥，豐盈祝庶黎。東皋牧唱云：北麓下平坡，東皋趁緑莎。牧人無俗慮，横笛發清歌。結伴斜陽後，隨聲爽籟多。君看牛背上，富貴不如佗。又有古洞藏春、龍井春陰、車輪散霞、石賦積雪、前池釣月、北嶺樵歸各景，詩不録。邑人朱所敬、麗水知縣方咸、桐城胡效憲均有詩。

獨山：在邑西八十里。上下山皆不相續，又名天馬山。又有筆峰、石梯峰，與獨山相近。前臨大溪，地狹居稠，文物富盛。又有仁風亭、需濟亭。釋良縉天馬山詩：天馬山高秋氣清，登臨風物正關情。長雲去鳥連吴樹，亂水斜陽帶越城。隔岸松杉看石磴，下方樓閣指蓬瀛。誅茅欲卜他年事，六六峰前此結亭。朱應鐘詩：此地何年鑿，高深不可攀。地形天馬壯，山勢五龍蟠。間道開閩岫，長河下信安。人爲冠蓋望，花作武陵看。東去關城阨，西來户牖寬。奇峰多嵂崒，飛石自巑岏。保義爲鄉望，和光號里閈。虎臨青嶂僻，龍起石潭寒。渭老堪垂釣，龐公上考槃。絃歌舊聲在，時俗古風還。通德誰應振，鳴珂人所難。不知牛斗野，太史夜曾觀。蘭谿徐應亨有詩。

小赤壁山：在天馬山麓。下臨深潭，石壁如削。有樓、靈岩、石樓、石户、石天窗、巑雲磴。

南有武夷洞、仙梯石、碁盤石、仙人濯足石、青霞岡、釣臺諸名，勝絶萬狀。知縣湯顯祖詩：棲靈岩下碧泉分，石户天窗時出雲。夜踏仙梯滿霞氣，海光初映武夷君。

魚袋山：在邑南溪滸。象雙魚袋，故各有神，屢著靈异，與拜山相對。

青城山：在邑西八十里。石壁萬仞，瀑布飛瀉如練。初不通人迹，惟樵者捫崖而上。上有廣谷、龍井、三泓及相公岩、玉女峰、芙蓉峰。四明屠隆詩：向平此日快游蹤，千里名山一瘦筇。天削古崖撑白日，雨飄寒瀑濺青松。風雲長護神靈窟，環佩疑歸玉女峰。定有真人掌仙籍，璚芝石髓幾時逢。知縣湯顯祖詩：萬仞飛泉挂石龍，青城如霧洗芙蓉。自非仙令鳴琴出，誰闢秋窗玉女峰。

蔡山：在邑西九十里。相傳五代時，蔡姓兄弟居此。

大方山、小方山：在邑西一百二十里。高萬餘丈，絶頂平曠，可數百畝。廬外望之如方石，又號玉屏風。

兑谷山：在邑北。一脉豐擁而下。

梅山：在邑北一里，濟川橋上游。峰巒聳特，爲邑北障。

唐山：在邑北十五里。五代時，僧貫休望氣登山，即其地創翠峰院以居。院北有澗，廣五畝，虎跑出泉，澄澈甘洌，歲旱不竭，號虎跑丘。東有山盤陀而下，景物幽勝。休居十四年，旋入蜀不返。後院圮基存，有温州僧惠宰夢神人導至一所，既覺，景象宛在目中，乃西游抵遂，至峰頂，則皆夢中所見也。乃募捐創建堂宇，莊嚴佛相，竪山門，闢池亭，名勝爲一邑冠。山北二峰卓峙，一名觀音峰，一名羅漢峰，入《一統志》。邑人包萬有唐山記：唐山在遂昌縣北一十五里，於栝蒼山爲小祖山。晚唐時，僧貫休結庵於此，居十四年。後游吴越王所，又應西蜀王召而去，頗爲王衍待遇，賜紫衣，號禪月大師。唐山與羅漢之名本此。其路從齊坑山後，後人以東梅嶺遠，復又闢東門塢里上之，有半山亭。又上有羅漢峰，與觀音峰對峙。峰上爲香爐岡，有亭。香爐岡内爲虎跑丘，有泉，相傳爲虎跑出。群峰上蟠，衆阜下距，外寬内密，自爲一區。好事者謂廬山有香爐峰、虎溪、栗里，此足擬其勝云。昔人又稱羅漢爲翠峰，觀音爲碧峰，於禪月庵邊遺址創庵曰翠峰庵，最後即庵稱寺。外此爲水口，於内若低而實高，水聲潺潺，下濺如珠。瀑爲龍湫，遇大雨則澎湃擊石，溪下如練，或有龍寓，六七月常雨雹。北過而下，復有峰曰釣磹。又折有石洞，幽深險窅，人不敢入。從旁攀援而上，至洞脊，壁立數仞，俯視悸不自保。殿前有方沼有亭，清澈可挹，常蓄金鯽百數尾，聞木魚聲，聚而就食。其地高氣寒，又多飛霧，器用衣巾，時濕如沐。烈風暴發，滿山松篁相撼若怒濤，非氣完神足者，不敢久居也。余輒不忍舍，乃營旁隙地，築草堂三間，以其地之剩也，榜曰剩庵。讀書其中，恒丙夜披衣起坐，俛仰宇宙，氤氳寥廓，欣然會心，物我俱忘。庵之對有小麓，作小亭曰嘯亭，倣孫登之長嘯也。邑大夫莆田林侯，憫先君子之賫志於斯也，命入田爲檀越，請於上臺，以寺後五葉蓮花地畀予，窀穸先君子。而予得以零雨濡霜之時，不忘先人丘墓于咫尺，又可優游林壑，彈琴著書，遂其麋鹿之性者，侯之賜也。予雖不善詩，庵中之咏數什，命曰唐山寤歌，附以名賢題咏，因漫記之。　釋仲一詩：路入唐山見碧峰，古來香火即今同。虎丘雲暖千岩雪，神塔光迴萬壑風。禪月有心曾照水，應真無念肯談空。七人煮茗團圞坐，插座酬機作梵宫。　邑令鍾宇淳九日登唐山詩：浮世有代變，青山無古今。路迴群巘合，池古劫灰沉。酒醉茱萸色，人分薜荔陰。白雲堪睥睨，無語自禪心。　邑令湯顯祖詩：東海嶺路踐龍蛇，似阻天台石磴霞。忽忽雲堂見尊者，紅魚波裏白蓮花。唐山三十六潫洄，繞徑如絲雲霧開。獨坐野堂春寂寂，幽香寒雨正東梅。　竟陵胡恒詩：路倚層嵐烏去邊，怪從絶頂見平田。雲扶崖置松間屋，虎爲僧跑石上泉。小憩池塘涼瀉影，閑看水碓濕春煙。諸君物外同深趣，書幌繩牀借坐眠。竹覆諸天緑有聲，掩關人解住淒清。千竿藏寺沿流入，一覓通泉繞徑行。游戲應逢尊者現，蕭條偏覺淨因生。何當雪滿篔簹谷，結作奇光片片明。　邑人黄九津詩：石磴岧嶢路幾盤，精藍孤聳入雲端。梵音縹緲諸天近，樹色微茫下界寬。塵袂半沾嵐氣濕，風林乍掩葉聲乾。香廚不用留僧供，户外群峰秀可餐。　教授張翼詩：一簾花雨故宫秋，影接浮圖漾碧流。河海性宗千澗合，煙霞色相兩峰收。鳥迎佳氣藏雲暗，鶴警清霜載月投。好向夢中評去住，即今燈火爲誰留。　邑人尹廷高詩：乘風長嘯翠峰頭，喚醒當年老貫休。境界高寒多得月，松筠蕭洒密藏秋。蜀尼曾禮空中刹，吴越難添句裏州。劫外有家人不識，白雲千古意悠悠。　釋貫休山居詩五首：誰是言休即便休，高吟静坐碧峰頭。三間茅屋無人到，十里松林獨自游。明月清風宗炳社，夕陽秋色庾公樓。修心未到無心地，萬種千般逐水流。　五嶽煙霞連不斷，三山洞穴去應通。石窗欹枕疏疏雨，水碓無人浩浩風。童子念經深竹裏，獼猿拾蝨夕陽中。因嗟往事抛心力，六七年來楚水東。　翠竇煙霞畫不成，桂花瀑沫雜芳馨。撥霞掃雪和雲母，掘石移牀得茯苓。好鳥似花窺玉磬，嫩苔如水没金瓶。從他人嘆從他笑，地覆天翻也只甯。　自古浮華能幾幾，游波終日去滔滔。漢王廢院生秋草，吴主荒宫入夜濤。滿屋黄金機不息，一頭白髮氣猶高。豈知物外金仙子，甘露天香滴毳袍。　自休自了自安排，常願居山事偶諧。僧採樹皮臨絶壑，猿爭山果落空階。閑擔茶器緣青嶂，静納禪袍坐緑崖。虚作新詩反招隱，出來多與此心乖。　邑人項應祥詩：嵬嵬招提境，隱隱青桂叢。林林列蒼虬，一一摩太空。灌植遡塵劫，杳邈復朦朧。有唐貫休者，持鉢開雲宫。法力頗宏上，卓錫流瀜瀜。靈秘日以啟，漸與人寰通。我來千歲後，策杖陟巃嵸。峰巒自突兀，煙霧相冥濛。盤桓仲宣侣，揮拂焦尾桐。孤亭抱群緑，芳沼浮亂紅。蒲團坐明月，羽衣淩輕風。合掌禮伽那，長嘯倚崆峒。百年駒過隙，四顧塵若夢。豈稱金谷麗，寵説驃騎雄。終軍雖云少，馮唐一何窮。得失冰泮澌，富貴霜委蓬。纍纍步兵廚，卓卓彭澤松。渺予事組綬，頗爲時牢籠。萍蹤偶茲會，尊酒仍再同。侵晨落疏星，斜陽送歸鴻。君還三台北，我棲雙溪東。道路阻且修，相思心忡忡。勖哉各努方，意氣如長虹。

知縣傅恪、邑人王真化、釋真可均有詩。

朝暾山：近東關橋。知縣王燈築，以作水口羅星。王燈詩云：跨溪作橋締構初，溪邊積壤須爬梳。輦沙畚土累萬簣，突兀數仞如浮圖。橋成兩溪得關鎖，佐以茲山高磊砢。屹然屏障壓東流，勢與群峰爭結裹。振衣直上淩天風，題作朝暾氣象雄。萬家煙火山郭曉，海霞一抹扶桑紅。山頭更營補陀宅，常與邦人施利益。此山不朽此土存，父老無須懷蜀客。　邑人童澍霖詩：朝暾勢嵯峨，屹峙溪之滸。雙流合而東，以此爲砥柱。碧波相瀠洄，遥望疑島嶼。煙樹帀青郊，關鎖固門户。問誰築此山，位置出神父。輔相得地宜，良闕於今補。士庶愛甘棠，并愛此山土。甘棠頌不忘，此山自千古。

茶山：在邑東二十里，長濂隔溪。

淨居山：在邑北葉町五里。崇禎五年，僧貫一創造卉隱庵、莊嚴閣，棲隱習靜，居然一梵刹云。嘉興陸以謙游淨居山卉隱寺詩云：良月氣候盈，小春煙景媚。木葉脱殘紅，寒岩斂空翠。淨居登前峰，卉隱訪古寺。從游暨學徒，相招偕隱吏。入門仰翠屏，四面環初地。曾遭劫火餘，煨燼留階砌。高僧龍象力，布金振頹敗。煙霞接畫梁，氣象開空界。出山望精廬，岩深藏壑内。白雲擁寒林，幽泉鳴淺瀨。別有燕子龕，還向煙蘿寄。香飯出行廚，梵僧留客餌。密坐已公房，心清忘塵事。願隨智杖旁，一問楞伽字。

船山：在邑西九十里。岩壑秀美，濮姓厝祖塋於山中。上有棋枰石，方丈餘，其平如砥。後闢一湖，曰天池，廣袤數畝，經亢旱不竭。

琴山：在邑西九十里周公口。其狀似琴，下有溪，曰琴溪，柘溪、王溪之水聚焉。

東閬岩：在邑東十里。峻壁若列屏，頂壖平曠，縣東之勝。

覆螺岩：在邑東四十里。岩下土皆白，惟絶頂者黑，狀如覆螺，登眺則金衢如在目。相傳有白鶴仙人處其上，後建三仙廟，禱雨輒應。

相公岩：在邑西八十里蔡溪前。石壁若削，僅一徑可側足入，岩中可藏數百人。昔年里人避寇者，多匿於此。

石姥岩：在邑西八十里。穹窿硉矹，上插雲霄，人迹罕到。間有樵者捫蘿而上，言絶頂出泉爲池，有二金色鯉魚，或隱或見。又有花一枝，青紅兩色，殊爲奇絶。相傳近時亦有人曾捫壁直上，石壁似有石釘可履者，不覺直造其頂，所見與前無异。惟俯首一望，淩空絶壁，無路可下，不禁驚懼，大聲號哭，呼天而誓曰：此身得下，願終身不茹葷，以報再造。無何，雷雨大作，此身已在平地。

九峰岩：在邑西一百里。其峰秀拔，有九岩在其中。每岩約廣三丈許，石壁險峻，罕有至者。元至正間，有道人廬其上，修道煉丹數十年，後莫知所之。今存丹井，狀如甕，亦名龍井，爲弈山屏障。遇旱，登峰雩雨輒應。邑人朱家瓚有詩。

大樓岩：在邑西一百五十里。岩崇十仞，廣五尋，飛瀑四時不竭，冬輒成冰柱，遠望如玉浮圖。

其下灌木叢篠，積雪堅壯，若瑶林崑岫相聯屬。春牛暄冰，柱墜叢薄，聲震澗谷。淨空禪師嘗結屋棲止。東百步有梵宇，名保興，面西爲龍湫者三十有六。有黄龍，鄉人雨暘之禱，受紙獻，無得踰三百。至今禱者投紙於泓，過數則紙浮出。山下之溪爲周公源，上流踰嚴南二十里，有楊溪，源通三衢。遂邑岩勝者，推唐山與此爲冠。邑人王養端記：大樓岩，去遂昌縣西一百五十里而遠。嘉靖甲子冬十月既望，余與堂兄子智卜樂邱於楊溪雅匯之上，思登兹岩。次日，由竿坑入，不四五里抵山麓，二十餘里至風礱源，又西數里爲宏坑。從村南岡脊燃茅穿石，蜿蜒而行里許，先至一洞，深可旋舟，高容竪纛，即大樓岩也。上有飛瀑，下垂洞口，或散爲飛霰，或灑如過霖，索索淙淙，四時不絕。隔島望之，若陰晴异景，塵凡殊界者，乃龍安洞也。時有黄龍出没其閑，世人雩雨，無有不驗，理或然也。余徘徊久之，已從洞東舊路轉折而南，過木瓜洋，下木岱嶺，俯瞰周公一源，上下可數百里，返照入林，野雲抹樹，從遠一望，真圖畫金碧山水也。詩云：獨立樓岩最上巔，萬峰蒼翠落飛泉。俯尋玉乳平臨地，仰矗銀河直到天。曾有黄龍來聽法，豈無白鶴下參禪。幡然不盡憑虛興，三十六泓生紫煙。

碓降山：在邑北七十里，三坪交界。此山横隔於中，東南爲遂昌，西爲衢州西安縣，北爲龍游縣。詳見通志。

金石岩：在邑北二十五里。唐末巢寇至，邑簿張軻倡義，率民駐其上以禦之。其巔可容萬馬，出泉成池，歲常不竭。

仙姑岩：在邑北七十里。高坪上插雲霄，如婦女負兒狀，故又名石母岩。山半有洞，名腹臍岩。

鄉人避寇於洞，可住數十家。石壁千仞，其上周圍約二三里，有石門、石香爐等迹。又産圓石，大如丸，小如珠，圓滑可愛。

金鐘岩：與仙姑岩近，形似鐘山。下有洞，深廣可坐數十人。鄉人避寇其上，保全甚衆。絶頂樹成林，有栢，焚之勝沈檀。頂有泉，四時涓滴不絶。石壁産石菰，可治血症，然不可採，採輒狂風怒吼，岩下十餘里傷禾稼。嘉慶間，立石嚴禁。

壽星岩：與金鐘岩近。蘿垂修眉，頭童如禿，兩耳垂肩，宛如翁狀。

含輝洞：在邑東十里。初號章仙洞，以章思廉嘗住此。其閑可坐數十人，有棋盤遺迹，相傳爲宋高宗避敵之所。紹興間，邑令劉邦光易今名，刻於石。洞前向有二亭，今建留仙亭，上爲洞天門。由洞天門拾級而登，有覽勝亭。過亭數武，即靈泉洞，胡公神像在焉。後有小洞，相傳與馬埠之百花洞通。旁有泉，涓涓不竭。上有三台岩，故名三台寺。又東至塔院，轉西而上，一石横空如船形，上建一亭，曰石船亭。知縣許啟洪詩：一樹桃花半有無，問津何處影糢糊。前朝傳説龍曾隱，此日憑誰鳥可呼。月挂松頭林磬杳，煙迷柳色洞雲孤。殘霞收拾囊中去，剩有餘輝映玉壺。海鹽陸以謙詩：官舍正閑居，秋山多爽氣。愛兹九重名，遂訪三台寺。風疏木葉稀，天清曠野霽。籃輿入重巒，冷翠拂衣袂。曲折上岩阿，登頓窮幽异。崎嶇階歷三，谽谺洞開二。天光一線通，輝輝雲壑媚。坐久聽靈泉，滴瀝清露墜。把酒學陶公，開軒試一醉。遥峰送青來，點點空林外。歸與卧清齋，煙霞入夢寐。邑人王養瑞記其略。按一統志：遂去縣治東十里，有石洞二，傴僂而入，不數武，高盈丈，下可坐數十人。中有潭，響如鳴琴，多竅上出，晶晶映日若天窗。近北緣塹而躡，有洞側出，蟠屈深廣，石閑微泉，脉脉婉轉，堪爲流觴曲水。石壁少偏，刻『靈泉洞』三大字。太末十八年，瑞山道士書。　四明屠隆詩云：谽谺咫尺開雙洞，虛敞何年鑿五丁。聞有羽人修玉液，久無雲屋貯仙經。松間神霧寒長住，石上靈泉瀉不停。天氣欲沈秋颯颯，疏星斜迸斷崖音。　邑人黄中有詩。

豹隱洞：在邑西五里竹坑。

膏龍洞：在邑西二十五里好義里。踰洞十里有何相公廟，有禱輒應。

石門洞：在蔡山之源。石門高廣丈餘，深不可測。昔有僧秉燭入，經一晝夜，倏聞風聲，寒凜而止。洞外有竹，冬夏一色，風起則枝梢鼓舞掃地，洞前潔淨無塵。

仙鵝洞：在邑西九十里。兩井上飛瀑如布，旁皆石壁，深邃危險，龍常蟄焉。禱雨者見白鵝出井，方得雨。

白礌洞：在邑北七十里高坪。洞門高大，内暗，里人莫敢近。向傳有怪，洞面連頭村，村中人有曬紅者，洞口亦挂紅衣，易紅而爲緑，洞口衣亦緑。鄉人慮其爲祟，稱白礌洞主祀之，怪始絶。咸豐間，有欲避寇於洞者，不敢進，以煙薰之，煙從二十三都迴龍橋山洞出，始知洞深三十里。

岱嶺：亦在高坪。嶺長五里，爲浙閩通衢。嶺下有亭，嶺半有大石。舊有『別有洞天』額，字大盈尺，書法遒勁。咸豐八年，粤寇之亂，鄉勇守禦於此，額慮匪毁，特去之。同治元年四月，林帥文察率師自龍游至，賊宵遁過此，鄉兵戰守不利，陣亡四十餘人。里人包孔修、繆徵彬、周敘倫等捐資作忠義壇於嶺，立會置産。每中元節作盂蘭會，以祀忠魂，至今不替。

獅子山：在邑西大柘。從雞鳴峰發脉，形如獅子。上有城山古廟，自唐迄今，禱無虛日。

魚山：在邑西四十里。山下有橋梁，水出峽口，與石練合港。

西嶺：在邑西三十五里。上有西嶺寺，下有西嶺亭。其水東流者至遂邑，西流者達湖山，至衢入杭。

湖嶺：在邑東二十里。居民隨地形高下構廬。

九蟠嶺：在邑南。隔溪屈曲九折，最爲鍾秀。

貴義嶺：在邑南八十里。

樟樹嶺：在邑西十里。一名上壽嶺。

百丈坑嶺：在邑西四十里。疊嶂淩空，石壁如削，無路可上。

梭溪嶺：在邑西五十里。

石飛嶺：在邑西六十餘里。有嗣服亭。

百步嶺：在邑西，去練溪三里。有吴氏別墅，里人多肄業於此。邑人葉澳詩：層崖一徑入雲端，秋色深沈日景寒。蟲語白茅相歷亂，鳥翻紅樹半凋殘。三千奮擊南溟近，九十踟躕未路難。因上望村村上望，風南天北是長安。里人吴林詩：幽人營別墅，秋菊帶籬妍。硯滴花頭露，茶烹石隙泉。地偏宜養性，客過喜留篇。出谷重回首，白雲閣下連。官學陶有詩。

三歸嶺：在邑西七十里。

朱坳嶺：在邑西七十五里。

碧秀嶺：在邑西八十里。下有盤溪。

洞峰嶺：在邑西百里。孤峰峻聳，如插天半。知縣湯顯祖詩：西行百里洞孤峰，上有龍門常出龍。不知龍出能多少，只看龍湫雲氣重。

龍門嶺：在邑西百里。石磴巍峨，勢甚宏敞。

門頭嶺：在邑西八十里，爲閩浙通衢。邑人毛桓詩：古以門名嶺，往來小有天。路從雲裏去，人在樹頭旋。靜聽呼林鳥，喧聞落石泉。山巔遺破刹，莫咽望梅涎。

石馬嶺：在邑西百十里。

侵雲嶺：在邑北十五里。設有馬埠巡檢司，今裁。

東峰嶺：在邑北十里。

東梅嶺：在邑北二十里。嶺有三十六曲，盤繞險阻。下嶺不百十步，有夏旦嶺，亦盤曲。邑人項天衡詩：蘭若隱千嶂，松龕燃一燈。墻低將并榻，殿古欲依藤。盡説身爲礙，相攜息未能。年來解枯淡，聊復在家僧。

天塘嶺：在邑東四十里。其上又有九盤嶺，路通宣平。

神仙洞：在邑東四十里覆螺岩左。傳爲章仙弈棋處，有石棋盤遺迹。岩右有藏劍洞，其柄尚存。

復有撲粉洞，鄉人取以敷肌，可以袪暑。

珠潭：在邑東五都。溪水至此迴旋，深不可測。父老傳聞，爲古時巨鎮。其廟宇遺址，營壘故迹，尚歷歷可指也。

蒙淤嶺：在邑南十里。

馬戍嶺：在邑北三十里。高峻崎嶇。

大谷嶺：在邑北四十里。有平吁亭，俞滋建。

小谷嶺：越大谷嶺里許，蜒長崒嵂，數倍於大谷嶺。路通龍游。

銀嶺：在邑北八十里。

林頭嶺：在邑東二十里。

滂嶺：在邑東三十里七都。

錢村嶺：在邑西三十里。

逆嶺：在邑西八十里弈山。

幽嶺：在邑西四十五里。外達柘溪，内通石練，爲西鄉通衢。

吴台嶺：一名周公嶺。在邑西一百七十里。通三衢。

獨坑嶺：在邑西一百八十里。嶺頭爲江山界。

祝師嶺：一名毛洋嶺。在邑西一百六十里。

潘接嶺：一名尹宅嶺。在邑西一百七十里。

周公嶺：在邑西九十里。爲浙、閩通衢。上有漿嶺庵。

繩岡嶺：在邑東四十五里。路通湯溪。

玉井峰：在邑西二十里。元尹六峰築會一堂而隱焉。著有《玉井樵唱》。

五雲峰：在邑南二十里複岫盤嶺。上建葉法善廟，廟有石龜洞、試劍石。

花峰：在邑西四十里。山勢奇秀如花。

南樓峰：在邑西四十里。四圍石壁，高二十餘丈，人迹罕到。

雞鳴峰：在邑西四十里大柘。宋初，常有雞聲達於鄉井，牧人迹之至巔，獲一石，紺青而潔，挈以歸。後雞聲寂然，而登仕者衆，因以名峰。

蓮花峰：在雞鳴峰西，三峰秀峙似蓮花。宋侍制周綰居此，因號蓮峰居士。

九雲峰：在邑東三十五里，即牛頭山。

樓峰：在邑西五十里。三峰聳秀，拱對練溪。

東峰：在邑北十里十三都。有少憩亭。

金溪十峰：在邑西一百四十里坑西。郡守許國忠詩：振衣淩秋空，危標出天表。千林綴紺楓，萬壑叢蒼篠。重嶂互盤旋，漭蕩失昏曉。突兀芙蓉峰，梅花相對嫋。文筆插青霄，錦屏將翠繞。金鵝直北飛，玉蝶向西繞。展誥碧雲封，紫駝青霧杳。疊秀何逶迤，獨對自窈窕。十峰鬱嵯峨，四顧神飛矯。瀑布瀉深泓，斜陽留樹杪。涼風兩腋生，明月萬川皎。我來秋氣清，況復秋色縹。仰觀天宇寬，俯視塵寰小。停驂龍鼻頭，靜聽喧林鳥。行役苦悤悤，游思殊未了。

邑人黄中芙蓉峰詩：突兀東南玉削成，雲來一片在虛冥。巨靈劈作花千瓣，悵望秋天無賴青。

梅花峰云：何處飛來雪裏花，碧霄片片出檐牙。清芬常帶煙嵐氣，不管人間有歲華。

文筆峰云：拔地孤撐入大鈞，分明筆陣掃千軍。春深雨過淋漓處，滿眼雲煙緑字文。

錦屏峰云：紫氣重重繡作堆，當空一片畫圖開。晴雲半抹峰頭出，玉几移將天上來。

金鵝峰云：勁翮飛天不賴風，翩翩直北下雲中。赭邱願得爲形陣，縱寫黄庭不可籠。

玉蝶峰云：雲際雙雙接翅飛，共言天上抱花歸。廣寒高處偏多露，日午門前晒粉衣。

展誥峰云：木鳳金泥濕紫鸞，雙尖對閣落雲端。尋常賸有煙嵐護，不許人間俗眼看。

紫駝峰云：青海南來忘卻年，一鞍高縱入雲煙。日行千里不歸去，驀得山中有异泉。

疊秀峰云：群峰簇簇下天門，遠勢渾疑六馬奔。一片晴光迷滿眼，那知紫翠變朝昏。

獨對峰云：獨對峰前萬樹春，青天矯矯出風塵。試看禁苑千官集，孚羡丹墀獨對人。

劉芳金溪行云：金溪環抱一重重，雲間朵落青芙蓉。山水如此稱秀絶，菡萏簇瓣爭奇峰。蓬壺未入海中去，層巒都向村邊住。東西遠見田每每，朝暮坐看雲處處。此地舊爲御史居，十峰濟濟人魚魚。山靈鍾出英才多，五馬流傳甲第峨。文筆金鵝相輝映，梅花展誥豈差訛。紫駝崔巍潛龍行，玉蝶縹緲歸岩阿。佳氣應時人地傑，美名弈世啟新歌。當年我祖弭簪筆，臺閣菁華恒著述。點綴巒光舒畫屏，賞心岩岫編詩帙。雙尖壁立數千尋，直上雲端捧曉日。平遠樓頭企望遥，群巒帳下人寥寥。暗祝化工開景運，芬芳不讓古人標。

龍礦：在邑東。昔時民居稠密。

印石䃪：在邑東十里華使君廟西南隅。其石巨而方如印，下有飲馬池。

龜䃪：在邑南拜山下溪中，似龜浮水面。

上水龍䃪：在邑西石門灘大溪中，水激之，澎湃濆涌，如龍上水，故名。

出風䃪：在邑西一百十里。䃪下有小洞，從巔通麓深邃，常有風出如扇。

石鼓䃪：在邑北四十里。有石高丈許，擊之聲如鼓。

福星䃪：在邑北七十里堂下，俗稱和尚頭。高約百丈，頂圓而平。村人百餘家作廬避寇其上，匪不敢近，賴以保全。

界石䃪：在邑東二十里松陽界上，其䃪如鏡。邑令湯顯祖詩云：玉輪江上美人情，黄鶴樓西石照明。何似松陰側圓鏡，一溪苔蘚暮灘聲。

荷花䃪：在邑西羅公隄外，形似荷花。

幞頭䃪：在邑東五里大溪中，狀如幞頭，水涸則見。諺云：幞頭䃪上岸，遂昌官一半。宋時溪南漲沙與山麓等，登桂籍者相望，亦一驗歟。

仙䃪：一名仙岩。在邑南三十里壬午岱。崇山峻嶺，至䃪忽平衍。舊建梵宇，有田十餘畝。旁有一䃪，宛然獅子蹲踞，張口中可容數百人。祀神曰仙聖，雩雨立應。䃪背有仙女、虎掌、鎖匙諸迹，深四五寸許。旁插一峰，上巉下嶄，高可數十丈，土人稱爲涼傘峰。

石印壇：在邑西七十里湖山水口，方如印，溪水四面洄漩。

唐巾壇、紗帽壇：俱在邑西五十里麻陽溪中，形狀宛然。

天師壇：在邑北桐樹源口。舊傳天師從源頭驅石至此，適聞雞鳴，舍石而去。至今源口大石盈畝。

昇仙壇：在邑東清水源，爲仙女飛昇處。其石上分下合，履迹宛然。

呂川：在邑雙溪橋東，俗名呂村。昔時民居頗衆。

好川：在邑西二十里。川流迴環，舊有攀桂橋。

關川：在邑西一百二十里。有德性亭，毛儀熹建。又有咏歸亭、憑虛亭。其水西流，毛氏世居。關川八景：雞冠春曉、龍角夏雲、旂峰横煙、筆峰書漢、蒼崖古廟、元水新洲、碓溪樵唱、雙澗西流。里人毛鎬有詩，未録。

祥川：在邑東四十里六都。周氏世居。

東川：一名柘岱口。在邑西一百五十里。黄姓世居。有望亭，里人黄鏐建。

航川：一名航頭。在邑東十里。前有深潭澄澈，宋時科第極盛。邑人葉可權航川八景詩：東閬曉雲云：閬峰崛起蒼玉屏，曉氣觸石天冥冥。白衣掛樹山色濕，宛如流水含春冰。暾光穿林鶴初醒，薄雲浮空結虛暝。老仙醉卧石空深，起來但覺衣裳冷。西明夕照云：流烏側翅天色暝，滿地餘輝弄晴景。東山恍若銜燭龍，西崦猶如食金餅。魯陽奮起揮天戈，寸晷不駐朱顔酡。羊脾未熟歲已暮，願駕六翮留羲和。清華秋月云：飛閣峨峨瞯空碧，清氣逼人風露寂。望舒駕月行青溟，滿地金波悄無迹。天色如水空塵埃，寒光透室秋徘徊。姮娥對鏡作隊舞，青鸞飛上瓊瑤臺。　妙高晴嵐云：長風捲雲天界寬，濕氣縹緲蒸林巒。老僧曬衲日色薄，空翠滴落山光寒。爐煙生香清書永，佛骨多年不知冷。錫聲破夢白鶴飛，古寺蕭蕭散青影。　洗馬寒泉云：將軍勇氣超吴越，鐵馬追風汗流血。寒泉一掬清戰塵，六月人間灑飛雪。雪花濺落馮夷宫，霜蹄蹴月如游龍。何須更尋渥窪種，此水直與銀河通。　釣魚清風云：老翁扁舟弄明月，洲渚無人鳥飛絶。清風凛凛醒醉魂，華髮蕭蕭吹白雪。白魚如玉蘆花飛，白浪萬頃堆琉璃。雲臺舊業付流水，一聲長嘯蒼苔磯。　後墅春耕云：濃雲壓樹春雨足，土脉如酥秋水緑。大兒後墅扶耕犂，稚子前坡飯黄犢。黄雲捲空桑柘疏，鼓聲日夜鳴枌榆。烹羊炮羔醉耳熱，仰天拊缶歌烏烏。　長安晚渡云：平蕪斷楚迷行路，夜渡茫茫煙水暮。孤舟隔岸呼不來，落日寒沙點鷗鷺。浮雲萬里空悠悠，長安不見令人愁。長安在西向東笑，欲借兩腋天風秋。

梧桐源：有二。一在邑東五十里，東流至松陽正念寺入大溪；一在邑西七十五里，有大梧桐、小梧桐，西流至衢州。邑人吴文炳詩：秋色滿梧桐，攀躋到隴中。山深禽語异，石險澗聲洪。小飲消長日，浩歌當晚風。不愁岑寂甚，來往有山翁。

赤葉源：在邑東六十里，經五都、四都至鐘山，出口入大溪。

羅嶂源：在邑西七十里。邑人吴林有『雲鎖遥峰迷去馬，蟬鳴高樹送行人』句。

上通源：在邑南一百二十里。自龍泉分水北行八十里至縣，又東合於後溪。

後溪源：在邑西四十里。

四都源：在邑東四十餘里。發於治嶺頭諸處，至四都長濂入大溪。

天塘源：在邑東四十里牛頭山之左。發於九盤嶺，出口與白沙源合流，至五都古亭莊下入大溪。

深坑源：在邑東四十五里。發於繩岡嶺，至六都龍口出口入大溪。以上源之東行至松陽栝甌者。

柘上源：在邑西八十里。上接浦城罟網源，西流會蔡源，至蔡口與洋溪會於周公源，西行龍鼻頭至衢。

桃溪源：在邑北一百里。合白水源、馬埠官溪、大小侯入大溪，歷靈山北行。以上源之西北行至衢州者。

馬戍源：在邑北八十里。

周公源：在邑西廿一都。山水明秀，上接閩境，綿亙紆迴八十里，匯合大溪入衢西。

雙溪：在邑東。前後兩溪至此合流而東下。

襟溪：在邑東十里金岸。從平昌前中流一帶如衣襟然，故名。

梅溪：在邑北梅山之陽。二水環匯，植梅尤盛。

濂溪：在邑東二十里四都長濂。其水西流，屈曲環抱，人物繁盛，爲鄭、周二姓世居。

梧桐溪：在邑東三十里。永嘉志云：梧桐溪有雨源。

湯溪：在邑西大田巡門山下深潭之側，水温如湯。

柘溪：在邑西四十里十八都雞鳴峰側。山水秀麗，地夷田腴，民居稠密。宋時仕宦甚盛，西鄉勝區也。里人吴經柘溪懷古詩云：古人不可作，溪水日滔滔。雨散村中市，風吹灘上篙。山林原有士，富貴豈能豪。誰復褰裳者，流雲滿九皋。有文昌閣，里人黄文經、黄文緯、黄維垣助基捐資建。知縣張翥記：史記天官書：斗魁戴匡六星曰文昌宫。世傳主科名士之祈通籍者，咸祠祀焉。庚子歲，余宰遂，值邑西柘溪議建文閣，以基址未協，共質於余。余爲相陰陽，視原隰，採衆論而定今所焉。洎余調任錢塘，距今年餘，而柘溪國學王生朝、庠士張生仕朝等，不遠千里，謁蹶會城，叩署而請曰：自明府相地定址，里人咸踴躍赴功，醵金庀材，鳩工協作，暑雨無間。下爲文昌宫，上起奎樓，始今年六月，四更晦朔而告竣。是役也，實里人黄氏文經、文緯兄弟暨猶子維垣等董其事。資不足，皆黄氏獨成之。更益沃産若干，爲久遠牲醪之用，計費逾六百緡。某等衆輸，實未及十之一耳。初明府勉成斯舉，今既卒事，用乞一言，以勒貞珉。夫宰官牧民，養之教之，良有司事也。余向在遂時，案牘勞形，弗遑他及。不謂黄氏好善樂施，亹亹不倦，幾有以助我也。由是人懷振奮，士沐神庥，文光絢爛，上接台垣。科名之盛，駸駸乎不可量，實基乎此。蓋黄氏之勤，可以不朽，而衆人之請，亦非阿所好也。爰摭其詞而作記，并書以畀之。

梭溪：在邑西六十里丁嶺下。宋侍郎盧襄詩云：赤欄橋底白石溪，水落石出青無泥。小魚依石避凫鷖，半欹醉帽馬蹄快。走游平沙楊柳隄，煙波日暖花影濃。身無六尺老玉驄，平頭奴背懸詩筒。穿林彈射亂蒼落，游人十里聞香風。野雉低飛宫錦身，溪魚三尺黄金鱗，玉壺滿注秦淮春。時乎身健早行樂，趁取巾耩無戰塵。美人嚼蕊題花葉，鐵鬚粉翅憐雙蝶，相逐高低盡輕捷。詩翁欲博一笑妍，自拭菱花取金鑷。手持六尺老藤枝，腰插六角輕蒲葵，白苎裁成新道衣。醉歸不免覓花嗅，酒暈已得山風吹。邑人王雲路詩：行行溪徑晚，白石滿蒼洲。樹影高低亂，泉聲斷續流。板橋楓落葉，茅店雨鳴鳩。客路千峰外，青樽暫此留。

官溪：在邑北三十里。爲往京省必由之路。

桃溪：在邑北四十里。應氏世居，昔時科甲爲一邑冠。

練溪：在邑西五十里。巨族繁盛，山川形勝與富陽相似。明崇禎閑，議建縣不果。然峰巒攢秀，地輿舒敞，實冠一邑。邑人項應祥練溪八景詩：石泉拖練云：千尋懸石竇，萬道落瓊鋪。試向吴門望，還如疋練無。文筆儲胥云：絶壁風雲護，崔嵬不可攀。昔爲戈戟地，今作太平山。大畈農歌云：地闢雲千畝，春深雨一犂。鼓含忘帝力，天籟響山溪。橫岡牧唱云：短褐橫牛背，相呼逐幔坡。歸來望松徑，吹笛月明多。太虚昇箭云：肅慎飛來日，開山結藥珠。至今傳僕射，無處覓邸瑜。安福神材云：天闢菩提境，楩楠永夜輸。如來今寂寞，蔡相亦躊躇。龍門靈湫云：遐源分積石，下與百川通。白日起蛟電，飛騰淩太空。樓峰霽雪云：寒谷吹鄒律，層崖次第春。松頭千點玉，相對卻精神。慶元姚樑練溪十二景歌云：君不見雲閑溪山草木香，歷産名賢流澤長。又不見太末峰連千嶂脉，黄堂去作逃名客。攜琴籠鶴入昌山，北里風光入水寰。入山不深意不愜，幽居更卜練溪灣。昔年應是山靈護，蛟蟠虎踞興雲霧。卜居人至真面開，人閑信有桃源路。桃源絶境路迷漫，此中奇麗任人看。入咏標題景未窮，添新補漏成詩案。石練村從泉得名，巨靈劈石流瓊英。高拖素練三百尺，界破青山照眼明。石泉拖練。眼明俯瞰前山月，半規不共星河没。牧童牛背笛聲清，清韻悠揚出林樾。月牧山笛。林外清音高下來，水亭絃誦入窗開。池魚讀月波光動，棲鳥啼花曙色催。水亭講學。曙光先到虎岩巔，晚見朝暾燭海天。欲上未上朱霞絢，千山萬山雲爛然。虎岩東曉。雲深第一數龍門，鬱鬱勃勃起苔痕。潛虬宿潭恣神變，玉屑飛空雪浪翻。龍門靈湫。浪底忽驚天驥出，峰生异體雲蟠質。何年息蹀卧雲閑，疑有真人駐仙蹕。天馬卧雲。真人駕鶴翩翩至，惟留真迹無姓字。修趾洪誇雙石存，積雪凝霜疑聳翅。白鶴仙蹤。凍裂霜毛墮遠巒，霏霏縈樓勢莫摶。銀盃縞帶溪樓望，初日光摇銀海寒。樓峰霽雪。日上文峰如鋪翠，體勢尊嚴稱具美。巍然正對讀書堂，挹秀有人歌仰止。文峰儲行。望山何以登山望，五峰絶頂眼堪放。纍酥積塊衆山低，極目遥峰如疊浪。雷峰絶頂。浪碧蕉鴎風動竹，幽篁古木圍梵屋。鐘殘磬寂煙欲無，山僧已識安爲福。安禍神材。安居村舍足良謀，戴笠荷蓑耘紫疇。田歌四起聲傳谷，十里新秧緑滿畔。六畈農歌。吾聞斯景足清賞，陽羨柯山輸森爽。鍾毓名宗地著靈，行看佳氣日騰上。披圖按景仔細看，尺幅居然眼界寬。更須着屐親攬勝，收拾雲煙上筆端。

江山姜典三詩：江上西風拂暮霞，秋林目落亂飛鴉。已將舊恨辭衰草，那復新愁到晚花。煙繞柳村山萬疊，雲銜練水樹千家。十年爲客成何事，謄有題詩惜鬢華。

龍洞坑詩：步出振秀堂，言登龍坑望。龍坑何阻深，環山抱不放。一經麗寒岑，纖蘿左右傍。緣之躋其隩，杳渺忽疏暢。峻壑有停瀾，立石森奇相。磵田既已收，炊煙漠漠上。龍出天地青，龍去洞涯曠。落日下危巒，微風闐鼓盪。歸鳥嘯其群，樵歌互酬唱。瑤草墜窮岩，空潭冷翠嶂。吁嗟龍不歸，獨立自俯仰。

里人劉瑩有練溪瀑布詩。

雙溪：在邑西四十里。大柘兩水夾流，里人項德錦建橋於此。

泗洲潭：在邑西三墩橋上流。

石倉潭：在邑北二十里馬埠。

千人潭：在邑東三里。元明之際，山寇屢發，官兵與戰於此，殺傷溺死者甚衆，故名。

銅鉢潭：在邑南二十五里。有泉三泓，形圓如鉢。舊傳有翁氏兄弟結庵採藥於此。

緑迴潭：在邑西七十里。一村皆灘，惟此緑波迴旋，深不可測。

龍聰潭：在邑北四十里。中有一竅，四圍水旋入焉，莫知去流之處，常有龍浮於上。

鐵爐潭：在邑西五里許。

玉泉井：在治西南三十五步。其水清洌，爲一邑最。

玉井：在邑西二十里吴塢。井中石色如玉。

九井：在邑西一百二十里黄塌磜頭。形勢最高，有龍井九口，趨地下流，龍居其中，烈風雷雨時作，雖盛暑覺寒慄，禱雨輒應。

高墩井：在邑北七十里高坪石壁之上。深不可測，禱雨必應。

墨井：在邑西四十里。大柘色如墨，若遇污物，其色即濁，以香帛解之，澄清如故。

朱井：在大柘之上里許。其色赤，大旱不竭。

黄礌井：在大柘横街。其清濁之异，有如墨井。

蒼溪：在三都，離治二十里。

黄潭：在大柘横街橋下。

徐王洞：在長後，離治百里。傳有龍潛其中，禱雨輒應。

放生池：在白水村。上至風洞，下至風洞岩。

石僧壇：在邑西大柘。

礌場洞：在十四都，離城八十五里。洞高曠，寒氣凜凜，雖盛暑必挾纊。隔岸有楓樹，大數圍，斜倚洞口。上有龍井，旱禱輒應。下山二里許，有瀑布，一落千丈，尤稱鉅觀。

石柱：在邑西四十里。形家言大柘棑形，于一里許竪一石柱，以繫棑焉。柱上刊曰：地勢如棑，啟千百年之景運；土精爲柱，維億萬載之宏基。土名石步頭，乃柘地來龍之區。自明季來養錄古木，大皆盈抱。道光間，因徐姓背挤，同里念其徐、王二姓有墓誼在桑梓，捐資價買石步頭坪上古木，永遠養錄護蔭。地方另有碑志。

水利

境内四山環峙，山峻水暴，積雨數旬，湍急横流，猛厲不可制。小遇旱乾，田立枯槁。恃爲補苴者，全在川堰。視宣蓄之得失，卜收穫之歉盈。雖爲山壤，官斯土者，水利亦宜講求。

大隄堰：在邑南學前。水通儒學泮池，近圮。

葉坦堰：在邑東，亘四十四丈，灌田二百五十餘畝。

龍礓堰：在邑東，亘三十一丈，灌田一百五十餘畝。嘉靖閑圮於水。隆慶元年，知縣池浴德捐築。久圮，近復築。

吴皋堰：在東嶽廟上，亘三十餘丈，灌田一百餘畝，通西郭南隅官溝，至縣前及儒學前。

官潭堰：在邑南，爲學前護砂。

獨山堰：在邑西，亘二十八丈，灌田五百餘畝。

尹村堰：在邑北，亘一十八丈，灌田一百餘畝。

官陂堰：在邑北，亘一十八丈，灌田一百餘畝。乾隆二十八年，知縣王憕開渠引泉入城，以禦火患。王憕記：西郭官陂堰，水北流而入溪，東郊有田百餘畝，十日不雨則苦旱。然西堰地高，水北趨，其勢順，故東郊常爲灌溉之所不及。辛巳歲，余莅平昌，客言前之官斯土者，屢議決堰溉田，迄無功而止。余疑之。夫水性無常，決於東而東，決於西而西，皆人力爲之耳。昔史起鑿漳水魏之河内，以富鄴國；鑿涇水關中，遂成沃野。今人縱不及古人，豈區區一疏瀹之勞，而亦諉之乎？越數月，祀北壇，過官陂堰，徘徊瞻眺，終未了了。於是息輿駕，卻僕從，履草萊，歷阡陌，察蹊徑之紆迴，度阪隰之隆庳，農夫牧子翹首而訝，不知余爲何事也。已復沿山麓入拱宸門，過君子坊，繞北隅街，歷縣署後，徐步而至東郊，見地形漸趨而下。余竊計曰：得之矣。然下車伊始，民不吾信，遽興是役，是未惠民而先擾民，非計也。及癸未秋，時和年豐，訟簡獄空，政事閑暇，適有公財納庫。余喜曰：是可以成吾功矣。亟招民夫，縣以重賞，負鋤荷蕢，集於村墟，循余徒步之所周，併力而疏濬之。壘石爲溝，深廣各五尺，延袤十里，不日而成。導西堰之水，洄漩曲折，而達之東郊。東郊之人，方疑水之從天而至也，夫而後可無慮於炎暵矣。然不僅東郊之田蒙其潤也，水出拱宸，過北隅，徧繞民舍，清泉當户，滔滔汩汩，可濩可澣，取攜甚便，挹注不竭。昔宋丁氏鑿井於庭，自謂日得一人之力。今北城之民，不日得千人之力乎？是役也，雖不如鑿漳、涇二水之功，而已較勝於鑿井之利矣。姑志其本末，以無忘此日之勤。

長安堰：亘五十丈，灌田六百五十餘畝。

高路堰：亘二十六丈，灌田六十餘畝。

野航堰。以上在二都。

雙港口直堰：在北隅上坦原，童志禹築。

石頭堰：亘二十丈，灌田二百五十餘畝。

石纓堰。以上在三都。

蕭嶺堰：在十三都，亘十六丈，灌田六十餘畝。

石郭堰：亘三十二丈，灌田三百五十餘畝。

楓屏堰：亘三十丈，灌田一百一十餘畝。

磹安堰：亘十丈，灌田一百五十餘畝。以上在十四都。

窑頭堰：在五都，亘二十一丈，灌田五百餘畝。

梧桐堰：在四都，亘一十三丈，灌田三千七百畝。

鄭墓口堰：在五都，亘二十二丈，灌田二千五十畝。

查渡堰：亘二十三丈，灌田一百五十餘畝。

石柄堰：亘二十六丈，灌田二百五十餘畝。

土地口堰：亘二十丈，灌田一百餘畝。以上在七都。

河頭堰：亘二十八丈，灌田三十餘畝。

外磅堰：亘二十八丈，灌田二十餘畝。

欄頭堰：亘十八丈，灌田二十餘畝。
周坂堰：亘十五丈，灌田二十五畝。以上在十都。
溪泠堰：在十一都，亘十五丈，灌田二十五畝。
岩進堰：在十二都，亘六丈，灌田八十餘畝。
石髓堰：在六都，亘十五丈，灌田三千七百餘畝。
嵩伯堰：在十六都，灌田八十餘畝。
舊溪堰：在十七都，亘十六丈，灌田四百餘畝。
馬夫人廟前堰：在十八都，亘七十五丈，灌田三百五十餘畝。
船埠頭堰：在二十都。
鄭家堰：在二十一都，亘六丈，灌田一十餘畝。
方村堰：灌柳村、石練一帶畈田。
石倉堰。
宏山殿前堰：在湯溪界，灌田一百餘畝。以上在十八都。
繹下堰：在湖山，長三十餘丈，灌田一百餘畝。
陳村畈堰：在二十四都王川，灌田一百餘畝。

江溪戀堰：在二十四都，亘三十餘丈，灌田九十畝。
升口堰：在二十三都，灌田一百畝。
埸礌堰：在二十三都金竹，灌田一百餘畝。
湖山堰：在二十二都，亘五十餘丈。
山歸堰：在二十二都，亘四十餘丈，灌田一百餘畝。
超潭堰：在二十四都。
十畝堰：在金竹。
官堰：在邑西十三都石板橋上首，亘十六丈，灌樟塢畈田一百六十畝。
繆公壩：今圮。
力其堰：在五都樟洲村邊，又名樟洲堰，亘五十餘丈，灌力其畈田一千餘畝。
胡公隄：在治南五十步，今名大堤街。宋縣丞胡涓所築。
羅公隄：在西南隅界。雍正三年，知縣羅秉禮築，一邑賴保障焉。有碑亭，顏曰羅公遺澤。
王公隄：在邑北後溪。乾隆二十八年，知縣王燈捐建，共三十餘丈，爲北之屏翰。
航淤隄：在二都金岸，離治十里。本係官道，乾隆初年，冲埸爲河，架橋濟涉。三十三年，一長官過此，橋木中斷，幾遭溺斃，里人因各捐資築成是堤。

方村隄：在十九都方村。道光八年，溪水暴漲，一村幾遭漂没。柳村朱霖捐資官學，慎學健同姪聯捐米築建，合村賴爲保障。

黄磠潭堰：在大柘萬石橋上，亘八十餘丈，灌田五百餘畝。

魚山堰：在大柘魚山橋下，亘二十餘丈，灌田五百餘畝。

主人磠堰：在大田湯溪橋下，亘四十餘丈，灌田五百餘畝。

東關橋：在東門外，南北兩溪合流之下。隆慶元年，縣令池浴德以橋圮病涉，改卜成之。前令蘇寠重建。四十九年，縣令繆之弼倡修。後廢，仍架木橋渡，曰平昌渡，并置渡船，以備大水。有平政亭，久圮。乾隆二十九年，知縣王憕創建，下用石柱，上鋪闊板。又因平昌渡廢弛，將留存田畝撥入是橋，復增置租田數十石爲修理費，改名平政橋。一時行旅稱便。至五十三年，洪水暴漲，石柱漂没無存，移於上流南溪塔潭，改用船橋，纜以鐵索。不數年，船橋又遭廢壞。今建架木浮橋，兼置渡舟，水平架橋，水大用渡。厥後包玉章、葉勳經理多年，累積贏餘，又續置田十有餘畝。前後共計得租壹百零陸石。田租列外編。 池浴德祭橋文曰：惟橋陸通蒼栝，水朝甌東。夙緣築石之未就，兹乃採木以鳩工。諏日既吉，大衆攸同。徒杠已先乎歲隙，輿梁不廢乎春農。徵宗坊之尚義，睹結架之增崇。虔告土社，默相經營。浴德等敢不正刑賞而僭濫以息，楚河無中返之恫；平紀綱而乘輿罔事，鄭洧謝小補之功。有醴斯潔，有祀斯隆。 邑令王憕記曰：平昌，山邑也。環城皆山，岩岫重複。雙溪自西北繞山而來，届東郭外而合。於其合也，昔人爲梁於其上，曰平政橋。橋之制，叠石以爲墩，孤峙特出，與水爲敵。溪流駛悍，勢不能勝，橋用以壞。屢作屢廢，迄用無成。於是維楫以渡，置田以贍之，歷有年所，未有修而復之者。余莅是邑閱四載，政之當爲者，略修舉矣。獨念邑在萬山中，三面皆峻嶺，而東獨下溪流注之，地勢所趨，氣用沮泄，靈淑之漸微，敦龐之漸漓，或繇于此。昔之建橋者，蓋有深意焉，非徒利濟涉、便往來也。今顧以橋之難成而廢之，可乎哉？抑又思水莫大於河，古今水患河爲甚，然可隄而固也。浙江之潮壯矣，而捍潮者爲坦水以緩之。今溪澗之漲，雖一時暴怒，固非河與浙江比，誠舉治河與治潮之術，參取而兼用之，事可集也。謀之士庶，僉以爲宜，輸材獻力，踴躍爭赴。乃臨溪而營度之，自北而南，作爲橫隄，高可十五丈，長可八十丈，於隄之中，踰十丈而爲之亹，亹旁立石如棖，棖之上覆板以成橋。凡爲亹者五，亹之高下，參錯不等，俾水得次第分流，以殺其勢。隄之前後，各布坦水，水來則迎之，水去則送之。或驟至，則任其漫隄而下，毋與角焉。經始於甲申之十月，不百日而竣，蜿蜒其長，侹侹其平，邦人聚觀，耄孺相慶，乃易平政之名，命之曰東關橋，以寓關鎖東流之義。復慮縣治十四等都，山深樹茂，民之孳孳求利者，伐木叢委岸側，伺溪漲，猝然放下巨木，乘流直卸，大爲橋害，乃設厲禁而始勿敢焉。今年春，久雨緜積，溪漲奔溢，橋故無恙。余巡覽橋隄，顧而嘆曰：夫溪流非昔盛而今衰也，橋之制亦非大有异於昔也。惟是昔也逆之，今也順之；昔也蹙之，今也紓之。順其性，紓其勢，使之坦然以趨，暢然以達，而無壅閼迫束之困，則水無惡於橋，而橋於是乎無恙。譬之人，方其盛忿疾怒，驟而抑之，必愈奮而不可解；款款而導之，徐徐而待之，則渙然釋矣。觀於此，可以悟應物之理焉，可以得治人之術焉，獨橋乎哉！余既幸斯橋之成，又願後之君子隨時而維護之，庶斯橋之不壞也。爰志其本末勒於石，樹之橋側云。

又有詩云：南溪如奔螭，西溪如怒虬。合會東郭外，奮迅無停流。昔人梁其上，蕩激不可留。屢作輒復壞，日喚招招舟。我來俯溪湍，相度懷良籌。橋當順水性，勿與爭仇讎。築土爲長隄，宛宛虬蜿修。中開五石亹，磊磊魚鱗稠。甃叠互參錯，毋使高下侔。前後鋪坦水，導迓如相疇。覆版遂成梁，侹侹通遨游。不假瑞鵲填，安用神龜浮。奔湍洶然來，注瀉得自由。詼諧釋憤門，一笑投戈矛。始悟逆順理，用剛不如柔。大哉隨時義，動悅行歸休。春來桃花漲，浩瀚迷沙洲。驚波冒隄去，無復衝齧憂。乘閑步橋隄，景趣圍寸眸。右睨挹飛鶴，左顧呼眠牛。邦人共扶攜，謠舞喧道周。競説令尹功，惠利難匹儔。令尹亦何能，天造從人謀。琢珉勸勿壞，敢用誇經猷。　訓導王世芳詩云：遠溪雙匯注城東，横鎖長橋似卧虹。坦砌斜坡舒水性，疊開五洞任波通。奠安無恙桃花雨，鞏固何愁颶母風。此是吾家賢令德，碑留岸畔紀豐功。　邑人徐台年落成詩云：東澗春流急，西山夕照明。江河方日下，砥柱忽中撑。兩岸蒼煙合，雙溪素練縈。魚鱗知石密，虹影覺隄平。勝造如神助，奇功不日成。但欣遵路穩，休卜涉川亨。淮堰譏梁武，溱輿惜鄭卿。招招今輟響，緩轡入山城。

瑞仙橋：在治南七十步，近東義學，因名登瀛，又名坡仙。元至大三年，達魯花赤暗打剌建。國朝康熙辛卯，知縣繆之弼倡捐重修。邑人潘宗河有詩。今又傾圮，架以木橋。

安定橋：在治南半里。明正德間，里人創造，復構小亭，顏曰清趣，以憩行旅。久廢。國朝康熙庚寅，知縣繆之弼重建。後屢修屢圮，今架小木橋。

蓮花橋：俗稱荷花潭橋。在治西羅公隄上，通南門大道。咸豐九年，里人鄧元福助田十二籮，因經費不敷。光緒十九年，前教諭羅樹棠、里人葉永蘅合助租田八籮。土名田畝，詳載碑記。

東泉橋：在南門外。

惠通橋：即碧瀾舊址。萬曆七年，知縣鍾宇淳因平政橋圮，值冬涸，見舊址下有石腳，遂募民創築石梁，下有洞門五，上有石欄，功垂永賴。舊有鐘鳴橋成之讖，果驗。國朝康熙丙寅，洪水漂没，有渡曰斬蛟渡，後改架木浮橋。今亦廢。

衆安橋：在邑北五十步。今廢。

董店橋：在邑北一里。

飛鶴橋：在治東北飛鶴山前，下築石墩，上覆瓦。嘉慶五年，被水冲没，石腳蕩然。今移上數十步，改作小木橋，捐置租田三十籮。土名列外編。

王橋：在邑西王巷後溪。

吴樂橋：即吴皋橋。在西門外一里。乾隆年間，董事周剛德、林雙福置買實租三十四籮。嘉、道間，葉秉恒又續置實租十七籮。土名列外編。

濟川橋：一名河橋，即東梅橋。古名永安，在北門外一里許。宋嘉定間，知縣陳逵因木橋易圮，募民疊石爲址，改書濟川之梁。陳逵記：縣衢四達，而北適京，越二百步，有大溪焉。昔人爲橋以濟涉，歲久木腐，前令欲改造，費無所出而止。有獻策許富民輸金贖罪爲費者，予謂：幸人有過，以集吾事，非政也。濟人之心，誰獨無之？期日會議，人德吾語，咸賫金來會，一日得錢三十萬。聞者願出所藏，以後爲愧。乃擇士之廉而才者司其事，以有位望者董之。計工相地，謀易以石，中流沙瀨，基下實則不崩。工人欲盡屏去交木飛梁，而虚其下，惟兩石累埃與木，欲資爲固。余然其言，使畫成規，修二十五步，廣十分之一，屋十有三間，中與兩端爲亭，餘爲廡，翼爲欄。棟高十有一尺，修儉五寸，亭加一尺，修加寸半。其端兩亭，高下修廣適侔，傍磚協檐，以芘梁木，文以藻繪，遠近駭觀如市。兹舉也，糜錢百九十萬，而贏廢日十二旬有奇，不藉官助，如期面成，既壯且麗，可經久遠。衆欲請記於名家，以傳不朽。余曰：若可傳，雖不記，庸豈能滅？不然，侈爲之辭，不能假之使傳也。如欲志其巔末，當自筆之。橋舊名永安，無所取義。藍田趙君書曰：濟川之梁，余聞李文定爲世名相，此其開端之地也。官於兹邑與生兹土者，方將追踵前修，必有紹其遺躅，而後當於兹名云。萬曆十年，知縣王有功修築，用板，上覆以屋。四十一年，知縣林剛中重修。邑人項應瑞記：遂之北，距郭數百武，一溪瀠注，舊有橋，馳京省、出甌閩者絡繹，號通津焉。閱歲積圮，棟撓梁折，行道者以爲苦。我侯林公下車問利病，間有以兹橋對者。侯不憚爲民規久遠，庀材鳩工，所爲費不請於上，不假於民，皆侯節縮出之，而民樂爲之用。畚鍤如雲，杵槖成韻，不數閱月，匠氏告竣，址仍舊而勢加峻，顔之曰濟川。蜿蜒軒翥，如長虹扦海，漢鵲横霄，履砥視平，淩風濤於趾踵之下，豈惟今日？將使歌坦途、利攸往者，實長子孫，抑何措慮周而成功速若是？噫！非橋之爲侯重，而侯實重橋也。侯故治尚書，以濟川名橋，亦本尚書曰：若金作礪，若濟川作舟楫，若大旱作霖雨，一時枯者潤而槁者蘇，特侯百度之一小試耳。崇禎丁丑，磡圮橋壞，知縣何廷棟重修。國朝康熙十年，邑令韓武增修。五十五年，知縣何其偉重修。乾隆二十九年，知縣王憕重修，改名北固。後覆屋壞，僅架以木，屢修屢圮。嘉慶十五年，邑人徐文光捐資鉅萬，創建石橋，下築石洞，上建石欄，并築兩岸長隄，尤爲便利，仍復舊名。知府任邱李昉記曰：遂昌縣治北雙溪，舊有橋曰濟川，地當孔道，路達三衢。昔人叠石爲墩，架木成梁，數百年來，民無病涉。嘉慶元年，被水沖坍，於是權以浮橋，每當春夏之交，山水漲發，隨流漂去，行人往往阻滯。里人徐文光者，欲復舊橋，積蓄十年，於嘉慶十五年七月，鳩工起建。原址當港汊匯合之處，洄瀾湍激，所施樁石，隨下隨沖，望而咨嗟。邑令向君啟昌，臨溪營度，議於舊橋基址之下，就溪面寬闊處所，填石另造，其工較前奚翅十倍。橋長三十有八步，面寬三軌參分軌之二，下分三洞，洞廣五尋，高四尋，兩旁護以石欄。橋之右岸，近城隅起土築石，以作長隄，内衛田廬，外禦山水。左岸依山開鑿，接橋築隄，直通大路，以便往來。於十七年十二月告成，其用銀萬柒千有餘。黎川涂瀹莊先生守茲郡，爲告大吏，請於朝，得僉旨獎勵。我皇上如天之仁，有善必録，至矣極矣。於是大吏命撰文勒石，爰詮次其始末，及橋隄之修廣，核實而記，俾後之樂善好施者，知所興起也。同治閑，橋石崩，文光四子徐焕然，售産興修。至光緒十五年中，橋洞又隳落半面，徐無力獨任，知縣江繼曾諭文光孫智堂，倡捐修復，資用不足，其石闌易以板，以桐油飾之。知縣江繼曾記。田畝列外編。

樂善橋：在邑東五里。初架以木橋，屢至朽腐。光緒二十一年，東隅徐培岳捐資，築之以石。

襟溪橋：離治十里，兼置渡船一，渡曰襟溪渡。如遇大水，去橋，用舟濟人。水退，仍復架橋。劉春暉堂助資墾買田屋，爲修理費。田屋土名列外編。

鎮東橋：在靈泉洞口。同治閑，大水漂没石橋。光緒初年，里人捐建木橋，上築亭三閑。

航川橋：在西明山麓。

濟明橋：離治七里，舊名長川。

銀坑橋：貢生鄭家淳建，後圮。長濂合里建修。

上岡橋：康熙閑，知縣繆之弼重建。今改小橋。

資口橋：資口，松陽界，離治二十里。并置渡，曰資口渡，以備大水壞橋之用。有租田數十畝，爲修理橋渡及渡夫工食。以上俱在二都。

里步口橋：離城南十里。舊有浮橋，被水冲没。光緒年間，里人童永淮、葉永蘅、徐象基捐租再建。

車頭橋：在治東十五里。長濂合里建修。

大橋：在治東十五里。凡二，皆建瓦屋。今存其一。

太和橋：離治二十里。

連頭橋：離治三十里。康熙辛卯，知縣繆之弼重建。道光閒，改建石橋。以上俱在三都。

上市橋：在六都，離治三十五里。乾隆閒，里人創建，覆以瓦屋。嘉慶五年，被水冲没，改建小木橋。

赫靈橋：在四都長濂，離治二十里。溪不甚寬，不數十步，與大溪合流。明嘉靖閒，里人鄭秉厚爲童子時，涉水被溺，隨流出大溪，約半里許，恍惚中見有四金甲神扶之登岸，得以不死。後及第通顯，於此處建橋，命名赫靈，并置修橋田租，以垂永久。溪岸傍立廟，建神像，親書『赫靈顯應』四字額於殿。額至今尚存。

米缸圩橋：在邑東祥川。里人周廷標建。

壩頭橋：在五都湖邊、社后兩莊交界之處，離治三十里。知縣繆重修。後又屢圮，村人捐資於溪鑿石孔立柱，架木爲橋，穩固逾常。又置田山爲修理費，以冀永久。

三溪橋、盤石橋：在五都古亭，離治三十里。知縣繆重修。

後潘橋。

張村橋。

墈下橋、鯉潭橋、東濟橋。

石西橋、南川橋、北濟橋。

大務橋：凡二。一爲大橋，上覆瓦屋。嘉慶五年，被水冲没，改建小木橋。光緒元年，項名榮、徐時和等勸捐修理，下竪石柱，上覆瓦屋，以復舊制。

知理橋：離治三十餘里。康熙辛卯，被水冲没，知縣繆之弼督修。光緒元年，里人項名榮、徐時和倡捐重修。

後龍橋：離治三十里。里人黄裳督建。以上俱在六都。

久濟橋：在七都，離治三十五里。舊名滂嶺橋，後蘇姓易之以石，因又名大石橋。近以洪水頻冲，石橋湮没，里人協力捐助，并置山田取息，以爲久遠修葺之資，爰名久濟。

楓橋：在邑北，離治十里。

三濟橋：在邑北四十五里。山水漲發，時遭漂蕩，行人苦之。乾隆閑，里人周敬纘、包大中、楊世能、周元生、周大成出資助田，以作修橋之用。兵燹後田失管。光緒十五年，里人周慶棠、包兆含稟追原田，其畝分列外編。

鄭陂橋：離治二十里，係石橋。

馬埠橋：離治二十里。監生俞咨禹捐砌石墩架板。康熙辛卯，水漲衝没，知縣繆之弼重修。

大小頭坑二橋：離治二十五里。

新路垵橋：離治二十五里。知縣繆之弼重修。

石鐘橋：離治二十三里。初爲木橋，康熙辛卯，水冲去，里民李日茂捐金修砌石墩。知縣繆之弼爲捐俸，日茂又募捐成之，架木板焉。

黄坑橋、公赤橋：離治三十餘里。里民李日茂易木墩以石，架以木板。以上俱在十二都。

三峰橋：離治十里，俗名三墩橋。下築石墩，上覆瓦屋。橋東有亭，雍正閑，僧宜明募新之。嘉慶五年，被水冲没，里人募捐重建木橋，置買租田爲修理費。田租列外編。

大定橋：離治十里。

丁口橋：離治十里。近將三峰橋王國芹所助自塔垵、榴坑二土名租拾石，爲是橋修理費。以上在十三都。

嶺下高橋：離治十五里。

好川橋：離治二十里。

沙口橋：離治二十五里。

牌前橋：離治三十里。以上在十五都。

萬石橋：在大柘，離治四十里。里人尹時美等募建，叠石墩，覆以瓦屋，并置橋田爲修理費。尹時美記：實以名著，名由實傳。柘溪橋名萬石，載在邑乘，其來已久。所惜人往風微，其名猶在，其實盡忘。架木濟衆，漂傾時聞。乾隆甲午，時和年豐，爰商建橋，力追先進。議叠雁齒，上架虹梁，覆屋築隄，防冲避雨，兼闢道路，并砌墻垣。費扣三千，勞集萬姓。工興乙未春仲，務竣丁酉、嘉平戊亥兩年建亭鋪石。因詳始末，勒之於石，俾後得考所自，并使知斯橋名則猶是，其稱情則自今以始。

田土名列外編。

魚山永濟橋：在萬石橋下流，有租田十二籮。土名田畝，詳載於碑。

橫街橋：在大柘萬石橋上流，離治四十里。

永穩橋：在大柘雙溪，離治四十里。里人項德錦記：吾鄉東有溪曰雙溪，直源、射坑二水夾流處也。溪寬水急，漲落無常，村人於其地建浮橋，屢被漂没，臨流者動多卻步，非隨圮隨設，無以免病涉之嘆也。而工費非一二人所能支，募捐亦難爲再三之漬，非預備不虞不可。因將自置土名東山下畈心腴田兩坵，計大籮租四石捐助，改其名曰永穩。另立永穩橋户册，收貯生息，日積月累。于今又置租田十籮，統計租一十四石。竊惟世遠年湮，人心不古，難免占竊之弊。爰述數言，建碑泉湖寺中，刊載田畝、字號、糧額、土名、租數，以冀永垂不朽，交本寺保濟會諸君管理。諸君皆吾鄉誠信君子也，後裔定多賢智，望爲世世保守。能由是擴充增益之，造橋之外，若有餘資，復修四處要道，則多多益善矣。倘有侵占盜賣等弊，儘可公議創懲，則永穩橋自能永久穩固也。幸何如之！

是爲記。橋田土名列外編。

大田橋：離治四十里。

湯溪橋：離治四十里，橋上有屋。以上在十八都。

方村橋：方村溪水易漲，不時漂没。柳村官學健同姪聖基颺等，捐助租田十石，爲修橋費，得免傾圮。

濟衆橋：離治六十里。

世濟橋：在邑西宏岡，離治五十里。邑令彭起鵾記曰：事莫難於創始，善莫要於圖終。非大有心力而爲計長久者，未足與議也。平昌之西，離治五十里，有村名宏岡，雖非通都大邑，亦各莊往來孔道也。村前一溪，曰小竹溪，高不及數仞，修不過幾尋，而迅流激湍，陡發暴漲，時有滅頂濡首之勢。旅客行人，恒病涉焉。康熙間，諸生劉光濂自邑北徙宏岡，見臨流阻步者，心甚憫之。肇築一橋，時加修葺，行旅至此，不致嘆人涉卬否矣。光濂早世，妻朱孺人徙居石練，詳褒節孝，猶惓惓於是橋之役，相承勿替焉。既又慮久後之難繼也，爰勖其子若孫，以恪守先志爲事。余因公至練溪，適橋經新葺，其孫有明經劉瑩者來謁，請賜橋名。余深嘉孺人之相夫有成，而又喜其後嗣之克世濟其美也，遂名之曰世濟橋。今劉氏已有成議，將橋歸於宗祠經理，則歲修之費，自可裕如。而是橋之設，得與劉姓宗祠并垂不朽矣。是用志之。

賽濟橋：在石練，吴朱氏建。知縣江繼曾記：樂善好施，見義勇爲，求之近世士大夫，不可多得，况婦人女子哉！然婦人女子好善之心，發於至性，其所爲往往出於士大夫之上。邑西宏岡村與石練相距僅二里，其水由小竹溪流入大河。宏岡與石練相隔一河，人常病涉。經諸生劉光濂肇造一橋，以利行人。其妻朱氏，又勖其子若孫，承先志以時修葺。前知縣彭君起鵾，以世濟名其橋，并作記以傳於後矣。光緒庚寅，春水陡發，迅流橫溢，一時宣洩不及，於小竹溪之右偏，茶坪垢之上游，冲決一口，而水從此而出，其勢不可復遏。余每届下鄉，必由其地，目擊心傷者久之。命劉生紹彬與諸紳董修築事，猶恐其弗底於成也。秋初，因公復經其處，則見道路完整，盈盈一帶水，已得虹橋穩度矣，以爲諸紳董勸之力也。及抵行館，劉生來謁，余嘉尚再四。劉生曰：道路集貲而成，橋梁實詳褒節孝，吴門朱孺人獨任也。生不敢自居其功，没人之善。又曰：朱氏願捨租田九籮入吴祠，以爲是橋歲修之費。於戲！吴門朱孺人者，不誠能爲丈夫之所爲哉？可以風世矣。以視身列膠庠，坐擁厚資，自命爲一鄉之善士者，其相去爲何如也！余故喜吴朱孺人之慷慨濟施，而又喜世濟之後，得此以互相輝映，使昔人不能專美於前，爰名其橋曰賽濟，并綴數言，他日登之志乘，俾朱孺人之功德，與此橋并垂不朽，即劉生之不自伐善，亦得附之益彰焉。是爲記。光緒十八年孟秋撰。其田畝另列外編。

東溪橋：在六都東菰，離治三十里。橋邊建有平屋，并置田畝，爲修理資。

壽星橋：又名代碇橋，在石練，離治五十里。并置橋租，田畝列外編。

接衛橋：在石練，離治五十里。墩七座，屋二十九閑。乾隆二十六年，里人公建，并置田山爲修理費。五十八年，屋毀於火，石墩無恙。今於墩上加板焉。邑令王憕記：遂邑十九都曰石練者，邑西之名鄉也。其山有大樓、天馬之竦峙，其水有龍洞、練溪之瀠洄。去邑既遠，風會斯聚。明崇禎間，嘗欲建爲練溪縣，已而不果。然其村隖幽邃，氣俗淳樸，有可觀者。練溪之上，架木以爲梁，洪水奔激，旋作旋壞，行旅病涉，人用咨嗟。里人劉楫、吴國賓、吴國梓、吴國顯、吴文炳、應廷魁等，謀爲石梁，以奠永久。諏度既定，撓之者百端，黽勉艱瘁，乃克有濟。余來宰邑，實贊成之。經始於庚辰之秋，告竣於甲申之夏，閱再閏而橋始成。蓋功之鉅，而成之實不易也。余適以公事過，見夫屹然峻址，軒然華構，亘如虹連，赫如翬翔。偉哉！其是鄉之壯觀與？里中父老相率請名，且乞文以紀其事。余觀外塘之巒，蜿蜒若赴；案山之坡，逶迤若迎。而溪流間之，得斯橋而宛如聯合，顔以接衛，無以易也。抑余更有感焉。夫人之目爲也恒重，其爲人也恒輕。余所過城市聚落，煙火之稠密，甍宇之潤麗，有什百於此者矣。然而溪之湍，澗之瀨，猝然而漲，阻於濟涉者比比也。今是鄉特區區百餘户耳，謝以力所不及，孰有從而責之者？而乃謀之審，任之重，持之堅，不搖於浮議，不奪於豪力，綿歲積月，敦敏不怠，卒以成就。以視夫廣鄉大邑，席多藏，擁厚資，坐視濡溺而不顧者，其人之賢不肖何如也？嗚呼！是足以風矣。繼自今有聞是鄉之舉而興起者，則而象之，踵而行之，其爲利賴，曷有極乎？余故應里人之請，綜其始末爲之記，以爲樂善者勸。原置田山列外編。

蔡口橋：離治八十里。唐坑橋離治一百里。以上在十九都。

永濟橋：在二十都埠頭洋對岸。嘉慶閑修理，名永通橋。光緒十八年，程虎臣復建石橋，改名永濟。

磐溪石橋：離治一百里。濟川石橋在王村口中街舍溪，離治一百里。康熙閑，磐溪朱之挺、關川毛經道、毛彬倡捐重建。後圮，華日融兄弟重建，改名寶善。後又圮，里人募捐重建，覆以瓦屋，改名宏濟。錢塘費淳寶善橋記云：遂昌居萬山中，谿流峻險，非橋不足以資利涉。而規模之宏遠，工力之繁多，西鄉濟川石橋，其尤著也。是鄉爲栝蒼通衢，亦入閩要津，兩岸民居稠密，經由者接踵而來。康熙丙寅，磐溪朱之挺、關川毛經道、毛彬等捐資重建。乾隆戊申夏，溪流暴注，橋復大圮。衆苦費用艱鉅，相顧錯愕不敢發。行人數數告困，華氏昆季慨然獨任，以爲是殆不可以已。遂鳩工庀材，夙夜從事，卒復舊觀，而又過之。是役也，一事而三善備焉。存心濟物，仁也；見義必爲，勇也；積而能散，智也。士君子之用財，當如是矣。爰易其名曰寶善，并撮舉其顛末，俾後之人採入志乘，知華氏世居是鄉，所以世德相承而綿延於弗替者，其來有自。橋高三丈六尺，長六丈五尺，廣二丈七尺，材與工計費三千一百兩有奇。經始於乾隆五十三年十月，告蕆於五十五年四月。重修者，華子曰融、日南、日旗、日覲也。

石橋。

關川橋：在關川，離治一百二十里。原經毛姓重建，橋上有屋，復圮。貢生毛儀熹、儀點重建。

源水橋：在金溪水口，里人黄崇本建。

鎮西橋：在金溪水口，里人黄崇本建。

鎮武橋：在金溪北，里人黄崇本建。以上三橋俱里人黄崇本建。

文昌橋：離治一百四十里。

晝錦橋：在金溪，離治一百四十里。

瑞應橋：在金溪，里人黄國廉建。

垂虹橋：離治一百四十里。以上在二十都。

東川橋、外橋、内橋：在東川村前後。

梭溪橋：離治八十里。

小溪橋：離治八十里。

石印橋：在湖山，離治八十里。溪石如印。

朱村橋：離治一百里。

大坑口橋：離治一百五里。以上俱在二十二都。

金竹橋：在二十三都，離治一百十里。康熙辛卯，僧通明募金築墩蓋屋，知縣繆之弼捐資督建。後被水冲廢，移於上流，改架木橋。

恩市橋：在二十四都，離治八十里。里人朱姓於橋上建亭。

迴龍橋：在二十三都迴龍寨，離治八十五里。鑿礓叠石爲洞，甃築石欄，徑十餘丈。道光年間，里人募建幾半，吴永德捐資成之。

通濟橋：在邑北應村，爲明嘉靖村人應警庵創石梁。今圮，舊碑尚在。

永安橋：在北鄉十都荷塘，離治五十里。溪闊流急，涉水維艱。其沿溪後山一帶，懸崖峭壁，路徑崎嶇。乾隆二十年，里人捐資創建橋梁，治平道路，往來稱便。又以餘資積置田山，爲修理費。并於橋右設祀孤壇，於清明、中元節祀之。

關連橋：在三都高坪，離治二十里，上覆瓦屋。嘉慶五年，被水冲沿。十七年，里人陳占鰲倡率合坦，捐資督建石橋。橋東建廟，祀關帝、文昌之神。

雙坑口石橋：在七都鄭坳，離治三十五里。道光十五年，里人蘇金壽建。又與蘇水德修砌近橋、嶺頭、石磨、礶塘内等處道路。

德澤石橋：在七都鄭坳，離治三十五里。道光十五年，里人章德優捐資新建。橋畔石船兒，路道崎嶇，蘇炳章捐資修之。

通惠橋：在三都連頭，離治三十里。乾隆戊子，里人捐資造。嘉慶五年，洪水漂没。至道光年間，里人張英華、徐寶松、葉經鸞、吴義積、劉重華、潘鳳儀、姜文立、姜高松、潘發錦、陳養法、吴倚玉、潘錦夏等，協力勸捐，叠石成五洞，費計鉅萬，改名通惠。監生張玉清記：城東三十里連頭莊村下，有石橋五洞，高三丈二尺，長二十丈，寬可通車輿牛馬，改名通惠，舊名連頭。建自康熙辛卯，至乾隆戊子，鄉人捐金築石數墩，架木成橋，上覆瓦屋數十楹，風雨寒暑，俱可憩息。嘉慶五年六月，山水暴漲，屋及石墩被水沖去，僅存其名，乃以板爲橋，不時漂没，民皆病涉。道光辛卯冬，爰集本坦耆老，將社中積貯七百餘金，倡復請於朱邑侯，廣爲之勸，自本都以及各處鄉村，踴躍輸將，以助厥成。詎次年壬辰歲歉，工未成而捐不能收。前年辛丑，遇蜡祭之期，會鄉之人議曰：事隔十年，人半凋謝，再不急舉，將廢前功矣。壬寅春，重立董事，督收舊捐，復勸新捐，約費錢萬緡，鳩工採石，鋪築成橋，并劈水犀尖，一律告竣，勒石以垂永久。余小子何知，承諸父老囑序，不揣固陋，聊記以昭先緒之成云。

航頭渡：在邑東十里，今設義渡，里人置田以垂永久。土名列外編。

梭溪渡：在邑北六十里。

北界渡：在邑北五十里龍游界。

焦灘渡：在邑西八十里柳村，官清造。

龍鼻頭渡：在邑西一百里弈山，西安縣界。

周公口渡：在邑西九十里。

定溪渡：在邑西一百里長定。

永溪渡：在二十都王村口王溪，離治一百里。乾隆三十六年，近村八人倡捐修建。

福江渡：在二十都礱口，離治一百十里。乾隆五十八年，戴秉衡、曹弈明、曹弈文、傅登天、吴勝重、張良富、張功升、羅潤應、李永諧、曹弈會、曹弈兆、林成彦等捐造，并置田修理。土名列外編。

永祚渡：在二十都埠頭洋。嘉慶二十三年，劉虚居、李開亮、賴乾仁、劉在權等捐資勸募建造，作爲義渡，置田修理。土名列外編。

卷之三

知縣清河胡壽海、宛平史恩緯重修

田賦（户口附）

陸清獻作靈壽志，於田賦獨詳。謂土瘠民貧，居官者不可紛更聚斂。仁人之言，藹然如見。遂賦自我朝康熙間編審定額，滋生人丁永不加賦。又行攤丁歸畝法，無田之民得免輸糧。厚澤深仁，亘古未有。舊志如胥吏鈔寫檔册，無不繁瑣詳載。今悉仍其舊，冀有合於清獻之言云。

田糧

明初無可考。

隆慶二年：田貳千貳拾壹頃柒拾陸畝玖分伍釐叁毫；地壹百貳拾伍頃叁拾肆畝柒分肆釐；官山貳拾伍頃柒拾柒畝貳分；民山柒百柒拾頃壹拾壹畝肆分；塘伍頃陸拾肆畝柒分壹釐。

國朝順治年間：田、地、山、塘一如原額。

康熙三年：清丈。

康熙六年：明白回奏案内，題准豁免積荒田柒百柒拾貳頃畝柒分叁釐叁毫玖絲貳忽捌塵。

康熙九年：開墾積荒田柒頃貳拾伍畝。

康熙九年：無徵荒逋案内，題豁田叁拾捌頃捌拾叁畝捌分叁釐貳毫捌絲肆忽叁微。
康熙十二年：開墾積荒田陸拾貳頃伍拾叁畝叁釐。
康熙二十一年：開墾積荒田肆拾壹頃伍拾肆畝。
康熙二十二年：開墾積荒并召募頂種開墾積荒田壹拾頃壹拾捌畝伍分陸釐。
康熙二十四年：開墾積荒田壹頃壹拾伍畝肆分。
康熙二十九年：開墾積荒田伍頃伍拾玖畝陸分柒釐。
雍正七年：請定耕耤等事案内，除置買藉租田肆畝玖分。
雍正十年：開報升科案内，升田肆拾叁畝伍分捌釐。
雍正十一年：開報升科案内，升田叁拾柒畝壹釐壹毫。
雍正十二年：開墾積荒田伍拾陸頃壹畝。
雍正十三年：開報升科案内，升田壹拾玖頃貳拾伍畝貳分。
乾隆十一年：開墾積荒田伍拾柒頃壹拾柒畝柒分肆釐捌毫。
乾隆十五年：開墾積荒田伍頃畝伍分柒釐柒毫。
乾隆二十年：開墾積荒田玖拾伍畝捌釐伍毫壹絲捌忽。
乾隆二十二年：開墾積荒田柒頃壹拾畝玖釐捌毫貳絲捌忽伍微。

乾隆二十九年：開墾積荒田壹拾貳頃叁拾玖畝壹分肆釐貳絲柒忽壹微。
乾隆三十三年：開墾積荒田叁頃柒拾肆畝壹分貳釐。
乾隆三十八年：開墾積荒田壹拾伍頃伍拾捌畝貳分肆釐。
乾隆四十一年：開墾積荒田柒拾陸頃貳拾畝柒分伍釐。
乾隆五十一年：開墾積荒田柒拾捌畝肆分貳釐肆毫。
嘉慶五年：秋禾被水等事案内，題蠲水沖石壓田壹百壹拾叁頃叁拾肆畝壹分叁釐。
嘉慶十五年：開墾積荒田貳拾叁頃伍拾玖畝陸分柒釐。又開墾復田陸頃伍拾叁畝壹分。
嘉慶十六年：開墾積荒田肆頃壹拾伍畝伍分貳釐。又墾復田壹頃伍拾壹畝柒分。
嘉慶十七年：偏隅被水等事案内，題准水沖無徵田壹拾伍頃陸拾柒畝叁分伍釐。
道光三年：開墾積荒田貳頃捌拾伍畝陸分伍釐。又墾復田共壹拾陸頃捌拾貳畝肆分捌釐。實存田壹千伍百貳拾頃陸拾畝柒分伍釐玖毫玖絲柒忽貳微貳塵，每畝徵銀捌分捌毫肆絲，實徵銀壹萬貳千貳百玖拾貳兩伍錢玖分壹釐捌毫叁絲陸忽壹微伍塵貳渺陸漠肆埃捌纖。每畝徵米柒合叁勺叁抄，實徵米壹千壹百壹拾肆石陸斗伍合叁勺伍抄伍圭玖粟陸粒貳黍貳粞陸糠。
原額地壹百貳拾伍頃叁拾肆畝柒分肆釐。
康熙六年：明白回奏案内，題准豁免地壹拾玖頃捌拾壹畝伍分柒釐陸絲伍忽陸微伍塵。

雍正七年：請定耕藉等事案内，除置買壇基地貳畝玖分。

嘉慶五年：秋禾被水等事案内，題豁水冲石壓地柒拾玖畝伍釐。

嘉慶十七年：偏隅被水等事案内，題准水冲無徵地貳拾肆畝陸分伍釐。存地壹百肆頃肆拾陸畝伍分陸釐玖毫叁絲肆忽叁微伍塵，每畝征銀壹分柒釐伍毫，實征銀壹百捌拾貳兩捌錢壹分肆釐玖毫陸絲叁忽伍微壹塵壹渺貳漠伍埃。每畝征米壹合伍勺，實征米壹拾伍石陸斗陸升玖合捌勺伍抄肆撮壹粟伍粒貳黍伍糲。

原額山柒百玖拾伍頃捌拾捌畝陸分内。

官山貳拾伍頃柒拾柒畝貳分，每畝征銀捌釐肆毫，實征銀貳拾壹兩陸錢肆分捌釐肆毫捌絲。民山柒百柒拾頃壹拾壹畝肆分，每畝征銀陸絲，實征銀肆兩陸錢貳分陸毫捌絲肆忽。

原額塘伍頃陸拾肆畝柒分壹釐，每畝征銀壹分伍釐壹毫，實征銀捌兩伍錢貳分柒釐壹毫貳絲壹忽。每畝征米壹合伍勺，實征米捌斗肆升柒合陸抄伍撮。

外賦

學租銀三十七兩六分二釐五毫。每年照數徵輸解司，轉解學院，賑給貧生膏火之用。

鐵爐税銀七兩二錢。上則爐户一十二名，每名徵銀六錢，另款解司。

砂坑税銀一十八兩八錢。上則坑户一名，徵銀一兩六錢；中則坑户三名，每名徵銀一兩二錢；下則坑户十七名，每名徵銀八錢，另款解司。又堆金銀每户四錢，共八兩四錢存庫。

當税銀伍兩。當舖壹名，徵銀伍兩，另款解司充餉。仍於每年春季查明增除，造册報部輸税。

牙税銀四兩六錢。上則牙户二名，每名徵銀八錢；中則牙户三名，每名徵銀六錢；下則牙户三名，每名徵銀四錢，另款解司。

契税。每買産銀一兩，徵銀三分。

牛税。每兩徵銀三分。

鐵税。每百斤徵銀一分。

以上契、牛、鐵税三款，歲無常額，每年儘收儘解，适報題銷，另款解司充餉。

附録前明賦税事例於左，以備參考。舊志。

夏税。麥七百六十三石二斗六升二合八勺。

秋税。米五千九百四十三石六斗九升六勺。

本府永豐倉。秋米四千一百二十四石七斗八升三合七勺二抄五撮。

本縣存留倉。秋米二百四十石。

温州府平定倉。秋米五百五石。

樂清縣廣豐五倉。秋米五百九十五石。

顔料。秋米四百一十九石三斗六合八勺七抄五撮。

預備。秋米五十九石六斗。

本府儒學。倉麥一百石聽給師生俸銀。

際留倉。麥一百石。

温州府樂清縣廣豐五倉。麥五百七十三石二斗六升二合八勺。

前明按院龐公尚鵬請疏通里甲疏爲節冗費，定法守，以蘇里甲事。竊惟爲政以愛民爲本，而愛民以節用爲先。蓋財用不節，則横斂交征，公私坐困矣。兩浙自兵燹以來，公家之賦税日繁，閭閻之困苦已極，若非督察郡縣良有司愛養樽節，其何以堪乎？臣自入境以來，周咨博訪，凡可以仰濟時艱，少蘇民力者，莫不隨宜酌處，悉已見諸施行。其他積弊萬端，有難概舉，惟里甲爲甚。如供給買辦，支應私衙，餽使客禮儀，撥鄉宦夫皂，與夫私燕會酒食席下程，無一不取給焉。有一日用銀二三十兩者，甚有貪鄙官員，計其日費不足償數，即令折乾入己，因而吏書等役，亦各乘機誆索，株求萬狀，在在有之。臣即查舉一應弊端，開立款目，案行布政司、糧儲道、按察司、清軍道，會同各該守巡等道，就事劑量，從宜酌處。通行會稽各府州縣，每年合用一應起存額坐雜三辦錢糧數目，仍量編備用銀兩，以給不虞之費，俱與丁田一體派徵，名曰均平銀。其所已定數目，固有或盈於此而縮於彼，未必事事皆中，一一周詳。若損有餘而補不足，因時酌裁，隨事通融，自足以供周歲之用。其餘催徵出納之法，供給支應之規，凡一切損益因革事宜，俱有成議，已經纂刻成書，刊布通行。臣巡歷所至，進邑之父老於庭而面質之，萬口同詞，率皆稱便。惟有司官吏，多視爲厲己，而欲去其籍。若非題奉欽依，著爲成法，竊恐時异勢殊，不無朝令而夕改矣。伏望皇上勅下該部，將臣後開款目，再加酌議。如果有裨節愛，通行浙江及南北直隸各省等衙門，一體查照，永爲遵守。庶乎節財用而事有畫一之規，清弊源而民被愛養之惠矣。緣係節冗費、定法守、蘇里甲事理，未敢擅便，謹具奏聞。

邑人鄭秉厚議賦役疏

爲議賦役以齊一國法事。查得洪武元年定賦役法，至十四年編定賦役黄册，今已二百年于兹。賦法尚仍其舊，而役法更張，已非一處。蓋繇法行之久，弊難必無，而行法之人，又不皆善。審均徭也，則責富差貧，如斗級庫子之苦差，動費數百兩。其用里長也，則輪班值日，如供應夫馬等項，日糜幾十金。民不聊生，閭閻愁嘆，而後當事易爲一條編之法，會計正辦雜從各項糧差而已。實在丁糧總派之内，徵之於民，惟有銀差而無力差，用之於官，惟有僱役而無差役。貪官墨吏，無隙可害於民，富户大家，有賴以保其産，不可謂非一時救弊之良法矣。但天下事勢，此重則彼輕，有利則有害，一法之立者，一弊之生也，舊弊之革者，新沴之滋也。唐臣陸贄有言，凡欲救其積弊，須窮致弊之繇，時弊則但理其時，法弊則全革其法。臣謂今日之賦役，非祖宗之法不善，乃行法之人不肖，是亦時之弊，非法之弊也。則賦役之舊法，未可盡非，而條編之新規，未爲全是。揆度事體，參酌人情，所當損益而議處者，有四説焉。舊法夏税秋糧，隨時徵納，均徭里役，十年一輪，此先臣邱濬所謂取法遠而用意深者也。今條編合税糧差役，盡作一年徵派，則平頭直算，淺近易知。我聖宗立法之初，豈智不及此，其不如此而如彼者，所以均節民力而寓休息之仁也。今一旦舉其法而盡更之，臣誠有所不忍。且舊法於民，用之一年，寬之九年，用之者暫，不用之者久也。條編則年年有派，無一日之停矣。舊法徵一年之人户，緩九年之人户，所徵者寡，所不徵者衆也。條編則户户有徵，無一人之遺矣。是在富饒之户，或每歲支持有餘，在中平之家，則逐日追求甚苦。如臣原任南豐縣，在江右亦稱淳邑，未行條編之先，錢糧不待催比，自行條編之後，催比亦難盡完。蓋條編無力差，而徵銀於民者，既倍其數於前，則民窮於徵煩，而輸銀於官者，漸虧其數於後，亦勢使然也。爲民父母者，何能日操鞭箠，而使凍父餓子剜肉以完官哉。即臣一縣如此，餘縣可知。此其徵煩而錢糧難完，所當調定者一説也。舊法均傜，有司先審貧富，而後以次挨編。如富户則編以重差，貧户則編以輕差。此陸贄所謂度産以徵差，徵損有餘，稍優不足，損不失富，優可賑貧之術也。迹若不均，而實則甚均也。今日之條編，惟江南北則審丁有三等九則之分，其餘浙江等省，則無論貧富，一體徵派。藉如富户一丁，終日安坐，貲進千百，貧户一丁，終歲勤動，累止銖兩，乃略無低昂，是富丁昔日之重差，今以攤出而反輕，貧丁昔日之輕差，今以攤入而轉重，相去不平，奚啻倍蓰，迹若均而實甚不均者也。故條編之稱便者，皆上户以至上中之户，富貴之人，言易於達上，稱不便者，皆中户以至下户，窮弱之人，泣止於向隅。臣竊恐天下之民，貧富恒相半，貧者安，則富者亦安，貧者不安，則易於爲亂，此則民貧而追徵之不堪，所當議爲酌量者二説也。舊法綱領條款，皆我聖祖經畫曲當，故法一定而可守，若條編則起於原日撫按，各以己意制於一隅，立意之初，既未慮遠圖難，而失之潦草，設法之際，又不參此互彼，而過於疏略，如均一經費也，此縣則編，彼縣不編者有之，如縣有大小，而所費有多寡，則所編彼此同數，或大縣反少，小縣反多者亦有之，如縣雖有大小，而所費無多寡，若鄉飲祭祀之數，則彼縣多編，而此縣少編，以至一倍者亦有之，此皆立法之日，縣各爲議，本府不及會查各縣之詳，本道又不會各府之詳，本布政司又不會查各道之詳，而重加訂正，使之歸一，故濫編多編者，易起貪污之垂涎，漏編寡編者，以致官司之掣肘，此則節目之未詳，所當議爲釐正者三説也。舊法用民之力，其流不節，故條編易之而徵銀。凡上司、使客、下程、中伙及各項額例公費，皆另編有銀兩，在浙江則曰均平銀，在江西則曰公費銀，在福建則曰剛銀，在南直隸則曰直日銀，遇有所費，官自支用，正欲其不復干預乎民，以防其漸也。今中間守己愛民、循規不擾之官，固不盡無，然亦有不責該吏分科掌管，乃給直與里長、買辦，分外責其豐腆者，亦有該吏、買辦而責里長以賃用家伙，聽其多方需索者。夫既徵民之銀，則不當用民之力，若復絶之不清，杜之不嚴，則弊孔未塞，釁根猶在，亦何取於條編之徵銀哉？甚有僻遠縣分，上司耳目所不及，凡百支應，公然取之坊里，而編銀儲庫，盡歸私囊。是條編不能減民之累，而反增累於民者，又甚可憐。此則約束之未嚴，所當議爲關防者四説也。臣細加參酌，舊法之善者，在於十年一編，調停貧富，而其不善者，在於行法之人賣富差貧，濫用害民。條編之善者，在於革庫子、斗級、里長支應，而其不善者，在於盡數徵銀，貧富無等。品式法制之未備，苟於二者之中斟酌通融，取其善而更其不善，既不失祖宗之良法，又兼得革弊之美意矣。臣愚，竊謂驛傳銀數不多，似可隨糧徵收，機兵以力差爲便，不必徵銀歸官。若均徭、里役二者，仍當十年一輪，以循祖宗之舊。均徭則於本年徭户，里長則於本年里户，照依條編實費銀數徵派，固不必攤之通縣。但於均徭項内，凡起運及實在支用，仍隸入銀差。如舖兵、渡子、應捕、獄卒等項工食，仍隸入力差。先審丁户，定爲等則。銀差則先編上户，漸至於上中者，徵銀爲易。力差則先編下户，漸至於中下者，出力不難。如下户不願出力，而願納銀者，官亦聽之，而代爲僱役。此雖未能如舊法之損富優貧，然於均派之中，亦稍寓分别之意矣。里長既徵銀在官支用，則一絲一草，不得復取諸民。一應合用，俱官銀措辦，申報查盤。當年里長，不過催徵銀糧，勾攝人犯而已。此外復有需索，官吏俱以贓論。至於各省原日條編書册，多寡無論，且未經部覆議，題請頒布，豈可遵守。相應通行各撫按官，曾行條編之處，悉將書册發下各縣，查招再議。本府會齊各縣，本道會齊各府，本布政司會齊各道，各彼此參對，必事體畫一，而後呈之撫按。撫按復細心熟計，苟編數太多，則徵派倍增於舊法，是便於官，而不便於民，其法不可行也。如編數太刻，則支用不足於薪條，雖便於民，而不便於官，其行亦不可久也。必酌新揆舊，損盈益虚，合於人情，宜於土俗，方彙成一册。仍將派徵輕重數目，及上下俱便，經久可行緣繇，具本題進，候户部覆議頒。其未行條編之處，法有弊竇，所當酌處，亦一體查議。如地方相安，不必更議，則遵用舊典，實爲至善，并候聖裁。

按：鄭公此疏，萬曆初年在吏垣時條議中一事也。細閱之，其所議銀、力二差，甚爲有見。貧民措銀難而出力易，如鋪兵、渡子、應捕、獄卒等項，審户承應，既可以代輸銀之苦，且更番接役，又可除積猾衙蠹之弊。自條編行，而占戀衙門者坐糜公錢，小民受魚肉，而又括民脂膏爲彼工食，使有力者不得自效，反代鬻以償之，是扒平爲真不平也。且一年力役，九年息肩，勞逸相因，張弛甚善。今每役皆有頂頭錢，每役初承皆有使費錢，相傳若家業而敝生焉。敲擬貧民以供輸，民安得不日貧，世安得不日亂乎？爲今之計，似宜凡庫子、斗級、里長支應，該因條編之法，但於均徭項内，凡起運及實在支用者，仍隸入銀差。既令民輸銀，則一切不得擾民。如鋪兵、渡子、應捕、獄卒等項工食，仍隸入力差，聽民酌便應役，省其徵銀。如下户不願出力，聽其納銀僱募，似亦無碍於條編，而變通以宜民者也。至用里甲，屢奉嚴禁，無容贅矣。

鄭公此疏，統論天下利弊，有關於治道民生不少，應入藝文。以其論賦役，故附載於此。

邑令李翔詳革現里碑文康熙十一年。

爲凜遵憲法，落甲分催，滾單實可行，現里實可革，絶無窮之積弊，立便民之良法，懇請勒石以利徵輸，以垂永久事。據通縣士民、里老、鄉紳等呈稱：遂昌積弊較他日而倍甚，一困於荒額之未豁，一困於熟田之不清，一困於現里之爲累，一困於同户之不分，一困於丁口之不均。此五弊者相爲終始，而遂昌之積弊竟至於不可解。幸蒙各憲軫恤地方，得沐一豁再豁之皇仁，而遂昌之荒額不爲累矣。蒙臺下車之初，首急歸户，幸而歸户告成，而熟田已立清矣。丁額現蒙請照田定丁，而丁額允無不公不均之弊矣。獨是現里之爲累，例以一甲催十甲，革雖立革，同户之不分，每以此户累彼户，清未易清。又幸歸户之後，即逢定圖之年，蒙臺遵奉憲行，照田定里，焦心苦思，親自酌定，日夜不遑，一以至公無私，分毫不爽。且遠近各別，親疏各分，既無追呼不應之類，又無同户混淆之憂。編審一成，適荷撫憲落甲分催一示到縣，蒙恩凜遵憲示，落田分催，每圖置滾籤一枝，隨置滾簿一本，近者相去未幾，十甲輪領輪繳，遠者勢難統催，分甲自領自繳，此甲之糧不累彼甲，此户之糧不累彼户，野不睹追呼之擾，堂不聞箠楚之聲，開徵近一月，而漕運幾完十之四，較之往年之用現里，其難易美惡相去霄壤矣。現里同户之累，一朝除之，上可便公，下可便私，此誠徵輸之良法，而永可遵行者也。竊幸法良弊去，又慮法久弊生，乞臺爲遂昌救一日，尤爲遂昌救百年，恩詳各憲，批示勒石，永革現里，各甲完各甲，各户完各户，遂昌子民永沾恩於無既矣等情前來。據此，切查遂昌彈丸小邑，自兵寇之後，諸弊叢生，莫可救藥，誠有如所陳者，幸而仰藉各憲加意軫恤，目今荒額已豁，熟田已清，現里已革，同户已分，丁額請均，此誠遂昌死而復蘇之日也。但荒熟之田已定，奸猾無所施其巧，户丁之册若均，里胥何由挾其詐？獨是現里之弊，職遵憲示，落甲分催，每圖用滚籤一枝，遵照編定田地山塘里役分數，置滚簿一本，某某田地山塘折實里役共若干，某某應徵銀米若干，俱分列簿内，令其自查自投，近者相去不遠，定在一圖一籤一簿，輪領輪繳，完者竟不赴比，遠者相其地勢，遠鄉傳催，各籤各簿，分領分繳，欠者方行提比。此職開徵十一年漕糧，已閲户餘，滚單實可行，現里實可革，而已有效者，惟是一甲二甲，編審在前之里民，無不共樂法良弊去，皆喜無現里之苦，三甲四甲，編審在後之里户，又無不共慮法久弊生，切憂後有現里之累，且包當現里之人，苦於無技可逞，固不敢顯抗法，亦未始不隱撓法，所以當編審之初，現里未革，里户惟恐定入一甲二甲，及開徵之日，現里不用，里户又悔不定入一甲二甲。此所以切切焉，有勒石永革之請也，職念繫國課民命攸關，未經詳明，職何敢擅便，合亟具由申詳，批允勒石，以絶弊竇，以垂永遠，職與遂昌子民，共頂戴高深於無量矣。蒙巡撫都院范批，據詳落甲分催，革去現里，足見該縣力於奉行，既稱有效，民困獲蘇，仰勒石垂久，永絶積弊。

邑令李翔准行公費呈康熙十一年。

闔邑士民爲恩從民便，循行公費，永除里弊，以保殘疆事。蕞爾遂昌，土瘠民貧，屢遭寇害，慘苦异常。更有現里一事，爲害最烈，弊竇百出，使費浩繁，輕則破家，重則喪命。曾經條陳三院酌議，每田一畝，輸糧七釐，以資公需。奈後加派濫觴，無所底止，以致逃亡相繼，田土拋荒，額賦日虧，官民交困。幸我朝鼎新，仁政覃敷，荷清丈蠲荒之恩，革現里積陋之弊，良法美意，曠世一遇。但現里之民，雖蒙憲革，每歲里費，勢難盡除。如遞年解糧解餉水脚有費，顏料蠟茶水脚有費，聖廟兩壇春秋貼祭有費，收糧簿串水官簿有費，各憲壽誕錦屏餽儀有費，學道歲科供應花紅送考路費有費，司道府差承催糧餉飯供有費，包封節禮表箋紙扎輪值請領歷日有費，赴省貼比日結月單有費，年終奏銷年禮炭價有費，生員科舉貢生進京例給盤纏有費，上司按臨中伙下馬下程公宴夫價有費，立春霜降考試觀風酒飯有費，如三年之内朝覲路費，坐縣修理糧廳有費，十年之内如黄册路費，芽茶藥材輪值水脚有費，歲有不得不用之費，用有萬難盡革之條，支應不一，款難枚備，凡遇動用，呼應莫措，是以合邑紳衿鄉耆里老揆情度勢，從長酌議，每圖每甲每田一畝輸銀九釐，其衿户每各免銀八錢，以别士庶，其紳户公議坐田不派，以勵後起，分作四季輸納，衆擎易舉，便民省財，此至公至當，極平極均，申請舉行。遞年收支公費，現議在城里排有公直能幹者，每季簽用四人經收動支，官無染指，民無重累，自此投糧完費之外，雖窮源老叟，三尺孤童，無擾無患，可登衽席。兹幸逢仁臺莅政伊始，霖雨隨車，和風丕鬯，敢陳公費成規，如行則便民省財，不行則患深害重，仰干俯從民使，循例力行，庶上下無累，里弊永杜，則士民幸甚，殘疆幸甚。

邑令丁宗益詳革樂輸碑文 康熙四十七年。

爲詳明從前陋弊，請憲嚴禁，以垂永久事。切查遂昌自遭兵火以來，山縣荒凉，民生凋敝，糧額無多，而正耗較他邑爲最減。前任以各項公捐支應，毫無所出，當准里民公議，每田一畝，輸銀九釐，令里户公收，以爲地方公用。其所由來，已非一日。卑縣念此山邑窮民，正賦尚在不給，何堪此額外之輸徵？故自抵任之後，即嚴行禁革。但日久必至法弛，而圖終必先善始，誠恐陽奉陰違，私相指派，合行通詳，勒石永禁等情。奉總督部院梁批，仰布政司查明，檄行勒石永禁，毋許陽奉陰違，致干察究，取具碑刻繳查等因。奉巡撫都察院王批：如詳勒石永禁，取墨刻呈驗等因。奉浙江布政使司批：仰照另檄遵行。

奉浙江温處道高批：據詳禁革私派，具見實心任事。仰處州府查議通詳。奉本府正堂劉批：私派久經嚴禁，今據詳遂邑從前尚有每畝輸銀九釐之陋規，如詳勒石永禁各等因到縣，合行勒石永禁。爲此仰闔邑士民人等知悉：嗣後毋許指樂輸名色，私派里户，擾累士民。敢有陽奉陰違，致被察出，定行立拿究解。各宜永遠遵守，須至碑記者。

邑令繆之弼記浙閩總督范公承謨减荒蘇累事

田所以利民也，豈病民者哉？然土地分沃瘠，而民之受利與病者亦因之。其在受利於田者，含哺鼓腹，日相習而不覺，姑不論。獨受病於田者，無限疾痛，無限呼號，其情不忍聞，其形不忍見，苟有從而憐之且蘇之者，疾痛日以减，呼號日亦息，而其心極不忘，不啻終身，且將傳之子若孫，世世稱述，永不忘其再造也。然而其有難於救藥者，莫過於遂昌。遂爲處郡支邑，環處皆山，十邑中惟遂尤甚，菁峭盤阻，無可井授之區，壘石積砂，杯盂成丘，土不盈三尺，機器無所用，且無深溪大瀦，雨霪猝漲，即溝渠支分，終不足以殺澎湃，宜其旱則憂涸，潦則憂崩，而田不抵價值，空投無受主也。故十赤九貧，貧必逋，逋則束手無策。其始因田瘠而弃者半，繼以田熟而逃者亦半，不惟瘠田荒，而熟田亦荒，此虛絶所由來，而官累所從起也。令惟考成懼勉，據租充賦，而麻縷卵臬，皆得抵正供，縱有善催科者，止能徵有人之實糧，不能徵無人之荒額，一奉起徵之日，即令解任之時，曾誰久於其官，而不苦傳舍乎？前案查除積荒，雖奉蠲而弊竇滋起，故壘之思，民尚猶豫，兼以竄岩僻谷中，蟻聚竊發，不時縱横蹂躪，村懸覆巢，庭鞠茂草，田之荒如故，賦之逋如故，其不忍見聞之情形如故，即疾痛刺心，呼號沸雷，誰復從而憐之，復從而蘇之耶？幸天不遺斯民，賜以福星。范公來撫兩浙間，襜帷初駐，善政難以覼縷。最廑念者，浙荒逋是急，爰簡騎傔從，按行屬州縣，凡所經歷，靡不感湛恩之溥暨也。迨入，遂履畝清文，舉實在荒額悉减除之，而康熙六年所蠲銀六千二百四十兩之數，不中飽於豪强猾吏，民咸得沾實惠矣。又查出水壅砢塞者盈千畝，爲民請命，幸允所請，又蠲除焉。二者數載賦役全書，班班可考，遂民沉疴，如蠲功德之水，而向之疾痛呼號、不忍見聞種種情形，竟銷歸於無何有。夫民既不苦荒逋，則樂業安居；官不苦參罰，得盡展所長。弼雖來也晚，亦藉沐波潤矣。斯時歌者不輟於口，頌者猶入於耳，且流連思慕，似遲之世世子孫而不能忘若是，其在當日之民，其爲感嘆，其爲鼓舞，又豈若是而已哉！且聞之，民爲邦本，本固邦甯，爲國保民，自足上邀帝眷而遠格蒼穹者。故當年以經文緯武之才，膺出將入相之任，槖鑰入閩，寄重元老，信非偶矣。玆於修乘之日，邑士民請弼言以志不忘，敢不具述公之德與民之情，載之編以垂於不朽，且自勵，并使後之令玆土者相觀感，而民享利於無窮也夫。

繆之弼檢踏災傷記

旱與潦皆災也，惟潦爲更甚，此古聖人所以溺。若已溺，無日不惄焉神傷，而亟亟爲之補救也。予少時讀孟氏書，慨然想見神禹之勞，而拯溺之志不覺悠然興矣。詎意來宰於遂，崇山環抱，當年橇乘所不經，雨傾水氾，民胥苦溺焉。然而遂之苦溺也，又奚啻於水哉！自民之溺於潢池，流離失所矣；自民之溺於逋賦，俯仰不給矣；自民之溺於畏葸，氣運弗振矣。以至溺於頑殘，而小忿不顧頂踵；溺於刁健，而公庭枉罹箠楚；溺於貨利，其逡巡退縮，即義舉當爲，每釀至於廢墜。民溺若此，予焉敢自溺厥職而不爲之拯乎！以故折衝禦侮，而鯨浪静也；查墾抵荒，而財源疏也；建學設教，而道脉澄也。挽其末流，民知保身之爲大；息其風波，民鮮架詞以滋擾。若不吝薄俸以倡諸建置，俱於遂民少有濟，夫復何溺焉。無何，秋七月，雨。雨且霪，四方來告衝突者紛紛，豈人事，抑天道耶。乃按所報，履其畝，土裂而石塞，沙漬而苗没者，雖不多槩見，然此實下民脂膏所從出，粒食所自來，軟言以慰，安得不開造請抵，稍拯其溺乎。及至新路垵，地形勢最窪下，農人悉蓬居，水至知避者，蓬所有咸歸於陽，候稍不及，左右無援，人抱蓬隨波逐流而去，此閭人盧于成一家五人斃焉，何其慘也。於是集物溺者，量給銀米，以安其生，爲人溺者，厚資埋葬，以恤其死，則所溺者，於我兩無憾。他如隄堰溺於水，勸民以預爲之防，橋梁溺於水凡十三道，估其費而半率之，利有攸往，誕先登岸，而於力補地維，庶幾近之。夫然後嘆曰：遂之溺，己溺也，己之溺，甯獨無有視爲己溺者哉。

繆之弼查熟抵荒記遂邑本山城，鮮大村落，連阡陌平疇罕覯也。

杯丘盂畝，半受陰障於山麓，農人常嘆嗟五穀不豐茂。及天雨滂沱，山水夾發，漂其苗且没其田，較逼近江河者更慘。以此遂民困苦於虚賦，不得不有抱田而哭之勢也。自康熙九年少保范公撫浙，稔兹累，按畝得實，具題恩豁，并康熙六年所蠲，共減除荒額，而瘡痍由此一起，遂民感戴弗休。奈二十五年天復不愛斯民，又雨如向所云，漂苗没田者殆過之，顧安所得少保公再來而起其瘡痍乎？於是田荒者不得不逋，逋積者不得不逃，逃則并其熟者皆荒，任有力者侵踞，彼且以爲樂事，而不知虚額仍存本户，官每按額催徵而已，安計其某多熟而某多荒耶？前令有行之者，其於荒不招墾、不勸開，間查有熟浮於額之户，每畝利其入，有力者咸得抵除，獨有朝夕不飽之窮民，囊無餘貫以從事，是以其荒永荒，民累不已，官累無休，何以爲官之後至者地哉！余自入平昌，幸沐皇仁，將四十七年以前之積欠而蠲免之，民不苦桁楊，官不罹參罰，何浩蕩一至於此！第荒額之根柢未除，上下交困，不旋踵而至。欲善其後，則莫若查熟以抵荒。乃於五十年正月内，請詳各憲，均蒙許可。隨布諭自首免罪，力矯前弊，錙銖不染，民樂從己。得首墾田一千三百餘畝，而所呈報有額，眞荒數浮於熟，又不憚履畝親看，以次按之魚鱗册籍，所報符同者，將首墾田抵之，而且先及窮民小户，清册呈報，允行在案矣。又嘗入鄉勸民開墾，至三十畝者，給以奬賞，若赤貧者，牛種是資，民盡力於耰耡。三年内得報墾田五百餘畝，俟之六年升科，將爲大户抵補焉。余雖不敢曰瘡痍頓起在此舉也，然而私開者得免於隱匿，逋欠者得免於追呼，徵收者不累於考成，愚者一得，頗堪自信。客曰：憂國憂民，甯外是哉！盍記之附諸乘，以示將來乎？余因得吮墨而命管子。

賦税

起運

户部項下

户部本色銀貳百柒拾叁兩陸錢玖分壹釐肆毫壹絲陸微貳塵伍渺，除水冲石壓，實征銀貳百陸拾柒兩貳錢柒分捌釐貳毫肆忽叁微叁塵陸渺捌漠陸埃壹纖捌沙。鋪墊扛解路費銀貳拾陸兩肆錢貳分叁釐伍絲伍忽玖微叁塵伍渺，除水冲石壓，實征銀貳拾陸兩肆錢壹分柒釐壹毫陸絲捌忽捌微叁塵貳渺叁漠陸埃叁纖玖沙。内：

顔料本色

銀硃叁拾壹斤陸兩陸錢陸分。該銀壹拾肆兩肆錢伍分壹釐肆毫柒絲伍忽，鋪墊損解路費共銀伍兩壹錢捌分玖釐玖毫陸絲肆忽伍微。

膩硃壹拾伍斤玖兩伍錢貳分。該銀貳兩叁錢叁分玖釐貳毫伍絲，鋪損路費共銀壹兩玖錢玖分陸釐壹毫陸絲。

黑鉛陸拾叁斤叁兩玖錢貳分。該銀貳兩貳錢壹分叁釐伍毫柒絲伍忽，鋪損路費共銀玖錢陸分壹釐叁毫貳絲肆忽。

烏梅貳拾肆斤壹兩壹分。該銀肆錢捌分壹釐貳毫陸絲貳忽伍微，鋪損路費共銀叁錢貳分貳釐肆毫肆絲伍忽捌微柒塵。

五棓子陸斤伍兩貳錢肆分。該銀貳錢貳分壹釐肆毫陸絲貳忽伍微，鋪損路費共銀玖分陸釐壹毫柒絲捌忽。

黄蠟叁拾斤玖兩壹錢伍分。該銀肆兩捌錢玖分壹釐伍毫，鋪損路費共銀壹兩柒分陸釐壹毫叁絲。

黄熟銅貳拾玖斤肆兩貳錢貳分。該銀叁兩叁錢陸釐捌毫叁忽柒微伍塵。鋪擯路費共銀捌錢陸分伍釐叁絲陸忽肆微伍塵。

桐油壹百捌拾斤玖兩叁錢貳分。該銀伍兩肆錢壹分柒釐肆毫柒絲伍忽。鋪擯路費共銀貳兩玖分肆釐柒毫伍絲柒忽。以上顔料本色併鋪擯路費共銀肆拾伍兩玖錢貳分肆釐柒毫玖絲玖忽伍微柒塵。

黄蠟本色伍拾伍斤貳兩伍錢伍分陸毫。該銀壹拾壹兩叁錢貳分壹釐壹毫貳絲貳微伍塵。

芽茶本色肆拾貳斤伍兩叁分玖釐。該銀貳兩伍錢叁分捌釐捌毫玖絲陸忽貳微伍塵。以上貳項共銀壹拾叁兩捌錢陸分壹絲陸忽伍微。

顔料改折折銀硃叁拾陸斤伍兩捌錢肆分，該銀壹拾陸兩柒錢貳分柒釐玖毫。膩硃伍斤拾兩叁錢貳分，該銀捌錢肆分陸釐柒毫伍絲。烏梅貳拾壹斤壹兩玖錢壹分，該銀肆錢貳分貳釐叁毫捌絲柒忽伍微。黄熟銅叁拾捌斤捌兩貳錢，該銀肆兩叁錢伍分壹釐玖毫壹絲貳忽伍微。桐油貳百叁拾斤玖兩伍錢貳分，該銀陸兩玖錢壹分柒釐捌毫伍絲。全折生漆伍拾壹斤壹拾壹兩壹錢伍分陸釐，該銀伍兩壹錢陸分玖釐柒毫貳絲伍忽。全折嚴漆貳拾玖斤拾壹兩壹錢伍分，該銀叁兩伍錢伍分陸釐壹毫貳絲伍忽。以上七項鋪擯路費，共銀壹拾叁兩壹錢柒毫玖絲柒忽壹微貳塵伍渺。

黄蠟折色壹百叁拾斤拾伍兩柒錢肆分伍釐肆毫。該銀肆拾貳兩伍錢叁分肆釐伍毫捌絲玖忽柒微伍塵。路費銀肆錢柒分柒釐叁毫陸絲肆忽肆微叁塵柒渺伍漠。

芽茶折色肆拾壹斤拾叁兩陸錢陸分壹釐。該銀肆兩叁錢叁分陸釐貳毫柒絲壹忽貳微伍塵。路費銀肆分叁釐叁毫陸絲貳忽柒微壹塵貳渺伍漠。

葉茶折色伍拾捌斤叁兩玖錢。該銀貳兩叁錢貳分玖釐柒毫伍絲。路費銀貳分叁釐貳毫玖絲柒忽伍微。

以上顏料本色、蠟茶本色及顏料改折、蠟茶折色、併葉茶折色，共銀壹百陸拾貳兩陸錢玖分陸釐捌毫玖絲捌忽捌微肆塵伍渺，征銀解司，另款解部充餉。

顏料本色加增時價。該銀貳拾叁兩捌錢柒分捌釐壹毫柒絲肆忽叁微柒塵伍渺。蠟茶本色加增時價，該銀壹兩玖錢捌分捌釐柒毫伍絲玖忽。

以上顏料、蠟茶本色加增時價，共銀貳拾伍兩捌錢陸分陸釐玖毫叁絲叁忽叁微柒塵伍渺，每年纂入由單，須發征輸，另款解司，彙充餉用。

顏料改折加增時價。銀硃每斤加銀貳兩壹錢肆分，烏梅每斤加銀陸分，黃熟銅每斤加銀叁分柒釐，桐油每斤加銀肆分伍釐，生漆每斤加銀壹錢，嚴漆每斤加銀壹錢捌分，膩硃每斤減銀叁分，加減核算，共該銀壹百壹兩貳錢貳分肆釐伍毫陸絲壹忽伍微，除水沖石壓，實征銀玖拾伍兩叁錢玖分玖釐玖毫叁絲柒忽肆微柒塵伍渺肆漠柒埃肆纖玖沙。

黃蠟加增時價。每斤加銀肆分，該銀玖錢壹分肆釐捌毫叁絲叁忽伍微，除水沖石壓，實征銀捌錢陸分貳釐壹毫陸絲陸忽肆微伍塵柒渺壹漠壹埃陸沙。路費銀玖釐壹毫肆絲捌忽叁微叁塵伍渺，除水沖石壓，實征銀捌釐陸毫貳絲壹忽捌微貳塵肆渺伍漠柒埃壹纖壹沙。

芽茶加增時價。分別二則加價，該銀伍兩捌錢玖釐陸毫捌絲柒忽伍微，除水沖石壓，實征銀伍兩肆錢柒分伍釐壹毫玖絲柒忽柒微貳塵肆渺玖漠壹埃伍纖貳沙。路費銀伍分捌釐玖絲陸忽捌微柒塵伍渺，除水沖石壓，實征銀伍分肆釐柒毫伍絲貳忽貳微捌塵柒渺貳漠肆埃玖纖貳沙。

葉茶加增時價，每斤加銀玖分，該銀叁兩肆錢玖分玖釐叁毫壹絲貳忽伍微，除水冲石壓，實征銀叁兩貳錢玖分柒釐捌毫捌絲捌忽伍塵肆渺叁漠陸埃壹纖壹沙。路費銀叁分肆釐玖毫玖絲叁忽壹微貳塵伍渺，除水冲石壓，實征銀叁分貳釐玖毫柒絲柒忽壹微貳塵伍漠肆埃叁纖陸沙。

以上顔料、蠟茶改折新加共銀壹百伍兩壹錢叁分壹釐伍毫肆絲玖微肆塵肆渺貳漠貳埃伍纖柒沙，不入科則。每年於地丁項下，每兩科加徵銀解司，另款解部充餉。

以上顔料蠟茶本色及改折折色，併本色加增，改折新加，俱係户部本色条款，共實征銀貳百玖拾叁兩陸錢玖分伍釐叁毫柒絲叁忽壹微陸塵肆渺貳漠貳埃伍纖柒沙。

又加開墾水冲無征加升顔料蠟茶新加銀肆錢壹釐。

農桑絹銀壹拾伍兩玖錢伍分玖釐壹毫柒絲捌忽壹微貳塵。路費銀壹錢伍分玖釐伍毫玖絲壹忽柒微捌塵壹渺貳漠。

折色蠟價銀壹百陸拾柒兩陸錢陸分。路費銀壹兩陸錢柒分陸釐陸毫。

富户銀壹拾兩。路費銀壹兩。

昌平州銀叁兩肆錢。路費銀叁分肆釐。

江南藥價銀肆分叁釐柒毫。津貼路費銀陸分。

柴直銀叁拾陸兩玖錢。路費銀叁錢陸分玖釐。

顏料銀柒百叁拾捌兩玖錢貳分陸釐叁毫壹絲壹微伍塵□渺壹漠。路費銀柒兩叁錢捌分玖釐貳毫陸絲叁忽壹微壹塵伍漠壹埃。

鹽鈔銀貳拾壹兩肆錢叁分貳釐柒毫陸絲肆忽。路費銀貳錢壹分肆釐叁毫貳絲叁忽陸微肆塵。

玖釐銀貳千陸百陸拾伍兩壹錢叁分壹釐。路費銀壹拾捌兩陸錢肆分玖釐陸毫捌絲伍忽捌微壹塵柒渺貳漠伍埃捌纖叁漠。

以上玖款共銀叁千陸百伍拾玖兩肆錢伍分貳釐玖毫伍絲貳忽貳微柒塵壹渺壹漠。路費共銀貳拾捌兩陸錢伍分貳釐肆毫陸絲肆忽叁微伍塵叁渺伍漠陸塵捌纖叁沙。今俱裁，併歸入折色項下。

户部折色及路費共銀叁千捌百伍拾兩貳錢伍分叁釐伍毫陸絲壹忽陸塵肆渺陸漠陸埃捌纖叁沙，除積荒、荒逋，實征銀叁千壹百拾兩壹錢玖分伍釐柒毫貳絲玖忽壹微貳塵肆渺陸漠陸埃捌纖叁沙。内：折色銀叁千陸百伍拾玖兩肆錢伍分貳釐玖毫伍絲貳忽貳微柒塵壹渺壹漠，除積荒、荒逋，實征銀貳千捌百貳拾伍兩捌錢柒分玖釐陸絲柒忽柒微壹渺壹漠，閏加銀肆兩柒錢捌分隆釐陸絲叁忽柒微捌塵伍渺陸漠。

路費銀貳拾捌兩陸錢伍分貳釐肆毫陸絲肆忽叁微伍塵叁渺伍漠陸埃捌纖叁沙，除積荒、荒逋，實征銀貳拾貳兩壹錢陸分捌釐伍毫壹絲陸忽玖微捌塵叁渺伍漠陸埃捌纖叁沙，閏加銀伍分壹釐肆毫叁絲貳忽柒微陸塵伍渺肆漠貳埃柒纖貳沙。

雍正拾年，新升銀叄兩伍錢貳分叄釐柒忽貳微。

雍正拾壹年，新升銀貳兩玖錢玖分壹釐玖毫陸絲玖忽貳微肆塵。

雍正拾叄年，新升銀壹百伍拾伍兩陸錢叄分叄釐壹毫陸絲捌忽。

以上户部折色，共實征銀叄千壹拾兩壹錢玖分伍釐柒毫貳絲玖忽壹微貳塵肆渺陸漠陸埃捌纖叄沙。閏共加銀肆兩捌錢叄分柒釐肆毫玖絲陸忽伍微伍塵壹渺貳埃柒纖貳沙。

以上户部項下，通共銀叄千叄百肆兩貳錢玖分貳釐壹毫貳忽貳微捌塵捌渺捌漠玖埃肆纖。閏加銀肆兩捌錢叄分柒釐肆毫玖絲陸忽伍微伍塵壹渺貳埃柒纖貳沙。

禮部項下

禮部本色銀壹兩叄錢捌釐陸毫伍絲壹忽玖微捌塵貳渺壹漠肆埃貳纖玖沙。袋袱、簍扛、津貼路費銀貳兩叄錢伍分柒釐貳毫。內：

薦新芽茶叄斤。奉文折征每斤價銀壹錢陸分，共銀陸錢捌分。此項係屬外賦。黃絹、袋袱、旗號、簍擴、路費銀貳兩。

茯苓壹斤壹拾兩柒錢捌分肆釐柒毫玖絲伍忽貳微叄塵捌渺玖埃伍纖叄沙。每斤價銀柒分，奉文折貳解壹，該實辦銀壹錢壹分柒釐壹毫捌絲叄忽肆微柒塵玖渺壹漠陸埃陸纖柒沙。津貼路費銀壹錢壹分貳釐玖毫壹絲捌忽肆微伍塵貳漠貳埃伍纖壹沙。

藥材改折。奉文改折茯苓叁斤伍兩伍錢陸分玖釐伍毫玖絲肆微柒塵陸渺壹漠玖埃伍沙。每斤價銀柒分，該銀貳錢叁分肆釐叁毫陸絲陸忽玖微伍塵捌渺叁漠叁埃叁纖叁沙。甜葶藶壹拾叁兩叁錢玖分壹釐。每斤價銀貳分叁釐，該銀壹分玖釐貳毫肆絲玖忽伍微陸塵貳渺伍漠。津貼路費共該銀貳錢肆分肆釐貳毫捌絲壹忽伍微肆塵玖渺柒漠柒埃肆纖玖沙。以上叁項，征銀解司，另款解部充餉。

藥材加增時價。該銀肆錢伍分柒釐捌毫伍絲壹忽玖微捌塵貳渺壹漠肆埃貳纖玖沙。每年纂入由單，頒發征輸，另款解司，彙充餉用。此項係屬外賦。

以上共地丁銀貳兩柒錢貳分捌釐。以上薦新芽茶及藥材加增貳款，係屬外賦，除後另結。

外賦芽茶折色銀肆錢捌分。即上薦新芽茶條款。

藥材時價銀肆錢伍分柒釐捌毫伍絲壹忽玖微捌塵貳渺壹漠肆埃貳纖玖沙。即上藥材加增條款。

以上禮部本色併外賦及袋袱、簍扛、津貼路費共銀叁兩陸錢陸分伍釐捌毫伍絲壹忽玖微捌塵貳渺壹漠肆埃貳纖玖沙。

牲口銀捌拾捌兩。路費銀捌錢捌分。

藥材折色銀壹兩壹錢玖分柒釐叁毫。津貼路費銀柒錢肆分捌釐叁毫。

光禄寺菓品銀肆拾貳兩。路費銀肆錢貳分。

光禄寺筞筍銀壹拾叁兩捌錢捌分壹釐捌毫。路費銀壹錢叁分捌釐捌毫壹絲捌忽。

以上肆款，共銀壹百肆拾伍兩柒分玖釐壹毫。又路費共銀貳兩壹錢捌分柒釐壹毫壹絲捌忽，今俱裁，併歸入折色項下。
禮部折色銀壹百肆拾伍兩柒分玖釐壹毫，除積荒、荒逋，實征銀壹百壹拾貳兩肆分貳釐玖毫陸絲陸忽肆微貳塵。路費銀貳兩壹錢捌分柒釐壹毫壹絲捌忽，除積荒、荒逋，實征銀壹兩陸錢捌分玖釐柒毫陸忽伍微壹塵。
以上禮部折色及路費，共實征銀壹百壹拾叁兩柒錢叁分貳釐陸毫柒絲貳忽玖微叁塵。
以上禮部項下，實征地丁併外賦共銀壹百壹拾柒兩叁錢玖分捌釐伍毫貳絲肆忽玖微壹塵貳渺壹漠肆埃貳纖玖沙。
工部項下
白硝麂皮銀貳拾壹兩叁錢捌分玖釐柒毫。
雕填匠役銀叁兩伍錢叁分肆釐伍毫肆絲。閏加銀貳錢玖分肆釐伍毫。路費銀叁分伍釐叁毫肆絲伍忽肆微，閏加路費銀貳釐玖毫肆絲伍忽。
漆木料銀貳兩玖錢壹分叁釐捌毫玖絲貳忽。
桐木水腳銀貳拾兩。
弓改牛角銀柒百柒拾肆兩。路費銀柒兩柒錢肆分。
箭銀貳百叁拾肆兩壹錢。

弦銀壹百貳拾捌兩玖錢。

胖襖絝鞋銀貳拾柒兩。

四司工料銀貳百壹拾肆兩貳錢伍分玖釐肆毫柒絲壹忽。

軍器民七銀壹百貳拾伍兩玖錢陸分叁釐柒毫貳絲陸忽。

軍器路費銀壹拾柒兩玖錢壹分壹釐叁毫玖絲貳忽柒微肆塵陸渺。

以上壹拾壹款，共銀壹千伍百陸拾玖兩玖錢柒分貳釐柒毫貳絲壹忽柒微肆塵陸渺。又路費共銀柒兩柒錢柒分伍釐叁毫肆絲伍忽肆微。今俱裁，併歸入折色項下，閏共加銀貳錢玖分柒釐肆毫肆絲伍忽。

工部折色及路費、併匠班共銀壹千伍百玖拾玖兩伍錢陸分肆釐陸絲柒忽壹微肆塵陸渺，除積荒、荒逋、水冲、石壓，實征銀壹千貳百叁拾玖兩陸分肆釐柒毫玖絲壹忽捌微伍塵玖渺貳漠捌埃捌纖貳沙。內：

折色銀壹千伍百陸拾玖兩玖錢柒分貳釐柒毫貳絲壹忽柒微肆塵陸渺，除積荒、荒逋，實征銀壹千貳百壹拾貳兩肆錢玖分柒釐柒毫捌絲肆忽玖微陸渺。

路費銀柒兩柒錢柒分伍釐叁毫肆絲伍忽肆微，除積荒、荒逋，實征銀陸兩伍釐肆毫貳絲玖忽玖微。

匠班銀貳拾壹兩捌錢壹分陸釐，除水冲、石壓，實征銀貳拾兩伍錢陸分壹釐伍毫柒絲柒忽伍塵叁渺貳漠捌埃捌纖貳沙。此項不入田畝帶征。

以上共實征地丁銀壹千貳百壹拾捌兩伍錢叁釐貳毫壹絲肆忽捌微。

不入田畝帶征匠班，實征銀貳拾兩伍錢陸分壹釐伍毫柒絲柒忽伍塵叁渺貳漠捌埃捌纖貳沙。

又加道光四年開墾水冲無征加升匠班銀陸分叁釐。

以上工部項下，實征地丁併匠班并加升匠班共銀壹千貳百叁拾玖兩壹錢貳分柒釐柒毫玖絲壹忽捌微伍塵玖渺貳漠捌纖捌埃貳沙。閏加銀貳錢玖分柒釐肆毫肆絲伍忽。

裁改存留解部

順治九年，舊編裁剩解部并米折銀肆百貳拾貳兩伍分柒釐叁毫捌絲叁忽玖微壹塵玖渺叁漠叁埃壹纖柒沙。內：本府巡鹽應捕抵課并滴珠銀叁兩捌錢貳分貳釐貳毫肆絲肆忽。本縣捕盜銀肆拾叁兩貳錢。上司按臨并府縣朔望行香講書筆墨香燭銀叁兩。外省馬價銀貳百肆拾叁兩陸錢肆分捌釐捌毫。本府預備倉經費銀壹拾貳兩捌錢。本縣預備倉經費銀貳拾壹兩陸錢。預備本府雜用銀壹拾壹兩。預備本縣雜用銀伍拾叁兩貳錢壹分陸釐貳毫貳絲。馬步巡司弓兵銀壹拾肆兩肆錢。收零積餘銀壹拾叁兩柒錢陸分叁釐捌毫柒絲玖忽肆微貳塵玖渺叁漠叁埃壹纖柒沙。收零積餘米銀壹兩陸錢陸釐貳毫肆絲肆微玖塵。前額除積荒荒逋，實征銀叁百貳拾陸兩叁錢貳分柒釐叁毫玖絲柒忽叁微壹塵肆渺玖漠捌埃玖纖柒沙。馬價路費，除積荒荒逋，實征銀壹兩捌錢捌分壹釐伍毫叁絲捌忽伍微陸塵，閏加銀壹兩伍錢壹分捌釐伍毫貳絲。

順治九年，裁扣銀貳百陸拾兩。內：本府通判步快、皂隸、燈夫、轎傘扇夫銀叁拾肆兩捌錢。馬步巡司書皂銀叁兩陸錢。本縣知縣修宅家伙銀貳拾兩。吏書、門皂、馬快、民壯、燈夫、禁卒、轎傘扇夫、庫子、斗級、倉書銀壹百玖拾叁兩貳錢。典史、書門、皂馬銀捌兩肆錢。前額除積荒荒逋，實征銀貳百兩捌錢壹釐伍毫肆絲伍忽伍微捌塵，閏加銀貳拾兩。

順治十二年，裁知縣迎送上司傘扇銀捌兩。除積荒荒逋，實征銀陸兩壹錢柒分柒釐捌毫陸絲玖忽貳微柒塵。

順治十三年，漕運月糧叁分，撥還軍儲銀柒百陸拾陸兩壹錢陸分貳釐叁毫玖絲貳微叁塵。除積荒荒逋，實征銀伍百玖拾壹兩柒錢壹分玖釐陸毫柒忽叁微陸塵，閏加銀貳拾貳兩玖分伍釐玖毫。

順治十四年，裁扣銀貳百貳拾叁兩陸錢捌毫伍絲。內本府進表委官盤纏銀伍錢伍分壹釐捌毫伍絲，本縣知縣新油燭傘扇銀叁拾兩肆錢玖分，生員廩糧銀壹百貳拾捌兩，上司經過公幹官員下程油燭柴炭銀捌兩，門神桃符銀陸錢，鄉飲酒禮銀陸兩伍錢，提學道考試心紅紙扎油燭柴炭、吏書廩糧、皂隸米菜銀貳錢玖分，提學道考試搭蓋篷廠銀柒錢伍分，歲考生員試卷果餅、激賞花紅、紙扎筆墨并童生果餅、進學花紅銀柒兩玖錢壹分玖釐，季考生員試卷果餅、激賞花紅、紙扎筆墨銀捌兩伍錢，馬步巡司弓兵銀貳拾捌兩捌錢，栝蒼渡夫銀陸錢，周公、龍鼻二渡渡夫銀貳兩，預備銀內扣按察司進表水手銀陸錢。前額除積荒荒逋，實征銀壹百柒拾貳兩陸錢玖分肆毫捌絲貳忽捌微伍塵，閏加銀貳兩陸錢壹分陸釐陸毫陸絲伍忽。

順治拾肆年，裁膳夫銀肆拾兩。除積荒荒逋，實征銀叁拾兩捌錢玖分叁釐貳毫壹絲壹忽玖微肆塵，閏加銀叁兩叁錢叁分叁釐叁毫。

順治十五年，裁優免銀肆百柒拾兩肆錢玖分壹毫。除積荒荒逋，實征銀叁百陸拾叁兩叁錢陸分肆釐捌毫貳絲玖忽肆微捌塵。

順治十六年，裁官經費銀壹百伍拾兩陸錢肆分。內：教諭俸銀叁拾壹兩伍錢貳分，喂馬草料銀壹拾貳兩，門子銀壹拾肆兩肆錢，馬步巡司俸銀叁拾壹兩伍錢貳分，書皂銀壹拾捌兩，弓兵銀肆拾叁兩貳錢。前額除積荒荒逋，實征銀壹百壹拾陸兩叁錢肆分伍釐柒毫柒絲壹忽肆微玖塵，閏加銀貳拾兩伍錢伍分陸釐叁毫。

康熙元年，裁歲考心紅銀捌兩玖錢伍分玖釐。內：原編提學道歲考心紅、紙扎、油燭、柴炭、吏書、門皁米菜銀伍錢捌分，提學道考試搭蓋篷廠工料銀壹兩伍錢，歲考生員合用試卷果餅、激賞花紅、紙扎、筆墨并童生果餅、進學花紅銀壹拾伍兩捌錢叁分捌釐，除順治十四年裁半外，今裁前數。前額除積荒荒逋，實征銀陸兩玖錢壹分玖釐柒毫貳絲捌忽叁微玖塵。

康熙元年，裁吏書工食銀柒拾捌兩。內：本縣知縣吏書銀柒拾貳兩，典史、書辦銀陸兩，除積荒荒逋，實征銀陸拾兩貳錢肆分貳毫伍絲陸忽玖微陸塵，閏加銀陸兩伍錢。

康熙二年，裁倉庫學書工食銀壹拾玖兩貳錢。內：倉書銀陸兩，庫書銀陸兩，學書銀柒兩貳錢。前額除積荒荒逋，實征銀壹拾肆兩捌錢貳分玖釐叁毫玖絲貳忽壹微柒塵，閏加銀壹兩陸錢。

康熙三年，裁教職門子銀柒兩貳錢。除積荒荒逋，實征銀伍兩伍錢陸分壹毫捌絲捌忽玖微伍塵，閏加錢陸錢。

康熙三年，裁齋夫銀叁拾陸兩。除積荒荒逋，實征銀貳拾柒兩捌錢貳釐捌毫壹絲玖微，閏加銀叁兩。

康熙八年，裁驛站上司中伙宿食銀叁兩伍錢。除積荒荒逋，實征銀貳兩柒錢貳釐叁毫玖絲叁忽玖微。

康熙十四年，裁扣銀壹百叁拾伍兩叁錢陸分玖釐捌毫貳絲陸忽。內：知縣心紅銀貳拾兩。修理倉監銀貳拾兩。喂馬草料裁半銀陸兩。季考生員試卷果餅、花紅、紙扎、筆墨，裁半府銀壹兩貳錢伍分，縣銀叁兩。修理府縣鄉飲桌椅什物銀壹兩。司備用銀捌拾肆兩壹錢壹分玖釐捌毫貳絲陸忽。前額除積荒荒逋，實征銀壹百肆兩伍錢叁分柒釐陸毫玖絲貳忽捌微玖塵。

康熙十四年，裁扣銀肆拾陸兩貳錢肆分柒釐陸毫伍絲肆忽。內：季考生員試卷果餅、花紅、紙扎、筆墨，裁半府銀壹兩貳錢伍分，縣銀叁兩。修城民七料銀伍兩玖錢肆分陸釐叁毫。縣備用銀叁拾陸兩伍分壹釐叁毫伍絲肆忽。前額除積荒荒逋，實征銀叁拾伍兩柒錢壹分捌釐壹毫陸絲玖忽肆微捌塵。

康熙十五年，裁扣銀貳拾壹兩柒錢玖分貳釐捌毫。內：各院觀風季考生員試卷果餅、花紅、紙扎、筆墨，府銀貳兩捌錢。府縣新任祭門，府銀肆錢壹分陸釐柒毫，縣銀壹兩陸錢陸分陸釐柒毫。府縣應朝起程復任公宴祭門，府銀貳錢，縣銀壹兩壹錢叁分叁釐肆毫。優免銀壹拾伍兩伍錢柒分陸釐。前額除積荒荒逋，實征銀貳拾兩叁錢柒分柒釐伍絲捌忽。

康熙十六年，裁扣銀壹拾壹兩叁錢陸分。內：喂馬草料，裁半銀陸兩。迎春、芒神、土牛、春酒，裁半銀貳兩。府縣升遷給由公宴祭江，府銀伍錢陸分，縣銀貳兩捌錢。前額除積荒荒逋，實征銀捌兩柒錢柒分叁釐伍毫伍絲叁忽叁塵。

康熙二十三年，裁督院彬字號座船水手銀壹拾伍兩。除積荒荒逋，實征銀壹拾壹兩伍錢捌分叁釐陸毫伍絲伍忽柒塵。閏加銀壹兩貳錢伍分。

康熙二十七年，裁歲貢生員赴京路費銀叁拾伍兩壹錢壹分。內：府銀伍兩壹錢壹分，縣銀叁拾兩。前額除積荒荒逋，實征銀貳拾柒兩壹錢陸分貳釐貳絲貳忽叁微陸塵。

康熙貳拾柒年，裁扣銀壹百玖兩貳錢陸分肆釐玖毫捌絲叁忽。內：科舉禮幣、進士舉人牌坊銀叁拾捌兩伍錢陸分玖釐肆毫伍絲。會試舉人水手銀貳拾叁兩。武舉筵宴銀伍錢。僱稅家伙并募夫銀壹兩陸錢。迎宴新舉人旂匾、花紅、旂帳、酒禮，府銀壹兩伍錢伍分伍釐伍毫陸絲，縣銀貳兩叁錢叁分叁釐叁毫肆絲。起送會試舉人酒席、路費、卷資，府銀叁兩伍錢，縣錢貳兩捌錢陸分。賀新進士旂匾、花紅、酒禮銀叁兩叁錢叁分叁釐叁毫。起送科舉生員花紅、卷資、路費、酒禮，府銀伍兩，縣銀貳拾柒兩壹分叁釐叁毫叁絲叁忽。前額除積荒荒逋，實征銀捌拾肆兩叁錢柒分伍釐叁毫壹絲伍忽玖微陸塵。

康熙三十一年，裁驛站本府各驛銀貳百捌拾陸兩肆錢壹分陸釐玖毫壹絲叁忽捌微捌塵。除積荒荒逋，實征銀貳百貳拾壹兩貳錢叁釐陸毫肆絲柒忽壹微陸塵，閏加銀捌兩陸錢叁分壹釐柒毫。

康熙三十九年，裁官經費銀壹百柒拾肆兩。內：通判步快銀肆拾捌兩。皂隸銀柒拾貳兩。燈夫銀壹拾貳兩。轎傘扇夫銀肆拾貳兩。前額除積荒荒逋，實征銀壹百叁拾伍兩叁錢柒分伍釐肆毫壹絲壹忽陸微叁塵，閏加銀壹拾肆兩伍錢。

康熙五十六年，裁本府拜進表箋、綾函、紙扎、寫表生員工食銀壹兩捌錢叁分捌釐壹毫伍絲。除積荒荒逋，實征銀壹兩肆錢叁分壹釐柒毫柒絲貳忽玖微玖塵。

雍正三年，裁憲書紙料銀玖兩捌錢叁分肆釐捌毫叁絲叁忽。除積荒荒逋，實征銀柒兩陸錢陸分柒釐壹毫叁絲貳忽肆微肆塵，閏加銀壹錢肆分叁釐壹毫肆絲柒忽。

雍正六年，裁本縣燈夫工食銀貳拾肆兩。除積荒荒逋，實征銀壹拾捌兩陸錢柒分叁釐柒毫壹絲捌忽陸微伍塵，閏加銀貳兩。

雍正十二年，裁扣民壯工食銀壹百伍拾陸兩。除積荒荒逋，實征銀壹百貳拾壹兩叁錢叁分玖釐貳毫貳忽伍微肆塵，閏加銀壹拾叁兩。

乾隆八年，裁扣民壯工食銀肆拾貳兩。除積荒荒逋，實征銀叁拾貳兩陸錢柒分陸釐陸毫貳絲壹忽陸塵，閏加銀叁兩伍錢。

乾隆十二年，裁扣民壯工食銀壹拾捌兩。除積荒荒逋，實征銀壹拾肆兩壹釐玖毫壹絲叁忽肆微叁塵，閏加銀壹兩伍錢。

以上共實徵地丁銀貳千柒百柒拾壹兩貳錢柒分貳釐叁毫柒絲貳忽柒微肆塵肆渺玖漠捌埃玖纖柒沙。馬價路費銀壹兩捌錢捌分壹釐伍毫叁絲捌忽伍微陸塵。積餘米改征銀壹兩陸錢陸釐貳毫肆絲肆微玖塵。通共銀貳千柒百柒拾肆兩柒錢陸分壹毫伍絲壹忽柒微玖塵肆渺玖漠捌埃玖纖柒沙，閏共加銀壹百貳拾陸兩叁錢肆分伍釐伍毫叁絲貳忽。留充兵餉改起運銀肆千陸百貳拾貳兩叁錢玖分叁釐貳毫叁絲捌忽伍微陸塵。除積荒水沖等，實征銀貳千捌百肆拾貳兩玖錢柒分柒釐叁毫伍絲貳忽伍微柒塵伍漠貳埃叁沙。內：

田地山銀壹千肆百陸兩玖錢伍分柒釐玖毫貳絲陸忽伍微陸塵。除積荒水沖等，實征銀叁百伍拾玖兩陸錢肆分玖釐玖絲柒忽肆微陸塵伍漠貳埃叁沙。

均徭充餉銀捌拾肆兩玖錢。

民壯充餉銀壹千叁百柒拾陸兩肆錢叁分。閏加銀壹百叁拾叁兩伍錢。

預備鹽米折銀柒拾柒兩叁錢。閏加銀貳拾伍兩柒錢叁分叁釐肆絲陸忽捌微柒塵伍渺。

撥補軍儲充餉銀陸百叁拾兩捌錢陸分壹釐玖毫壹絲貳忽。

軍儲餘米充餉銀貳百柒拾貳兩柒錢。

憲書充餉銀肆兩貳錢。

會裁冗役充餉銀柒百叁拾玖兩肆分叁釐肆毫。閏加銀肆拾玖兩玖錢壹分壹釐柒毫。

協濟西安縣夫馬抵解兵餉銀叁拾兩，閏加銀貳兩伍錢。以上捌款共銀叁千貳百壹拾伍兩肆錢叁分伍釐叁毫壹絲貳忽，閏共加銀貳百壹拾壹兩陸錢肆分肆釐柒毫肆絲陸忽捌微柒塵伍渺。除孤貧柴布口糧加閏銀壹拾壹兩玖錢，共加銀壹百玖拾玖兩柒錢肆分肆釐柒毫肆絲陸忽捌微柒塵伍渺。今俱裁，併歸入兵餉項下。

兵餉銀叁千貳百壹拾伍兩肆錢叁分伍釐叁毫壹絲貳忽。除積荒荒逋，實征銀貳千肆百捌拾叁兩叁錢貳分捌釐貳毫伍絲伍忽壹微壹塵，閏除水冲石壓，加實征銀壹百柒拾柒兩玖錢捌分玖釐貳毫叁絲肆忽玖微壹塵貳漠伍纖捌沙。

以上共實徵地丁銀貳千捌百肆拾貳兩玖錢柒分柒釐叁毫伍絲貳忽伍微柒塵伍漠貳埃叁沙。閏加銀壹百柒拾柒兩玖錢捌分玖釐貳毫叁絲肆忽玖微壹塵貳漠伍纖捌沙。

鹽課。解歸藩司充餉。加閏。一併解司。

馬步巡司弓兵抵課銀壹拾貳兩。滴珠路費銀壹錢貳分。閏加抵課銀壹兩。加滴珠銀壹分。

以上共地丁銀壹拾貳兩壹錢貳分，閏共加銀壹兩壹分。

漕運。糧儲道專轄。

隨漕本色月糧給軍米壹千肆百玖拾玖石玖斗伍升玖合柒勺叁抄叁撮。除積荒、荒逋、水冲等，實征米壹千壹百壹拾伍石柒斗柒升肆合叁勺玖抄叁撮玖圭玖粟壹粒肆黍柒粞陸糠。每石折征銀壹兩貳錢，該折銀壹千叁百叁拾捌兩玖錢貳分玖釐貳毫柒絲貳忽柒微捌塵玖渺柒漠柒埃壹纖貳沙。閏除水冲、石壓，加實征米陸拾玖石肆斗玖升陸合叁勺肆抄柒撮玖圭。每石折銀壹兩貳錢，該折銀捌拾叁兩叁錢玖分伍釐陸毫壹絲柒忽肆微捌塵。

隨漕折色銀貳千壹百壹拾兩肆錢陸分柒釐貳毫柒絲捌忽捌微。除水冲、石壓，水冲無征，實征銀壹千玖百柒拾肆兩陸錢叁分柒釐貳毫柒絲捌忽捌微。內：

貢具，除水冲等，實徵銀伍拾貳兩壹錢肆分叁釐陸毫貳絲捌忽。原編解船政同知支銷，後該同知奉裁，仍行解道。

月糧七分給軍銀，除水冲等，實征銀壹千陸百柒拾貳兩陸錢伍分陸釐貳毫伍絲捌微，閏加銀伍拾壹兩伍錢伍分柒釐壹毫，除水冲、石壓，加實征銀肆拾捌兩伍錢玖分貳釐壹毫。淺船料，除水冲等，實征銀貳百肆拾玖兩捌錢叁分柒釐肆毫，原編解船政同知支銷，後該同知奉裁，仍行解道。

以上共實徵地丁銀壹千玖百柒拾肆兩陸錢叁分柒釐貳毫柒絲捌忽捌微，閏加實征銀肆拾捌兩伍錢玖分貳釐壹毫。

驛站。驛傳道專轄。

本府各驛銀伍拾壹兩。係地丁編徵。嘉慶七年，奉文彙入地丁，收解藩庫充餉，閏加銀陸兩貳釐。

司存留項下

戰船民六料銀叁拾伍兩壹錢。除積荒、荒逋、水冲等，實征銀貳拾伍兩陸錢叁分肆釐貳毫叁絲伍忽伍微壹塵。

府縣存留項下

本縣拜賀

習儀香燭銀肆錢捌分。除積荒、荒逋、水冲等，實征銀叁錢肆分捌釐叁毫叁絲捌忽伍微伍塵，其荒缺銀兩，每年在於地丁項下撥補。

本縣祭祀原額銀壹百叁拾柒兩肆錢伍分。內：

文廟二祭銀伍拾玖兩伍錢柒分。崇聖祠二祭銀壹拾貳兩。

山川、社稷壇各二祭銀叁拾貳兩。

邑厲壇三祭銀貳拾肆兩，土地祠二祭銀壹兩捌錢捌分。

鄉賢、名宦祠二祭銀捌兩。

以上六項祭祀銀，除積荒、荒逋、水冲等，共實征銀玖拾玖兩肆錢玖分伍釐柒毫叁絲貳忽肆微肆塵，其不敷銀兩，每年在於司庫各屬解收餘剩祭祀銀內撥補，其荒缺銀兩，每年在於地丁項下撥補。

文廟香燭銀壹兩陸錢。除積荒、荒逋、水冲等，實征銀壹兩壹錢陸分陸釐叁毫柒絲肆忽叁微柒塵，其荒缺銀兩，每年在於地丁項下撥補。

關聖帝君祭祀銀陸拾兩。係動支地丁題銷冊内，仍於起運項下造報。

文昌帝君祭祀銀貳拾兩。係動支地丁題銷冊内，仍於起運項下造報。

致祭厲壇米折銀陸兩。係動支地丁題銷冊内，仍於起運項下造報。

迎春、芒神、土牛、春酒銀貳兩。除積荒、荒逋、水沖等，實征銀壹兩肆錢伍分伍釐伍毫壹絲陸忽陸微柒塵，其荒缺銀兩，每年在於地丁項下撥補。

本縣知縣經費銀伍百玖兩肆錢。内：知縣俸銀肆拾伍兩，除積荒、荒逋、水沖等，實征銀叁拾貳兩捌錢壹分貳毫陸絲壹忽貳微，其荒缺不敷俸銀，俟届匀攤案内科派，每年在於地丁項下撥補。

門子貳名，工食銀壹拾貳兩。除積荒、荒逋、水沖等，實征銀捌兩柒錢伍分壹釐叁毫貳絲捌忽伍微柒塵。閏加銀壹兩，除水沖石壓，實征銀玖錢肆分叁釐。

皂隸壹拾陸名，工食銀玖拾陸兩。除積荒、荒逋、水沖等，實征銀陸拾玖兩玖錢玖分肆釐貳毫捌絲伍忽陸微捌塵。閏加銀捌兩，除水沖石壓，加實征銀柒兩伍錢肆分。

馬快捌名。工食銀每名陸兩，陸路馬械、水鄉巡船銀每名壹拾兩捌錢。

共銀壹百叁拾肆兩肆錢。除積荒、荒逋、水沖等，實征銀玖拾玖兩以分陸毫壹絲壹忽壹微捌塵。閏加銀壹拾壹兩貳錢，除水沖石壓，加實征銀壹拾兩伍錢伍分伍釐。

民壯舊伍拾名，今裁，止存。壹拾肆名，工食銀捌拾肆兩。除積荒、荒逋、水冲等，實征銀陸拾壹兩貳錢叁分肆釐叁毫貳絲玖忽貳微肆塵。閏舊加銀貳拾伍兩，今加銀柒兩，除水冲石壓，實征銀陸兩伍錢玖分柒釐。

燈夫肆名，工食銀貳拾肆兩。閏加銀貳兩。今裁。

禁卒捌名，工食銀肆拾捌兩。除積荒、荒逋、水冲等，實征銀叁拾肆兩玖錢玖分柒釐捌毫肆絲肆忽壹微肆塵。閏加銀肆兩，除水冲石壓，加實征銀叁兩柒錢柒分。

轎傘扇夫柒名，工食銀肆拾貳兩。除積荒、荒逋、水冲等，實征銀叁拾兩伍錢陸分叁釐陸毫捌絲柒忽肆微肆塵。閏加銀叁兩伍錢，除水冲石壓，加實征銀叁兩貳錢玖分玖釐。

庫子肆名，工食銀貳拾肆兩。除積荒、荒逋、水冲等，實征銀壹拾柒兩肆錢玖分捌釐柒毫捌絲肆忽肆微壹塵。閏加銀貳兩，除水冲石壓，加實征銀壹兩捌錢捌分伍釐。

斗級肆名，工食銀貳拾肆兩。除積荒、荒逋、水冲等，實征銀壹拾柒兩肆錢玖分捌釐柒毫捌絲肆忽肆微壹塵。閏加銀貳兩，除水冲石壓，加實征銀壹兩捌錢捌分伍釐。

以上知縣員下，共實征銀叁百柒拾貳兩肆錢叁分玖釐玖毫壹絲陸忽貳微柒塵，閏共加實征銀叁拾陸兩肆錢柒分肆釐。

本縣典史經費銀陸拾柒兩伍錢貳分。內：

典史俸銀叁拾壹兩伍錢貳分。除積荒、荒逋、水冲等，實征銀貳拾貳兩玖錢捌分壹釐肆毫玖絲玖忽伍微肆塵。

門子壹名，工食銀陸兩。除積荒、荒逋、水冲等，實征銀肆兩叁錢柒分貳釐伍毫捌絲叁忽柒微陸塵。閏加銀伍錢，除水冲石壓，實征銀肆錢柒分壹釐。

皂隸肆名，工食銀貳拾肆兩。除積荒、荒逋、水冲等，實征銀壹拾柒兩肆錢玖分捌釐柒毫捌絲肆忽肆微壹塵。閏加銀貳兩，除水冲石壓，實征銀壹兩捌錢捌分伍釐。

馬夫壹名，工食銀陸兩。除積荒、荒逋、水冲等，實征銀肆兩叁錢柒分貳釐伍毫捌絲叁忽柒微陸塵。閏加銀伍錢，除水冲石壓，加實征銀肆錢柒分壹釐。

以上典史員下，共實徵銀肆拾玖兩貳錢貳分伍釐肆毫伍絲壹忽肆微柒塵，閏共加實征銀貳兩捌錢貳分柒釐。以上知縣、典史各官俸及役食荒缺銀兩，每年俱於地丁項下撥補。

本縣儒學經費銀壹百捌拾伍兩玖錢貳分。內：

訓導俸銀叁拾壹兩伍錢貳分。除積荒、荒逋、水冲等，實征銀貳拾貳兩玖錢捌分壹釐肆毫玖絲玖忽伍微肆塵。康熙十年復設教諭，兩官同食一俸。

齋夫叁名。每名工食銀壹拾貳兩，共銀叁拾陸兩，除積荒、荒逋、水冲等，實征銀貳拾陸兩貳錢肆分柒釐柒毫伍絲壹忽肆微伍塵，閏加銀叁兩，除水冲石壓，實征銀貳兩捌錢貳分捌釐。

廪膳生員廪糧銀陸拾肆兩。除積荒、荒逋、水冲等，實征銀肆拾陸兩叁錢捌分陸釐柒毫叁絲伍忽陸微玖塵。

膳夫捌名，每名工食銀伍兩。共銀肆拾兩。除積荒、荒逋、水冲等，實征銀貳拾玖兩肆錢陸分叁釐貳毫伍絲伍忽貳微肆塵。閏加銀叁兩叁錢叁分叁釐叁毫，除水冲石壓，實征銀叁兩壹錢肆分貳釐叁毫。

門斗貳名，每名工食銀柒兩貳錢。共銀壹拾肆兩肆錢。除積荒、荒逋、水冲等，實征銀壹拾兩伍錢陸毫叁絲壹忽陸微捌塵。閏加銀壹兩貳錢，除水冲石壓，實征銀壹兩壹錢叁分壹釐。

以上儒學員下，共實徵銀壹百叁拾伍兩伍錢柒分玖釐捌毫柒絲叁忽陸微，閏共加實征銀柒兩壹錢壹釐叁毫。以上學俸、廩膳、役食荒缺銀兩，每年俱在於地丁項下撥補。

乾隆元年，儒學加俸銀肆拾捌兩肆錢捌分。係動支地丁題銷册内，仍於起運項下造報。

合原編俸銀，歲共給銀捌拾兩。諭訓二員，對半分支。

鄉飲酒禮貳次，銀陸兩伍錢。除積荒、荒逋、水冲等，實征銀肆兩柒錢陸分叁釐柒毫捌忽叁微伍塵。

本府歲貢旗匾、花紅、酒禮，銀玖錢。除積荒、荒逋、水冲等，實征銀陸錢伍分貳釐肆毫陸絲陸忽陸微。

本縣歲貢旗匾、花紅、酒禮，銀肆兩伍錢。除積荒、荒逋、水冲等，實征銀叁兩貳錢捌分貳釐貳絲捌微柒塵。以上府縣歲貢，共實征銀叁兩玖錢叁分肆釐肆毫柒絲柒忽肆微柒塵，每年解司充餉，其應支銀兩，在於地丁項下撥補。

巡鹽應捕，府壹名、縣肆名，每名工食銀柒兩貳錢。共銀叁拾陸兩。除積荒、荒逋、水冲等，實征銀貳拾陸兩壹錢叁分陸釐柒毫壹絲叁忽伍微叁塵。閏加銀叁兩，除水冲石壓，加實征銀貳兩捌錢貳分捌釐，其荒缺銀兩，每年在於地丁項下撥補。

本府解户役銀叁拾兩。除積荒、荒逋、水冲等，實征銀貳拾壹兩捌錢捌分伍釐捌毫貳絲叁忽叁微伍塵。

看守布按二分司公署門子貳名，每名工食銀貳兩。共銀肆兩。除積荒、荒逋、水冲等，實征銀貳兩玖錢壹分捌釐陸毫叁絲柒微叁塵。閏加銀叁錢叁分叁釐叁毫叁絲，除水冲、石壓，加實征銀叁錢壹分叁釐叁毫叁絲。

偏僻三鋪司兵工食銀叁拾柒兩伍錢。內：縣前鋪叁名，每名工食銀肆兩伍錢，共銀壹拾叁兩伍錢；航頭鋪、資口鋪各叁名，每名工食銀肆兩，共銀貳拾肆兩，總共銀叁拾柒兩伍錢，除積荒、荒逋、水冲等，實徵銀貳拾柒兩柒分貳釐肆毫叁絲伍忽貳微捌塵。閏縣前鋪叁名，共加銀壹兩壹錢貳分伍釐；航頭鋪、資口鋪各叁名，共加銀壹兩玖錢玖分玖釐玖毫玖絲捌忽，除水冲、石壓，總共加實征銀貳兩玖錢肆分貳釐。其荒缺銀兩，每年在於地丁項下撥補。

通濟橋夫伍名，每名工食銀肆兩，又每名修橋銀壹兩。共銀貳拾伍兩。除積荒、荒逋、水冲等，實征銀壹拾捌兩貳錢肆分貳毫壹絲貳忽壹微貳塵。閏加銀貳兩捌分叁釐叁毫叁絲，除水冲石壓，加實征銀壹兩玖錢陸分肆釐叁毫叁絲。其荒缺銀兩，每年在於地丁項下撥補。

各渡渡夫工食銀貳兩陸錢。內：周公、龍鼻二渡夫共貳名，每名銀壹兩，共銀貳兩，除積荒、荒逋、水冲等，實征銀壹兩肆錢陸分陸釐叁毫叁絲叁忽伍微肆塵；栝蒼渡夫壹名，銀陸錢，除積荒、荒逋、水冲等，實征銀肆錢壹分玖釐貳毫捌絲肆忽貳微貳塵，共實征銀壹兩捌錢捌分伍釐陸毫壹絲柒忽柒微陸塵。閏周公、龍鼻二渡加銀壹錢陸分陸釐陸毫陸絲伍忽，栝蒼渡加銀伍分，共加銀貳錢壹分陸釐陸毫陸絲伍忽，除水冲石壓，共加實征銀貳錢肆釐陸毫陸絲伍忽。其荒缺銀兩，每年在於地丁項下撥補。

孤貧叁拾肆名，每名歲給布花木柴銀陸錢。共銀貳拾兩肆錢。除積荒、荒逋、水冲等，實征銀壹拾肆兩捌錢柒分貳釐肆毫捌絲叁忽柒微貳塵。閏每名加銀伍分，共銀壹兩柒錢。

孤貧叁拾肆名，每名歲支口糧銀叁兩陸錢。共銀壹百貳拾貳兩肆錢。除積荒、荒逋、水冲等，實征銀捌拾玖兩貳錢肆分伍毫玖絲貳忽伍微。閏每名加銀叁錢，共銀壹拾兩貳錢。以上二項荒缺銀兩，每年在於地丁項下撥補。其小建銀兩解司，以充餉用。閏銀小建每年在於地丁銀內扣除支給造報。

縣獄重囚口糧銀叁拾陸兩。除積荒、荒逋、水冲等，實征銀貳拾陸兩貳錢肆分捌釐柒毫壹絲叁微玖塵。

以上府縣存留，共實征地丁銀壹千叁拾壹兩叁錢玖分陸毫柒忽玖微柒塵。內：

存留升科米壹拾肆碩柒斗貳合肆勺肆抄捌撮叁粟。

雍正拾年，新升米叁斗壹升玖合肆勺肆抄壹撮肆圭。

雍正拾壹年，新升米貳斗柒升壹合貳勺玖抄陸圭叁粟。

雍正拾叁年，新升米壹拾肆碩壹斗壹升壹合柒勺壹抄陸撮。

以上米除水冲、石壓、水冲無徵，實征米壹拾叁碩柒斗肆升壹合陸勺伍抄伍撮壹圭叁粟。

報升未經載入全書糧賦。

道光四年，開墾墾復田貳拾陸頃玖拾陸畝捌分伍釐，道光六年起科。應征銀貳百壹拾捌兩零玖分肆釐。外加。人丁升銀壹拾壹兩貳錢壹分玖釐。顏料蠟茶新加時價升銀壹兩陸錢玖分陸釐。匠班升銀叁錢貳分肆釐。

共應征銀貳百叁拾壹兩叁錢叁分叁釐壹毫玖絲肆忽。內：顏料蠟茶新加時價升銀壹兩陸錢玖分陸釐。

起運地丁升銀壹百捌拾叁兩壹錢玖分陸釐，閏加升銀肆兩玖錢玖分玖釐。

司存留戰船升銀肆錢伍分壹釐。

府縣存留升銀壹拾肆兩柒錢叁分陸釐，閏加升銀柒錢陸分陸釐。

漕項升銀叁拾壹兩貳錢伍分肆釐，閏加升銀陸錢捌分貳釐。

以上共銀貳百叁拾壹兩叁錢叁分叁釐，閏共加銀陸兩肆錢肆分柒釐。

應征米壹拾玖碩柒斗柒升伍合貳勺肆抄零伍圭。內：

月粮給軍米壹拾玖碩伍斗伍升肆合壹勺，閏加米玖斗伍升伍合。

存留米貳斗貳升壹合貳勺。

以上共米壹拾玖碩柒斗柒升伍合叁勺。

道光六年，開墾墾復田貳拾頃伍拾陸畝伍分，道光八年起科。應征銀壹百陸拾陸兩貳錢肆分柒釐肆毫陸絲。外加。人丁升銀捌兩伍錢貳分陸釐。顏料蠟茶新加時價升銀壹兩貳錢捌分貳釐。匠班升銀貳錢肆分叁釐。

共應征銀壹百柒拾陸兩貳錢玖分捌釐肆毫陸絲。內：顏料蠟茶新加時價升銀貳兩壹錢捌分貳釐；

起運地丁升銀壹百肆拾兩零肆分玖釐，閏加銀叁兩陸錢壹分陸釐。

司存留戰船升銀貳錢肆分伍釐。

府縣存留升銀壹拾壹兩壹錢伍分貳釐，閏加銀叁錢叁分捌釐。

漕項升銀貳拾叁兩肆錢柒分壹釐，閏加銀柒錢陸分壹釐。

以上共銀壹百柒拾陸兩壹錢玖分玖釐，閏共加銀肆兩柒錢壹分伍釐。

應征米壹拾伍碩零柒升肆合壹勺肆抄伍撮。內：月糧給軍米壹拾肆碩玖斗零柒合陸勺，閏加米陸斗玖升捌合肆勺。

存留米壹斗陸升陸合陸勺。

以上共米壹拾伍碩零柒升肆合貳勺。

道光十年，開墾墾復田柒頃玖拾捌畝陸分玖釐，道光十四年起科。應征銀陸拾肆兩伍錢陸分陸釐零玖絲壹忽貳微。外加。人丁、顏料蠟茶新加時價、匠班共升銀叁兩伍錢玖分叁釐。共應征銀陸拾捌兩壹錢伍分玖釐零玖絲壹忽貳微。內：

起運地丁、司府縣存留顏料、蠟茶新加時價共升銀伍拾玖兩柒錢柒分貳釐，閏加銀壹兩叁錢玖分壹釐。

漕項升銀捌兩叁錢捌分柒釐，閏加銀貳錢陸分柒釐。

以上共銀陸拾捌兩壹錢伍分玖釐，閏共加銀壹兩陸錢伍分捌釐。應征米伍碩捌斗伍升肆合肆勺貳抄肆撮柒圭。內：

月糧給軍米伍碩柒斗玖升肆合捌勺，閏加米貳斗肆升伍合伍勺。存留米伍升玖合陸勺。

以上共米伍碩捌斗伍升肆合肆勺。

户口

明初無可考。

景泰三年：户壹萬叁千肆百肆拾伍。口叁萬貳百叁拾。

天順六年：户壹萬貳千玖百柒拾伍。口叁萬壹百叁拾肆。

成化八年：分八都、九都，入湯溪縣。户壹萬壹千捌百貳拾玖。口貳萬伍千壹百叁。

成化十八年：户壹萬壹千陸百壹拾捌。口貳萬肆千肆百柒拾。

弘治五年：户玖千伍百陸拾柒。口貳萬肆千伍百捌拾。

弘治十五年：户玖千壹百叁拾伍。口貳萬肆千陸百玖拾伍。

正德七年：户捌千捌百玖拾。口貳萬肆千陸百玖拾壹。

嘉靖元年：户捌千捌百陸拾貳。口貳萬肆千柒百貳拾。

嘉靖十一年：户捌千捌百陸拾。口貳萬肆千柒百貳拾。

嘉靖二十一年：户玖千壹百陸拾。口貳萬肆千柒百貳拾貳。

嘉靖三十一年：户玖千壹百陸拾。口貳萬肆千柒百貳拾叁。

嘉靖四十一年：户玖千壹百陸拾玖。口貳萬肆千柒百貳拾叁。

隆慶二年：户口、人丁壹萬壹千肆百柒。丁口伍分。

國朝順治年間：户口、人丁壹萬壹千肆百柒。丁口伍分。

康熙六年：奉行清查。十年，編審户口、人丁額如舊。

康熙五十年：編審户口、人丁額如舊。

嘉慶五年：秋禾被水等事案内，免征人丁柒百玖拾捌丁陸分叁釐柒毫肆絲陸忽貳微叁塵壹渺伍漠伍纖陸沙。

嘉慶十三、十六等年：墾復田畝案内，加升人丁壹百肆拾貳丁肆分壹釐。

嘉慶十七年：偏隅被水等事案内，免征人丁壹百叁拾肆丁貳分陸釐貳毫。

道光三年：墾復田畝案内，加升人丁叁拾二丁柒分肆釐。

實存人丁壹萬陸百肆拾玖丁柒分伍釐伍絲叁忽柒微陸塵捌渺肆漠玖埃肆纖肆沙。每口征銀陸分陸釐肆毫，實征銀柒百柒兩壹錢肆分叁釐肆毫柒絲伍忽柒微貳渺貳漠捌埃叁沙。

統計田地、山塘、人丁，共實徵銀壹萬叁千貳百壹拾柒兩叁錢肆分陸釐伍毫陸絲叁微陸塵陸渺壹漠柒埃捌纖叁沙。

加則銀壹百伍拾肆兩捌分捌釐壹毫肆絲叁忽捌微肆塵肆渺陸漠伍埃陸纖捌沙。內：一加顔料，新加實征銀玖拾伍兩叁錢玖分玖釐玖毫叁絲柒忽肆微柒塵伍渺肆漠柒塵肆纖玖沙。一加開墾水冲無徵加升顔料，新加實征銀叁錢陸分肆釐。一加茶，新加實征銀玖兩柒錢叁分壹釐陸毫叁忽肆微陸塵捌渺柒漠伍埃捌沙。一加開墾水冲無征加升蠟茶，新加實征銀叁分柒釐。一加顔料時價，實征銀貳拾叁兩捌錢柒分捌釐壹毫柒絲肆忽叁微柒塵伍渺。一加蠟茶時價，實征銀壹兩玖錢捌分捌釐柒毫伍絲玖忽。一加藥材時價，實征銀肆錢伍分柒釐捌毫伍絲壹忽玖微捌塵貳渺壹漠肆埃貳纖玖沙。一加匠班，實征銀貳拾兩伍錢陸分壹釐伍毫柒絲柒忽伍塵叁渺貳漠捌埃捌纖貳沙。一加開墾水冲無征加升匠班，實征銀陸分叁釐。以上玖款，每年於地丁項下每兩帶征。一加收零積餘米壹石陸斗陸合貳勺肆抄肆圭玖粟。今每石改征銀壹兩，該實征銀壹兩陸錢陸釐貳毫肆絲肆微玖塵。

統計田地、山塘、人丁及加則，通共實徵銀壹萬叁千叁百柒拾壹兩肆錢叁分肆釐柒毫肆忽貳微壹塵捌漠叁埃伍纖壹沙。

外賦入地丁科征。本縣課鈔銀叁拾壹兩肆錢壹分壹釐叁毫捌絲。內：均徭出辦銀壹拾陸兩，抵裁冗兵餉。里甲出辦銀壹拾伍兩肆錢壹分壹釐叁毫捌絲，隨糧帶征，即在地丁編征之內。

外賦不入地丁科征。薦新芽茶叁斤。每斤價銀壹錢陸分，共銀肆錢捌分。此係原編數目，今攤人地糧編征。

統計田地、山塘、人丁及加則、併外賦，通共實徵銀壹萬叁千叁百柒拾壹兩玖錢壹分肆釐柒毫肆忽貳微壹塵捌漠叁埃伍纖壹沙。每兩隨征耗羡銀玖分，應征銀壹千貳百叁兩肆錢柒分貳釐叁毫貳絲叁忽叁微柒塵捌渺玖漠柒埃伍纖貳沙。

遇閏年加閏銀肆百伍拾玖兩陸錢捌分伍釐玖毫肆絲伍忽肆微貳塵陸渺貳埃柒纖貳沙。除水冲石壓，實征銀肆百叁拾叁兩伍錢玖分柒釐肆毫叁絲叁忽肆微陸塵壹渺貳漠叁埃叁纖。每兩隨征耗羨銀玖分，應征銀叁拾玖兩貳分叁釐柒毫陸絲玖忽壹塵壹渺伍漠壹纖。

田地塘共實徵米壹千壹百叁拾壹石壹斗貳升貳合貳勺捌抄玖撮陸圭壹粟壹粒肆黍柒粞陸糠。一除收零積餘米壹石陸斗陸合貳勺肆抄肆圭玖粟。實征米壹千壹百貳拾玖石伍斗壹升陸合肆抄玖撮壹圭貳粟壹粒。每石折銀壹兩貳錢，共該銀壹千叁百伍拾伍兩肆錢壹分玖釐貳毫伍絲捌忽玖微肆塵伍渺貳漠。內：

存留升科米壹拾叁石柒斗肆升壹合陸勺。月糧給軍米壹千壹百壹拾伍石柒斗柒升肆合肆勺。

遇閏年加閏米柒拾叁石陸斗伍升叁合。除水冲石壓，實征米陸拾玖百肆斗玖升陸合叁勺肆抄柒撮玖圭。每石折銀壹兩貳錢，該銀捌拾叁兩叁錢玖分伍釐陸毫壹絲柒忽肆微捌塵。

積儲

養民者，教化之原。故管子曰：衣食足而禮義生。邑在萬山之中，旱潦尤易爲災，積儲其急務與？幸無歉歲，一邑所入，養一邑之民，民食有餘，故急公好義，代有其人。兵燹後，各都圖各有捐助積穀。歷年恪守舊章，以舊易新，糶三存七，誠爲備荒善策，然在管鑰得人。

預備倉：在報願寺東。明初建。國朝順治十年，知縣徐治國重建。久廢。

社倉：在預備倉之左。明萬曆二十七年，知縣段洪璧建。久廢。

義倉：舊在預備倉前。明崇禎元年，知縣胡順化建。久廢。國朝道光十一年，知縣鄭鴻文勸捐義穀壹萬數千餘石，城鄉分設義倉，計五十九處。知縣朱煌義倉記略：遂邑舊捐社穀，爲數無多，附貯常平倉内，出借閑糶，往往不敷，而僻遠鄉民，亦甚不便。道光六年，知縣鄭鴻文於常、社兩倉之外，捐設義倉，得穀壹萬肆千陸百肆拾捌石伍斗，錢貳百捌拾肆千文，洋陸百叁拾捌圓，銀壹拾兩，令城鄉各就近建倉存貯，所捐銀錢，作爲建倉經費，其有不敷，即將捐穀變價湊用，共去穀貳千陸百叁拾伍石伍斗，實得捐穀壹萬貳千壹拾叁石，分貯各處義倉，簽舉殷實公正紳民經管，照章借糶，民甚便之。有寫捐未交穀石，及遺漏未捐村庄，於道光十二年冬，余莅茲土，催敗補捐，又續得穀玖百捌拾伍石肆斗。籌議章程，詳報立案。自是荒歉有備，城鄉貧民，利賴無窮矣。

邑人葉煓社倉記：常平倉之名，始於漢宣帝，其實乃古法。周官司稼以年之上下出斂法，出則減價糶，入則增價糴是也。管子、李悝師其意以濟一時，後世建立常平倉，至今不廢。社倉之法，始於唐武德五年，終唐之世，曰轉運倉，曰義倉，特异其名耳。至宋朱子而其法美備，遼、金、元、明及國朝皆因之，而常平倉遍設於天下，社倉或間有未舉行者。夫常平設於府州縣，而不設於鄉村，遂邑亦有鄉倉數處，不能遍設，所惠止於市井游惰之輩，而不及於深山長谷力穡之民。其職之也，以官吏而不以鄉人，士君子又爲法太密，吏之避事畏法者，雖遇歉歲而不敢發，緩急難恃，此其所以不如社倉之便民也。特是常平在官，社倉在民，而在民之社倉，又必稽核於官，否則計數億萬有餘，責實百拾不足，其弊有不可勝言者，此社倉之所宜官民交督者也。此朱子之立法，斂散必申諸府也，而要以經理得人爲急務。我遂邑雖山多田少，而地廣人稀，一年之耕，足敷一年之食，兼之林木茂密，泉源蘊蓄，旱乾少見，間有災歉，鄰邑松陽可以糴運，所以邑鮮蓋藏，不致饑餒。近今篷民四集，林木砍伐，泉源傷損，易致旱乾。嘉慶二十五年遇災，食米缺少，越杭境運米，艱苦難言。適後數年，遇制府檄各州縣建設社倉，是以人思昔時之艱，樂從今日之役，踴躍輸捐，得建倉至五十餘所，而在城則建倉於義塾，基址規模，可爲諸鄉式，斂散如法，蓋非偶然也。竊以成此非偶，後之從事而守之者，當亦思其不易，此經理斂散之必慎其人也。士君子處而在下，無事權之屬，以其才力惠及隣里鄉黨，則固聖人之所許，非冒出位之戒，與好事者等也。鄉黨中如此等事，類非輕浮儇薄之子所能勝任，必家世殷實，居心純正，慮事周詳，克任勞怨者，互相舉薦，以爲替代，歷久不失其人，俾善政行之無弊，豈不懿哉！或有計私害公，輕浮儇薄之子羼列其中，是又在官長之屏而去之。夫是以斂散申請於官，以資其考核也。此官民交督之爲得也。夫事期各得其宜，如有鄉俗土風之不同者，更許隨宜立約，申官遵守。如邑城多附郭村庄，不比各鄉之丁户可稽，是散糶又當別設良法也。至各鄉大小不同，貯穀多寡亦异，俱當斂散專其責，經理善爲調劑。至十五都數村，合爲好川一倉，又當分任經理，輪年交代，互相稽察，俾無虧歉。此文因地權宜者也。遂邑先於乾隆三年及二十三年，民捐合計有社倉穀五十八石三升，附常平倉，例得附記。統遂昌一縣，社倉勸捐於道光四年冬月，實貯於道光五年秋成，共得原捐穀一萬一千九百二十一石。至各年斂散，其有盈餘者，俱載於籍，一以爲後來經理社倉者勸，一以核實，俾後有所稽考云。

咸、同間，粵寇之亂，盡毀無存。光緒初年，知縣王紹庭勸捐積穀城鄉各處，檄董事經理其存穀之所未能，特建倉屋，各相其地之便宜，以爲存積。至存積之多寡，視息穀爲增減，年終例由縣委員盤查，而委員應需之費，仍不出積儲之中。治法治人，相爲維繫，能各諒其立法爲民之意，方可以重久遠而無弊。今將各處義穀、積穀照光緒二十一年存數備載諸册。

本城義穀三百五十四石，積穀五百四十七石八斗。

北二蘇村義穀一百零六石，積穀一百五十六石。
二都金岸義穀三十一石八斗，積穀九十石。
二都阿乂堰義穀十九石八斗。
二都上江義穀七十一石，積穀五十四石。
三都連頭積穀三十二石五斗。
三都倉畈、内外葛坪、大橋義積穀一百八十二石五斗。
四都一二義穀五十二石四斗。
四都長濂義穀六十四石五斗，積穀一百三十石。
四都四積穀七十八石。
四都四直嶺頭積穀二十二石。
四都四龍岩頭積穀十九石。
四都四劉塢積穀三十一石。
五都洋浩義穀九十一石四斗，積穀三十九石六斗。
五都湖邊義穀二十五石二斗，積穀三十石。
五都後葛義穀十石，積穀九石。

五都社後義穀四十石五斗，積穀六十石。
六都木岱義穀四十五石。
六都樹坳義穀四十石，積穀七十石。
六都墩頭義穀三十石。
六都市亭義穀一百五十石，積穀七十石。
六都寺後義穀十七石五斗。
六都龍口後潘義穀八十石。
六都張村義穀一百三十石。
六都二上市義穀二十八石八斗。
六都一二積穀五百三十石。
六都下武義穀二十八石。
七都馬頭義穀三百十二石五斗，積穀一百五十石。
七都鄭坳義穀五十四石，積穀一百零四石。
四都四梧桐口下定積穀九十石。
東鄉連城内共三十倉，義穀一千玖百六十四石九斗，積穀二千三百十二石九斗。共四千二百七十七石八斗。

十四都抵石義穀二十石，積穀八十石。

十四都甘竹口義穀十六石，積穀八十石。

十四都倉庫礓積穀四十四石。

十四都大山積穀一百零一石。

十四都林山頭義穀十四石，積穀四十七石。

十四都蔴洋積穀四十石。

以上南鄉六倉，義穀五拾籮，積穀叁百九十二籮。共四百四十二籮。

十三都潘村積穀二百五十石。

十三都項村積穀四百四十五石。

十三都葉塢積穀一百六十八石。

十三都坎頭積穀七十四石。

十五都好川義穀二百十八石四斗，積穀五百五十二石。

十六都大田積穀三十五石四斗。

十六都上旦住前積穀二百四十五石。

十六都黃垵積穀一百四十二石。

十六都後村積穀二十二石。

十六都後山積穀五十石。

十七都大柘積穀七百十五石。

十八都象岡積穀二十石。

十八都宏岡積穀六十一石。

十八都柳村積穀三百四十八石四斗。

十八都定村積穀三十五石。

十九都蘇村積穀二十八石。

十九都黄墩積穀五十九石。

十九都石練積穀五百五十四石二斗。

十九都蔡源積穀七十二石。

十九都大柯積穀六十一石六斗。

十九都尖樓積穀二十石。

十九都大視尖樓積穀十五石。

十九都郭塢尖樓積穀十五石。

十九都蔡源積穀一百四十五石。
十九都獨山積穀六十一石二斗。
二十都王村口積穀四百三十四石八斗。
二十都山前積穀六十四石。
二十都關川積穀一百零五石。
二十都大路後積穀五十叁石。
二十都獨口積穀四十石。
二十一都姚嶺積穀七十石。
二十一都曲辛積穀五十石。
二十一都周公口大溪邊中淤積穀一百五十石。
二十一都大桐源積穀九十三石。
二十一都上定積穀一百石。
二十一都仙人霸積穀二十五石。
二十一都黄沙堧積穀一百石。
二十一都東塢積穀五十石。

二十一都坑西積穀十七石八斗。
二十一都坑西積穀六石五斗。
二十一都坑西積穀十七石九斗。
二十一都坑西積穀十七石八斗。
二十一都坑西積穀十五石。
二十一都柘岱口積穀五十石。
二十一都毛洋積穀七十五石。
二十一都尹宅積穀二十五石。
二十一都潦下積穀五十石。
十五都車牀積穀五十石。
二十二都朱村畈積穀一百七十五石。
二十二都湖山義穀三十五石六斗，積穀五百二十三石四斗。
二十二都羊塢積穀二十一石。
二十三都西岸義穀一百二十石，積穀六十石。
二十四都一亦山積穀一百石。

二十四都二古樓積穀一百五十石。
西鄉五十四倉，義穀三百七十四石，積穀六千八百十三石。共穀七千一百八十七石。
十都北界義穀二十一石六斗。
十一都大湖周積穀二百零四石。
十二都新路灣義穀四十九石二斗，積穀一百六十石。
十二都二蕉川義穀二百四十二石四斗，積穀二百五十石。
十二都二蕉村積穀二百零一石五斗。
十二都蘇村積穀八十六石。
十二都桐坑塢積穀八十石五斗。
十二都内塢積穀二十七石。
十都蒲爐畈積穀二十八石。
北鄉九倉積義穀共一千三百五十籮二斗。
截至二十一年春止，東鄉連城内三十倉，存穀四千二百七十七石八斗。
南鄉六倉存穀四百四十二石。
西鄉五十六倉存穀七千一百八十七石。

北鄉九倉存穀一千三百五十籮零二斗。
統共存儲穀一萬三千二百五十七石。
光緒五年，已詳報捐存穀一萬三千八十六石九斗。
現在二十一年春止，僅多息穀一百七十籮一斗。
附：乾隆三十四年憲頒辦理義倉章程
一、出借義穀。着令董事以存穀之盈絀，定出借之多寡。如存穀在千石以下者，准其全數出借；千石以上至三千石者，准其存三借七；三千石以上至六千石者，准其存半借半；六千石以上至一萬以外者，准其存七借三。如遇荒歉，不在此限。其豐熟之年，無須借領者，不得因定有借數，擇户挨交。若義穀全未出借，竟至五年以上者，恐有虧缺，由府委盤詳報。至借領義穀，原在本都，惟遇荒歲，别都果有殷實保領，亦准借給。
一、義穀每借一石，應加徵息穀一斗，内以二升給董事作折耗紙筆之資，以八升歸倉實貯。凡出借之期，總在春夏；還倉之期，總在秋後。其各借户借領之穀，不准稍任延欠。
一、貧民領借義穀，着令邀同保認，赴董事處具領。必須稍有身家者，一人作保，一人認保，方許借給。每年秋後，加息徵補還倉。如有延不交還者，許即隨時稟縣，立拿該欠户比追。倘欠户無完，即着落認保賠補。

一、借穀必須力田有業之人，每户借領自數斗以至一二石不等，總不得踰至三石。如無認保者，不准借。游手無業者，不准借。兵役不借，商賈不借。有因不借而挾嫌恃強勒借、阻撓生事之人，許董事指名禀縣，以憑嚴拿究處，枷號示衆。該董事亦不得故意刁難，需索重利，有干革究。仍着每年將借放穀數、借户姓名、秋後徵還本利穀各若干，報縣查核。

一、各董事經理義穀，如係出納有方，公慎無過，著有成效，義穀日漸增多者，查明平素并無過犯，詳充鄉飲賓僎。三年無過，由縣給扁。四年五年，由府道給扁。八年無過，由司給扁。管至十年無過，義穀充盈，詳請議敘。倘有營私捏冒，尅扣浮收情弊，立予革究。侵虧者監追，封産變賠。

一、義倉穀石，每年由縣於封印期内，公務稍暇，親赴各倉盤查一次。如遇因公下鄉，攜帶簿單，就便抽盤，有無侵冒，便易知悉。不必擇地前往，無須預先傳知，以杜彌縫挪掩。

一、各董事經管義穀，如有串通官役，詭名借領，私自糶賣，或保領人等捏借糶賣，均即嚴提究懲，仍着落加息還倉。

一、義穀分貯之後，永爲該庄公物，年年借還，息又生息，止許出借，不許開糶。即遇地方偶被荒歉，亦不許動撥賑糶。惟各借户免其加息，止還本穀。謹按憲頒章程，洵屬盡善盡美，周備無遺，自應遵照辦理。惟時地不同，法難持久，若不稍順人情土俗，往往窒礙難行。遂邑偏隅僻壤，山多田少，溪河不通舟楫，販運維艱，又無巨富大商，蓋藏實鮮，且收成較遲。每遇荒歉之年，夏盡秋初，民間口食立形不給，城鄉游手好閑之徒，固不能無，而一家數口，毫無恒産，專賴傭力負戴，易錢買食度活者，亦復不少。時若無米可買，嗷嗷待哺，何能綏靖？酌看地方情形，倘至萬不得已之處，所有存三之穀，或可酌量糶賣。大約青黄不接之際，米價定多昂貴，不妨稍減平糶。秋收以後，價多漸平，亦不難於買補。其聾工經費等件，儘可於羨餘項下，據實報銷原穀，要亦不致虧絀，但不得援以爲例。若稍可支持，仍當查照章程遵辦，不得輕率開糶也。總之，有治人無治法，如經理得人，自無不善。目前各董事多係殷實誠正之人，亦肯任勞任怨，諒不至於敗壞。倘遇更換簽舉，即宜訪查明確，毋使瞻徇濫充，方可以保積貯而垂久遠。至於嚴追抗欠，懲治勒擾，俾董事不致掣肘，則尤在良有司之善爲主持也。其餘条款，俱已備於頒發章程中，毋庸復贅。舊志。

兵制

宋元以前，無制可考。

國朝康熙間，處州府各縣添設兵防，於是始有千把總之員。西鄉離縣寫遠，北界路接三衢，小醜跳梁，前代往往時有。備豫不虞，古之善教，甯百年不用，不可一日不知。

原制把總一員，汛兵四十五名，馬埠巡檢司弓兵二十二名，縣城設民兵一百十七名，歲徵銀一千六百五十兩六錢。

康熙四十八年，添設練總三十名，農隙時官爲操練。

康熙四十九年，總督梁公世勳、府志作梁鼐。巡撫黃公秉中會疏，將處州協鎮調平陽，平陽總鎮調處州，兼轄衢、金二府，增兵一千五百十五名。遂昌設守備一員、千總一員，增設把總一員，兵三百名，内二百名駐縣，餘分防各隘。乾隆二十八年，知縣王燈稟請西鄉之王村口、北鄉之北界，各添外委把總一員。同治八年，於變通營制案内，奉文減定。

分防縣汛守備一員，把總一員。城汛外委一員，戰兵十四名，守兵三十九名。協防王村口汛外委一員，戰兵三名，守兵七名。協防北界汛外委一員，戰兵一名，守兵六名。

近守備久廢，城中駐正防把總一員，協防外委一員。王村口、北界，仍各設汛防外委一員。

軍器

擡炮五架，鳥鎗五十桿，片刀四把，叉刀。

舊設有王村口汛兵二十名，蔡源汛兵十名，高坪汛兵二十五名，關塘汛兵十名，北界汛兵二十名，大柘汛兵十名，龍鼻汛兵十名，石練汛兵十名。

舊縣治東有守備署一所，北隅駐防署一所，王村口駐防署一所，北界駐防署一所。

守備署傍及頭門外東、西、北三隅關口，舊建營房百閑。

西、北兩鄉隘口、關塘、高坪等處，共建營房五十間。北界新舊營房二十間，知縣王燈建。王村口新舊營房三十間。王燈建。

以上所有衙署、營房，咸、同間粵匪亂後，均毀廢無存。

卷之四

知縣清河胡壽海、宛平史恩緯重修

祠祀

明有禮樂，幽有鬼神。崇德報功，後之人何敢忽諸？先聖先賢，垂教萬世，尚已。次有關於民生，捍患禦災，稽其典禮，永存肸蠁。其有寺觀不及淫昏，以及前賢觴咏勝迹所在，無論廢興，備書於後。

社稷壇：在北門外一里。咸豐八年，毁於寇。

山川壇：在瑞山麓。咸豐八年毁。

先農壇：在鶴山麓。雍正五年，建於城東隅。七年，遷建正殿三閑、齋房并貯田器二所、大門三間。乾隆二十七年，知縣王燈重修。後被水圮。道光初年，知縣咸理重建。咸豐八年，毁於寇。

關帝廟：舊在瑞山麓。乾隆二十一年，知縣熊鐫改建西隅。咸豐十一年，毁於寇。同治四年知縣方泩、九年知縣韋登瀛，先後建修前後殿。十一年，知縣姜卓、教諭周榮椿籌款重建。儀門回廊，規模略備。

城隍廟：在邑東。明洪武年建。嘉靖二十八年，知縣洪先志重建兩廊六曹土地祠，旁建齋所。

四十五年，夏潦盜起，分守道勞堪遣官致祭。文曰：堪受職於皇朝，謬典二郡。神承符於天帝，永護一方。疆土司存，陰陽表裏。怠職弗任，厥罪惟均。堪莅兹土以來，夙夜戰惕，惟此下民是憂。乃者雨暘愆期，夏麥浥爛，災青交境，赤子流亡，固堪之弗職也。然神血食兹土，以爲我民主，抑獨無念乎？竊聞之，郡神擬郡大夫秩，邑神擬邑長吏秩，則堪又僭附總守之責矣。乃敢與神盟，自今伊始，若旱乾水溢，歲罔有秋，以困我民，則是神之不靈，以忝天帝也。堪將齋戒虔告於太元以請罰，神其無悔。若黷貨剝衆，敗乃官常，以殃我民，則是堪之不肖，以忝皇朝也。神亦虔告於太元以請罰，余又何悔。幽明互鑒，曷容欺焉。菽水定盟，庶幾聽只。謹告。隆慶元年，知縣池浴德修葺。萬曆十八年，知縣萬邦獻重建。國朝康熙丙寅大水，有錦現於袍之异。四十二年，知縣蘇宴重建。乾隆年間，合邑捐資重修。後屢被水。道光初年，合邑捐資添建參拜亭及東西廳後楹。咸豐八年，被粵寇毀。同治四年，集資重建。城中分四隅，遞年主祭祀事。南隅地方較寬，民居尤密，分兩人主之。每歲上元，主祭者視隅之貧富，分設燈彩，自元宵起，十七日止。五月十三日爲神誕辰，主祭者及市肆諸人，均各遞日演劇，以答神庥。清明、中元及十月朔祀孤之期，亦敬謹致祭。所有合邑捐置及所助田畝，列外編。

邑厲壇：在北門外。每歲於清明、中元、十月朔三次致祭。

遺愛祠：在報願寺左。祀知縣湯顯祖。知縣繆之弼記：事有曠百年而相感者，予不知其何心。苟非能爲斯世之所异，則亦不能使人欷歔而不可禁。若臨川顯祖湯公若士先生，資□敏學閎博，其所爲文章詩歌，海內知名士誦讀□□。至如薦紳諸公，日想望其丰采，願一見弗得□。噫！其才名與節操，可不謂异乎哉！先生萬曆間成進士，由博士轉祠部郎，以言謫尉，旋遷令，故不□

得有先生之迹焉。夫以先生之文，其精瑩足以華□，其綜核足以經世，他如號令政刑，無不可出入廟堂，佐天子布之優優也。而必屈以百里之寄，置□萬山之麓，且使之鬱鬱久居，此士其所遇异乎？不异乎？乃先生獨不以此介諸懷，治績日益懋，政教日益彰，暇則與士君子課文較射，優游自適。异矣，復何容心於當年之華膴與後世之思慕耶！獨是予與先生生同鄉，志同道，官同方，而未獲親小於一堂，予之憾事也。然猶幸去先生之世僅百有餘歲，且讀玉茗堂所著，又曷嘗不遥而憶之，而奉以爲師資也哉！况遂人士今日心焉繫之口能之，惜乎當日所楷之射堂，付諸蔓草荒煙，僅得瞻拜其像於義學中，其祀也亦寄焉而已。然則庀材鳩工，用妥厥靈，非余之責而誰與？竊又聞先生喜縱談古今事，第非其人，寧獨居而寡和，予熟爲先生計？如金壇段公宏璧，踵先生後而至者，其治績政聲，大都可與先生相頡頏，先生稔悉焉。原有祠，寖久而廢，後因其址爲營壘，段公何以適從乎？予將舉而祠之，先生應點首曰：得此一人，可以不孤矣。於是乎記。　邑人王夢篆詩：臨川才子孰追攀，飛舄無心到此閑。一代詞名傳玉茗，三年吏隱賦刀環。田園歸去陶彭澤，俎豆長留元次山。爲愛清風思亮節，遥情高寄暮雲閑。　吴世涵詩：臨川一老仰清標，花下芳詞拜寂寥。賈傅立朝惟痛哭，莊生作吏亦逍遥。孤臣志業抛荒棘，仙令文章泣鬼魈。留得山城遺愛在，迎春歲歲入歌謡。

池公祠：在二都清華閣。士民建，祀知縣池公浴德。久廢。

黄公祠：在碧瀾橋南。士民建，祀知縣黄公道瞻。久廢。

段公祠：舊在報願寺右。士民建，祀知縣段公宏璧。邑人項應祥記：金壇段侯，去遂昌十有五稔矣。士民惓惓焉思慕不能釋，相率修葺其祠宇而恢廓之，勒貞珉以垂無朽，而詣余請爲之記。余固舊沐波潤者，奚敢以不文辭。次洲段侯，金壇世家也。弱冠掇魁名，雄才卓犖於江左。年甫強仕，念太夫人年高，冀以禄食其親，遂上天官，選授遂昌令。甫下車，即洞燭民閑利弊，而差次舉廢之。革額外之派用，而里甲蒙惠。禁税糧之增耗，而合邑頌廉。杜狐鼠之骫法，而訟牘不下胥曹。防狼虎之噬民，而勾攝不遣隸役。時值礦務擾攘，税使恣睢，則請公廩給其食，持禮法馭其横，而東鄙藉以安堵。李直指按部歷邑，時多徬徨莫措，則治塗置署，百務綽有宜適，而道府詡其材諝。且鋭情膠序，嚴試優遇，茂植榜山，以振文運。建義倉，聽民樂輸；儲穀千餘石，以備不秋。大都以勺水之操，抒游刃之略；以抱嬰之愛，濟拔薤之威；以空鑑之明，宏汪波之度。公庭閑凜如秋肅，四封内藹若春噓。在官不越一載，而德政芳猷已章章若是，則以純孝爲之本耳。侯奉太夫人於公署，人則進甘肥，色養備至；出則勤乳哺，覆露必周，内外稱兩至焉。無何，以太夫人八十考終，哀毁骨立，將輿櫬以歸。士民攀卧不能得，則謀建祠肖像，以尸祀之。侯固辭，既而曰：吾母逝於斯，無已，則祠吾母，勝祠吾也。乃創祠於藩署廢址，而并祀焉。迨侯補任大田，寄俸十金，置田爲太夫人饗祀需，不欲以歲時煩遂邑也。歲甲寅，順德黎侯至，聞侯之風，慕侯之政，謁其祠而贊嘆，欲修飾之，允庠士增廓門堂之請，而慨然主維，屬幕廳周君董其役。邑薦紳士庶，咸捐輸以爲工役助。由是奉太夫人於内寢，妥侯像於中堂，闢重門於左壖，以便士民之時祀者。越三月而工竣。夫侯以己亥之夏莅遂，以庚子之夏離遂，臨民僅期月耳，何以得民至此哉？昔聖門推政事者最由求，然而有勇足民，非三年則不能致，惟尼父乃自謂期月而可耳。侯也固可，尼父之可而致，由求不能致哉？余不佞，敬採輿頌而記之，以侯之傳循良者。後因建遺愛祠於寺左，以祀湯公顯祖，遂遷主於遺愛祠内合祀焉。其舊址改爲守備衙署。

辜公祠：在報願寺東，祀知縣辜公志會。邑人項天慶題額『風抗雲垂』。久廢。

林公祠：在濟川橋北，祀知縣林公剛中。邑人項應瑞記：邑大夫林侯以陟行也，民遮道弗獲，留謀祠之，以片石志不朽。噫嘻！畏壘桐鄉，何以再睹？然予從政兩邑閑，每撫循良，傳代异人，人异政。嘗以三言括之，如昔稱衆之慈母，國之神君，學士之師者盡矣。栝阻山，而國隸十九，遂稍稱劇。其民困於輸將致貧，而赤胥緣爲奸，士泥帖括氣，奢靡不振。令遂者養嘉穀容稊稗，則仁而不斷；逐鷹鸇及鳥雀，則嚴而不撫；閑能平成束吏，則齪齪簿書期會閑，又俗而不文。侯甫下車，已燭知之。夫民貧，字未至也；胥奸，弊未釐也；士靡，誨未周也。俗用里甲，十年一更。民每留十年，積辦一歲役。一貴人行部，便有朝金滿囊，暮赤手還者。民甚寃之，侯一切報罷。屬直指兩至，不需民閑一物，竟不譁。傳廚不飭者，問之民，民不知有直指來，所知者輸將以時耳。聽訟若禹鑄鼎，即有魑魅，亦夔夔睢睢畢露，莫逃其折而低昂之也。猾無以狐，胥無以猱，衹凜凜重足訟庭。嘗虛諸縫掖，以文藝至隆，重於貴客，句摘字商，移甲乙不置。士蒸蒸起，主文者謂旂鼓足當一面也。則予所稱三言，侯合爲一政。若夫潁川之惠，萊蕪之介，山陰之懷求，朝歌之斷理，成都之訓迪，詩以唐，字以晉，文以漢，琴以元亮，花以安仁，鶴以清獻，酒以次公，亭以永叔，侯又合爲一人也。三年政成，考上最。民豫恐其去，留之當道。主爵者以國家多事，邊餉旁午，處侯於士安存中之任。侯行矣，民失慈母，國失神君，士失良師，棠蔭甫茂，峴淚方新，不以予不文屬之記。夫民，千萬人言也，碑於口；予一人筆也，言於石。千百世後，且有爲侯傳循良者。久廢。

傅公祠：在碧瀾橋南，祀知縣傅公恪。郡人王一中記：今皇帝元年，江陵傅侯來宰平昌，政成化行，擢貳東昌。東昌會妖左蠢動，烽煙告警，東昌急侯甚。奉公檄迓旌者道相望，侯殆不可一日留。而遂父老子弟戀戀弗忍舍，攀轅卧轍，且歌且泣，謀所以祀侯者。醵金若干緡，創祠於邑東孔道，俾歲時往來獲瞻依焉。不旬日告成，鄉紳青衿請記於余。夫甘棠致咏，淇竹興歌，非夫實心實政大有以感人，豈易言哉！侯治平昌四載，膺薦剡者五，曾擬調麗水，兼攝松陽，美政懿行，未易枚舉。乃甫下車，適當審編之役，爲民十年，重負稍不當，至破資産者有之。悉心釐正，務令賦與役稱，民罔不心服無譁。且清隱田六百，寬其積逋；豁重額三百，蘇其累脏。侯初政，輒樹不朽績若此。至催科，常懷撫字，而無藝之徵，纖毫弗濡。大書『加耗神殛之』五字於神祠。時有滑書，藉口青衿，冀須臾緩。侯疑，爲設二匭，合士民分投其中。久之，核其數，稽其侯，則士實先，且溢於民也。侯報之學使者，而諸逋争輸恐後。民故醇，少訟。侯一意與民休息，第操三尺，使人人自遠。圜中草常青，閑有質成，不入贖鍰，至以冰俸佐積貯，恬如也。遂俗輕生，一訟往往委驗於僚屬，不借題修飾，則蔓引株連，受者家立析焉。侯洞悉其害，必慎重而不輕委，亡賴之習，因之漸消，所生全者衆矣。而尤加意多士，額税之外，仍優寬徵二錢。又時與横經討藝，娓娓不倦。有悵北門者，厚贍之。甚有苦餉無措，袖俸給櫃代完。所謂豈弟君子，遐不作人，非耶？會歲旱，侯深自刻責，以身禱焉。車未旋，甘澍如注。蓋其精白誠一，足通帝座，如響應云。大率侯之爲政，類以經術飭吏治，以故凝重不遷，若山峙嶽立，百折而百不窮，若淵澄鏡委。至於介嚴素絲，皭然不滓，則又北海峻潔之操，其天性然也。猗歟休哉！久廢。

李公祠：在湖山槐亭。里人建，祀知縣李公翔。久廢。

高公祠：在十八都柘溪。里人建，祀温處道高公其佩。久廢。

繆公祠：附主遺愛祠内，與湯、段二公合祀知縣繆公之弼。

羅公祠：在邑西南隄内。邑人建，祀知縣羅公秉禮。久廢。按：遺愛祠爲湯公顯祖而設，繆公之弼以段公宏壁附焉，後繆公亦附焉。祠中祭祀田畝，亦頗可觀。向歸縣禮書及兩贊禮生遞年承管，地方官春秋致祭。志中所載池公浴德、黄公道瞻、林公剛中、傅公恪、李公翔、高公其佩、羅公秉禮、韋公志會，皆有祠以志去思。久之傾圮，或毁於寇，興復無時，祀事曠廢，馨香於前，而荒落於後，有心人當不謂然。雖池公、李公與湯、段二公同入名宦，而遺愛之祀，有其舉之，莫敢廢也。又徐公棨，當時以『待松樓』額爲公手迹。公去後，設主於待松樓，然歲時酒醴，設饗無人，亦非所以報甘棠之意。今補設諸公栗主，併徐公主送入遺愛祠，合先後賢者於一堂，質諸來恪之靈，當亦快然，不僅僅永存肸蠁已也。

忠烈祠：在報願寺左。咸豐八年，知縣程洪建，祀教諭景采臣。十一年毁。同治四年，知縣方洼勸捐修復，附祀殉難士民。十一年，知縣韋登瀛重修。十三年，知縣張維垣於祠右增建節烈祠三楹，祀景公夫人趙氏、女守姑，并闔邑殉難婦女。桐鄉陸以湉記：公諱采臣，字鷺之，號漁門，餘姚縣人。舉道光二十四年鄉薦，初名銓之。咸豐三年，改今名。六年，部選遂昌縣教諭。性耿介，以名教自任。八年三月二十一日，粵匪入遂昌，全家殉焉。先一日，賊勢方熾，或勸公暫避。公不可，與孺人趙氏訣。孺人曰：此大事也，不幸遭寇，當相從地下耳。顧其女守姑曰：奈若何？女曰：死則偕死，大人勿憂。時女年十八，猶未嫁也。明日，寇至，公繫印於肘，坐堂上，孺人及女侍僕抱初生孩立而飲泣。無何，賊至，公厲聲罵之，遂被害，年五十有二。孺人及女侍急入内室，欲自縊，賊并殺之，擲初生孩於泮池，而釋其僕。二十五日，寇退，邑人入視，得趙孺人、守姑二屍。越半月，始得公屍於泮池右之溝中，袍絝依然而無首。妾陳氏視之諦，然後殮。陳氏避居民家，故免於難。既殯，公乃歸姚江，立公弟鑑之子傳績爲公後。大吏以公死難事入奏，得旨優卹，祀昭忠祠。寇之擾浙東也，學官死事者有常山教諭汪公世鍾、壽昌教諭宋公紹周、松陽教諭徐公清瀚，與公而四，而公之死尤烈。噫！校官之見輕於世久矣。自公之死，而天下之人咸知師儒之可貴，相與感慕興起，激發其忠義之氣，以維綱常於不敝，豈不偉哉！邑人重公之節，争輸金建祠以奉公祀，因爲次其事於碑，俟异日史官採録焉。

按：大柘，同治間立，有昭忠祠。知府李公希郊殉節，里人立祠祀之，并團練殉難義民附祀。里人王永清捐助田畝，永爲祭祀之資。

廣福堂：在縣治右，祀元帝。原廟狹小，萬曆年間，士庶拓地重建。

東嶽廟：舊在邑南，後改建於西門外。廟前有芙蓉亭，今廢。廟宇於光緒十七年，邑人捐貲重修。

滅虎祠：在報願寺東。知縣湯顯祖建，今圮。湯顯祖記：丁酉冬十月，虎從東北來，甚張。忽夢指有二碎迹登堂，有言虎齩其鄉兩牧豎子。余嘆曰：余德不純，氣之不淑耶？余刑不清，威之不震耶？何以烋氣如是！下令將以十月望吉，告城隍之神。文曰：吾與神共典斯土，人之食人者，吾能定之，而不能止虎。民曰：有神。夫虎亦天生，貴不如人，神無縱虎，吾將殺之。呼吾民任兵者，簡其鋭以從摎之。葉塢是夜見有一冠幞袍韡、白鬚團頤長者，見夢若余，與同爲法官治獄，持一文書示余。余曰：必殺此二渠以償。長者微笑，指文書中一處示余，若前所云虎亦天生之句，意望余寬之。余正色争不可。長者知不能奪，復微笑曰：徐之，觀樞密公意何如耳。余覺，知神有意乎烋然者，然已戒不可止之。葉塢午至昏見虎，虎奔，一虎倨高隅，薄不可近。余曰：知之矣。旬餘齋居，夜念樞密公，兵象也，有得虎者與？當祠之。是夜不能寐，覺外汹汹有聲，問之，獲巨虎，雄也。虎首廣尺餘，長幾二尺，身七尺，驚其雌三，日繞而號其山中，伏矢走死。松陽界中東北抵萬山，忽夜震如裂，民曉視之，得臣虎首二八股，草血沫漬，縣人嘆异甚。然以公出郡中月餘歸，忘立祠也，復報有虎。余嘆曰：神其罪余。老氏曰：佳兵不祥，莫如以慈衛之。遂於報願寺傍大樹下，建爲滅虎祠，祀樞密公。非真能滅虎也，虎滅無迹，則亦滅之乎爾。祠之後，獲虎三五，向後虎聞遂稀。神之能有兹祠也，爲之銘。銘曰：惟山之𡨋，有猫有虎。神其司之，甚力而武。神來見夢，余爲立祠。以衛吾人，依然大慈。遂伐三彪，薦五文皮。孰震於幽，微其腦髀。丁壯出作，翁孺群嬉。非我德民，神滅其菑。菑由人興，非虎非豺。我去其苛，物象而和。神其安之，與民休嘉。

黄塘廟：在君子山麓，祀五聖。舊廟狹小，廟圮而神像無恙。萬曆甲申，拓地重建。崇禎丙子，於廟前濬池蒔荷，東建横樓二十四間，後又圮。乾隆十一年，復捐資重建。咸豐八年毁，捐建。

天師廟：在邑東四十里牛頭山九雲峰下。縣南東泉、葉家田三都，鄭村十一都，天師壇皆立廟。祀葉真人法善，鄉人稱之曰天師。遇災旱，祈禱輒應。每歲秋冬，牛頭山進香酬願者，男女接踵，松陽尤甚。順治己丑，僧寂德於山麓建賓陽庵，顯應尤著。咸同間，粤寇至，居民避居牛頭山，每寇至半山，輒爲雲霧所迷，避居者皆得保全。

明善堂：即吴皋道堂。在西門外。邑人鄭還詩云：吴皋山下悄禪關，竹木扶疏繞四村。春盡不知千佛冷，煙消惟見一峰尊。鐘聲隔水過吴泊，雲氣尋幽度石門。黄鳥已催花落去，有階秖上碧苔痕。

白馬廟：在邑西丁公山上。萬曆初年，靈應如響，四方祈禱絡繹，松陽人至者尤多。一時廟宇宏敞，四圍疊石如垣，其地雖盛暑亦寒，後被雷擊成荒丘。

麗陽行祠：在邑北官坡。今廢。

天后宫：在溪南壽光宫右。嘉靖四十年，縣丞翁琚建。萬曆二十年，里人募建前堂兩翼大門。乾隆年間，復在東隅建造一宫，輝煌宏敞，倍加壯觀。嘉慶四年，劉訓典等捐資勸募。同治元年，武舉官育儁捐資重建。按：天后宫、文昌宫、關帝廟，各鄉間有，非有司祭祀之所，不備載。

萬壽宫：在西隅。嘉慶、道光年間，黄有發倡捐，疊加修葺，門墻壯麗，宫殿宏深，奉祀江西許真君之神。咸豐八年，毁於寇。九年，創造内堂。光緒七年，鄭商楊聞榮倡捐重建，一律復新。

馬夫人廟：在邑西五龍山麓。舊廟在十八都柘上。萬曆己酉，寺僧募建於五龍山下。有祓麟橋，祈嗣者禱無虛日。十八都大柘溪東亦建一廟，里人賴福聰捐助神慕山頭、坑上二土名共田二丘，租三石，額九分五釐。

瑞蓮堂：在邑南君子山麓。祀馬夫人，祈禱輒應。乾隆間重建。同治四年修。光緒九年，毛復裕等倡捐添造百子堂及大門戲臺。六都大務亦有馬夫人廟，種痘者祈焉，頗著靈异，不重載。

寺觀

四大王殿：一在邑南隔溪，一在北隅山麓，一在四都長濂赤山麓，一在十八都大柘西山麓。祀金鐘洞主四相公之神。

魚袋山殿：祀五聖之神。崇禎元年，知縣胡順化建。國朝康熙丙寅，洪水漂没，居民復建祀焉。乾隆壬申，大風折木，廟圮而神像無恙，於是重新之。又建得月亭，以留勝迹。

蔡相公廟：在邑西十九都，離治五十五里。本名元沙廟。世傳五代時，蔡氏兄弟二十四人避地居此，没而爲神，至今血食一方。康熙己丑，彭子英寇鄉里，空中有黄赤旗隱見，賊懼而遁。同治元年，粵匪入境，石練大遭荼毒，鄉民約曰殺賊。是夜山谷火光，憑空照耀，歷著靈异。其捐助田畝，概列外編。

蔡相殿：在十二都馬埠，爲松川、殿口兩處土地之神。里人吴光裕等捐置土名外山松江潭田十一丘，計租四石，額一畝零。周坑張姓助殿後地一片。

溥濟廟：在邑北二十里，即三井龍湫之祠。自宋以來，禱雨響應。紹興己未賜額，至今靈异如昔。

陳府君廟：在邑北五十里。神名備，唐處州刺史。文德初，與盜盧約争州不克，没而靈异。鄉人建廟祀之。早廢。

慈仁廟：在邑東，知縣顧寧建。後改爲東社學。早廢。

徐偃王廟：在邑東城外。今廢。

華使君廟：在邑東。神名造，唐景福閑爲處州刺史，死於賊。鄉人立祠祀之。當時居民嘗見馬飲於池，及觀廟門泥，馬蹏吻皆濕，因名飲馬池。

安樂王廟：在邑西，後改爲西社學。久廢。

何相公廟：在邑西二十五里。唐末，有永嘉何氏兄弟，以道術居其地，没而爲神。紹興間，鄉人建祠，祈禱輒應，民争祀之。近廟毀而祀不絶。

吴僕射廟：在十八都大柘溪東。神名珂，唐末爲保義鎮遏使。黄巢倡亂，董昌攻越，盧約攻處州。珂集義勇，積餱糧，守遂之北鄉金石岩。盜至，見有備而去，地方賴以無恙。五代時，筮仕興越，以功拜工部尚書檢校郎。殁後，鄉人立廟祀之，即今城山殿故址。蓋取衆志成城，軍令如山之義。逮明嘉靖間，朝廷有毀淫祠之議，鄉人恐，遂毀公廟而改祀東嶽，至今城山殿匾額猶存。查公有保護地方功，亦在有功則祀之列云。武林張翼詩：沈沙鐵戟皆消歇，愚智猶瞻僕射祠。欲識精英千載色，石屏雲斷葉殘時。練溪黃衣照詩：一片高臺處處通，垂藤古木蔭青蔥。座中鳥語聽無盡，檻外溪流去不窮。遠岫翠嵐籠曉日，近村煙靄落晨風。相傳僕射猶留額，應溯當年保障功。田租列外編。

岩王殿：在十二都馬埠。里人吴光裕、章長愷等十四人，捐資重建，并助租田，聚永禬會，爲奉祀費。神即吴僕射也，祈禱輒應。邑令鄭鴻文記：禮有功，則祀義綦嚴矣。近世鄉立廟宇，禮奉神明。問係何人，初無可考。問有何績，又無所指。若是者，皆淫祀而無福也。遂邑北去三十里，有一村，曰殿口，係往省通衢。村有一岩，爲金石岩。建廟祀神，曰岩王，由來舊矣。壬午冬，余莅任兹邑，因公至殿口，適里民吴光裕、章長愷等，以廟傾圮，捐資重修，請余一言勒諸石。余詢其神爲何人，僉云姓張。余首頷之，而不得其詳，未敢隨聲以附和也。回署後，查檢案牘，適有張氏宗譜，爲他事呈案者在焉。隨細閲之，圖序世系，尋源遡派，縷析條分，確鑿可據。乃知岩王張公，即文獻公五世孫也。公諱軻，字希孟。咸通中，襲蔭任平昌主簿。逮乾符、廣明間，遭寇猖獗，公乃發粟賑饑，倡義率民，駐金石岩以禦之。賊知有備，乃去，民賴以安。轉升上軍曹參軍，兼府衙推官。卒贈左武大夫。譜中之勅命昭然，源流甚詳。核之邑乘，無不符合。神之爲張公，可無疑矣。迨宋端拱，追封金石岩王，制詞以嘉之。吁！公之忠義邁衆，實有乃祖遺風，宜其追封立祀，血食千秋也。鄰村松川張姓，爲公後裔，人頗繁衍，世澤之長，蓋有自來矣。是爲記。田租列外編。

禹王廟：在十八都溪東。

招提庵：在十八都大柘。宋治平二年建，里人置田十四畝，爲中元祀孤費。

五顯廟：在二十都王村口中街外。

復興社徐王廟：舊名安吉社。在北鄉十都殿前，離治五十里。爲殿前、周村、岱畔、油竹、東記、後山各坦，香火廟狹小。乾隆五十三年重建前殿後廳，較爲宏敞，并積置田租，爲奉祀費，用垂永久。

徐王廟：鄉間最多，不能盡載。

百寶廟：在二十都關川，離治一百二十里。宋初，里人立廟，祀蔡相公神，其靈异響應，與石練蔡王殿同。

永安廟：在北鄉梭溪莊，離治六十里。里人田畯傳祥申、藍維珠合助水田，土名十一都嶺下門前、魚塘前橋頭、黑橋頭、皮刀坵、旺下，共田五處，額十肆畝陸分零，計實租肆拾肆籮，爲奉祀香燈之費。同治元年，粤寇之亂，居民望見神燈照耀，神頗著靈异，故是年梭溪一村，得免於難。

報願寺：在邑東。陳天建元年建。宋大中初賜額。慶元間，僧清心重建，扁曰『釋迦殿』。後僧惠新建彌勒殿。元初圮。至正二年，僧文惠重建。明正德間，山門西廊毀。嘉靖初，知縣蕭質令僧募建後殿。萬曆間，知縣辛志會命募建重修之，後漸傾壞。國朝康熙間，僧森明重建，并建山門。雍正間，建造三官堂。乾隆間，僧永準偕徒志立重修鐘樓，又建後客堂及山門。沈晦寓報願寺詩：久厭官居車馬喧，乍投禪榻喜安便。起來卻面青山坐，静聽風林一曲蟬。平生野性便林麓，假榻僧窗清意足。飄然踪迹似孤雲，後夜不知何處宿。

齊鼎名詩云：懶性偏宜静，禪房獨掩扉。迎窗新筍出，繞砌落花飛。夜月聞僧梵，煙嵐灑客衣。心清宜有悟，春盡亦忘歸。

崇教寺：在邑東三十里。唐會昌間，僧野雲建，名重光。宋治平二年改今名。

定光寺：在邑西一百里。先名清林。唐乾元二年建。

興覺寺：在邑北五十里。先名圓覺。唐長興二年建於絶頂。宋紹興丁巳，僧明慧改卜山麓，僧曇佐繼建。今廢。以上三寺，俱係治平二年改名。

安福寺：在邑西練溪。五代時建。釋彦俅持戒行，吴越王錫額曰光福。宋紹興改名安福。後廢。明正統間，里人吴宗義重建，并助水田五十八畝，奉大士像，祝頌豐年。里人黄衣照安福晨鐘詩：古刹開雲境，常懷覺世情。夜闌傳佛語，一百八聲清。

淨明寺：在邑西四十里大柘。舊名香城。宋紹興二年，僧惠肇重建。國朝乾隆五十三年被火，僅留觀音堂。田租列外編。

雲峰寺：在邑東，離治四十里，即牛頭山天師廟。寺建山岩高處九雲峰下。從山脚至寺，有十餘里。中爲正殿，即葉法善修煉處，塑真人像於其中。旁爲大士閣、羅漢樓，勢甚高聳。寺田九十餘畝，山塲竹木尤多。乾隆年間，寺僧定山將竹木剷掘一空，寺産蕩廢。今糧額仍存，而祖穀實無三分之二，廟宇荒落久矣。道光間，住持僧益能集四、五、六都紳耆募捐重造，開山以建後殿，并添右邊樓房、客廳，焕然一新。山寺四至列外編。

寘陽庵：在邑東九雲峰半山。俗稱令公堂。乾隆二十七年，僧志立、徒文鋰建造。

廣仁院：在邑西曾山下。先名報恩，唐清泰元年建。國朝乾隆年間，僧貫璧、貫益重建。邑丞張咸有詩。

邑人周池詩：石泉飛玉出雲端，剪剪輕風掠地寒。寄語籃輿須緩進，欲留山色静中看。委蛇細路入蒼煙，萬壑松聲響夜泉。怪得詩情清到骨，尚餘殘雪隱山巔。

隆因院：在邑東十五里。唐乾寧元年建。今廢。院中有鐵鐘一口，計款五行，行七字，正書，徑寸。其文云：檀越劉運斡捨洪鐘一口，人隆因院，供養三寶，祝延聖壽。辛巳嘉定十四年冬至日。鐘□府志收載金石門，舊志未載，今補録。其鐘已缺一角，移置明倫堂。後毁於寇。同治五年，吴昌鰲經理建造。

禪宗院：在邑東二十五里。先名禪林，唐咸通二年建。後廢。道光十六年，里人因舊址重造屋三間，以祀觀音伽藍，額題『古禪宗寺』。

勝居院：在邑東二十里。先名東岩，咸通二年建。今廢。

禪定院：在邑北六十里。先名恩德，唐辰興二年建。

勝果院：在邑西七十里黄羅。唐乾寧二年建。今廢。

金田院：在邑北一百二十里。唐長興二年建。今廢。

寶光院：在邑西一百里。唐乾寧元年建。今廢。

妙靖院，即安靖院，在邑北一百二十里。唐咸通八年建。邑人龔原記：妙靖院，在處州遂昌桃源鄉，始唐咸通八年，曰安靖，今額治平中所賜也。嘉祐初，余嘗講學於其法堂之西偏，而院僧奉思者，方以行業智辨，能服其鄉民，募緣取給，惟所顧指，每與余語，舊陋爲甚，今之法堂寶殿，實新爲之，然未愜也。閑循山而下上，環指而讙言曰：异時爲文室於是，爲經臺於是，爲鐘樓於是。既成，願得一言刻之，使後人識舊時之地，亦勝事也。方是時，左右皆荒山，斷塹莽梗，人不可行，余雖壯其志，疑非易成者，徒意許之而弗答也。後數年，余游京師，不復見奉思自桃源至者，必問其院如何，皆曰：成矣。施者日益衆，且耕鑿有收，屢以力易度牒，今其徒甚盛也。又數年，余竊第東歸，奉思相迓道旁，雖不及游，隔溪望之，比舊增麗矣。熙寧中，余奉親之官京師，宿焉，觀基面勢，率如昔言規度，竊自謂事無劇易，特志弗彊與力不及，故每廢而莫興，或有爲而不就，若奉思，可謂有志竟成矣。余方事行役，未暇書也。後余遭家艱，既葬，出淮南，復過其院，觸目悵然久之。比官於朝，元祐四年，以明堂恩封贈及泉穸歸焚黄。而奉思復援平昔言，屬記甚追，且曰：今老矣，幸一觀石刻，雖瞑目無憾。余聞而悲之，且念自初及今，日月纔幾，而忽焉三紀，院僧獨奉思在，而余初弱冠，今亦白髮滿頭，落筆稍緩如昨，則後此數十年，尚誰知本末哉？因書以遺之。

延壽院：在邑北二十五里。梁大同元年建。今廢。國朝乾隆年間，僧指千募捐重建。今廢。

白佛院：在邑北三十里。梁大同元年建。今廢。

慈濟院：在邑東二十里。晉天福元年建。今廢。

淨梵院：在邑北一百里。晉天福元年建，名崇福。宋治平二年，改今名。亦廢。

保寧院：在邑南五里。寶正二年，東泉錢氏建。元毁。明永樂元年，邑人翁高重建。邑人鄭還詩：不遂平生十載前，曾攜萬卷向東泉。靈林日静開茅塞，禪榻時閑擬草元。轉眼風光成夢寐，委形身世累塵緣。依然事業今如許，愧我星霜欲滿顛。

崇梵院：在邑北十餘里。周顯德五年建。今廢。

光教院：在邑北二十五里。周顯德五年建。今廢。

香嚴院：在邑西四十里。周顯德五年建。國朝道光十三年，僧印梅重建。邑人王景夔詩：晚入招提路，山風冷透裳。寒鴉互分合，霜稻半青黃。習訟傷囂俗，思閑慰故鄉。牧童如有感，扣角唱斜陽。王鎡詩：地爐煨火栢枝香，借宿寒寮到上方。山近白雲歸古殿，風高黃葉響空廊。敲門僧踏梅花月，入夜猿唬楓樹霜。夢醒不知窗日上，時逢經磬出松堂。田租列外編。

翠峰院：在唐山。五代時，僧貫休建。後圮。嘉靖間，僧惠宰重建。邑人王養端詩：奇觀出天維，高淩拊雲岡。盤空際飛鳥，曠蕩極扶桑。乘閑一眺覽，憑虛寄昂藏。戀彼仙人迹，渺然嘆荒唐。衣傳禪月衲，寺古貫休堂。蜀尼既好道，豈復懼梯航。不謂萬峰寂，乃能見懸光。梵語落秋壑，天空元鶴翔。經壇生象樹，天花散幽香。物變景猶昔，時和遇自良。慕此聽法者，有懷從龔黃。修修立萬仞，吁吁見四疆。望岱不在魯，記峴還思羊。古人重感遇，不以風物傷。所資豁塵況，毋爲世徬徨。歸路出松檜，林深留夕陽。山翠不可挹，蒼蒼照衣裳。惕然際斯遇，解帶命霞觴。佩以瓊瑤管，寫之雲錦章。願言駕靈鶩，扶搖行諸方。

崇孝院：在邑東三十里龍口。

普澤院：在邑東三十里。宋乾德三年建。今廢。

寶嚴院：在邑西二十里。先名多寶，宋乾符二年建。法堂後有羅漢閣，北有彌勒殿，甚偉。額係理宗御筆，後圮。明崇禎九年，僧性元募建，未就。

永福院：在邑東二十里。宋延祐二年建。今廢。

安和院：在邑東七里。元乾祐三年，僧智元建，自有記。

無相院：在邑西一百十里。宋延平三年建。

金仙院：在邑西一百四十里。先名金堂，咸平二年建。今廢。

資壽院：在邑北十里。又名東海，宋治平中賜額。紹興甲子圮於水，僧智積復建。邑人鄭還詩：峰巒圓轉密林閑，一半禪房一半間。雨過泉流舂白石，雲來天上接青山。追尋勝迹千年古，看徧名花萬樹殷。不覺平生諸慮息，頓令名利不相關。

妙智禪堂：在邑河橋頭。釋真可訪前知縣湯顯祖處。湯公卸任後曾寓此。舊志有湯公觀音像讚一首，今不載。

三官堂：在西門外。咸豐四年，里人葉世鐸建。有租田十羅。又山場一處在殿後，上至大降演，下至田，左至垵合水，右至小垵合水。

清修庵：在邑西十里。康熙年間建。雍正辛亥建前堂。嘉慶四年，僧傳聖重建後堂、大殿。二十三年，前堂毀於火。道光年間，僧光鏀重建。

蓮臺山：在清修庵後山頂。明崇禎年間，僧正松建造。國朝乾隆五十八年，盡毀於火。嘉慶五年，僧傳印重建前後大殿及客廳、禪房，具有花木之勝。

西林庵：在邑西八里。崇禎年間建。國朝康熙二年，僧十如重建。邑人華一嵩詩：清秋紫翠滿晴巒，躡蹬穿林路幾盤。白鳥一雙林外度，青螺十二座中看。藍輿西社來元亮，絲竹東山想謝安。不盡此時游眺意，斜陽萬樹碧煙寒。毛儀點攜琴游西林庵詩：偶因散步到西林，歷盡松岡轉竹陰。古刹苔痕殊世路，老僧道貌絶塵襟。徧游金地三千界，爲鼓冰絃一曲琴。解得六根清淨理，且從午梵結知音。同治四年，里人涂春壽重建。

菩提庵：在三峰橋頭。崇禎間，僧傳秀建，後圮。國朝道光間，僧覺益募捐重建。咸豐十一年毁於寇。光緒五年，里人重建。

靜修庵：在縣治後。雍正十年，僧森明建造。乾隆四年，僧泳準建造後殿。

雙溪庵：在北門外河橋中。康熙三十二年僧森明建。

梅溪庵：在治北三里。康熙三十二年僧法照建造。

卉隱庵：在治北五里。明崇禎元年僧貫一建造。國朝康熙二十五年，僧法照重建。後毁於火。嘉慶初年，僧三乘與徒朝嶂重建山門、大殿、後楹、禪房，俱極莊嚴幽勝。本寺山塲，總土名葉町，内小土名庵後，又蘇嶺下，又礓垵内，又礓垵下，又瓦窑坪，又大稅垵，又苦竹垵，又洋垵口，共八小土名。其全山四至：東至礓垵下當降分水爲界，南至大稅垵外本寺田壟爲界，西至蘇嶺下山脚人行大路爲界，北至寺後直上岡頂爲界。四面水流歸内，俱係寺山。又本寺山背後，土名周塢山場一處，其四至俱載契内，不贅。

吉祥庵：在治北五里。順治十年，僧隆智建。後因寺僧蕩廢，田産廟宇傾圮。乾隆年間，僧三乘贖回寺產，重新鼎建，并添置田畝，共租貳百餘籮。
永樂庵：在治北十里。順治十五年，僧傳見建造。
定觀堂：在治北十里。順治二年，僧海藏建造。
龍華庵：在治西四十里大柘。康熙八年，僧青雲建造。乾隆十七年，僧崑林重建。後圮。五十三年，僧方達重建。嗣住持僧印梅置買租田二十六畝，地額二畝，土名列外編。
紙方寺：在邑西二十里。咸豐辛酉毁。光緒九年重建。
法華庵：在邑西二十里。順治元年，僧成信建造。乾隆九年，僧指乾重建。
聖覺庵：在治西二十里。順治年間建。乾隆十年，僧雲修重建。後毁於寇。今重建，名蕉坑寺。
普濟庵：在邑東二十里斗米嶺。邑人項天慶題額。
廣祥庵：在西門外隔溪吴樂，離治三里許。道光十年，僧法藏重建。
三寶山：在十五都好川，離治二十五里。康熙年間，好川有諸生，晚年習禪，棲隱吴處寺。寺將傾，移此開山建造。其地係里人李漢輝捐助。寺產列外編。
泉湖寺：在邑西四十里大柘溪之東。田租列外編。項樹業假館泉湖寺詩：斗大泉湖寺，臨溪十畝間。斷橋紆曲徑，疏竹露青山。曉磬隨雲散，昏鴉帶日還。長吟何所慕，榮辱總無關。
金竹寺：在二十三都金竹村隔溪。

吉祥庵：在二十都埠頭洋。康熙十三年建，并置埠頭洋大坵田庵左右地。其地至黄塔口山場，後圮。道光七年，劉虛居、李開亮、賴乾仁、劉在權等募捐重修。寺租列外編。

鎮南樓：在邑東三十五里七都。寺田共計租肆拾壹籮。

三仙寺：在邑東覆螺岩麓。咸豐四年，里人周墉加建觀音堂，捐有山場。田畝列外編。里人張書銓記：三仙者，父老相傳詳川農昆季三人，日上覆螺岩，采藥濟人。一日，有匄者詣門，願爲執爨。飯熟而芳烈异常，食之不饑。其季疑焉。早起，瞰匄者以穢水漉米，不敢食。兩兄如前食畢，上山去。及季往，則危崖插霄，蒼巒重複，杳無人迹。疾呼其兄，應聲出自巔頂，攀躋直上，無所見。又呼之，聲又自岩下出。驚訝間，聞其兄呼曰：弟果不來，名山無位置矣。聳身一躍，適當其中。昆季同日飛昇。故今遺像長左次右，季居其中。宋時建祠於岩麓，即三仙飛昇處也。是説也，余固疑之。然生而濟人，歿則爲神，理或有之。遇雨暘不時，禱無不應。同治辛酉，粵寇自松陽入，鄉里騷擾幾遍。四月二十一日夜，余將約練勇執炬爲疑兵以驅賊，忽寺中有火炬出，照耀山谷如白晝，鄉民踴躍争先，賊於是夜遁去。非神之靈，何一至此？爲書其事以告後之人，并以道三仙之所自云。

高路寺：在邑東十里。久圮。道光元年，北鄉徐文光重建。初，上江徐祠捐助山場一處，永爲寺業。士名二都蓮花山。東至直上、降尖、大降、分水、潘姓山，南至坳頭、王姓山，西至大降，北至林姓山爲界。

三台寺：在邑東十里。宋紹興時建。以寺後有三台岩，故名。歷久傾圮，明季僧三空重建。國朝乾隆二十年，住持僧普祥擴其規模。道光二十年知縣馬受昌記：三台山谷邃深，路徑幽曲，爲一邑冠。寺左高處有大石橫踞山腰，酷肖船形，名船礓石。前有清水一渠，經年不絶。寺前階下又有巨石，其下爲靈泉洞，有泉從石隙迸出，夏無暑氣。岩中奉祀宋代胡公。由洞屈曲前下，又一洞爲含暉，相傳宋時章思濂修鍊於此，名章仙洞，後邑令劉君改爲含輝。幽靜、雅寂二洞勝迹，統志詳載之。嘉慶二十二年，寺僧於洞左洞天門内創建牌樓，裝塑金剛神以爲壯觀，然地理家不以爲然。閲數年，寺中落。道光十七年，青田進士鶴田端木國瑚精堪輿，由京師回里來游，極言洞左建牌樓之非宜，毁之。於半里許别建山門，又以含輝面東，改輝爲暉，并製銘刊於洞石。時前縣令徐鐵孫榮於船礓上建一亭，謂如船之有篷也，勒銘於石。是年秋杪，余莅兹土。憶曩在京師，慕鶴田學問出流輩，嘗相過從。甫下車，聞其在平昌，大喜，以爲可以遇鶴田。鶴田適吴世涵進士家，余又緣事赴郡。迨回縣，而鶴田已於數日前卒世涵家，余甚惜之。鐵孫向余述鶴田言。余詣寺覽其形勝，即捐廉首倡，紳士亦樂請捐輸。余爲作緣簿序文，付僧修琪集董事朱元恭等募捐。如鶴田言，毁牌樓，建山門，竪石坊。余自標題勝境，修葺攬勝、爽心二亭。亭前鑿池種荷，因池築隄，因隄建亭，以爲過路關鍵。亭曰留仙，存章仙舊迹也。搜刷十景，修砌道路，開補石船小徑，廟宇重新。騷人墨客，游咏益多。余譔題聯額，并書『小蓬萊』三字，刻於石壁。蔚村吴守基題『靈泉洞』及『石船』五字，各董事俱有題額。惟嵩生鄭培椿年逾八旬，猶能書大字鐫刻高崖，洵堪壽世。余喜諸君子樂以有成也，庶幾名山不朽，古迹常留，以無負鶴田相度之意云。

悟性院：在邑東七里。周顯德元年建。後圮。國朝康熙年間，僧性一重建。道光十六年，僧景林再修。

妙法院：在邑東十五里。唐乾符二年，僧紹曇建。後遷於金岸鄉社，又圮。國朝乾隆間，僧普祥偕徒通慧重建。道光二十一年，僧玉林重修。里人劉霞記：妙法院肇自唐乾符二年僧名紹曇者。時巢寇黨盧約據郡城，鄉人華使君造糾合義勇，與守馬埠之張軻即吴越王賜官僕射，人所稱吴僕射者，結營於烏里右仙宫，相爲掎角。事平，軻進爵僕射，即捐其地爲寺，紹曇得恢廓其宇。嗣爲宵人紛擾，寺僧卜遷金岸鄉，而以吾鄉徐、劉諸姓爲護法壇越，蓋事在勝國中葉也。惜碑石無存，莫可證據。或曰：寺僧藏之湖田，冀後有出之者。憶余髫齔隨大父詣寺，僧德光偕徒日明，氣息奄奄，有朝不保暮之像。聞故老言：前有老斗禪師者，頗思振作，顧以寺運中衰，厥後若雲生、如蓮、超然輩，皆有志不逮，用延斗師之徒普祥，經營十餘年，始獲一新氣象，而普祥又經西歸。今普祥之徒通慧，以厥祖斗師爲念，弃含輝洞而來，思纘乃祖緒。雖今日山中尚氣趨利重道者，鮮於二氏，視爲弱肉，任意吞噬，良由氣運使然，而通慧守道之堅，當毎爲少挫也。余年已七十，居鄉不爲不久，寺之興廢，實所睹聞。殘冬無事，書此以示後賢。乾隆乙巳嘉平下澣三日。

惠衆院：在邑東二十里。先名佛隴，梁大同元年建。後圮。乾寧元年，僧紹惠建。年久又圮。國朝嘉慶九年，僧學海捐建內殿兩廊。十五年，僧源啟又建前殿山門。

福壽寺：在邑東十五里。明季僧三空創建。國朝道光十一年，僧修賢重修。

延福觀：在邑西二十五里。元至正十八年建，寺產土。名列外編。

半嶺寺：在邑西二十里。咸豐辛酉毀於寇。同治十年，僧淨明捐建。

法寶庵：在邑西十五里大定橋塊。

三官殿：在城東。同治九年捐資建造，租田列外編。

白佛寺：在邑西一百四十里。寺前岩壁聳峻，古木蕭森。咸豐間邑人徐景福設館於此，戊午五月階下桂花忽開，芳香穠郁，是年果登鄉薦，人以爲祥瑞之徵。

大樓寺：在邑西一百二十里。宋時勅建，樓閣巍峨，房廊壯麗。寺左數百步有石岩，深廣數畝，岩内建殿宇兩楹，祀天師張、李、葉三真人，素著靈异。岩前有瀑布龍湫，爲邑西名勝之冠。

天甯寺：在邑東隅。宋時勅建，寺産惟山業頗多，每爲勢豪侵占，住持僧來去無常，苦無歲入恒産以供香火云。

蔡相廟：在二十都山前。咸豐六年，里人吴興瑞等捐募重建。按栝蒼金石志彭城廟碑題跋云：宋元之間聽命於神，鄉曲小廟稍著靈异，便舉其人以實之，并有舉其姓而不知其名者，因令甲有申覈請封之條，小民奔走如狂，欲邀朝命以説神，得有封爵與身受者無异，於是竭資創造以祈福佑，其實皆出於虚無恫怳之言。事之不經莫此爲甚，而甌栝一帶爲尤盛。舊志所載不免類此，又如同一僕射廟而又名岩王殿，不經之談無從考證，兵燹後新創寺觀亦略載入，各從俗尚以仍其舊而已。

幽嶺寺：在邑西四十五里。乾隆間建。嘉慶間里人葉孔山、朱盛彩各助土木勸募修葺。咸豐辛酉毁於寇。光緒丙申吴景儀助木工，朱光離助土工，黄卷、劉紹彬、官承鎮等勸捐重建，并添造上下廚房，改建涼亭以俾行人憩息。

卷之五

知縣清河胡壽海、宛平史恩緯重修

古迹

亭臺池館，得名人藻繪而益彰。斯一興一廢，臨其地者，感慨係焉。邑居萬山中，地非衝要，名賢屐齒所不到。官斯土者，又或簿書勞形，少所評騭。唐宋以前，間有興築，然去今亦千餘年矣。大率廢址無存，姑留其名，以想見遺迹云。

孔雀臺：在邑北兑谷山麓。邑人吴孔性築。

蓮花漏堂：在縣治側。宋隆興中，知縣王綜建。

嘉瑞堂：在縣廳之西。宋嘉定中，左藏司馬掀因有嘉蓮之瑞，乃建是堂。邑人潘材記：物以瑞書，非偶然也。善政致和，和氣致祥，明驗所繇識也。嘉禾同穎載於書，秀麥兩岐形諸史，此固古今知其爲瑞者。然非成周泰和之治，漁陽可樂之政，雖瑞有可書，何取其爲瑞哉？我平昌於栝蒼爲屬縣，密邇行都，承宣流化之寄，每不輕畀。嘉定己未，上命左藏司馬侯典是邑。會寺簿王公擁郡符，條教一新，和洽千里。侯以賢見知，得行其學道愛人之意。有撫字而無督迫，有教化而無鄙夷。政與天通，春風鼓舞，自民及物，熙然有懷生之意。乃季夏之月，嘉蓮呈瑞，雙花聯芳，見者謂和氣之效。閲秋，百穀方仰雨，侯躬禱諸祠，甘澍隨車，歲獲豐登。粟穎垂金，纍纍陂隴間，至有一本發十八莖，莖生十八穗。農以瑞薦，觀者如堵，洋洋乎歡聲盈耳。於是即縣西之堂扁嘉瑞，圖之於屏，俾材志其實。竊謂侯之意，非以瑞爲誇也。年豐不虚其應，侯以是而喜也。侯以儒學施於吏治，廉於立身，勤以莅事，明不至於察，寬不流於弛，德化洋溢，民氣和悦，薫爲嘉祥，政之發於用者如此，是宜命之名而貽諸不朽也。侯名掀，字仲舉，温國公聞孫，克世其家者也。嘉定十六年九月日記。

會一堂：在邑西玉井峰。

對吟軒：在治側。宋紹興中，縣丞韓允寅建。邑人張貴謨記：郡有太守丞，縣亦有丞，皆所以貳政也。余嘗考古今之變，太守丞古卑而今尊，邑丞則古尊而今卑。兩漢郡守權獨盛，丞忽忽不樂，有輒弃官而去者。至唐置司馬、通判事，今號監郡，則尊矣。韓文公記藍田丞，於位言高，於官言尊，及論其力勢，乃云反出主簿、尉下。今邑所置，未免有如文公所論者，蓋習俗世變之异也。然而官無大小崇卑，而有名實之辨。古人或辭尊居卑，及能所居之官，則官雖卑而不自失其尊，亦在夫人而已。吾邑丞韓侯，嗜學博古攻詩，蚤登太學，文藝有聲，僅得一官，再轉而爲丞，視其職雖無一可施用，未嘗起負予之嘆。暇日葺軒於廳之側，前植松竹，誦乃祖所作藍田記，扁曰對吟，哦詩以自見。既屬余和，又欲得文以記。予謂今之士夫流落州縣，若侯之丞玆邑，能借松竹以全其高，亦可謂官雖卑而自不失其尊者矣。對斯軒也，清風徐來，冷月下墮，雪花搖空，光彩映發。使於是時舉杖曳屨，邀王子猷、李太白抱琴舉酒，相與倘徉於一觴一咏之間，信足以滌塵容，排俗狀，以增藍田之舊觀云。予故喜爲之書。侯名允寅，字肅可，會稽山陰人也。

緑玉亭：在兑谷包山下。舊名緑漪，因縣令湯詩更今名。邑令湯顯祖緑玉亭聽簫聲詩云：平昌此亭能種竹，但有此君人不俗。非貪翠色映紅妝，會與簫聲搖緑玉。風漪緑玉暮雲寒，瀟湘水色清琅玕。只道於中耀靈鼠，那知其上游飛鸞。飛鸞窈窕籠煙雨，包山丈人此亭主。家似渭南稱素封，人如江上依慈姥。何來有客宜幽間，綽約玲瓏君子山。不妨仙縣移琴曲，竹葉樽中時往還。

翠微亭、廓然亭：在邑西黄山。邑令黄養蒙建。邑人王鎡詩云：湖山掩映雁潭秋，今古詩人説勝游。緑柳影分騎馬路，赤楓葉落釣魚舟。前坡風送歸樵笛，别業雲藏賣酒樓。長記尋梅冰雪裏，氈鞾駝帽鷫鷞裘。　邑令黄養蒙記：邑治西行六七十里爲湖山，黄山實秀出其間。二年，乃得兹山而游，王、葉諸生咸載酒以從。山之巔端，曠若平地，蓋余與諸生傳觴處也。於是諸生遂謀即其地而亭之，坐其中，湖山可一覽而盡也，扁曰湖山一覽。小折而山腰爲翠微亭，又折而山麓爲石門，曰栝西第一山。山舊名檳榔尖，諸生更爲黄山，謂山之勝若有待於余也。余嘗聞父老言，兹山實關文運，若上駕以亭，如龍之驤首而思奮，於科第未必無助。余初以其説誕謾，今亭成，而王生養端果獲上第於京師，而謂斯亭之作，不有關乎哉？然則滕又非所論也。

從龍閣：在弈山。里人朱文盛建，後廢。朱宗廉重修，今又圮。邑人朱文盛詩：數弓甌脱地，竹樹植成陰。信得閑中趣，偏多方外心。菟裘堪自老，羊仲閑相尋。課讀蒔花罷，白雲深復深。　黄國龍詩：憑欄時極目，野趣較偏多。雨後山光潤，風前鳥語和。捲簾雲自入，泛斝客能過。卓矣柴桑士，清貞寄薜蘿。談笑蓮花幕，歸來鬢尚元。大鐃栽竹興，賸得買山錢。罇酒嘉賓洽，琴書俗事蠲。一經行有託，池上看聯翩。　四明劉志棟詩：縹緲樓開傍覆螺，覆螺無雨白雲多。不緣山潤留雲住，指日蛟龍起碧波。　朱九綸詩：飛閣遠□埃，登臨一快哉。地偏車馬寂，夜静鷺鷗來。竹徑依山轉，柴門不浪開。會心處處是，何必説蓬萊。

普賢閣：在北隅。今廢。

川上樓：在北門外，妙智堂左。

放生池：在儒學東隄閑，西接官塘。北有亭，宋知縣林采創開。

蔣公湖：在邑東二十里。地名湖塘，廣袤四千八百步。世傳五代時，蔣都鎮居其地，一夕陷爲湖，舉家溺焉，鄉人祈禱有應。紹興初，湖淺，民請爲田以贍學，存其中之深者五畝，以留遺迹，猶有柱端在水底，今亦不可見矣。

牛頭庵：在九雲峰頂。葉法善所創。世傳葉法善與道侶弈，局終，擲棊於地，化爲石。後人於其地得石一卷，石中有小石棊子，團滑紺白，如初出土，尚温軟，擘取可足一局。

仙人石：在邑西八十里尹宅。磊石高數丈，上大下小，巉岩可畏。舊傳仙人過此，叠石爲戲，故又名仙人叠石。石旁有寺，曰仙峰庵，爲尹堯庵先生讀書處。

精進院：在邑西二十五里。先名白馬，宋咸平二年建。國朝康熙年間，僧青雲重修。宋亡時，文信國曾寓宿寺中，題詩寄慨。紙墨真迹，年久猶存。教諭陳世修題文信國墨迹後云：西郊精進寺，泉石深秀。暮春望後三日，偕毛克亭、周鶴城往游焉。信宿禪房，寺僧了悟出文信國墨迹示余。紙似羅紋，歲久塵侵，色微黑，長八寸許，闊尺餘。書曰：夢破東窗月半明，此生雖在只堪驚。一春花裏離人淚，萬里燈前故國情。龍去想應歸海島，雁飛猶未出江城。旅愁多似西山雨，一任蕭條白髮生。右夜起一律，文天祥題并書，共六十七字。題字上有『文山』二字小印，書法秀硬，正氣弈弈。按公自伯顔軍逃歸時，二王已至福州。公閑關至温州，『龍去雁飛』一聯疑是時所作。甌栝地連，宜經歷至此，偶題寄慨。了悟寶此，以鎮山門，遠勝金山寺之坡公玉帶矣。詩云：我昔曾見摩崖碑，芒寒色正忠義垂。平原以後惟信國，兩公异代支傾危。信國大節光史册，法書過眼雲煙没。揭來山寺愜幽尋，五十六珠光夜發。側理黝黑印沫紅，弈弈生氣日貫虹。神物何緣忽墜此，雁飛疑在甌江東。本穴世界公柱石，遺民録載：宋亡，鄭所南顔其室曰本穴世界，謂以本之十置下文，則大宋也。軍國平章藉謀畫。一朝出使惑庸言，公身北去君銜璧。艱危賴有澥從行，杜澥從公北行事，見宋史忠義傳。計賂守夜劉老兵。夜得官鐙共亡命，間關海道達江城。龍去倉皇歸不再，北望山河都破碎。徘徊中夜拔劍起，淚落征袍歌當慨。崖山詩與正氣歌，此詩情景甯争多。大水茫茫煙霧隔，六丁攫取藏山阿。國家養士應食福，試看寶祐登科録。忠節居然萃一榜，首列從龍次謝陸。宋寶祐四年登科録：第一甲第一名文天祥，字宋瑞，小名雲生，小字從龍，年二十；第二甲第一名謝枋得；第三甲第二十七名陸秀夫。見偃曝餘談及筠廊偶筆。心丹不愧汗□青，遺墨無多炳日星。山僧藏弆神鬼護，等大無工十空經。鄭所南著大無工十空經一卷，造語奇澀，蓋空字去工而加十，寓爲大宋。見寶顔堂筆記。乾隆年間，僧泳準、徒文錡建造五聖殿。嘉慶五年，山水涌漲，沙塌石崩，殿宇俱被漂壓冲坍。僧月中、僧廣雯重建。

勝因院：在邑東三十五里。僧文瑞建。隋尹真人大業中，煉丹百丈崖溪西山巔，丹成，舉家飛昇。今勝因院，其故宅也。舊稱騰仙大殿。按宋龔侍郎原作勝因院記，頗詳其事。後原守揚州時，有道人謁原，題疏欲得錢萬貫，原如數與之。道人至和州，創宅買田，置器具交易，標記悉作龔侍郎名字。後原謫和州，道人來請入宅，云：田土器具，皆公揚州捨錢所置。或云道人即尹真人，報其作勝因院記也。

煉丹井：在瑞山。六朝時，有异人煉丹於此，丹成而去。

天師井：在邑西二十三都昇溪，冬煖夏寒。相傳天師葉法善所浚，飲此可以療疾。

紫極壽光宫：在瑞山麓。唐葉法善煉丹之地，有老君象。宋元符三年，老君眉端神光見，郡邑表聞。政和三年，賜『紫極壽光』之額。宣和辛丑，毁於寇。紹興甲子，圮於水。後又重建。宫中道士如章思廉、范子珉、項舉之，俱飛昇去。後爲道會司，旋又祀太保之神，於是稱太保廟。自唐宋以來，御賜田産極多，歲久侵没過半。兹將現存田畝土名詳列外編，庶備稽查。邑人龔原詩：經年法力直通幽，乘輿還爲帝里游。符筆共傳神水妙，服章新學紫雲浮。上清地勝猶能到，温浴身輕肯暫留。歸去爲言梁范客，故情長憶好溪頭。錢端禮詩云：尋師莫更待餘年，大用縱横識善權。賸喜四禪超物外，斷無一語落聲前。嵬嵬道價初無意，藉藉高名不泛傳。他日九霄雲路穩，願陪游戲恐無緣。　周綰詩云：少年恥點龍頭額，曾向楓宸同發策。宦途轉足昇雲泥，虚作梁園曳裾客。兵戈契闊幾星霜，萍蓬各遇天一方。我已賦歸厭束帶，公亦肥遯思栝囊。忽聞羽客詢安否，珠玉燦然欣入手。西風漫漫庾公塵，舉扇誰能免汙人。路長想像不可越，淵涉浩渺碧無津。金堂玉室知誰住，流水桃花在何處。冷然安得御風行，長逐飛凫天外屨。　王養端詩：眠牛峰抱壽光宫，紫極宏開緑樹中。脱屣不逢章道士，揮毫猶説宋徽宗。丹爐火伏龍初卧，碧海書遲鶴未逢。欲拂風塵了蹤迹，斷苓煮石待黄公。　朱應鐘詩：仙境通靈室，林香落斷霞。烏啼丹洞竹，人掃玉壇花。上士譚元秘，名山貯法華。塵居如可脱，從此覓丹砂。　錢塘孫仁□詩：我今到官已一月，日坐空齋苦兀兀。二月已過三月來，似箭春光去飄忽。今朝飽飯無一事，散步逍遥清興發。忽聞簫管隔溪聲，欲去渾難覓津筏。溪童導我東向行，略彴橋横勢搖扤。流水湯湯鳧下過，俯視淩兢聳毛髮。須臾竟獲彼岸登，歷盡陂陀入林樾。紫極名觀舊額無，崇祀明神凜袍笏。太保威嚴里俗欽，瓣香我未先時謁。後聳層臺拾級登，大夫祠宇書官閥。傳是仙人項彦昇，能致神龍救旱暍。瞥見前楹立斷碑，政和年下莓苔殁。是時道君嗣位初，干戈釁未開胡羯。深宫習静事修真，璽書徵赴朝京闕。何期一日帝蒙塵，五國城中憾難歇。法師此際走何方，曷不挺劍誅猃玁。豈竟神仙事渺茫，不然世運遭顛蹶。南渡河山代幾更，壽光宫尚留殘碣。始信仙家日月長，好乞靈丹换凡骨。按：宫中有宋道君御書碑，爲項舉之作，字迹半模糊，舊志不載。今照《兩浙金石志》録於左：東京九成宫住持道士虚静妙通法師項舉之，昨乞歸元受業處州紫極壽光宫，可依已降指揮，敦遣赴闕，不許辭避。仍令劉既濟躬親敦遣前來，違如論違，御筆具知委聞奏。付劉既濟封。　忝以主上聖文□武□出于天，度絶今古不可倫。凡日下有被得片紙寸墨者，莫不子及孫而待罪。三浙年前後承凡數十幅，日月垂光下室，而有目有趾者，莫不而也。今年春，行秀州詔令詣處之壽光宫，敦請虚静妙通法師項舉之。既奉行，凡六日至本宫，即時具袍躬聖訓訖，而本宫知抱一師請于皇帝，御刊諸石。師文義其于室石，萬世於然之，天下學士如山林而之榮幸也。政和七年二月二十日，朝請大夫兩浙計度運兼勸農使賜紫金魚袋劉既濟。　右碑額題篆書『政和宸翰』四字，碑分三列，上列刻御書十行，行書，中列刻劉既濟記，下列磨滅不辨一字。在遂昌縣治瑞山麓。項舉之，字彦昇，七歲爲遂昌紫極宫道士。大觀庚寅，往汴京九成宫，會金明池旱，應詔符召池中龍。舉之挺劍結步，池水即涌溢，有七巨魚浮水上，如北斗之次，雨隨沾足。詔改紫極爲壽光宫，賜殿額田租。政和丁酉，召赴闕，授紫虚大夫、葆光殿較籍，爵秩視朝散大夫。

太虚觀：在邑西象岡東樓峰下。唐乾寧二年建。邑人尹廷高詩：路入煙蘿别有天，我來散髮坐風軒。玉壺積翠花香潤，石洞藏丹雲氣温。水影倒棲松頂鶴，谷聲遥答嶺頭猿。個中妙趣誰能畫，寫入篇章當草元。　盧襄詩：兒時腦滿膽力壯，欲挫萬象窮經騷。江山老大費彈壓，煅煉雖工心匠勞。今直造化一剩物，黄帽赤藤隨所遺。絮如撲面胭花軟，遂挽鄰翁俱出遨。僊官樓臺青突兀，猿聲鶴意相扳招。雖無木客與木耳，日有土銼煮溪毛。長松嘯風醉石冷，夢去颸颸聞海濤。我生自少足靈氣，日思采秀來山椒。中年雖被世緣誤，巾屨過從皆老樵。果然閑健得蕭散，把方竹杖懸詩瓢。願爲初平叱白石，不學曼倩偷蟠桃。年久傾圮。康熙年間再建，改爲竹隱禪院，後復廢弛。嘉慶二十三年，僧法藏募捐重造。邑人俞颺記：物有成毀，時有廢興，名耶？實耶？世固有名存而實亡者，問其名則是，求其實則非，可得而記之耶？亦有名亡而實存者，問其名則非，考其實則是，可得而記之耶？二者將何取擇焉？遂昌在萬山中，由治西四十五里，連峰聳峙，其高大而端正者樓峰。樓峰之麓，平衍寬坦，岡嶺環合，中有深寺，名曰竹隱。稽其實，即郡志所載唐昭宗乾寧二年所建之太虚觀也。遂之有觀，蓋自唐始，而其他無傳，獨傳太虚觀。太虚者，太極也。道家以金來歸性，始乃得稱還丹。解之者曰：金，先天一氣也；性，初元神也。元氣上與元神相繼凝合，輝如太極，居南方，以色言，故曰丹。是長生亦元神不滅，與形骸無與，在可知不可知之閑，儒者弗道焉。獨計此觀，自唐乾寧創始以來，迄今千餘年矣。前而六朝，爲榛莽之所翳穢耶？爲虎豹之所遁藏耶？吾不得而知也。後而五代，爲羽流之所久棲耶？爲蘭若之所更迹耶？吾不得而知也。詢之故老，但傳有葉真人惟龍者創造，置産飛鳧於此，宋末毀於兵燹，明初鼎而新之，其後屢圮屢修。國朝康熙初年，山寇竊發，民避兵茲山之顛，號擂鼓岩，蓋下取樵汲，以鼓召其趨避。想連山絶壑，長林古木，蒙蔽深邃，而此觀之傾圮坍腐者，蓋亦僅存。嗣是久爲釋子所居，鳧飛者易而爲衣衲矣。乾隆以來，山名漸著，蒙雜險阻，鑱削芟除，士之挾策習舉業者，多寓於此，蓋又屢經修葺矣。然墻垣榱桷，猶未能無圮腐之患，且規模卑隘，不足以增勝概。至嘉慶十九年，里人整頓追産，招延松山上人住持，於是協力募緣，循舊址而鼎新之。寺之内，梁棟崔巍，軒楹明敞，佛像莊嚴，鼓鐘修治。寺之外，竹木梳，石泉流，煙霞爲藪，風月爲窟。其左爲芥莽，方池蕩日，景色空明，則方丈延賓之所也。其右爲閑軒，堂房竈舍具備，增而葺之，則士人講肄之地也。以千年就盡之址，造七級不朽之基，厥功偉哉！噫！吾疑造物者之廢興成毀久矣。昔之榛莽荒穢，虎豹竄伏，當是時，豈知有太虚觀耶？既已遐棲羽客，茹芝鍊鼎，又易而爲浮屠招隄，廢興成毀，相尋於無窮，則此寺之復爲觀，未可知也，豈不以其時哉？吾是以感太虚觀之名，載在栝州郡志，不可得而没也，爲實亡而名存，不得不記。又以感竹隱寺之實，成於松山上人，不可得而誣也，爲名亡而實存，不得不記。且又以慨郡縣志之徒，載其名而無記，爲藝文所譏，後之人不知其始末也，又不能不記。他若名山勝地，光景流連，則又在游人之自得，吾焉得而知之？吾又烏從而記之？　江山姜典三同人游太虚觀詩：細路躡修蛇，村煙入嶺斷。偶攜雲外侶，陟此谷中觀。澗水澮鴻濛，秋聲發汗漫。林閑樵採出，亦作諸天看。　祇樹昔開園，佈金傳善信。如何尊者往，藐爾一孤愁。祝髮事空王，袒衣懽佛印。杯茗感宿因，惆悵不能進。　隨嬉入上方，梵罷僧初退。曲徑蘚苔引，空庭冥色會。廚齋供積香，池石淨纖壒。坐看練浦雲，杳靄虚無外。　竹影紛將夕，出門思漭瀁。一聲清磬流，萬壑疏煙上。香社愧前賢，虎溪慚獨往。舉頭眺八極，天宇何蒼莽。　縱步登前岑，林鳥催我下。亦知歸路長，其若愛難捨。象外走風雷，雲端躍卧馬。何時舒絆紲，來此任瀟灑。

慈福觀：在邑北二十五里。章思廉故居，元至正閑建。

清華古閣：在二都西明山麓。基存。　教諭鄭器記：海陽洪侯，服承明命，父母兹土。未下車，詢民利害，思興起釐革之。既莅任，明禮勅法，恪勤朝夕，示民以向方。乃修拓泮宫，創建社學，平傜薄賦，弭盜緩刑，百弛俱張，罔有奸宄以干法度者。適風和日舒，以農事循行郊野，出郭五里，過西明山，覽其風景之异，顧左右曰：峰巒蜿蜒，川谷融結，神靈棲焉。且高閣臨深，而地通衢栝，公私賓旅，尚有賴焉，誰能爲我闢而新之？時有唐山沙門默照對者，侯首捐俸，命任其事。默照受法旨於東甌之中川寺，杖錫遠覽，徧訪名迹，見翠峰之幽奇，慕禪月之頓悟，遂投衲以居，而莊嚴乎梵宇。其方藥普濟，真慈雲甘露也。既受事，即結無量因緣，募一切法財，撤故易新，具諸色相，使民知所祈禱。改建清華閣於西北，遠環邑治，以爲關鑰。層檐翬飛，入窗洞啟，景物錯陳於檻外，偉乎一重地，且佳勝也。侯邀器及諸僚登焉，以聽民風，以廣惠施，以眺萬物，熙熙和樂，不減春臺。庠生王子僑輩侍曰：侯於家給人足之餘，爲順俗宜民之舉，任清修苦行之僧，尊禮尚施，先憂後樂，今而後知侯之善爲政也。先生其亦有言，以垂不朽。曰：器也陋，無以對揚休績。惟曰：是舉也，洪侯主之，默照成之。工始嘉靖壬子菊月，次年仲秋之晦竣事，以志日月云耳。

邑丞余允懷詩：擁縣青山欲盡頭，傑然飛觀俯清流。寒潭渺渺凝縢閣，風月蕭蕭亞沈樓。嘉木數陰長在眼，孤舟横渡幾經秋。我來細咏清華句，更向清華意外求。　郡守王崇銘詩：群溪集翠激雲雷，孤閣淩霄破壁開。氣壯五丁迴地脉，景浮三竺接天台。白鷗不盡凉煙浴，蒼葉無窮夕照摧。於此駐車閑選勝，一峰應醉一霞杯。　邑令鍾宇淳詩：古閣淩霄迴，林深野興投。穿雲千樹出，帶月一溪流。嵐氣晴猶濕，花香曙更幽。虚舟吾意愜，天地復何求。　徐昱詩：晚來徐步上危樓，極目滁湖一色秋。止水無痕清似靛，月鉤如釣下滄洲。　黄中詩：抱郭清溪樹裏來，倚天樓閣俯山隈。春迴花徑香風細，雨霽珠林曙色開。白日雲腥龍欲起，碧枝露冷鶴初回。投禪未解無生訣，浪向人前説鏡臺。　王季皋詩：覽勝懸崖上，嵐光碧樹隈。紆瀠雙澗合，迢遞萬峰迴。漫適登臨興，全憑作賦才。山雲如有意，長嘯許重來。　胡世定詩：倚天積翠屹崩沙，曲檻盤空古道斜。控制兩溪屯屬玉，瀠洄千嶺立丹霞。宜招黄鶴來芳樹，恰稱珠簾捲落花。小植竹籬容我卧，幾聲煙磬即爲家。　朱家瓚詩：岧嶢古閣簇雲封，翠矗清華擁貝宫。呼吸已知通帝座，樓臺了不礙虚空。水流檐影晴江上，波浸山容暮靄中。忽憶坡翁禪味語，欲追寒拾問崆峒。　邑令朱元成、司理趙霖吉、邑人王炬、黄學詩、林剛中、徐應乾、徐治國均有詩。按：徐昱七絶一首，陳世修《平昌詩選》云宋文學祝穆，《方輿覽勝》載此詩爲徐貫詩。祝穆去宋未遠，當從徐貫爲是。

擁青閣：在城東惠濟堂前。今廢。

雙清閣：在四都長濂玉泉亭上。嘉慶庚申，被水冲没。道光己丑，里人捐資重建，僅能建亭，而閣遂不可復矣。里人鄭家紱記：去濂不百步，有泉涌出於赤山之下，迅激清冽，沁人心脾，善鑒萬類，如端人正士，矯然自拔於流俗間。昔人澗其右以紆其勢，池其又右以蓄其流，亭其地以領其趣，閣其上以爲登高望遠之所，梯其兩旁之石以爲嶺，右先嶺而後橋，左先橋而後嶺，且依其側出之石以爲檻，踞其高大之石又爲小亭，前亭曰玉泉，名其水也，此亭曰宿雲，言其高也。亭制小於閣，而傑出於閣，類皆若天造地設，無可措人力者。由右小嶺而上，有橋曰步虚，可以俯聆泉聲，下窺清池，游者至此，已覺飄如登仙，煩穢盡滌矣。橋西爲閣，顔之曰雙清，上繪古佛，蓋舊制也。其左有大石特出，森如猛獸奇鬼欲搏人，踞其巔者，即小亭也，游人可相對與語。仰而視，僅尺餘，而由閣之亭，則有飛虹橋，踰橋蛇行，有小嶺可十許步，古苔靈菌，掩映左右，蔽以石檻，覆以重陰，睨若無窮，探奇者方多不盡之思，卒入於亭，陡然而住，遂不覺嘆觀止矣。大抵閣敞而亭幽，閣平夷而亭奇特，閣雄偉而亭高閑，凡來游者，可隨所得以爲淺深，詎僅誇耀林泉，耽樂讌賞，以取名一時哉！杜詩云：在山泉水清，出山泉水濁。有志之士，吾深望其顧名思義云。乾隆己巳，重修是閣，爰述其勝概而特志之。　四明楊守勤詩云：畫樓縹緲淩神壑，千尺巉岩巨靈鑿。銀潢煜爚不可近，仰面恍惚虚崖落。古樹懸崖自槎枒，開遍元都幾度花。玉洞玲瓏吐雷雨，深潭晶漾驚龍蛇。溪月雙清映緑林，仙家白晝長陰陰。寒虹咽斷支祈泣，丹崖深鎖松鼯吟。石鼎瑶梯在何處，徜徉願借漁樵路。鶴背乘來緱嶺風，作賦不愁山易暮。

媚清閣：在四都長濂。里人鄭一豹建，歲久傾圮。嘉慶年間，里人因其舊址改建文昌閣。

文鑑閣：在弈山村口大塘中閑，爲朱姓義塾。里人朱慕淵即景詩：岑樓光四照，懸象自分明。曲岸煙村繞，方橋夜月行。門墻非過峻，名教欲扶傾。幾費經營力，難言結構成。何來源混混，會見水盈盈。達者期觀化，歸舟視壁瀛。一檻清如許，年來照膽明。斯文皆利濟，吾道本夷行。流水知音少，梨花對雨傾。資深常自得，馳騖竟何成。風月乾坤大，鳶魚上下盈。舉頭星斗近，奮足即登瀛。

鎮西樓：在四都長濂村口。樓下築砌石門，門外兩旁懸崖峭壁，樹木叢幽，濃陰夾道，有引人入勝風景。

待松樓：在學左昌山書院。建於雍正年，初稱不息樓。乾隆閑，改爲昌山書院，又爲東義學。道光十七年，知縣徐榮移唐山小松數百本，植隔溪塔山，適與樓對，顏曰待松。係以詩云：樓前松樹小於苔，若待成龍亦妄哉。聊記唐山山頂上，和雲和霧手擎來。

冢墓

名賢丘隴，當禁採樵。百世而下，過其墓者，慨然憑吊。掩骴埋骼，實聖王之政。義冢之設，亦仁人用心也。例得附書。

宋

祝妃墓：在二都落隝。宋高宗避敵難，駐蹕靈泉洞，册妃祝氏。未幾而卒，即葬落隝。妃世居二都祝村御道，至今猶在。

鄉賢華岳墓：在南隅黄塘殿左。

潘材墓：在三都西岸。相傳敕葬三十六壙。教諭陳世修平昌雜咏有『鐵匱人疑上相墳』之句。

開國男張貴謨墓：在縣治西門外鳳山之陽。

太常寺丞周述墓：在十七都香岩院後。

侍郎周綰墓：在十七都香岩院後。勅葬。

處士尹起莘墓：在邑西四十里大柘西翠。

明

叅議周德琳墓：在十二都上馬突山。

處士朱子堯墓：在磐溪碧秀嶺。

處士朱應鐘墓：在湖山蓮塘。邑人黄中詩云：江關詞賦舊淩雲，何事深山早築墳。天上豈真無李賀，人閒猶自説劉蕡。西風歸鶴空留憾，落日啼猿不可聞。三十年前交誼在，獨來披草薦溪蘋。

封南城兵馬指揮朱可汪墓：在香岩院後。左有澹庵先生祠。

鄭器墓：在瑞山。嘉靖教諭升登州教授，未赴任卒於遂。

贈尚書兩廣總督應檟墓：在十都北界。

參政吴孔性墓：在十八都麻陽。

參政鄭秉厚墓：在五都寶山口。
尹思忠墓：在邑西十八都石步頭。萬曆進士擢守雁門關官，至山西都指揮僉書。
贈太常寺少卿項森墓：在邑北三里東門鐵洞口。
處士包志伊墓：在唐山。
中丞項應祥墓：附父森墓側。
蕪湖縣丞鄭秉鍊墓：在六都龍口村後。
西充知縣鄭一舉墓：在四都高岡。
左參議翁學淵墓：在南門外新庵。
處士包萬有墓：在十六都紫川。
徐節婦懋厚妻王氏墓：在邑南君子山。
月山墳：在治西。是處有兩月山，一曰上月山，一曰下月山。其下月山形勝爲合邑最。王姓始祖宋栝蒼府佐名譚，華姓始祖宋遂昌教諭名成，俱葬此山，發爲巨族。其後兩姓附葬祖墓者日多。自北宋以來，世遠年湮，兵水頻仍，各墓幾難辨別。道光甲午，重築墳臺，王、華兩姓各分樹碑碣其中，立一總碑，以爲表志。
漏澤園：在邑北朝天門外。邑人潘思本捐地。
義冢：在碧瀾橋南，蘇隖東隅。徐文肇捐置。弘治閑，知縣胡熙爲建門以表，立碑於門，以禁火葬。文肇又摎邑中不能葬者百餘棺，爲廣穴於東門外後嶺，悉輿而瘞之。

繆公義冢：在二都上塘垵，離治五里。東至周荒田，南至山脚，西至山路，北至降路。原係歙民王重所買徐舜齡業。康熙辛卯，知縣繆之弼捐價五兩，置作義冢。尚有俞、黄、吴、鄭、葉氏及勝因義冢，有田畝山場，編入外編。

包氏義冢：在北鄉高坪。土名饅頭突，里人包文長助。

翁白源：程姓助。

桃榴塢：王姓助。

樹山兒：尹姓助。

木杓塢：在幽嶺街口。

葉清塢。鄭姓助。

以上五處義冢，俱在大柘。其翁白源及葉清塢地界，均列外編。

俞氏義冢：南隅俞滋捐山一處，在十二都小馬埠麻車巒。四面俱至路爲界。姪俞天珍捐山一處，在麻車巒後。東至坑，南至石板橋頭人行小路，西至田後塝直上、小垵脊直上降，北至本山平降後爲界。

黄氏義冢：在六都嗣厚莊。里人黄裳捐置，土名黄塘，即馬岡山。山一處，東至岡頂及下業主田，南至地已改作田，西至地已改作田，北至田爲界。

鄭氏義冢：在四都長濂莊。里人鄭開庠捐置，土名黄墓。地二片。東至周紹林地，南至鄭夏成地，西至竹山，北至古義冢爲界。

吴氏義冢：在十九都石練莊。乾隆三十三年，節婦吴王氏捐助，土名垵隝弄内片。東至周姓山當降分水，隨大降直上柳花尖，南至當垵直入，西至山尖，北至柳花尖大岡直下。又相連瓦窰後山場及内外山坪，并過坳外山垵坪，東至大路劉姓山脚直入，過坳隨田坎横過，南至大路江姓山脚直入，坳邊斬硬直上當岡分水，西至瓦窰基當垵直上坪同分水，北至田坎。原助租田拾肆石，爲兩元祀孤費。嘉慶五年，被水漂没，裔孫再撥助，土名雀蟻隝、王瓜園、塘隝、上坳等處租田拾肆石伍斗，計額參畝零玖釐柒毫肆絲捌忽伍微。

葉氏義冢：在西門外。嘉慶念肆年，西隅葉蒸捐置，土名西門外上石亭缸窰上山場，劃出北面上首坐東向西壹帶。東至當降路，南至園墻，西至劉隝田，北至建片山小垵直上三籮田嘴頭。道光十三年，男光堉續捐置前山全業，并及山坪屋基一應在内。東至田，南至田，西至路，北至田。

勝因義冢：在十二都馬埠莊。土名大橋頭官地一處。東至田，南至溪，西至田，北至田爲界。又土名墓車欄山一處。即麻車巒，係俞姓捐助，四至已載前俞氏義冢内。又續置土名外山門前，又名外山田隴，即社壇前山一處。東至章家墳，南至田，西至田直上横降，北至横降吴姓地。同里有十餘人，捐資積置田産，爲修築墳冢及清明、冬至祀孤費用，名曰勝因。里人官夢賚有序。租田列外編。

李氏義冢：在十八都宏岡。係邑南李紹統仝弟青捐助，土名白殿上。山場一處。東至劉家山合水，南至大路直出，西至周家山古埂，北至峰頂分水爲界。

官包氏仝男寅捐助義冢：土名横岡大旺。山場壹處，其山四至：東至山頂背分水，直透來龍山背古塹爲界；南至人行大路，直出五聖殿下；西至古塹，直上降背分水爲界；北至古塹，横過對門坳，當降直上東邊山頂爲界。

王氏義冢：南隅王循陔堂助在南門外，土名内瓦窑。陰陽兩向，并及地坪。其四至：上至山頂，下至地外王姓田，左至王家山大降分水，右至沈、俞兩姓山大降直下水路町，直八左邊華姓地坪爲界。

徐氏義冢：在十六都上且源。邑東徐受泰置助，土名黄麻洋。上至岡坪，下至人行大路，左至尹姓墳岡直上岡坪，右至岡直下堰爲界。

闕氏義冢：在七都馬頭莊。里人闕懷鑣置助，土名上馬頭屋後高隖頭。山場壹處，東至直上岡，南至横路及下田，西至蘇姓垵内地，北至下廳山爲界。

朱氏義冢：在二十都。里人朱鳳鏘捐助，土名山前坑。

王溪義冢：在二十都，土名累馬壇。上至路，下至溪，内至石壁，外至小坑。里人黄龍三、黄德潤於本村叠石街捐募置。又土名黄庄對門。上至路，下至溪，外至船步頭，内至社公崗。光緒二十年，里人黄德潤、劉恒書於叠石街募置。知縣晏貽玖墓在北門外葉町。道光二十五年，以暴疾卒於官。事迹詳本傳。

卷之六

知縣清河胡壽海、宛平史恩緯重修

職官

循吏多於漢世，秩屢遷而不遷其官，故循迹陵轢百代。遂昌官制，唐代以前，僅傳潘、江兩人。宋以後，代有循良，甘棠遺愛，自在人心。凡事迹實有可傳，綴以小傳，繼其軌者，知所興起矣。按古志，知縣題名，自南北朝宋文帝元嘉年間始。其官秩：六朝縣長一人，部尉一人，孝經師一人。梁縣長一人，丞一人，尉一人。唐縣令一人，丞一人，主簿一人，尉一人。宋知縣一人，丞一人。崇甯二年置尉，嘉定後以簿兼丞事。簿一人，咸平四年置。尉一人，建隆三年置。後除簿，以尉兼簿事。主學一人，景定三年置，以本處人舉充，未隸秩。熙甯六年，始命於朝，後罷又復。元達魯花赤一人，以蒙古人監尹事。縣尹、丞、簿、尉、主學、巡檢、典史各一人。明知縣一人，縣丞一人。隆慶元年，縣丞裁。主簿、典史、教諭各一人，訓導二人。嘉靖年間，省訓導一人，後又置。國朝知縣一人，典史一人，教諭一人，訓導一人。初，二訓導復裁其一，永爲定例。至馬埠司巡檢、陰陽學訓述、醫學訓科、僧道會司之類，今概裁撤。

縣令

六朝宋梁

元嘉潘綜：吴興烏程人。宋元嘉以孝行除遂昌長，見宋書孝義傳。

江子一：字元亮，濟陽考城人，晉散騎常侍統之七世孫。少慷慨有大志，以家貧缺養，蔬食終身。仕梁，自尚書儀曹郎出爲令，著美。續後爲侍郎，啟求觀書秘閣，武帝許之。有勅直華林省，復爲南津校尉。侯景攻陷歷陽，子一赴建鄴，及弟子四、子五并力戰死。祀名宦。南史本傳入通志。

唐無考

宋

雍熙侯慶、劉文紀。

天聖李迪、字復古，其先趙人，後家濮州。天禧四年拜相，謚文定。先嘗宰邑。陳逵永安橋記有云：若李文定公爲世名相，此其開端之地。郭知新、趙端、彭有鄰、江日宣、蕭大有、李希逸、劉賦、徐昭回、劉單、袁道成、鞠佾、吴德、王仲思。

皇祐何辟非、建安人。皇祐中宰邑，興學立教，得爲政大體。初，邑未有學，而夫子廟在西郭。至是，乃於邑之東南隅創立殿堂齋序。後令施肅、李喬、李宗孟、王淵相繼成之。入通志。施肅、毘陵人。李喬、毘陵人。鄧舜卿。

嘉祐李宗孟、毘陵人。朱祐之、吴卞。

熙甯王淵、海陵人。錢長侯、字元之，長城人。熙甯中爲邑令，迎母就養。初，政尚威嚴，及奉母教飭，濟以慈恕，獄多平反，全活者衆，吏民畏而愛之。又周諏前爲邑者姓名，記於石。丁琬、許通、陸若思、王瑗、錢仲侯。長侯弟。

元祐張根、字知常，饒州德興人。清河舊志云：甫冠，第進士。元祐四年，調臨江司理參軍，來知邑事。下車初，積案數十，不閲旬而決曲直，情僞無不曲中。由是猾吏革心，獄訟衰息。既又築二隄，創三橋，立四門，興利除害，治績顯著。及去，邑人相率立石頌德，建祠於學。晚參大政，入名宦。子燾，誕於令舍，登進士第，爲時聞人。入通志。錢康侯，字晉之，長侯弟。元祐中，後兄二十五年來任縣事。博學洽聞，議論施設，弗違禮義，廉平不苛，民獲安養。尹復臻、方佩、丁禧、葛先、包永年、韓古、李偕。

靖康徐幾、愈先、何繼。

建炎董伋、饒陽人。豪邁尚氣節，處事舉當情法。時苗傅叛，亡奔七閩，朝廷遣觀察使張以兵追，道出於邑，倉卒供餉不給。張怒，驅伋軍前，行不易服，神色自若，張莫能沮。逮龍泉境，釋之。邑民夏賦輸絹，舊用絹絲，伋不忍重，因民曰：是給諸卒，雖麻何傷？諭輸絹者悉以麻。郡從例責吏亟易，伋即詣郡白其故，郡不能強。後守至，諸邑宰畢參，率獻無名金，伋禀命而旋，力陳已之。其庇民以身如此。入通志。曹仙、李剛中、王傅、晁公耄。

紹興鄭必明、字南仲，閩人。紹興中宰邑。以儒雅飭吏治，好賢下士，爲政以名教爲先。修學宫，謹課試，風動四境。入通志。胡仲文、朱兢、李宗質、字文叔，文定公之後，善裁斷。甲戌，芝溪餘寇竊發，有奸民乘隙倡亂，騷動一邑。立擒奸民至，杖殺之，合邑帖然。趙善示、字君舉，實婺人。公嚴介潔，有异政，致物産之祥。去之日，民爲立德政碑。劉邦光、高公挺、王宗、魏興邦。

乾道李大正、字正之，建安人。乾道中，始爲邑尉，去爲會稽令。念遂民不忘，求知邑事。既至，得滯案數十，判決如流，無不快人心。先是，丁役不均，科折違法，丁産與税乘除不時，大正盡革其弊。凡學之宫室器用廢壞者，悉整新之。見張左史雙峰記。入通志。木昇、莊蘊。

淳熙林采、字伯玉，閩人。始至，一新學舍，請還贍學金於郡，括匿稅田於鄉以廩士。旬有課，季有考，學者翕然向風。核隱户，定稅名，置都籍，事無不舉。去後，民思之，立祠學宫。閭邱景憲爲記。入通志。向濡、吴栩、李逌、章濤。

慶元朱元成、字少翁，平江人。練達吏治。縣之役錢累至，積壓預借及三科，計一萬三千五百緡。乃根括舊逋，撙節浮費，補備其數，自後邑無預借之擾。創常平倉，儲粟米以備凶荒，皆利民經久之計。建雙峰塔，以培文風。入通志。富嘉猷、趙仲立、陳武卿、司馬巡、楊與立、字子權，浦城人。受業朱子之門，來知邑事，因家蘭溪。學者多宗之，稱爲船山先生。所輯有朱子語略二十卷。趙汝濬、胡巘、林士宗、葉莫、葉知剛。

嘉定陳逵、三山人。首謁學宫，引試士子，一時十風丕變，囹圄空虚。既去，民繪像立祠祖之。入通志。司馬掀、字仲舉。嘉定初，自左藏出宰，撫字教化，上格於天。是年，有嘉蓮一柄，雙花粟一本十八莖，莖生八九穗，觀者如堵。民爲立堂，匾曰嘉瑞。既去，民思慕之。見一統志。吴垕、趙宗礜、曹黼、黄華、趙與廉、徐申、何堂、趙汝楷、薛從龍、龔宗尹、趙椅夫、趙必寀、陳晟。

景定趙旴夫、婺州人。政教兼舉，籍奸吏之田，歸學養士，民感化焉。趙必靖、徐天驥、章湜、馬子南、陳恭。

元

達魯花赤

克釋密爾哈班、暗都剌、交住。

縣尹

樊璋、王極、郭義道、完顏從中、孔楷、郗衡、毛勝。

至元石谷。南陽人。十二年知縣事。興學校，施善政，有訟者，輒諭以理，民感化之。入通志。

至正杜伯思、十七年知縣事。歲大旱，筸川盜杜仲光聚衆殺人，公率弓兵禦之，爲賊所執，罵不絶口，遂死於難。入通志。季任安、司時舉。

明

知縣

龍鳳魏良忠、李訥。字近仁，汴梁通許人。時值元季，山寇跳梁，官莫能制。訥下車，興利除害，討賊安民，以恩信感化山砦七十餘所，招復離民萬有餘家，政績爲最。甫二年，徵知蘄陽府，民懷其德，作去思碑，齊志冲爲之記。入通志。

洪武馬玉、鳳陽人。有幹略，善經畫，廉以自持，惠以及下，邑人稱之。郭真、青州人。卓有風力，鋤擊強梗。時有絶户鹽糧，難於追納，覈實除之。民頌其德。鄭肇、許忠、秦孟和、姚澤、榜清、周淵。

正統顧寧、張翔。大興人。

景泰趙因、王貴。

天順何鉞、臨清人，天順閑舉人。專尚德教，不事刑罰。以疾卒。郡守周祺惜之，遣官致祭。邑人祀於東皋葉真人祠。蔣達、張汝華。

成化李瓚、鳳陽人，成化間舉人。廉能果斷，摘奸鋤強，訟不越宿而決。豪横懾伏，囹圄空虚。以疾卒，人皆稱之。胡熙、李連、顧岩、常熟人，成化間舉人。先是，俗尚争鬬，自岩莅政，民漸屏息。未久，以憂去。俞鱅、李績、歐陽珵、泰和人。胡綬、貴溪人。

弘治黄芳、字士英，莆田人，舉人。以雲和令調邑。才識通敏，決獄如流。凡學校城門，皆其創建。督民葬理，禁作佛事，清理田糧，罷征商税。爲政知大體，綜理周密，纖屑不遺。擢太僕寺丞。庠士鄭還掇十政詩歌之，景寧潘琴爲之序，永嘉王瓚爲撰去思碑。入通志。趙績、嘉定人。邵文忠。閩縣人。

正德張鉞、字文鼐，安仁人，進士。剛明果斷，鋤強扶弱，毁淫祠，興社學，禁絶左道，創築城堞。時科第不振，公獨加意振興。江西寇源盗發，四境騷動。公捧檄率兵進討，寇遁。設寨守險，爲久遠計。累擢至南京工部侍郎。曹環、顧梗、常熟人。楊世賢、當塗人。張淵。江浦人。

嘉靖黄金、莆田進士。二年。蕭質、省志作萬質，字宜文，清江人，舉人。性行端方，人不敢干以私。節用愛民，省刑薄斂，民有争者，諭而遣之。五月政通事簡，日惟書札而已。時按察副使行邑，見其獄中草長過膝，深加嘆賞。三年境無盗賊，豪猾屏息，庶幾刑措。入通志。徐九經、江寧人，八年任。賴璋、十二年任。江宇、番禺人，十四年任。曹守貞、江都進士。十九年。黄養蒙、字存一，福建安南人，進士。寬厚誠慤，見學前湫，鑿隙地爲外泮，濬官溝通活水。縣譙樓卑□□□樓之前，紆曲而逼，次第開闢，偉然壯觀。造次無疾言遽色，人擬其量爲劉寬焉。在任六載，升吏部稽勳司主事，累官至户部右侍郎。鄭澤、二十四年任，平賊有功。王一貫、莆田人，二十六年任。洪先志、字克肖，海陽人，舉人。嚴謹明決，修政勤民。黄册均徭，舊多猾弊，悉心釐革，人服其公。時巨盜搆黨剽竊，緝而殲之，民始安。修治儒學，建名宦、鄉賢二祠，闢西北社學，修城隍廟，規畫悉當。見各碑記。升南京工部屯田主事。李章、亳州人，三十四年任。施霖、長洲人，三十六年任。黄德裕、浮梁人，三十九年任。楊郇、無爲州人，四十三年。池浴德。同安人，進士。志操循卓，多异政，如清丈量、設防守、置木阜、澤枯骨等事，未可殫述。因翁丹山稿本，創輯縣志。擢銓部，士民不忍捨，送至龍游，建曳舟亭以寄思慕。尸祝西明山，祀名宦。入通志。

隆慶黄應霖、延平人，四年任。鄭愷典。宜黄人，六年任。

萬曆方亮采、莆田人，舉人。實心實政，雅重學校。日課諸生，躬爲品題，寒暑弗輟。清丈田畝，歸額定里，手自裁定。折獄，每諭以人倫大義，聞者感悅。官舍蕭條，長子病篤，括囊金市參朮不得。萬曆二年入覲，筦庫羨餘，例得入，已弗納。先是以哭子遘疾，至京轉劇，遂卒。訃聞，士民哭臨，賻奠無虚日。入通志。黄道瞻、字對兹，晉江人，進士。賦性廉貞，丰裁英毅，斷獄明決，黠胥讋懾。值歲荒，發粟賑饑，規處得宜。時苦凶盜，廉其實殲之，四封安堵。課諸生，評騭詳敏，識拔得人。甫一載，以憂去，士民立石志愛。三十年後，復建祠河頭橋東。鍾宇淳、華亭人，萬曆進士。廉明剛斷，庭無滯牘。築通惠石橋，創寅賓館、貯冊庫、瞻華公館。尤樂造士，修學宫，建聚奎亭，置學田以贍貧生。又立石西安縣界，革巡檢司木排常例，夙弊頓除。擢南兵垣給練。入通志。王有功、吴縣人，萬曆進士。渾厚練達，砥節開誠，雅意振作士風。建文昌閣，六載治平，擢監察御史。萬邦獻、南城舉人，十七年任。湯顯祖、臨川人，萬曆癸未進士。授博士，升南儀郎。建言謫尉徐聞，升縣令。才名節概，海内想望丰采。下車惟較文賦詩，訟獄庶務，迎刃立解。創尊經閣於學中，建象德堂於射圃，置滅虎祠、啟明樓，種種美政，士民就射堂而尸祝焉。督學吴公飭建祠於堂後，以建言追贈光禄寺丞。祀名宦，復祀遺愛祠。入通志。段宏璧、金壇人，舉人。才猷敏達，以德化民。開採内監，至調度有方，不爲民害。課士置饌，月三試之。創小亭直指堂後，革火耗，清衙蠹。奉母至孝，以内艱去。士民哀慟，如失所生。祀名宦，又祀遺愛祠。入通志。王焯、懷寧舉人。三十八年任。辜志會、晉江會昌人，萬曆舉人。醇雅有介操，釐弊剔奸，刑清政舉。會山賊劫掠，修葺城垣，爲民防禦，邑有保障。前任臨川湯公聞之，爲作土城記。升萬州守。入通志。蔣履、武進舉人。三十五年任。史可傳、豐縣貢士。三十九年任。黎來亨、順德人，萬曆舉人。醇樸端厚，加意愛士。舊制生員免差徭，吏因爲奸，青衿亦幾不免。來亨除之。攝篆郡丞，曾免長解外餘差，士類戴德，勒碑戟門之右。林剛中。莆田人，萬曆經魁。器度端嚴，才猷練達，愛士右文，釐奸袪蠹。五載間，利興弊革。邑人立祠梅溪之畔，尸祝焉。

天啟傳恪、字仲執，江陵人，舉人。慈祥愷弟，潔己字民，禮賢好士，賞奇析疑。間復唱咏爲樂，晉接無倦色，於世味淡如也。問民疾苦，時加噢咻。在任四載，刑清訟簡。贖鍰不足額，佐以俸緡，有『無驚鄉外犬，敢集案邊蠅』之句。升東昌府同知，去日行李蕭然，士民尸祝。建遺愛祠於通惠橋東，郡人王一中記載藝文。胡順化、景陵人，天啟歲貢。歷練博雅，教士愛民。捐俸修縣堂，民不知勞。考滿，升慶陽府同知。祀名宦。康晉、合州人，恩貢。清貞絕俗，儉約自甘。訟牒以原告勾攝，緩於催科，民間寧謐。待士若子弟。僅二載，以艱去。入通志。何廷棟、廣西舉人。六年。許啟洪、字任宇，南直宜興人，崇禎舉人。襟懷磊落，才智邁人。值造編里册，聽民自相朋便。以府差擾害，請不用府差，用縣差。村落無擾，民甚便之。時值閩寇據西鄉，又請大吏檄主政熊人霖、司理陳子龍同辦賊，勦撫得宜。暇與諸生談文咏詩，如行所無事。考滿，升欽州知州。入通志。劉曰鎰、南昌人，崇禎舉人。心慈政簡。初下車，釐剔蠹弊，一意與民休息。時值國變，文武鼎沸，驛路酬應，以静鎮囂，民用不擾。調松陽，士民攀轅塞道。子一經等僑居松陽，甘貧守道，不愧父風。張建高。遼東人，十七年任。

國朝

知縣

順治趙如瑾、字卧齋，直隸雄縣人，舉人。學窮典墳，才優經濟，慈腸偉略，兼而有之。下車，集士民博詢利弊，逮一二巨憝置之法，豪強斂迹。時初鼎革，群不逞嘯聚逼城，竭力堵禦。遣役從間道走婺，請出奇兵殲擊蕩平，不動聲色，黎民晏然。歲饑，設策賑救，全活萬計。尤隆禮學校，鼓舞多士，蒸蒸向風。徵賦不加纖耗，訟獄不事桁楊。以循卓聞，擢西臺御史，歷巡西江、三河、兩陜、八閩，誦聲馳萬里焉。入通志。胡然翰、安樂衛人，歲貢。時值草昧，群寇蜂起，修城垣，築敵樓，晝嚴盤詰，夜密巡警，勦撫互用，動應機宜，保障居多。徐治國、號輔聖，遼陽人，戊子恩貢。武毅果敢，山寇不靖，聞警即奮勇撲勦，賊不敢近境。桑土綢繆，民得安堵。續修縣志，謹嚴有法。鍾天錫、字子可，歸安舉人，知縣事。見湖州府志。李時能、尤溪舉人，十四年任。劉景栢、遼東恩貢，十七年任。董景范。華亭歲貢，十七年任。

康熙楊楫、寧夏選貢，元年任。王道震、順天廕生，三年任。王獻明、穎川歲貢，四年任。馬豸、真定進士，六年任。李翔、字天羽，陜西固城人，順治辛丑進士，康熙八年知縣事。課士愛民，實心實政。邑遭兵燹，人逋田荒，官民胥困，申請履勘，題豁荒徵熟。時苦現年賠累，又申請革除因田定里滾籤挨催積害。蓋捐至今，業無混淆，家鮮逋負，皆翔賜也。没於任，囊橐蕭然，遠近哀慕，如失怙恃。醵錢助櫬，始得歸里。祀名宦，有崇祀録。入通志。諶紹洪、南昌進士，十三年任。徐越、遼東人，精明果斷，人莫敢奸。胥役稍玩愒，輒置之法，弊絶風清。與士民接，豈弟慈祥。以艱去。柳滋溥、字廣生，蓋平人，廕生。廉靜篤實，邑遭洪水，權宜發廩，全活甚衆。在任十載，涵濡優裕，貧民逋賦千餘，傾囊彌補，民困得蘇。後升六安州，士民爲之攀轅。韓武、大興監生，三十一年任。蘇⿱宀叟、遼東監生，三十九年任。陳思溶、奉天監生，四十四年任。王毓德、遼陽監生，四十六年任。丁宗益、通州監生，四十六年任。繆之弼、號勛岳，江西撫州崇仁人，庚午舉人。甫莅任，流匪猖獗，居民驚怖。親統鄉勇，且守且敵，奮不顧身，多所擒獲。邑無城垣，賴保障焉。時欽使絡繹無虚日，供帳無失，雞犬不驚。事平，首請學官備祭器，設義學，復鐘樓，嚴季課，編審均圖，以蘇積困。三年之中，功績懋著。續修縣志，典籍尤賴不墜云。楊春芳、融縣舉人，五十三年任。戴世禄，監生，五十四年署。何其偉、字天民，石屏州舉人。性嚴而鷙，鋤奸去盜，不遺餘力。日理詞訟，數案立決。由是四境以靖。公餘之暇，手不釋卷。舊治倚山爲墉，關禁不設，且三面距河，民皆病涉。自前令辜志會築土爲垣，架木爲橋，日久復毀。其偉爲之重建城樓，築橋梁，一邑咸利賴焉。以親老告終養歸。任世泰、五十八年署。姚啟文、淳化舉人，五十九年任。

雍正王維紀、黄旗貢生，元年署。羅秉禮、字學夫，松山舉人。清修絶俗，苞苴不入其門。甫期，囹圄一空。治之西南舊隄毀，每遇霪雨，水勢汹涌，震及民居。秉禮爲築隄百餘丈，號羅公隄，至今猶稱保障。三年，調永嘉令。趙仕、南寧州進士，授永嘉令，改遂昌縣。廉明威重，御下以禮，綱紀肅然，讞定如山，人頌神明。期年惠義并行，以秩滿去。許鼎、字伯調，侯官舉人。工詩善畫，爲政簡易不繁，吏民安之。半載調任上虞令。許藎臣、鼎子舉人。六年署任，八年復署。向牧、字翼虞，衡山舉人。明廉勤，慎案牘，親裁夫役，陋規禁革殆盡，士民戴德。及解任日，束薪把菜，接踵而饋，亦受而弗卻。陳如錫。字德光，南海歲貢。慈良樂易，不設城府，操履潔白，苞苴不入。每庭訊，一以好言勸諭，令其解釋，非盜賊不用撲責。邑人化之，亦鮮爭訟者。後以詿誤去職。

乾隆王夢弼、商丘恩拔副貢，元年署。路覲、字來北，江南宜興人，庚戌會魁。值鄉闈賓興久廢，公首先舉行，人競詫爲异事。其臨政清以律己，嚴以束下，稍涉舞文，雖小必責，吏胥凜凜，無有敢肆其奸者。以才調任奉化。耿址、字天培，慶都舉人。才裕綜理，靜鎮不繁，以故政有餘閑。與趙教諭延師課士，評定甲乙，一時士氣蒸蒸。時有盜劫近郊，捕獲盜至，址疑詰問，旋即放釋。時皆以縱盜爲址危，址曉之曰：三木之下，何求弗得？若以假爲真，已可責塞，如人命何？不數日，遂獲真盜，人咸服其明恕。再期以瞽廢。譚肇基、廣東進士，七年署。杜棟、山西人，舉人。莅任三日，洪水衝没田廬。棟聞報，躬親往勘，山陬村落，無不周歷。遇濘淖即跣行，雖勞瘁弗恤。未久以疾卒。張士標、江南監生，八年署。王履坦、蓬萊舉人，八年任。戴鈞、順天監生，十年署。王翊、字子相，河南鄭州進士。學醇養邃，動必以正，處私室無异大庭。與同官燕集，或語涉詼諧，則正襟危坐若弗聞。閑與紳士接，務勖以道義。外嚴内寬，爲政簡而不苛，故吏民相安無事。丁外艱，囊橐蕭然，步行以歸。時兼綰松篆，兩邑人士追餞於百里之外，皆卻弗受。李升階、四川舉人，十二年署。黄培任、江西新城進士，十二年任。紀從樸、北直附監，十六年署。戴椿、江南監生，十六年署。李肯文、廣東進士，十七年署。雷廷鉽、順天監生，十七年署。何元鼎、福建貢生，十七年署。宋世恒、四川舉人，十八年任。劉復仁、貴筑舉人，二十年署。熊鐫、湖北貢生，二十一年任。李元、寧國進士，二十三年任。李林桂、直隸舉人，二十三年署。范楣、河南舉人，二十四年任。王憕、字平甫，四川漢州人，中明通榜。才識豪爽勤敏，課農桑，築隄堰，疏濬城溝，引流灌溉，無不親自巡督。禀請添設弁兵於遠處界口，藉防奸宄。善觀形勢，就城東二溪合流之下，創造東關大橋爲鎖鑰。城中妙高山一縣之鎮，建文昌閣於半巔，沿途設亭，蒔花種竹，延請名儒課士其閑，修縣志以續文獻。解組歸，士人即於文昌閣立位祀之。黄宗伊、字淳甫，直隸大興舉人。慈祥愷悌，刑不濫施，而勤敏果斷，人亦不忍欺。經年後，訟獄漸息，閭閻安堵。以政績升調繁劇，沿途祖餞，竟有攀轅卧轍者。邑人思其德，立木主奉祀於書院。羅興禧、三十五年任。鮑祖幹、安徽監生，三十六年署。胡師亮、號南耕，湖南湘潭人，進士。儒雅謹飭，博學善文詞，長於書法，深得趙文敏筆意。往請者，求無不應。爲治不求急效，而經濟有方，清釐有緒，雖事甚繁劇，無不漸次就理。故民氣不擾，而地方自靖。程開源、安徽監生，四十年署。楊先儀、四十二年署。張翥、四川舉人，四十二年任。鄧曰治、廣東拔貢，四十四年署。陳河圖、雲南舉人，四十五年署。錢維喬、號竹初，江蘇武進人，文敏公之季弟也。由舉人署縣事。世家貴介，絶無紈絝氣。明敏儒雅，淹貫古今，工各體詩文詞，善書畫，精音律。長於吏治，談笑剖決，破奸發隱，即積蠹亦不能欺。而宅心純厚，政不繁苛，故人憚其精明，而亦樂其和易。喜與文人學士游，講經義，校課程，琴書觴咏，備極雅趣，儒生咸親暱之。每仿宋元人筆意，寫林巒泉石，幽情逸韻，時流露於楮墨間。暇以歌曲自娱，嘗著《碧落緣》《鸚鵡媒》《乞食圖》傳奇樂部，競相演習。惜未踰年，即以才績調任鄞山。鄞爲劇邑，得展其才。纂修鄞縣邑乘，亦可爲作志者則。李元位、直隸舉人，四十六年任。繆元輔、蕪湖議敘，四十七年署。陳德純、四十七年署。彭起鵾、雲南舉人，四十八年任。五十二年復。裘世璘、江蘇監生，五任。十一年署。繆汝和、江陰舉人，五十八年署。申雲鵬、雲南舉人，五十八年任。

嘉慶蘇世傳、桂林解元，元年署。舒泰然、廣西舉人，元年任。四年復任。殷啟瀛、江陰副榜，二年署。傅秀漳、金堂舉人，五年署。劉紹縉、南豐進士，五年任。白萼聯、營山拔貢，十年署。陳三立、字象川，直隸大興進士。學問淵博，氣度安閑。爲政以慈愛爲本，莅民聽訟，從不倨慢怒駡，委曲婉諭。善於排解，或不得已用刑，即有跼蹐難安之狀。尤喜培植善類，優禮儒生。向啟昌、廣安州舉人，十五年署。戴廷選、字揵三，江西進士。博覽群書，工制藝，聰敏果斷，人皆憚其精明。振勵圖治，不稍自逸。每遇士子謁見，即以敦行勵學激勸獎勵之。體恤民隱，平治訟獄，幾於政簡刑清。緣事赴省而卒，聞者恒嘆息焉。王源、雲南舉人，十九年署。楊鶴書、福建進士，二十年任。史默、江蘇拔貢，二十年署。咸理。漢軍舉人，二十一年任。

道光鄭鴻文、號南湖，廣東潮州舉人。性既慈祥，操復堅定。凡士民争訟，以理曉諭斷折之，不漫施鞭扑。既成讞，絶不爲請託奸健所撓。遇利益地方，事雖艱鉅，見必勇爲，始終不渝。倡捐社倉義穀，合城鄉五十餘處，詳建書院，督捐興修，規模大具。惜因公詿誤，未及竣事。溯厥成勞，當從其朔。解綬後不數月，尋卒。士民思之，立主祀於邑城社倉之後軒。單朝詔、湖南岳州平江縣人，年未滿三十以名進士署縣篆。馭吏嚴而待民恕，聰穎明達，長於聽斷。每折一獄，退必詳細尋思。稍有未治，立即平反。未及瓜期，遽以嘔血卒於署。人咸惜之。朱煌、號勿軒，直隸舉人。廉明勤正，政肅刑清。歲饑，鄰盜竊發。設法緝捕，民獲安堵。建雙峰塔，修縣志。任八載，輿頌翕然。後升杭州府知府，擢甘肅寧夏道。李玉典、鹽山舉人，十五年任。徐榮、號鐵孫，漢軍進士，十七年任。居官勤謹，禮士愛民。解組去，士民思慕，設主待松樓祀之。後升杭州府知府。歷統軍安慶，殉難祁門，贈卹如例。馬受昌、山東稟貢，十九年任。危尚斗、二十一年代任。翟維本、直隸舉人，二十二年署。翟松、涇州人，翰林院庶吉士，二十三年署。陶春元、江西進士，二十四年任。晏貽玖、湖南新化人，戊子舉人：二十五年任。歷四載，政通人和。捐俸百金，囑鄉董置租以助合邑賓興之費。戊申旱魃爲虐，民甚惶恐，貽玖設壇虔禱。月餘不雨，乃作祝以誓神曰：某有過，請鑒之。歲主旱，願削壽以當之。三日果沛甘霖，歲歉而復。稔不踰月，遽以暴疾卒。家本清寒，居官廉潔，宦橐蕭然，靈櫬不能歸。邑人醵金賻葬於北郊葉町之原。訥斌、旗人，二十八年六月兼理。李鎔、沅陵人，二十八年八月代任。王烜、湖南附鑑，二十八年四月署。孫夢桃、山東舉人，二十九年十月任。周志誥。四川舉人，二十九年十二月任。

咸豐李琪、元年七月代任。宣汝珍、雲南拔貢，元年閏八月署任。李鵬揚、字海颿，雲南優貢，元年十月任縣事。執法嚴峻，鋤暴安良。時西鄉、湖山等處，匪黨横行，煽惑愚民，連結銅錘會。鵬揚偵知，即親督兵差，竭力搜捕，按法懲治。并嚴明賞罰，招集鹽販，飭獲餘黨。迨會徒星散，而鹽販又肆擾閭閻。乃以治會徒之法治鹽販。從此市井宴然，士民得免騷擾。後以升遷去，被澤者猶尸祝之。李業修、字小立，廣東人，道光二十九年正代任。鳳柃、蒙古進士，四年十二月任。鄭崇暄、福建監生，六年十月署。程洪、安徽監生，八年七月署。韋登瀛、湖北監生，九年任。同治八年復任。鄭逢昌、福建舉人。十一年正月署。趙守純。江蘇監生，十一年八月代任。

同治錢醇、號樸園，直隸舉人，元年冬任。邑叠罹寇害，撫凋殘，蘇困阨，傾心休養。時軍餉徵求甚迫，醇慨然曰：與其苛斂災黎，曷若身受重譴。遂力求減緩，得如議行。會閩省建甯告警，慶、遂各要隘檄辦防堵。醇措置稍乖，郡守劾之。中丞左還，報曰：官能廉惠惜民，即宜優异之。若事事吹求，則難乎爲下矣。醇聞之，益感奮。後以勞得疾，卒於任。病革時，衆聞空中隱隱有鼓樂聲。汪長庚、崑山人，三年九月代任。金粟、江蘇監生，四年七月代任。方泩、江都進士，四年十月署縣事。操守廉潔，催科不擾，案無留牘。設義學，課書院，不惜廉俸，以培養人才。王承馨、監生，六年七月任。王聯元、字松樵，七年十月任。林步瀛、福建進士，十年十一月任。姜卓、湖南舉人，十二年七月署。張維桓。福建進士，十三年任。光緒三年復任。

光緒胡永焯、安徽進士，元年十月署。王紹庭、字繼堂，四川拔貢，五年正月署縣事。精強幹，勤政愛民。聽訟立分曲直，洞悉民約，束吏役毋敢作奸。暇日進諸生於庭而親之，捐廉俸以加給膏火，寒士多蒙實惠。期年代，士民頗切去思。劉炳雲、字見五，順天舉人，六年正月任。朱廷梁、廣西桂林人，十三年正月代理。朱懋清、字厚齋，江蘇監生，十三年三月署。江繼曾、字敬庵，安徽旌德舉人，十四年三月任縣事。政尚嚴明，整飭吏治，勤訪地方利弊，洞悉莠民刁詐之風。凡係棍徒設訟，無不盡法懲治，宵小稍因斂迹。遇鄉試科期，捐俸以助賓興。勸捐鉅款，重建文昌宫。甲午秋闈，以調簾卸任。明年五月卒於省寓，士庶哀之。張尊三、字竹樓，直隸舉人，二十年七月代理。胡壽海、字東清，江蘇清河舉人，二十年十二月署。史恩緯。字静伯，順天宛平監生，二十年三月到任。

縣丞

宋

元祐史才。

靖康胡涓。字霖卿，鄱陽人。靖康中應神童科，後登進士第。來丞縣事，以生民利弊爲念。縣治距溪不數武，而儒學切近於其側。每霖雨，溪流漲溢，則隄湍齧害叵測。涓因仿舊龍圖張根所築隄址而修甃之，身自董役。隄成，百姓蒙其利。祀名宦。入通志。

乾道韓允寅。山陰人。

景定余允懷、丁舉、陳黼、張咸、趙南夫。

明

洪武劉振、蕭庸、劉驛、駱叔文、周彦英、張智、與指揮弓禮同死陶得二之難。王玠、常敬。

正統周恂。先是閩寇作亂，騷動本邑。恂至，統率民快，勦絶其害，百姓安業。教授毛翼爲撰去思碑。

景泰謝敩。舒城人。

弘治萬顯、李光祖、耿怡。

正德迮宇、馮守仁、袁鉞、丁愷、楊春。舒城人。

嘉靖林北、當塗人。朱鵬、華亭人。魏重、江都人。劉鑰、大城人。張銀、曹相、通州人。俞叔櫝、江都人。汪諭、休甯人。盧植、黄岡人。翁琚、將樂人。芮汝備。旌德人。

主簿

唐

張軻。

宋

雍熙房從善。清河人。建文廟，設聖像，興教化，正風俗。通判梁鼎嘉其能，立石記之。入通志。

淳熙常濬孫。

景定葉禹、鄭昷、鹿昌運。

元

洪焱祖、案《四庫全書總目》：《杏亭摘藁》，元洪焱祖撰。焱祖字潛夫，歙縣人。仕平江教授，四轉至遂昌主簿。舊志失載，今補入。齊福榮、李居中、侯宗圭、張輔。

至元徐思道、馮德秀、楊廷瑞、明文德。

明

龍鳳潘雍。

洪武李惟孝、山東青州人，狷介不汙，恒甘淡泊，有材幹，勤政事，凡廳宇廨舍，皆其創造。後秩滿去，民咸感之。黄道俊。本邑人。

宣德何宗海。

成化文英、楊彦旭、王彬、陳錢、吴延、陳保。

弘治李昇、陸任通、李祥。

正德劉俊、李仁、陳述、張思温、楊正立。六安州人。

嘉靖劉拳。陳州人。陳聰、張鎬、南陵人。范鑛、泰和人。劉希哲、新城人。容璊、新會人。清廉愛民，事親以孝，朝廷旌其間。余芳、楊炳、豐城人。張尚義、劉闐、陳璫、武寧人。杜時達、上海人。吏員，授主簿，廉謹節愛，一毫不取。初，邑多積逋，以漸追徵，攝邑篆期月，聲稱大起，餘俸悉以新衙舍，築垣宇。去任，囊篋蕭然，士民攀留涕泣。入通志。

隆慶邢守轍、吴橋人。毛彩。枝江人。辜輝。南昌人。

萬曆曾備、吉水人。李嘉賓、陽山人。揭暘、廣昌人，監生，任主簿。精幹練達，識大體，善決獄。署篆，剛介無染，支費悉均平，不復科派，寬省里役。升縣丞。去後，按院李守道馮廉知節省事，移檄江右行奬，以風勵邑佐。子振昌，生於遂，舉於鄉。

陳文明、南昌人。郭公襄、寇縣人。江景邦、旌德人。張自新、華亭人。張大化、江西人。江朝宗、江西人。金棟、謝朝宰、龍南人。汪士賓、歙縣人。程先登。宣城人。

縣丞主簿今裁。

天啟吴日昇、南城人。程士熙、歙縣人。吴正樞。巢縣人。

崇禎韓鳴治、惠州人。吴顯忠、雲南貢生。朱可久、福建人。胡端肅、歙縣人。朱毓俊。江甯人。

縣尉

宋

朱大正、孟猷、馬驤、葉禾。

典史

元

刁翰、馬進、陳景春、韓惟忠、衛琮、馬宗。

至元夏宗、周源、張光祖、李元紀。

明

洪武余夢昭、三十四年任。趙甯、胡本宗、陳堡、李仲器。

弘治王安、蔣益、劉通。

正德黃九成、産鐘、英賢、潘定、楊楚。

嘉靖曹珙、姜裕、鄧奇環、灃州人。嚴伯遠、嚴録、籠溪人。鄧萬斌、彭溪、安福人。吴廣、徽州人。何京、邵武人。易準、南海人。林文明、甫田人。丁時雍。黄岡人。

隆慶王汝平、贛州人。

萬曆潘鎰、當塗人。劉侃、靖安人。揭世夔、福建人。姚清、閩清人。王應科、當塗人。何志沂、莆田人。嚴見麒、韶州人。徐雲程、枝江人。韓應期、廣東人。李本照、江西人。周應選、湖廣人。張汝容、桐城人。顧諟明、南直人。熊汝良、江西人。夏一鳳、當塗人。劉一讓、閩縣人。黃穀。莆田人。

崇禎丁應宿、古田人。焦思達、宣城人。李世華、莆田人。戴德潤。丹徒人。

國朝

順治朱翼、武進人。邵允文、北京人。田産玉、三原人。蕭國輔。大興人。

康熙楊廷芳、陝西人。竇昭孔、富平人。陶振琳、宛平人。龐瑾、陽曲人。劉日章、順天神武左衛人。李方區、山西人。余國鼒、順天騰、驤衛人。陳元亮、大興人。汪兆尹、直隸通州人。易大有、江南江都人。胡明德。順天宛平人。

雍正耿珩、真定人。張昉、順天霸州保定人。姚祖樞、順天宛平人。張極。甯國旌德人。

乾隆林豐澤、順天宛平人。楊文佐、順天宛平人。曾士琮、湖南長沙善化人。高芝、鑲黃旗人。劉焜、順天大興人。陳思朝、四川直隸資川人。邱開泰、上杭人。羅永培、黄觀國、四川人，八年任。劉邦彦、高儀賓。

嘉慶鄭鈺、武平人。萬啟均、江西人。蔣逢辰、陳治安、楊兆清、江西人。周省、河南人。李煒、十四年九月任。孟汝燮、十五年九月任。曹杰。二十三年二月署。

道光李覺濂、河南人。顧慶生、潘克權、宛平人。温保淳。嘉應州人，三年任。

咸豐吴英、江蘇人，三年二月代任。曹鉞、大興貢生，四年四月任。吴鎮源、江蘇人，五年四月署。牛士林、山東貢生，九年正月任。李圭。江蘇人，八年九月署。

同治高福元、元和監生，二年十一月署。劉瀚元、安徽人，四年五月署。李師迪、福建監生，四年六月任。張文清、山陽從九品，七年十二月代任。李逢春、吴縣監生，八年正月署。孫承鑅、陽和監生，九年四月任。程克勤、大興監生，十二年四月代任。王錫瓚、江都監生，十二年六月署。孫承鑅。十二年十二月復任。

光緒潘家均、宛平監生，元年十二月代任。任甸安、荆溪人，試用從九品，二年五月署。高尚志、安徽貴池縣人，三年七月任。徐雲槐、荆溪附貢，八年代理。柳啟芳、長沙人，九年署。胡啟華、安徽人，九年代理。林琮、四川人，十年任。吴永華、湖北人，十一年代理。吴達詵、湖北人，十二年署。任東海、武進人，十四年署。陳星涵、昭文人，十四年十二月任。王士楨、武進人，二十年九月代任。陳星涵。二十一年俸滿回任。

教諭

宋

鄭欽若、邑人，居隅。周晢、江都人。後升府教授，愛遂昌山水，因家焉。華□。字廷玉，無錫舉人。訓士以器識爲先，秩既滿，遂家於遂昌。

元

葉立里、潘初、葉繼祖、劉周士、劉爚、詹原恭、應雄。

至元陳補、林桀。

至正余在玆、宋奎崇、王因孫、王正甫、張國寶、袁炳如、徐浩。字伯清，龍游人。淹貫經史，志方而行圓。舉任教諭。歸老，與弟清獻書院山長濟優游林下，更唱迭和。有集二卷，見龍游縣志。

明

洪武蘇天奇、白兪。

永樂李榮、齊宣、邊繼善。

宣德林渭、邱福、何清、朱旭、魏莪。

天順劉世傑、泰和人。待士公恕，教有成規，寒暑不易，士子景仰之。嘗立鄉貢進士題名記。林智、華夫。無錫人。

正德藍英、江甯人。戴鑾、字時鳴，馬平人，舉人。身率諸生，教誨不倦。修葺學宫始竣，值火患，鑾力救不能，遂抱先聖先賢廟主及祭器而出，私舍器物罄毀弗顧。復力請郡守重建，士子追思立石。鄭還爲之記。入通志。孫瑤。丹徒人。

嘉靖歐涇、巢縣人。紀穆、字希文，永豐人，舉人。年富才敏，修飭學政，諸生才質可進者，加意作成。或有事，必扶持周全之，不許輕至公府。士風揚厲，有司取重。升奉化知縣。劉瓛、廖鶚、臨川人。邢屺、當塗人。鄭器、寶應人，歲貢。悃愊坦易，飲人以和。諸生優於學行者，輒津津獎借不置口。不受貧士餽，且助之。升登州教授，未赴，卒於遂。士醵金葬之瑞山。丁鶴、句容人。康雲程、莆田舉人。譚孔。樂安人。

隆慶毛鋭、武昌人。陳一厚、程鄉舉人。林若桂。南安人。

萬曆洪一鵬、壽昌人。虞廷高、臨海人。徐朝陽、建德人。朱龍、定海人。于可成、字林鶴，仁和人，舉人。器度軒豁，才思優長。集譽髦課藝，并坐共搆，爲多士楷模，人競思奮。卻饋周貧，德施尤渥。先是學宫火，可成爲新聖廟，徙啟聖、名宦、鄉賢三祠，創祀土地，恢廓舍宇，規畫適宜。擢彭澤令。楊士偉、字循齋，天台人，舉人。悃愊坦夷，推誠接物。會課諸生，出己作爲程式。丁酉聘典廣西分試，減膳堂之例，厚贈貧生之壯年不能婚者，寒暑延接不倦，厚施而不責報。俸餘增置學田，多士德之。擢令電白。朱允若、上海人。鄭維嶽、南安人，舉人。夙學負重名，生徒執經受業，開導盡誠，脱略形迹。所著知新日録，則在遂庠時與諸生問難者也。升五河縣令。孫懋昭、烏程人，舉人。雅意造士，置鱣堂，設會課士較文。又廣闢泮池，通引巽水，以毓秀氣。升南雍學正。士慕其德，建亭於文昌閣右，勒碑志思。官至楚雄郡守。沈思相、杭州人。徐應箕、淳安人。趙成宣、太平人。馬希曾、餘姚舉人。陳元暉。諸暨人，壬戌進士。

天啟葛應秋、績溪人，舉人。器度軒昂，才猷曠達。文名久噪兩都，而誘掖後進，飲人以和。講學論道，娓娓不倦。惜未竟教施，以疾隕於官。章大行、蘭溪人。王士倫。字培竹，永嘉人，舉人。學富才敏，能肅士範。談文論藝，如坐春風。與胡邑令同心作人，考課無倦。一時人文蔚起，慶得所宗。子萬珏，隨任入平昌籍。孫錫，因家於遂。

崇禎黄九功、遂安人。程啓祐、廣西人。陳士瓚、餘姚丁丑進士。沈金鑑、德清人，舉人。體貌魁梧，居心廉靜。課士外，不與民間一事。且精元學，善調攝。庚辰會試，復中乙榜，擢甯國府同知。劉啓賢、分水人。孫振圖。東平州人，舉人。端方正直，雅意振作。其子光祀，亦舉於鄉。出與諸生較藝，恂恂若處子。諸生尤得所觀摩。值胥江弗守，拂袖而歸。

國朝

順治戴雲程、遼東人。鍾天錫、字予可，德清人，舉人。端靜和易，廉隅自飭。尤好學，雖寒暑伊吾不輟。兵燹之餘，宫墻榛蕪，課士不懈。郡守廉其學識，聘修郡乘。重修明倫堂、文昌閣、奎星亭，焕然一新。壬辰，以内艱去。張期振、字文起，紹興人，丙戌經魁。資性純潔，行誼敦篤，以興文造士爲己任。遇有用之才與貧而有志者，破格優恤之。葉朝忠。嵊縣歲貢。

康熙蔡遵、蕭山歲貢。趙凝濬、諸暨人，歲貢。年富才敏，勵廉隅，重然諾，常推解以周貧士。不久以外艱去。陳灝、字匯公，仁和人，歲貢。所學得濂洛正傳，教諸生以實學實行爲務，且勤講性理諸書，多所發明。遵朱子白鹿洞條規，爲諸生訓。以疾去，有去思記。陳雲鍾、字道呂，永康人，壬子拔貢。敦謹温雅，諸生受教，如坐春風。言行動静，罔非矩矱。月課論文，廣爲啓發，晰疑辨難，備極精詳，寒暑不輟。方衢。壽昌拔貢，五十七年任。

雍正陳世修、字勉之，海甯人，舉人。家富藏書，胸復敏博，遂邑故家文獻，無不搜羅考訂。諸生晉謁，接以禮貌，而校課極嚴，甲乙不稍假借。至若除劣行，振單寒，又不遺餘力。以故在任十三年，賢者樂其造就，不肖者亦憚其檢束。至新文廟，建書院，編緝平昌詩鈔，厥功尤偉。

乾隆徐宏坦、臨安恩拔副貢，元年署。張錫理、字少范，慈谿人，恩貢。家世清寒，素性恬静，諸生挾册燕見者，相與講論不輟。暇則爲言立身行己之要，聽者忘倦，外此一無所與。明倫堂敝壞，前任議修未果，錫理至，捐俸修葺，工畢期年，遂解組去。趙金簡、字玉書，上虞人，己未進士。先由明通銓授教諭，時文風未振，詩學失傳，金簡親爲訓迪諸生質疑，自經史及稗乘，凡可引證曲喻者，兼舉靡遺，聽之滔滔若江河，一時士風丕變，爲十屬冠。暇則搜名山之藏，訪金石之遺，流覽憑吊，一寄於詩，以抒其浩瀚磊落之氣。而書法遒勁，尤爲時所重。後升授河南通許令，復改杭州教授。平奇新、字瑶圃，會稽人，舉人。恬淡清介，不以家累自隨。諸生請業，歡然相接。稍干非分，拒弗納。或有過當戒飭者，亦婉諭使之愧悔，未嘗輕加詈辱。後以縣累削職，士林惜之。邵人傑、錢塘舉人，十六年署。金豫、永嘉人，選拔得官。時年已周甲，猶手攜一編，閉門誦習。學研朱陸，教宗蘇湖，而制藝則以慶曆爲法。歲科之期，向有陋規相沿，豫悉裁革。或諸生言及，惟勉其加厚同寮而已。周履培、仁和舉人，十八年任。沈德榮、號樸庵，桐鄉副貢。爲人温厚和雅，不露圭角，取與絲毫不苟。接見諸生，課文之外，務勖以敦品，情誼最爲肫切。至如修書院、清學租、除陋規，美舉咸可稱述。未滿任，以疾卒。沈越凡〔一〕、仁和舉人，二十七年任。沈夢龍、湖州舉人，二十八年署。詹能成、遂安恩貢，二十九年任。孫士蓉、錢塘舉人，三十四年任。胡于錠、鄞縣廪貢，五十五年署。陸以謙、字鳴貞，海鹽人，由拔貢登賢書。體貌豐盈，有偉丈夫之目。博學工詩文，尤善古文詞。書法蒼秀，脩然遠俗。課士制藝，力追前輩典型。字句稍有差訛，悉爲評定。一時英材，盡羅致門下。暇則與同人游覽名勝，形諸觴咏。諸生有過，面責不少假。當道有以勢凌者，必執法争之，無所畏避。整肅庠序，屏絶匪類。或啗以重利，力持不可。雖觸怒權勢，弗恤也。洪鼎瑄。臨海拔貢，六十年署。

校注

〔一〕凡：原作『几』，據乾隆《遂昌縣志》改。

嘉慶黃鴻飛、永康恩貢，元年任。葉時，慈谿舉人，七年署。孫溎、杭州副榜，八年任。祝長青，海甯廩貢，十七年署。姚儒煃、常山拔貢，十八任。朱文佩、海鹽舉人，二十一年署。應培、淳安舉人，二十二年任。胡元杲、二十四年十二月任。童應賞、龍游拔貢，二十五年任。章均。餘杭廩貢，二十五年署。

道光陳春華、仁和舉人，八年署。王椿照、平湖舉人，九年任。孫仁淵、仁和廩貢，十五年署。葉誥，仁和廩貢，十五年署。周愛棠。仁和舉人，十五年任。

咸豐汪均、紹興舉人，四年正月代任。任亮寅、紹興廩貢，四年四月署。洪禹均、甯波舉人，四年四月署。朱善鳳、湖州附貢，五年二月署。景采臣、號漁門，餘姚舉人，五年任。剛毅果決，忠義根乎天性。八年戊午三月二十一，粵匪自衢驟逼遂昌。采臣聞賊至，衣冠坐明倫堂，妻女環侍。賊掩至，采臣大罵不屈。賊刺之，女右手救父，左手以翦刀自刺其喉，亦大罵。賊并支解之。妻懷印投泮池死，幼子亦被戮。桐鄉陸定圃教授紀其事，碑立昭忠祠。沈敬熙、嘉興附貢，八年十月署。鄒柏森。海甯附貢，十年五月署。

同治董慶瑞、泰順拔貢，二年八月署。高鴻、海甯廩貢，三年四月署。葉春元、臨海歲貢，六年二月署。童士真、太平廩貢，七年閏四月署。周榮椿。字厚弅，秀水副榜，八年四月任。才識鍊達，莅任之初，首先要務。遂邑迭遭粵匪蹂躪，學宇成墟。榮椿力籌諸費，重建明倫堂、尊經閣、教諭署。而聖殿、櫺星門、泮沼、宮墻之頹壞者，靡不次第修整。規模壯麗，氣象一新。并修昌山義塾，權作司訓署。凡接見諸生，諄諄以品學相勖，不少假辭色。纂修府志，有體例。後以告病去，郡守潘紹詒紀其事，碑立明倫堂。

光緒張翼、五年署。羅樹棠、字仲宣，上虞舉人，六年三月任。才識精明，學問淵博。以遂邑文風衰歇，鋭意振興。備資購各種書籍，分貽庠士。遇資質可造者，招入署讀書，盡心教育。凡詞訟有牽連士子者，務竭力保全。并嚴戒諸生，毋作呈詞，致墮名節。捐撥各款，建泮池石欄，整頓書院賓興等公項，釐剔利弊，規制一新。在任十年，士心浹洽。後以請假省親，旋丁内艱。不數年，復歸道山，庠士有服其心喪者。王啟渠、字雨庵，慈谿進士，府學教授，十五年兼理。黄蕃。杭州廩貢，十六年署。錢振鎬、字硯卿，上虞副榜，十六年十二月任。

訓導

宋元俱不設。

明

洪武蕭保、翁得昇、劉錫用、趙汝德、梅熙、程賜。

永樂湯新。

宣德汪寅、汪繼宗、游悌、葉璣、董瑢。

天順卓越、陳福、唐嵩、孫敬、池陽人。蕭玉、莆田人。陳鏊、段瑤。盧陵人。

正德徐朝儀、黄珊、浮梁人。江大倫、宣城人。周文昌、光澤人。邱志廣。徐州人。

嘉靖施志廣、廣德州人。陸銘、長洲人。吴潔、南昌人。邱鳳、崇安人。陳永昌、高安人。盛繼、字朝善，福甯州人，選貢。禔身務學，訓迪不倦。嘗以尊賢匾其堂，銘勇克軒以自省。升廣東興甯教諭，將行，民餽金爲道路費，謝卻之。後升太平府教授、國子監助教。李師曾、字元魯，從化人，歲貢。性資温雅，敦樸無僞，言如不出口，孜孜以講學爲務。弟子有事求直者，餽金，事解，竟弗受。升麗水教諭、國子監學正。徐鑑、惠安人。張秉龄、古田人。黄國順、順德人。馮邦瑞、襄陽人。夏璧、建平人。毛鍔、馮持衡、字平仲，茌平人，歲貢。剛方不阿，質任自然。教學必先器識，揚善勸俗，亹亹不倦。卻貧士修脯，語及利，羞形於色。其義概類如此。升雄縣教諭。李溢、府志作鎰，和州人，歲貢。平易恬静，勤學好禮，講論必本道義。凡利欲嗜好，未嘗出諸口。升深州學正。李上達、玉山人。葛侗、溧陽人。林璿。莆田人。

隆慶王惠、丹徒人。陳良誠、羅源人。宗洪造。嘉興人。

萬曆林朝列、福清人。趙廷信、隨州人。王廷俊、江西舉人。傅恕、慈谿人。金彬、金華人。周思問、餘干人。黄繼先、壽昌人。夏薊、平陽人。吴從善、淳安人。馮雅言、仁和人。周士麟、嵊縣人。程大亨、高明人。洪有觀、晉江人。儒雅質樸，待人以誠。諸生修脯不計，惟以德行道藝相勗。久之，以内艱去，士多思之。升定南縣令。董用威、桐鄉人。蘇復生、陽江人。品行端純，賦性和惠，訓士以身。教署邑篆，豈弟宜民，行所無事，訟庭無人，圜草常青任澠，士民同切攀轅，匪直良師傅云。李思謹、汀州人。稽汝淇、德清人。楊應迪。宣城人。

天啟田養純、湖廣人。蔣治、永嘉人。朱子華、偏橋人。周官、會稽人，泰昌恩貢。雅意好修，實心訓士。砥礪者嘉獎，不率者督懲。升雲夢教諭，臨行，送者載道，依依不忍舍去。爲立石文昌閣，以志去思。周鼎臣、樂清人。張淑載、字一渠，隆興衛人。博學宏才，性行倜儻，而謙以自牧。與及門學行相資，成道義之交。遇貧士，非惟不責修脯，且捐資賑濟之。署宣平篆，亦廉惠有聲。葉九秩。字會虞，西安人。慷慨磊落，視諸生若家人父子。飲食教誨，孜孜不怠，士林一時稱得師云。

崇禎劉生春、河南人。黄玉璜、豐城人。李崇德、臨湘人。毛國祥、遂安人。陳一新、侯官人。王家臣、分水人。傅光日、字復旦，鄞縣人。腹笥博洽，才致伉爽，落筆即灑灑千萬言。知縣許啟洪尤爲折服。時相過從，問奇者屨滿户外，悉心啟牖。著述甚富，惜未行世。錢輔國、永嘉人。沈士麟、黄岩人。王希乾。桐廬人。坦易謙和，不妄交謁，介節翛然。踰年，弃職歸。

國朝

順治馬世正、紹興人。童一相、義烏人。王士義、淳安人。沈大詹、秀水歲貢。王愷之、新昌人。朱永翼、字亮肱，嘉興人，歲貢。博雅名宿，值洪水泮宫傾圮，竭力捐修，暨啟聖祠、文昌閣、奎星亭咸葺焉。重建鄉賢尹堯庵先生祠，補梓綱目發明。勤月課，設辨難，啟發不倦。卒於任。高宏緒、字泰凝，仁和人，歲貢。豪邁儁爽，秉性簡易，不事紛華。學有本源，不尋章句。與諸生講論，先德行而後文章。有問難者，詳晰開導，娓娓不倦，多士咸景從焉。計天植。嘉興捐貢，五十七年任。

雍正朱廷荃、永嘉歲貢，四年任。周逢吉、海甯歲貢，七年任。王逢泰、遂安歲貢，九年任。李俊良。東陽歲貢，九年任。

乾隆陳士恂、石門歲貢，元年任。洪德颺、浦江歲貢，五年任。万兆鷺、開化歲貢，八年任。吴涞、湖州舉人，十一年署。王宗衍、樂清歲貢，十一年任。卜廷榮、秀水歲貢，十七年任。王世芳、號芝圃，台州人，生於順治己亥。少讀書，遭兵亂，飛礮穿屋而過，得不死。投營充兵丁，久復弃去。應童子試，補諸生，食餼於庠，以歲貢授遂昌訓導。舊例，秩滿當引見。乾隆辛巳入京，年一百三歲，蒙賜六品章服，還遂昌任。朝士多贈詩，一孫隨侍，已六十餘歲。錢塘陳句山太僕有『獨留佳話傳臺閣，曾與耆英大父游』之句。又數年，武進錢文敏公視學浙江，按試栝州，贈詩云：我愛王廣文，古貌過百齡。蒼松成勁骨，野鶴爲性情。考滿朝上都，矍鑠群公驚。歸來守青氊，肌體日益輕。時時據鞍馬，欲作長楸行。膝下盡皓首，堂前色如嬰。卻笑濟南老，年少稱傳經。乙酉，聖駕南巡，迎至杭州，年百有七歲，御書『甕席期頤』額賜之。庚寅秋，詣闕恭祝萬壽，復蒙賜百有十二歲老人詩，并加國子監司業銜，在籍食俸。其還山也，道經蘇杭，人争迓之，輒書擘窠大壽字以贈得者，與陳希夷所書碑本并寶貴焉。方淇、仇啟昆、甯波人，署。胡元凱、陸銘，嘉興廩貢，署。陳廷獻、海鹽舉人。袁鈞、朱鴻愷、桐鄉廩貢。周師曾、錢塘廩貢。鄔智教、奉化舉人。陶奎聯、會稽舉人。陸夢熊。仁和廩貢。

嘉慶馮開詒、杭州舉人，元年任。潘學敏、九年十月署。周汝珍、號東杠，嘉興舉人。資性聰明，勤於誦習，工制藝，清雅典鍊，兼而有之。教勖諸生，必以品學兼優爲言。課士子講學評文，皆有準繩。張衡青、永嘉廩貢，二十一年署。葉煌。上虞，舉人，二十二年任。

道光倪綬、海甯廩貢，三年署。顧乃德、號雲溪，海甯州人，舉人。甘淡泊，不尚華飾，日以詩文自娛。訓諸生以敦行勸課，皆有法度。循循善誘，晉接時惟覺和氣迎人。遇暴疾卒於署，人咸悼之。孫嵓、山陰廩貢，七年署。鄔宗山、號仙坡，餘姚歲貢。靜默寡營，接見諸生，惟以勤課藝、飭廉隅諄諄爲勖，并無一語言及他事。晉謁者如坐春風。性不喜營求，無事則獨憩靜室，雖苜蓿盤空，晏如也。以年老俸滿告歸。洪鼎元、錢塘，副榜，十四年署。湯咏、仁和，舉人，十五年任。王爕元、湖州舉人，二十一年署。汪雲、紹興舉人，二十二年任。陳朝垣。錢塘舉人，二十七年任。

咸豐郭之棠、諸暨廩貢，四年署。黄琣、蕭山舉人。朱承鉞。海鹽優貢，十年署。

同治吴礽保、衢州附貢，三年四月署。倪金昭、嘉興附貢，三年十月署。王乃濟、錢塘附貢，四年六月署。張階平、嵊縣舉人，五年正月署。袁大濬、台州廩貢，五年十二月署。徐士元、仙居廩貢，六年二月署。程炳藻、金華優貢，七年六月署。張桂熤、象山歲貢，八年十一月署。陳嘉猷、山陰廩貢，十年署。曾鴻昌。瑞安附貢，十一年七月署。

光緒單恩溥、蕭山舉人，六年任。黄以周、定海舉人，十二年署。嚴作霖、桐鄉優貢，十三年任。盛傳均、嘉興歲貢，十六年府學兼理。陳之唐、新昌舉人，十八年署。張文藻、湯溪人，十九年署。褚成允、字季蓀，餘杭廩貢，二十一年署。吴逢慶。字子餘，建德拔貢，二十二年署。

武職

初僅設把總一員，遞年輪換，名不及詳。自康熙己丑，始增守備一員，仍設把總。後又去守備城治，添設外委一員、北界外委一員、王村口外委一員守備。

康熙吴豹、號文峰，福建泉州人，康熙四十九年任。五十一年，調温州水師營。爲人恬静閑雅，恤兵愛民，有儒將風。謝錦文。山西大同人，康熙五十一年任。

雍正劉斌、山東人，元年任。王紹宗、江南進士，三年任。姬隆周、山東人，難廕，九年任。周之棟。廣東人，難廕，十三年任。

乾隆陳宏亮、滿州正紅旗人，二年任。李塏、山西進士，六年任。朱一宏、貴州人，十年任。黄紹培、福建進士，十二年任。張邦仁、襄陽人，十七年任。高廷柱、湖南進士，二十一年任。鍾玉、二十九年任。樵有鶴、四十一年任。王士明、四十四年任。吉□、四十七年任。得敏、四十八年任。賴光輝、五十一年任。海得、五十四年任。楊金財。五十七年任。

嘉慶張國太、二年任。李濤、九年任。王楷、二十三年任。馬辰。二十五年任。

道光劉國瑞。八年任，駐防。

雍正蔡先、把總。田士英、把總。頗時乾。千總。

乾隆李廷柱、把總。鄭高、外千。何朝貴、把總。蔡中、外把。趙國宰、千總。張朝、外把。熊羆友、福建武舉。千總。張顯、把總。金溶、外千。鄭國梁、外把。鄭國佐、千總。馬勝國、外千。馬正國、千總。袁瑞雲、外把。馬之瑞、把總。高崧、把總。單愈、外把。傅繩武、福建武舉。千總。趙利山、外把。吴高榮、外把。駐北界。王得名、外把。駐王村口。袁清、千總。端木林、外委。張秉榮、把總。黄文勇、外委。馬建功、千總。李國印。外委。

嘉慶金國標、千總。秦世富、外委。高廷表、千總。馬成仁、外委。項建勳、千總。王福標、外委。金殿鰲、千總。郭耀宗、外委。吴光宗、外委。王金榮、額外。

道光袁君恩、千總。黃朝棟、外委。馬國麟、外委。鄭殿林、額外。王金貴、把總。項懋勳、外委。黃金相、外委。袁君定、額外。胡世勳、千總。馬端鵬、外委。陳邦國、外委。單金標、額外。高國榮、把總。陳雲龍、外委。秦文傑、外委。吴大林、額外。張恩、千總。鮑汝勳、把總。趙培槐、把總。黃成標、外委。胡朝龍、外委。王元、額外。林懋基、把總。沈矣考、外委。馬錦林、外委。嚴曾禄。額外。

咸豐魏際飛。外委。

同治許承烈、把總。馬兆華、外委。包國純、外委。袁文奎、把總。朱成龍、外委。楊福載、外委。何春恩、額外。

光緒羅振鵬、額委。馬文俊、外委。劉金榮、外委。楊登高、把總。吴得彩、外委。趙玉麟、額外。沈殿元、外委。袁廷臣、把總。汪朝宗、外委。袁懋衡。額外。

武功

舊志載：武功數人，不盡官於遂。其有功於遂者，傳其事迹，以志不忘。

明

成紹譽。杭州前衛指揮，任衢州守備。崇禎戊寅，閩人種麻靛者發難於金華，撫軍羅公親勦。寇陡至遂昌，命紹譽自衢躡其蹤。寇已走石練，紹譽追之，大戰溪灘，爲寇所害。士民哀之，醵金以殮。事聞於朝，贈驃騎將軍。

國朝

劉登瀛、前屯衛人，由世職升游擊，守處州，統領游騎。性剴直沈摯，遇事奮決，勇冠三軍。自閩寇流突，援勦殆無虚日。往來屬邑三十餘陣，摧堅取勝，寇皆望風遁。而於遂邑尤保全數四，士民咸以父母戴之。當事題薦旌獎，皆云：精神大於其身，所向無前，可稱飛將。洵實録云。史成有、遼東蓋州衛人，處州右營守備，實署千總，調防遂昌。能嚴紀律，兵民相安。張朝臣、北直人，處協右營都司。康熙二十八年，閩人温顯靈、廖雲山等寇龍游，遁至遂昌大柘高山。十二月初十夜半，率兵追勦，死於賊。鄭日炯、字旭光，定溪人，果敢有爲。康熙初，盜賊蜂起，知縣徐公奉憲檄，令日炯勦撫，賊稍斂迹。民之逃竄者，招徠之。分巡道佟獎以『干城重望』額。二十九年，胡台坑惡黨張衡先等拒殺捕役，當道命典史陶親臨拘提，抗拒如故，并勒陶金，肆惡愈甚。邑令柳檄日炯緝拿，賊氛稍息。八月閒，復擾石練，設謀擒獲賊首黄文卿等，餘黨逃散，右營守府王以正直堪嘉獎之。三十七年，邑令韓特命盤詰棚厰外來可疑之人，巡緝有方，盜藪漸空。四十六年，時值亢旱，匪類潛蹤叵測，知縣丁飭行團練，日炯帥鄉民周巡防禦，地方安堵，丁獎以勤慎可嘉。四十八年，山賊擾害，官兵捕勦無功，復率鄉勇奮搗巢穴，獲賊首吴贊東、廖雲飛等五人，上官議予以官，以母居辭不受職，乃給『竭盡忠誠』額，并厚賞之。四十九年，道憲高檄令嚴弭奸宄，撲滅殆盡，凡异籍棚氏，一一簿録，編入保甲，閑有不軌者，驅歸鄉里，遂西賴以安。黄珍禮、字日盛，金溪人。少倜儻負奇氣，技勇絶倫，所居金溪在萬山中。康熙初，盜賊群起，據深谷爲巢穴，時出入爲民害，官兵勦不能絶。十二年，乃募鄉勇與練總鄭旭光同應召，奮不顧身，數年間掺勦無遺，賴以安全。鎮守愛其才，令從軍金華，屢立功績，事平授千總職，以母老辭歸，旋收殘骨千餘瘞之。高其佩、字韋之，謚曲謹，奉天鐵嶺蔭生，累官至刑部侍郎。康熙四十八年，備兵温、處。時閩賊温顯靈、廖雲山等嘯聚衢州之龍游，潛入遂昌境，都司張朝臣遇害。有謂民助賊者，大吏擬統大兵至；公慮擾民，諫阻，請先勘而後議兵。乃按兵境外，公單騎先至。時民情汹汹，咸思逃竄；公訪知都司之死實非民，故加意撫綏。及大吏親臨，力爲民剖其訛，事遂寢。邑人德公，立祠於柘西。公善書，蒼勁如顔魯公；閑以指頭作丹青，生動可喜，爲世所珍。

林文察。臺灣人。官記名總兵。饒勇絶倫，能聳身離地十餘丈；尤愛民。粤匪之亂，處州十縣無完土，文察防勦有方。先是，駐兵龍泉。同治元年，遂民憤賊盤踞，知文察敢戰，走乞大吏，請文察移兵境上。文察直趨王村口，分紮石練；又於要隘伏兵，斷賊歸路。乃與賊十餘萬鏖戰於峽口門，賊大敗，分路奔竄。文察乘勝長驅，由西鄉進逼邑城。旋克松陽，復郡城。又克湯溪、龍游旁郡縣，遂昌由是得安堵。

卷之七

知縣清河胡壽海、宛平史恩緯重修

選舉

唐代科目已無可考，故舊志斷自宋始。紹興以後，鼎盛一時。近代以來，又寥落如晨星。然士有可貴者，在讀書立品，果無愧周官賢能之義。轉移風氣，應運而興，誰謂不接踵前人。

進士

宋

嘉祐龔原。癸卯科許將榜。官至兵部侍郎、寶文閣待制、知盧州。

治平周沃。乙巳科彭汝礪榜。

熙甯孟閎、庚戌科葉祖洽榜。周池、庚戌科沃兄。葉之恕、庚戌科。葉遵、癸丑科余中榜。官楚州推官、知真州。周述、癸丑科。官太常寺丞。鄭乂、丙辰科徐鐸榜。官至玉山尉。吴寶。丙辰科。

元豐劉賁。己未科時彦榜。官常州，轉正郎，奉祀。

元祐吴嘉成。戊辰科李常甯榜。

紹聖趙顒。甲戌科畢漸榜。

元符尹暉。庚辰科李釜榜。官安仁縣丞。

崇寧周綰。丙戌科蔡嶷榜。官吏部侍郎、敷文閣待制。

大觀周煥。己丑科賈安宅榜。

政和劉伯憲。賁之子。壬辰科莫儔榜。官衢州學職。鄭遼、壬辰科。

宣和周贇、辛丑科何渙榜。官至大理寺丞。毛世顯。辛丑科。

建炎吴□。戊申科李易榜。

紹興周綷、贇之叔。壬子科張九成榜。周炤、戊午科黄公度榜。鄭榮年、戊午科。畢宰、壬戌科陳誠之榜。王汝翼、壬戌科。鄭俅、甲戌科張孝祥榜。官茶陵主簿。周仲昌、池之子。甲戌科。翁方中。庚辰科梁克家榜。官將作監主簿。

隆興美大昌。

乾道王政、丙戌科蕭國梁榜。張貴謨、己丑科鄭僑榜。官至朝議大夫，特封遂昌縣開國男。劉鼎、己丑科。官東陽教諭。葉先。壬辰科黄定榜。官江州府知府。

淳熙華延年、辛丑科黄由榜。官閩縣縣丞。翁伯貴、辛丑科。官至集英殿修撰。周若思、贇之子。甲辰科衛涇榜。鄭師尹。俅之姪。甲辰科。

紹熙王文、庚戌科余復榜。鄭企。庚戌科。

慶元。葉梓。己未科曾從龍榜。

開禧鄭克寬。師尹子。己丑科毛自知榜。官陵郡博士。

嘉定葉克、甲戌科袁甫榜。官至起居舍人。葉賁、克之弟。甲戌科。官至監察御史。葉宗大、丁丑科吴潛榜。潘材。庚辰科劉渭榜。仕至光禄大夫。

淳祐潘起岩、材之子。辛丑科徐儼夫榜。官至簡閲。葉實、先之孫。甲辰科留夢炎榜。劉瑄、丁未科張淵微榜。董榆。丁未科。

寶祐陳厚、癸丑科姚勉榜。尹棟。癸丑科。官紹興府參軍。

元

至元翁道久、乙酉科。官江山教諭。鄭元祐。乙酉科。官江浙提舉。見文學。

明

永樂吴紹生、乙未科陳循榜。官至工部屯田員外。周德琳、戊戌科李騏榜。官雲南布政司參議。吴文慶、辛丑科曾鶴齡榜。官至漢中府知府。

成化吴志、紹生子。丙戌科羅倫榜。官至惠州知府。朱仲忻、壬辰科吴寬榜。官至大僕寺丞。玉玘。辛丑科王華榜。官至刑部郎中。

弘治蘇民。乙丑科顧鼎臣榜。官至刑部侍郎，贈尚書。

正德應棐、辛巳科楊維聰榜。官餘千縣知縣。周綡。辛巳科。官儀封縣知縣。

嘉靖應果、癸未科姚來榜。官至汀州知府。應櫝、丙戌科龔用卿榜。官至兩廣總督。翁學淵、壬辰科林大欽榜。官至福建、湖廣僉事。葉以蕃、壬戌科申時行榜。官至工部員外。吴孔性、壬戌科。官至雲南參政。

隆慶鄭秉厚。辛未科張元忭榜。官至江西布政使參政。

萬曆項應祥、庚辰科張懋修榜。官至應天巡撫、都察院僉都御史。

國朝

道光吴世涵。庚子科李承霖榜。官雲南太和縣知縣。

同治徐景福。

舉人

明

永樂毛翼、乙酉科。梁府教授。吴紹生、戊子科。周德琳、甲午科。蘇祥遂、甲午科。六合訓導。謝處貴、丁酉科。汀州府訓導。張璿、丁酉科。山東茌平訓導。王永中、庚子科。吴文慶、庚子科。順天闈。王原復、癸卯科。徐景明。癸卯科。

宣德俞宗進、己酉科。張誠。乙酉科。官至雲南道監察御史。

正統鄭傑。丁卯科。

成化吳志、乙酉科。朱仲忻、戊子科。順天闈。董晟、辛卯科。沂水教授。王玘、辛卯科。順天闈。朱海。甲午科。官清河縣知縣。

弘治蘇民、乙卯科。陝西籍。黃公標、戊午科。官至南康府同知。

正德王煒、丁卯科。官至懷慶府通判。應棐、庚午科。周綜、庚午科。順天闈。應果、丙子科。王翰、丙子科。潘九齡、丙子科。官至四川左布政。黃公校。己卯科。官湖廣攸縣知縣。

嘉靖戴憲、壬午科。黃公梅壬午科。官徽州通判。應櫝、乙酉科。翁學淵、辛卯科。黃中、辛卯科。官至河南道監察御史。周應宿、丙午科。順天闈。王養端、乙卯科。順天闈。吳孔性、戊午科。葉以蕃、戊午科。順天中。鄭秉厚。辛酉科。

隆慶黃二琮、丁卯科。順天闈。開建縣知縣。

萬曆黃九鼎、癸酉科。陝州知州。項應祥、己卯科。朱景和、壬午科。感恩縣知縣。黃國廉、戊子科。金華府教授。項應瑞、戊子科。蒙化府同知。葉澳、甲午科。尹樂堯、甲午科。順天闈。國子監學正。鄭九炯、壬子科。官至刑部山西司主事。王一麒。戊午科。

天啟項天慶。辛酉科。河南武陟知縣。

國朝

嘉慶周世德。欽賜。

道光。吴世涵、戊子科。朱渭、辛卯科，湖州府訓導。李本榮。己酉科。順天中式。官江蘇嘉定知縣。

咸豐葉永英、辛亥科。徐景福、戊午科。

武進士

舊制：武舉鄉試中式，會試於兵部，又中式即拜官，而無廷試。自崇禎四年辛未科始，廷試傳臚，賜進士及第、出身，與文科并云。

明

嘉靖周敖。錦衣衛校尉，乙卯科順天鄉試舉人，丙辰科兵部會試第一名，建狀元坊於省城北關門内大街。

萬曆尹思忠。錦衣衛籍，乙酉科順天鄉試舉人，中丙戌科兵部會試，官至山西都司僉書。

武舉

宋

紹興周景慶。

明

正德周綬。大同衛百户，中丁卯科山西鄉試。

國朝

乾隆黄光祖、黄萬年、官志忠、乙卯科。鄭永時、唐大川。壬子科。

嘉慶官揚。癸酉科。

咸豐官育僑。戊午科。官安吉營守備，花翎副將銜，候補游擊。

徵辟

宋

華岳、官台州刑曹。吴沂、周憲、王晉、王仲傑、鄭禼、潘景山、閭邱景憲、官本邑學職。尹韶、張霄周、劉贊、王景夔、知錢塘縣，淳王宮教授。尹楠、范洪禧、劉員、董鵬、吴大有、蘇如淮、周應龍、王用之、劉芳發、葉亮。以上俱特奏名。考《宋史·選舉志》：凡士貢於鄉，而屢詘於禮部，或廷試所不録者，積前後舉數，參其年而差等之。遇親策士，則别籍其名以奏，徑許附試，故曰特奏名。王鎡、選舉。金溪縣尉。周仕賢。詩賦科。左司諫，右文殿修撰。

紹興翁遇、丙午科鄉舉。衢州教授。鄭欽若、本縣教諭。朱作霖、仕至知貢院判。姜添、士至直學士。姜才。官揚州都統。

元

尹廷高、茂才。處州路教授。徐良、財賦總管。黄愈之、福建茶鹽提舉。朱仲暘、南康路軍税。王鉉翁、官至黄岩州判官。朱得寧、江西信州學録。朱惠、常山縣尹。黄道俊、徐仲新、徽州路吏目。黄道傳、黄道佺。襄陽同知。

明

王濬、賢良。荊州知府。徐伯良、賢良。雲南小興州右衛屯田。王景善、人材。直隸華亭縣主簿。葉以濟、儒士。金華浦江縣學教諭。郭紀、賢良。承勅郎。徐濟翔、儒士。河南舞陽縣學教諭。劉錫用、儒士。本縣儒學訓導。趙汝德、儒士。任本縣儒學訓導。畢浩然、人材。福建福州府織染局副使。潘彦真、人材。江西萍鄉縣税課局大使。王甯、人材。揚州府萬安巡檢。劉則□、人材。江西德興縣知縣。俞榮中、人材。福建建陽縣縣丞。翁德昇、儒士。任本學訓導。有傳。祝子成、人材。江西宜春縣縣丞。潘允祥、人材。廣西平樂縣知縣。楊伯潤、人材。湖廣寶慶府判官。徐伯貞、儒士。荊州遠安縣典史。俞得濟、除兵科給事中，轉刑部主事。葉則仁、老人。直隸和州吏目。趙汝賢。老人。寶定府清宛縣縣丞。

國朝

毛桓、拔貢。薦舉傳學鴻詞。王嘉言、歲貢。光緒元年舉孝廉方正。

貢生

明

洪武潘允武、鄭桂、十二年。行人司行人。董岐生、十七年。江西貴溪訓導。潘伯成、十九年。桂平縣主簿。葉溱、二十年。山西平陽主事。潘守謹、二十四年。潘留、二十六年。鉛山縣吏目。王明登、二十七年。太祖夢值幽暗，一生以明燈前引。次日幸太學，唱明登名，甚喜，授以官。傅景原、二十八年。徐潤、二十九年。江西雩都知縣。丁子濟。三十年。

永樂翁閶得、二年。周汝賢、三年。禮科給事中。鄭與進、四年。徐志達、五年，上林苑署丞。戴仲、六年。蘇用、七年。蘇原浩、八年。江西大庾知縣。鄭德著、九年。應景亮、十年。宣州衛經歷。吴正齊、十一年。沈廷壽、十二年。王祀增、十三年。董景鷺、十四年。南康府照磨。鄭德順、十五年。徐文、十六年。陝西布政司簡校。華希浩、十七年。吴文慶、十八年。王永甫、十九年。劉原洪。二十年。廣東湖陽知縣。

宣德潘立敬、元年。董景鳳、三年。福建寧德知縣。華文輝、六年。武定判官。徐昌齡、□□判官。鄭憲宗、九年。薊州判官。王思清。十年。山西代州同知。

正統鄭如蘭、三年。通州訓導。張昭、四年。廣東清瀾吏目。蘇瑛、七年。福建運判。劉慶、九年。英山縣丞。翁守文、十一年。張文盛。十三年。南靖知縣。

景泰張武、元年。周賢、二年。徐泰、三年。龍岩主簿。潘賢、四年。常德桃溪知縣。俞晟、五年。贛州推官。葉玘。七年。

天順王塤、二年。山東商河知縣。王銘、四年。内黄縣丞。尹馨、六年。荆川府訓導。宋文鋭、時謐、羽林右衛經歷，蘄州同知。朱彪、順天府通判。周魯、定遠衛經歷。潘圭、潘贊、王哲、王斌。八年。

成化劉循、二年。徐昭、徐璧、四年。崑山主簿。王玘、六年。葉蓁、八年。高郵吏目。俞珏、十年。蘇謙、潘明、十二年。路巽、十四年，澧州吏目。劉麟、十六年，南康同知。鄭璧、十八年。項明、二十年，貴州都司斷事。葉清。二十二年。連江知縣。

弘治周佐、元年。章錫、三年。新化教諭。周庠、四年。龍溪縣丞。劉芳、五年。平樂訓導。趙纘、六年。王鏢、七年。興化府訓導。華宗武、八年。沔陽州訓導。蘇義、九年。鄭還、十年。見理學。王理、十二年。連城知縣。華緯、十四年。樟平訓導。朱璿、十六年。朱珙。十八年。贛州府訓導。

正德葉參、二年。順昌訓導。王炬、四年。安遠知縣。朱復、六年。廣東保昌教諭。王和、八年。滑縣訓導。王繡、十年。山東静海教諭。朱炷、十二年。涉縣知縣。尹椿、十四年。肥城教諭。葉雲、十五年。建昌府推官。應第。十六年。福安訓導。

嘉靖王庠、元年。連江教諭。葉棟、二年。寶應訓導。劉良貴、四年。南京武學訓導。周卿、六年。河陰教諭。蘇滿、八年，桂陽州訓導。應概、十年，平樂知縣。應檣、十一年，滎澤教諭。華鼎、十二年，江西甯都訓導。徐棠、十四年。建昌訓導。王一元、十六年。萬安訓導。華鼐、十七年。治安訓導。華鎰、十八年。郾西教諭。朱自強、十九年。莆田訓導。潘晟、二十年。潘環、龍泉訓導。徐棣、二十二年。永福教諭。華紡、二十四年。徐潮、二十六年。臨青吏目。葉大有、二十八年。宣城訓導。王守中、三十年。福甯州同知。應李、三十二年。王養端、三十三年。翁桔、三十四年。汀州訓導。蘇廷栗、三十六年。樂安教諭。周慶養、三十八年。高安訓導。華天民、四十年。湖口訓導。應恩、四十二年。黃二琮、葉香。四十四年。荆州府訓導。

隆慶葉德恭、元年。通州判官。朱公諫、二年。王僑、三年。滁州訓導。翁選、五年。永春知縣。王鳴鳳。六年。

萬曆周秉制、元年。海州訓導。鄭秉鍊、三年，選貢。蕪湖縣丞。葉一經、府貢。黃縣訓導。葉仁民、五年。黃九章、七年。南昌府教授。應紹普、九年。廣東茂名縣教諭。黃明傳、府貢。鄭秉鐸、十一年。平陽訓導。王鳴佩、十三年。王季同、十五年。湖州府訓導。王之臣、十七年。金華府訓導。鄭一舉、府貢。西充知縣。應德進、十九年。桐廬教諭。黃一陽、二十一年。藤縣知縣。潘文穆、二十二年，府貢。王之翰、二十三年。廣昌教諭。鄭一點、二十五年，選貢。莒州同知。鄭秉券、二十四年，府貢。本學教諭。周大業、二十七年。長興訓導。徐榮、二十九年。南豐教諭。徐應乾、三十年。雷州府教授。李春富、三十一年。葉克應、三十四年。吴孔雍、三十五年。天台訓導。吴廷鎰、三十六年。常山訓導。包志道、三十七年。黃九方、三十八年。鄭一第、四十年。甯波府教授。王季禕、四十年，府貢。金華教授。葉繼康、四十二年。昌化教諭。周士彦、四十四年。王文中、四十六年。徐應亢。四十八年。延平府教授。

泰昌葉一檟。元年，選貢。

天啟鄭一豹、二年。重慶府通判。翁之恩、二年。黃德懋、四年。温州府教授。朱九綸。六年。見傳。紹興府教授。

崇禎葉長坤、元年。朱家瓚、二年，恩貢。保昌縣丞。徐朝偉、三年。見傳。新昌教諭。王文雅、三年，府貢。見傳。龍游訓導。朱民藩、五年。吴江訓導。時可諫、五年，府貢。見傳。紹興府教授。葉伯俊、七年。周士廉、七年，府貢。見傳。湖州府訓導。黃德徽、九年。嚴州府教授。周應鶴、十一年。平陽訓導。包經文、十三年。王國鼎、十五年。包經邦、十七年。王敏教、恩貢。復學。包蒙吉、恩貢。復學。黃懋學。府恩貢。復學。

國朝

順治包經都、四年。恩貢。葉知京、四年。鄭元偉、六年，選貢。鄭元幹、六年，選貢。見傳。蘇州府同知。鄭之騄、六年。見傳。衢州府訓導。包宇平、六年，選貢。李仕道、八年，恩貢。見傳。翼城縣丞。鄭元聘、八年。奉化訓導。
翁大經、八年，府貢。周士鰲、九年，府貢。見傳。烏程訓導。劉應時、九年。見傳。榮縣知縣。王輝祖、九年，選貢。見傳。包蒙吉、十一年，恩選。見傳。周旋、十二年。王震世、十四年。黃德遜。十六年。

康熙王紹鼎、元年，恩貢。華國儀、元年。王敏教、九年。見傳。鄭元量、十一年。周自豐、十一年，拔貢。考授縣丞。鄭九恪、十三年。鄭九楫、十五年，府貢。王正化、十七年。鄭九祝、十九年。童任大、二十一年。王錫、二十三年。見傳。奉化訓導。朱敞、二十五年。毛以澳、二十五年，拔貢。鄭登宏、二十七年。毛以濬、二十九年。周翰、三十一年。王日瑞、三十二年，府貢。俞咨舜、三十三年。鄭元珅、三十五年。鄭元珊、三十七年。華啟童、三十六年。拔貢。鄭元漼、三十七年，府貢。鄭士楨、三十九年。朱得舉、四十一年。翁濤、四十三年。毛棐、四十五年。華文津、四十七年，恩貢。鄭士儼、四十七年。瑞安訓導。鄭逢辰、四十九年。鄭士璣、五十一年。石門訓導。朱宗濂、五十三年。鄭元燿、五十五年。分水訓導。鄭國林、五十六年，拔貢。孝豐教諭。朱炯敬、五十七年。王日匡、五十九年。毛儀燧。六十一年。

雍正。王啟緒、元年，恩貢。上虞教諭。童國柱、二年。餘杭訓導。葉培蘭、府貢。戴廷俊、四年。毛桓、拔貢。徐龍、六年。海甯訓導。華文濂、八年。鄭國光、十年。王業、優貢。東陽訓導，升錢塘教諭。朱元球、陳天錫。十二年。

乾隆朱立、拔貢。徐來學、恩貢。徐來章、元年。毛儀燾、三年。周欽鄰、五年。葉起、拔貢。朱宗基、七年。毛梓、九年。王之綸、十一年。葉有瑛、府貢。王蛟、十三年。鄭德彰、恩貢。童汝舟、十五年。毛儀點、恩貢。浦江教諭。葉連鶯、十七年。童澍霖、拔貢。華明樓、十九年。徐台年、二十一年。鄭家燕、二十三年。王隆相、二十五年。王隆友、恩貢。蘇錦雲、二十七年。毛儀熿、二十九年。葉起泮、拔貢。朱宗孔、三十一年。童鋐、三十三年。劉霞、府貢。俞天珏、三十五年。童汝礪、恩貢。吴林恩、府貢。臨海教諭。童晉、三十七年。王式聖、府貢。鮑德俊、三十九年。項景儀、四十一年。朱奎、四十二年，拔貢。武義教諭。尹纘、四十三年。王隆榜、恩貢。尹國梅、四十五年。王景雲、四十七年。周澍、四十九年。周觀鎬、恩貢。布政司理問。華朗、五十一年。鄭有時、五十三年。華日融、五十四年，拔貢。李延玢、五十五年。吴恒、恩貢。尹時泰、五十七年。吴心恬、優貢。黄岩訓導。王夢篆。五十九年。

嘉慶童邵、元年。周世德、恩貢。以年逾七旬應試，欽賜舉人。朱慕淵、三年。王謨、府貢。李樹萱、五年。王淩雲、恩貢。鄭家堡、府貢。朱瑗、六年，拔貢。俞集、七年。王儒鏊、九年。俞蓮、十一年。毛斌、府貢。王慶雲、十三年。葉菁、恩貢。周貫、府貢。謝崧、十五年。濮觀瀾、十七年。華家本、十八年，拔貢。王谷、十九年。華亦榮、二十一年。黄焆、二十一年。俞颺、二十三年。候選訓導。包華朝、二十五年。吴秉琛、二十五年。戴縉、恩貢。候選教諭。葉崑。

道光劉尚玫、元年。恩貢。濮觀濠、二年。童應華、四年。王筠、華洪、華柱、恩貢。候選教諭。官承誥、五年，拔貢。廣西州判署安平州。濮翥鴻、府貢。朱棠、華日功、六年。華源、八年。黄金墀、十年。羅清振、李廷榮、辛卯科副貢。欽取八旗教習。潘永清、周英拔、十二年。葉鴻飛、府貢。王桂堂、吴世煊、俞襄、十四年。吴守基、十五年，恩貢。王恩溥、府拔貢。朱燦榆、拔貢。署福建龍岩州溪口州同。毛鳳輝、朱璀、十六年。朱其鈺、拔貢。吴世琛、拔貢。咸安宫教習。王琪、官安瀾、官承忠。恩貢。

咸豐吴沆、吴鳳儀、署嚴州府訓導。朱丙章、毛維麒、包尚清、鄭應辰、吴際清、王建邦、拔貢。項聯元、府貢。黄景中。拔貢。

同治朱辰、黄璚雲、包心田、宋雲、吴鎔、王永清、王炳辰、張炳南、授内閣中書銜。包晉銓、黄序、拔貢。就職，復設教諭。王嘉言、就職訓導，加六品銜。潘永清。恩貢。就職直隸州州判。

光緒劉斐然、周振銘、朱蔭棠、府貢。周振鑌、府貢。陳經、陳嘉謀、官贊猷、官贊謨、恩貢。就職直隸州州判。官元瀛、拔貢。就職，復設教諭。王維常、就職訓導。謝慶申、就職訓導。徐達道、張向辰、王宗旦、吴則周、就職訓導。周聘臣、傅庚、府恩貢。就職直隸州州判。吴寶森、府貢。劉紹庭、恩貢。朱其宣、府貢。葉慶雲、謝錫圭、府貢。官錦雲、恩貢。宋寅、壬辰歲貢。徐達聰、丁酉拔貢。鄭書田。

卷之八

知縣清河胡壽海、宛平史恩緯重修

人物

史傳垂千秋斧鉞，志乘表閭里光榮。厥旨稍殊，而著爲直筆，昭示來兹，其意一也。昌山山巒深秀，鬱爲人物，據事直書，以之傳信，無庸粉飾於其間。

理學

宋

龔原，字深之，舉進士。哲宗即位，爲國子監丞，遷太常博士。會議秦悼王之後應襲封者，原曰：秦王嫡絶，立庶自合禮。方議祀北郊，原曰：合祭，非禮也，願亟正之。加秘閣校理，除王府記室、兩淮轉運判官。紹聖初，召拜國子司業。入對，帝問曰：卿歷除郎官，何爲補外？得非大臣私意乎？對曰：臣出使鄉部，知民間事宜，臣素志如是，不知其因也。旋兼侍講，遷秘書少監、起居舍人，擢工部侍郎。安惇論其直講時事，以集賢殿修撰知潤州。徽宗初，入爲秘書監，進給事中。時除郎官五人，皆執政姻戚，悉舉駁之。又論郝隨罪不得居京師，鄧洵武不宜再入史院。朝論謂帝於哲宗服，當循開寶故事，爲齊衰期。原曰：三年之喪，自天子達於庶人，一也。主議者斥其妄，黜知南康軍，改壽州。俄用三年之制，乃復修撰、知揚州，遠歷兵、工二部侍郎，除寶文閣待制、知廬州。陳瓘擊蔡京，原嘗與瓘同師，陸佃謂原實使之，落職和州。居三覺堂，蕭然晏坐終日。起爲亳州，命下而卒，年六十七。紹興間，高宗知其忠賢，深痛惜之，親製宸翰，追復其官。勅曰：朕惟賢者之進退，豈關軒冕之去來，在國家之盛衰所係。元祐以來，忌嫉善類，忠賢名士，籍爲黨人，具禍以燼。自一身觀之，所係微矣。以天下之勢論之，國無君子，云亡殄瘁，安危治亂，豈不重哉！故朝奉郎紫金魚袋龔原，器宇沉厚，經旨粹深，三絶韋編，宗師後學，例遭黨錮，流落以死。肆朕纂紹，慨念典型，人百其身，痛惜何贖！併舉厚終之茂典，仍還次第之近班，庶國是之攸存，知朕心之所向，永光幽穸，不味寵休。初，邑人未知學，原篤志明經，致身通顯，由是翕然化之。是時周、程諸先生猶隱濂、洛，原以經學爲世表倡，凡永嘉先輩以經學鳴者，淵源皆出於此。著易解等書，頒布天下，號武陵先生。邑人繪像立祠於學。入鄉賢祠。入通志。

華岳，字元鎮，由特奏名官至台州刑曹。嘗從武陵先生游，傳其學。元祐間，令張根興學校，延岳爲師，教訓諸生，趙顥、鄭遼皆其高弟。後邑人祀武陵先生於學，以令與岳配享。入鄉賢祠。

周綰，字彦約，年十七入太學。崇甯五年中進士甲科，五剖符持節，再領大藩，爲國子祭酒、吏部侍郎，以敷文閣待制致仕。出藩入從六十餘年，始終以廉節著名，爲王十朋見慕。號蓮峰先生。入鄉賢祠。入通志。

張貴謨，字子智，由進士吳縣主簿、撫州教授，宰江山縣。會亢旱閔雨，因覽鏡有詩云：『不見片雲頭上黑，頓添一夜鬢邊霜。』遂蠲其賦十之八。郡守怒詰之，力陳其害，不能奪。光宗即位，貴謨投匭進書，極言民力已窮，邦本不固，凡科斂之繁，宜一切罷去，以廣維新之澤，剴切幾萬餘言。後轉朝奉郎。輪對，敷陳三扎及民間疾苦十八條，光宗嘉納之。三年，除太常主簿。五年，除司農寺丞，轉朝散郎。一日，以扎子袖見時宰，論易革與大過之義有忤。是歲，西浙旱災，毗陵尤甚，城邑騷動，遂出知州事。陛辭，奏陳飢民之數及給降米斛。光宗曰：米未多，卿且好去賑濟。故謝表有曰：聖慮紅粟之未多，面奉玉音之甚切。莅任，講行荒政，飢民賴以全活者五十萬衆。次年，轉朝奉大夫，賜對便殿，論人君之心與陰陽之氣相感，實歲之豐歉所係。上皆嘉納。除吏部員外郎，升郎中、樞密院檢詳諸房文字。奉使金國，回內殿，因論：禮莫重於分，分莫重於親。今北虜犯分而夷其親，雖欲不亡，得乎？願朝廷爲内修外攘之備。極言時弊，凡二十餘條。轉朝散大夫。會行郊禮，極言郊赦爲小人之幸，不可爲常。上可其奏。後遭煩言，奉祠歸里，以磨勘轉朝議大夫，特封遂昌縣開國男，食邑三百户。所著有九經圖述、韻略補遺。子二：如說，文林郎；如咏，迪功郎。太史陳希烈狀其行。入通志。按吴世涵宜園筆記云：讀洪邁夷堅志，載貴謨知常州，毁瘟神廟，與國朝湯文正撫吴毁五通淫祠如出一轍。傳中不載其事，特附此。

尹起莘，字耕道，別號堯庵，居柘溪，隱居不仕。學問該洽，有感於古今治亂興亡之變，因朱子資治通鑑綱目爲著發明五十九卷行世。樞密魏了翁爲之序曰：三晉之事，直據史記爲自相推立，實未嘗請命於周。曹操篡於漢末，實未嘗畏名義而敢於篡漢。深得文公秉筆之意。邑人建專祠於學左。入鄉賢祠。入通志。

周南，字南仲，自號知常叟。壯歲束書游四方。宋建炎初，見李易作狀元，遂無意仕進，乃受潘子醇忘筌書以歸。與邑士子論學，其講易由靜極生動，乾生於坤，因歸其説於坤之六二，大抵皆祖忘筌而暗合於歸藏。時人稱爲知常先生。以易學著名，後祀於學。入通志。

鄭克寬，字伯厚，居航頭。游松陽頖庠，就項平甫得聞朱子之學。由進士授嚴陵郡博士，積階至朝議大夫。學士高夢月志其墓。入通志。

明

黃灝，字季榮。博學自淑，不樂仕進，人多與之游。嘗語人曰：爲學大要，在慎徽五典而已，舍此皆贅疣也。有慎徽遺稿，言多簡要。門人私謚爲慎徽先生。入通志。

鄭還，號半翁。幼孤，育於外家。性資聰悟，志尚高邁。年十八，從松陽進士盧瓊學，粹然一出於正。爲文務期實用，仕曹州訓導。州志云：存心制行皆不苟，尤好學，博通經史子氏百家之書，教人亹亹忘倦。在任五年，稱疾懇致仕，上官諸生留之弗得。家居談道自樂，足未嘗輕至公府。郡守林公富重其名，堅請一至。自後郡邑官以不能致爲恥，雖在疾中，必就訪以政事。都諫魏良弼先宰松陽，嘗越境求所著鄉黨須知，頒布令民行之。郡人鄉賢鄭宣修入古栝遺芳，著其有誠正功，與龔武陵、尹堯庵二先生并稱。所著有圖學蒙談、理氣管見、一元付笑諸書行世。入鄉賢祠。入通志。

朱應鍾，字陽仲，號青城山人。天資警敏，篤學勵行，恬靜寡欲。嘗結青山白雲樓讀書。其中善古文詞，尤工唐人詩。家故饒，一委之兄弟，侈用廢業不問也。聞王陽明先生倡道東南，趨而就學，先生器重之，語曰：以子之沈重簡默，庶幾近道。予方以聖賢之徒，期女文人之雄，非所望也。一時名公若開化方豪、青田陳中州輩，皆與之游，著聲吴越間。年三十二卒，士林甚惜之。侍御黃中爲梓陽仲詩選五卷，入鄉賢祠。

國朝

童國柱，字崑石，號磊峰。少孤，能自力學，事母極孝。十五補博士弟子，每試輒冠其曹。與弟國梁讀書唐山僧舍，朝夕親誨之，不令就外傅。攻苦食淡，堪人所不能堪。學益邃，文益高，從游者日益多。前令繆君之弼興起義學，延請爲師，即捨舊塾爲邑學舍，今北義學是也。試於鄉，屢爲同考官所薦，竟不售。由歲貢授餘杭訓導，誘迪士林，葺治黌舍，盡職無曠，合郡稱最。餘杭被水災，奉檄檢勘，復董賑恤，巡視勤密，摘除冒濫，惠公而均，民用感誦。秩再滿，引年辭歸。居家簡淡，不問生業，學徒貧者以修脯至，悉還之。生平著述甚富，群經皆有詮釋，尤注意於四書。有講說十卷，長洲彭大司寇爲之序，梓以行世。

忠義（殉難附）

宋

龔楫，字濟道，工部侍郎原之子，潁州文學敦頤之父也。因原謫和州而卒，楫遂家焉。仕至兵部侍郎。容貌如不勝衣。建炎初，聞金人陷郡縣，忿恚不食。兀术據和州，以偏師萬人築堡新塘，遏濡須之路。楫率家僮往襲之，鄉里從者三千餘人，獲千户二，係累者數百人，輜重稱是。金兵大至，乃取道圩上，金騎兵據其衝，不得前，衆多赴水死。楫麾其衆曰：「今日鬬死，亦足稱義士。自弃溝壑，無益也。」戰敗，爲金人所獲，猶挺劍刺其一人，罵不絶口，金人臠割之。見宋史忠節傳。入通志。

鄧熹，其先三衢人，客遂昌梭溪七寶山，採鑿爲業，因家焉。熹有勇略，善文章。宣和辛丑，睦賊倡亂，其黨洪載侵犯松、遂，熹與父將仕郎昌特捐家資，集鄉民，繕甲兵，入邑禦侮。與賊百餘戰，獲俘馘數千級，降其首洪載等，部送制置軍前，授進武校尉。郡守黄葆光上其功，改昌承節郎，熹遂昌尉。時史丞相浩隨季父才爲邑丞，見其事。紹興辛巳，孝宗時位儲宫，浩爲太子詹事，語及之，記其名。及即位，擇恭王宫僚，詔處州津遣赴闕。比恭王爲太子，擢熹爲春坊。久之，丐老，力辭，增秩，賜金紫榮歸，官其一子。入通志。

趙育才，政和中爲武學生。身長七尺餘，膂力絶倫，挽弓至數石。方臘叛，與鄧熹父子集趫壯相犄角以衛，邑人恃以不亂。時松陽群盜侵掠及邑，乃率所部相格於孟山前，賊勢張甚。育才顧其徒不能禦，手麾弓躬殺數輩，死於礌下，聞者莫不嘆息。入通志。

閭邱觀，字民表，倜儻有大志。宣和癸丑，睦州寇變，賊首洪載據松邑，攻遂昌，勢張甚。朝廷下詔安之。觀慨然請行，以義屈賊，成約而還，授承信郎。靖康初，本路帥命部衢、婺、處三州兵赴雄、霸州。及還，遇高宗渡江，領兵勤王，特旨轉三官，凡歷九任，積官至武翼大夫。入通志。

元

黄道俊，字彦傑。元至正間，綠林賊寇建陽，震動郡邑。道俊倡募襲之，俘於官，以功授本邑簿，轉江山令，建甯判官。兄道傅，弟道佺，俱協濟有功。道傅授本邑巡檢，道佺授松陽縣副簿。洪武初，復以材略徵，授襄陽同知。入通志。

劉葵，字崇三，龍邱江潭人。元世祖朝，以宣議大夫繼乃祖恬守遂河頭。閩寇擾境，率兵守隘於牛角尖之山腳，旁有深潭，殺賊至千餘人，遂名爲千人潭。終以敵多兵寡，退保於葉坦嶺下，力竭自刎，其尸不僵，賊駭不敢犯。邑人舁瘞城東，立廟祀之，名其地爲慕恩衕，蓋不忘當日禦寇恩也。惜未得旌獎，忠烈不著，而英爽每顯露於星月之下，故土人於嶺下墳壇皆設龕祀之。其子孫遂居於遂之襟溪。

明

時哲。正統間，礦賊突攻縣治。哲散金募兵，率弟志邀擊於麻車嶺，志死之。哲力戰，賊卻。郡司上其功，授馬埠司巡檢，俾鎮其地，當時賴之。入通志武功志。字孔舉。入通志忠義。

蘇民，字天秀。洪武初，大封親王，博選東南巨族以充侍衛，民曾祖與焉。從秦愍王之國，遂爲秦人。弘治乙卯舉陝西鄉薦，乙丑登進士。初授山西榆次知縣，徵爲兵部職方司主事。時逆瑾擅權。數忤瑾，落職爲四川梓潼驛丞。瑾誅，復官工部，歷吏部考功文選郎中。上疏諫止武宗巡游，罰俸。後升南京太僕少卿、太常卿，歷兵、工、刑三部侍郎，卒贈尚書。清修自持，所至以廉幹稱，翰林陸深爲之狀。見獻徵録。

葉德良，字克復。由吏員任莆田縣丞。嘉靖中，倭寇福建，時知縣簿尉弃城走，獨德良堅守旬日，力竭城陷，死之。及戚總戎提大兵至，倭遁。撫按以事聞，贈太僕寺丞，蔭一子入監，官刑部照磨。入通志。

黄德微，字幼元，郡廩生。性粹學博，詩文矯不猶人，行誼尤硜硜自好。亡代多聞，人屢蹶闈。適姚、馮二賊倡亂，入其里，人皆奔走，德微獨後執焉。以兵脅之，不屈，且駡辱之，遂遇害。

國朝

尹可郎。康熙四十九年，閩寇擾大柘，居民騰沸，可郎禦之，婦女藉得脱逃。厥後獨力難支，卒飲其刃，鄉人痛之。

葉澄武。康熙四十八年，彭寇擾亂，澄武統率鄉勇力禦，被執。賊脇之，不屈，被殺於柘西橋頭。

李炳蘭，謝山頭人，素勇敢。同治元年，黄礌源守寨拒賊。一日賊至，衆不及禦，惟炳蘭一人見勢不及，急施抬鎗，鎗反裂其手，傷重。死而復蘇，手遂廢。

王本仁，字戴行，有膽略。同治元年，粤匪入境，赴請兵，籌畫粮餉，心身并瘁，撫憲左獎以六品頂戴。

葉英華，字松山，曾應童子試。父死於難，兄蓁華承襲雲騎尉。英華痛父遇害，憾無以報罔極，博訪城鄉官紳以及平民烈婦殉難名，彙諸册，請邺今之血食昭忠祠，庶無遺漏者，英華與有力焉。

黄景香，字蓮舟，邑庠生。粤匪踞境，屢辦團練。同治元年，草檄鄰村會勦。後賊又至，勢欲久踞，景香間關至閩中，偕知縣趙公哭請大兵進勦。閩臬檄林總兵由龍邑進兵，漸次削平，景香因是得疾而亡。

徐起久、徐善良、徐交敬，同治元年，髪匪自龍游突入蕉川，均死於寇。起久妻王氏，亦同時殉難。

舒得財，木岱人。戴福壽，鯉潭頭人，精拳技。咸豐八年，寇擾馬埠，得財、福壽率鄉勇禦賊於夾路畈，首入賊陣，連殺數賊，斬馬一騎。力竭，福壽被殺，得財被執。不屈，死之。

余土養，桑突頭人。葉樟華，大壙坑人。潘水壽，嗣厚人。潘樟水，上市人。咸豐八年，賊擾馬埠，均勇往直前，禦賊於夾路畈，連傷數賊。寡不敵衆，土養等死之。水壽被執，罵賊不休，亦被害。

周昌言，祥川人，尚義好男。同治元年，寇犯境，鄉勇長驅，賊敗，追至松境，殺一賊目，并傷一馬足。力竭，被殺於上方，鄉人惜之。

聶水元，祥川人，膂力絶倫，復善拳技。同治元年，寇擾鄉里，元奮不顧身，長驅敗賊，追至松境，斬斷賊馬足一肘，連殺三賊。力竭，被殺於上方，鄉里痛之。

朱坦，字聖謨，國學生，家弈山，業儒。戊午粵匪之亂，檄各鄉辦團練，坦遂弃書習武，有奮不顧身之概。不惜貲財，充練軍餉，首領義勇禦敵。自三月至六月，并日而食，不避矢石。賊衆數萬，寡不敵衆，没於陣。

徐春五，居南鄉林山頭。咸豐八年，粵逆自松陽隊至龍泉，道過亭川，相距十五里。春五招鄉勇數百餘名，防守要害，遇賊奮擊，被戕者五六人，賊亦互有殺傷。賊因此不敢入境，南鄉一帶，賴以保全。

毛先振，字人俊，附貢生，家本關川，移居龍遂接界之上田莊。咸豐八年，粵寇之亂，先振年已六十餘，率團勇防守。六月二十三日，賊千餘自根竹口犯上田，先振首率五十餘人，逆戰於界橋北。無何，賊大股至，包抄之，毛奇亮、李奪魁及二十餘人皆戰歿。先振身被數槍，最後爲刃其項，仆地未絶。鄉人報其家，舁回救治，得更生。壽至九十有五。

鄭廷楨，監生，素性忠烈。咸豐八年三月二十二日，糾率義勇入城勦賊，力戰陣亡。事聞，准祀昭忠祠。

殉難

潘振樂，監生。咸豐八年，督勇守小谷嶺要隘，殺賊數十人。嗣賊蟻至，衆驚潰，振樂與賊戰，敗走，賊剖其腹而去。事聞，祀昭忠祠。

王本槐，候選訓導，秉姿忠厚，氣節自期。戊午三月，粵匪犯邑城，本槐督勇於南門外力戰陣亡。事聞，贈世襲雲騎尉。

葉殿揚，從九銜。戊午之亂，殿揚率勇攻勦。三月二十五日，於金岸地方血戰半時許，力竭而亡。事聞，贈世襲雲騎尉。

王人基，從九品銜。咸豐十一年，粵賊復竄遂昌，人基督勇於半嶺寺，與賊戰，衆寡不敵，陣亡。妻葉氏同時殉節。事聞，贈世襲雲騎尉。

葉鎔，監生。咸豐辛酉，粤匪至，媳王氏投河死。子永瑞同時殞歿。鎔率勇勦賊於高際，陣亡。闔家先後殉難。事聞，祀昭忠祠。

官承熙，增生。同治壬戌，粤匪至，被執。賊勸之降，承熙大罵不從，遂遇害。事聞，贈世襲雲騎尉。

黄來壽，世務農。咸豐十一年，粤匪擾遂昌，來壽與敢勇者二人往偵賊。行二十餘里，賊至，來壽謂二人者曰：爾急回告警，予殿後。且戰且走，死於賊。

華廷獻，字介順，太學生，有膽略。咸豐辛酉，粤賊據郡城，知府李至遂飭辦團練，知縣趙舉廷獻爲團董。廷獻先出己貲助餉。五月初，賊入境，廷獻督勇於東門外，奮不顧身，首先擊賊，衆寡不敵，力竭陣亡。事聞，祀昭忠祠。

王圻，從九品銜。於咸豐八年六月，粤匪犯境，圻督勇在西鄉九墅嶺頭力戰陣亡。事聞，贈世襲雲騎尉。

華馨彩，從九品。咸豐八年春，粤匪犯境，馨彩率村衆於牛角尖地方遇賊，力戰被害。事聞，贈世襲雲騎尉。

葉永惠，廩生，與弟永藩府增生。咸豐辛酉，李太守諭督勇禦寇東鄉、古亭、蘇山，屢戰不勝，衆勇皆潰。永惠、永藩身率團勇數十名入賊陣，皆死之。

黄德輝，王村口民。咸豐八年三月，粤匪陷遂，德輝與團練斃賊數名，賊遁去。六月，賊又至，被執，罵賊不輟。賊憾其勇，斷其舌而割其肉。

鄭養瀛，邑庠生。咸豐十一年，督四五六都義勇駐防東鄉要隘。五月黎明，賊由山徑擁入如蟻，養瀛驅勇出戰，勇潰陣亡。事聞，贈世襲雲騎尉。

鄭蘭蓀，從九品。同治元年，粤匪踞松邑連營。松北舊市與遂東接壤，爲久踞意。蘭蓀於三月初四日率義勇三千餘人赴舊市攻勦，力戰陣亡。是夜，賊盡竄松邑。事聞，准祀昭忠祠。

鮑文府，字小妹，弱冠勇力過人。同治壬戌，粤匪亂，率鄉勇隨林總戎至松邑葉村頭，力禦之。礟穿左肩，不數日而逝。

包書時，字發祥，西鄉大忠人，從九銜。咸豐八年陣亡。兄懷肅，同治元年陣亡。皆賜襲雲騎尉、恩騎尉，世襲罔替。

王先崑，關川耆民。粤寇至，先崑率胞兄先崶、弟先崧及義勇守要隘。賊勢張甚，寡不敵衆，兄弟三血戰亡。

鄭廷襄，民人，武藝絶人。咸豐八年，同義勇數千入城勦賊，賊死無算。直至南隅萬壽宫下，賊忽分隊斷其後援，遂遇害。事聞，准祀昭忠祠。

鄧石賓，耆民。生平善獵，鎗不虚發，每多奇中，年已古希。咸豐八年，粤匪陷遂，偕鄉團入城巷戰，殺賊無數。因勢不敵，殉難而亡。事聞，准祀昭忠祠。

詹宗生，善施火鎗。咸豐八年，粵匪擾遂，身偕鄉團連戰，殺賊無數。十一年，太守命守梭溪橋，賊從湖山入，與戰不敵，亡於梭溪橋。事聞，准祀昭忠祠。

張繩武，慷慨有大志。同治元年，匪屯遂城各村，倡義於孟嶺坑等處，札寨拒賊。至三月，民有從賊者，引賊從山後下，以致寨破陣亡。事聞，准祀昭忠祠。

官文富，柳村國學生。粵匪入境，奮力殺賊。被執不屈，身受十餘刃，殞命。事聞，欽卹庫銀佰兩，准祀昭忠祠。

徐賡堂，字省三。咸同間，粵寇擾境，賡堂捐資募勇，驅踞境之賊，陣亡於松之黄枝連。事聞，贈雲騎尉。

黄雲，號西睦，邑增生。賦性樸誠，早失怙，事母孝。好讀書不倦，精書法，能劈薪爲筆，瘦硬通神。遠近求書，輒滿其意而去。咸豐辛酉，粵寇驟至，衆皆走，雲獨坐中堂，駡賊不屈，遂殉難。壽七十有四。

應作浪，膂力過人。咸豐辛酉，奉辦團練，防守龍鼻頭。賊忽蜂擁而至，力竭陣亡。

朱肯堂，素性好勇。咸豐戊午三月，粵匪由北界陷遂城，西鄉團勇會集攻賊，肯堂持鳥鎗直入，賊益衆，肯堂力不支，被殺。事聞，入忠義祠。

尹鶴年，年甫弱冠，憤粵匪猖獗，督鄉團數百，直抵賊藪，與賊戰，殺賊無算。而賊聚愈衆，鶴年知勢不敵，令衆先退，身自殿後，被害。賊碎其骨，焚之。事聞，贈世襲雲騎尉。

尹廷颺，郡庠生。粵匪入境，村民逃匿，颺獨肅衣冠坐中堂。賊至，罵不住。賊怒，割舌剜心而去。事聞，贈世襲雲騎尉。

朱振鴻，字時賓，布政司理問銜，剛正不阿。咸豐戊午，督率鄉團駐守龍鼻頭。賊至，與戰，力竭陣亡。事聞，世襲雲騎尉。

葉殿榮，從九品。同治元年，在西鄉帶勇勦賊，陣亡。事聞，世襲雲騎尉。子芬華承襲。

包景晗、武童。葉起桃、周來富、李章海、周金高、張克隆、周三老奶、周勤肇、周勤印、陳懷聰、吴小梁、周兆松、周學琴、周蘭壽、宋小培裕、林文彬、藍天福、傅傳海、傅禄彦、方傳國、應桂壽、鄧石賓、邱大進、王華書、徐廷和、吴長齡、吴樟柏、謝連發、王文功、葉新德、宋會成、黄汝南、吴金發、王槐植、王槐新、吴樟養、吴金寶、王春福、黄汝爲、宋會東、何松茂、王槐良、詹洪章、朱益善、王槐瑞、王汝明、雷九德、吴光亮、傅順通、傅根源、葉大如、林登貴、王光裕、陳天佑、朱邦傑、朱邦武、朱弦德、朱坦、鄭炳俞、劉端璧、鄭水發、藍樟保、陳亮海、周振祥、何樟鰲、何樟南、涂觀德、朱長名、羅世茂、賴祥學、朱春貴、李福保、涂元三、葉香司、劉石章、羅世德、尹土發、尹小妹、王維藩、王樟慶、鄭章華、濮悠徐、濮能成、濮悠涵、濮悠成、王昌城、李老

二、江觀保、彭神山、黃永成、許俊隆、蕭全榮、蕭全順、蕭全性、鍾秉武、羅仁獻、唐松林、蕭德揚、藍久玉、林大興、張春松、王長志、詹茂正、蕭德振、尹德配、蕭石養、羅仁先、唐柏林、蕭石恩、李天順、吴連壽、章天壽、王立芳、王昌域、吴立山、包玉萬、李家山、藍金壽、藍士榮、黃大奴才、王樹屏、王維風、許蔡發、劉錫松、華小財、許得財、項英高、王忠元、毛鳳來、劉汝用、文童。周家溶、魏建勳、華秉輿、項名燦、毛德仁、華長生、吴鳳翔、武童。何林照、耆民。何彩琴、何宇喜、王德起、余增貴、包景耀、李連壽、葉大安、葉永澧、羅昌明、李老七、鍾增榮、華金浩、王桂林、雷老三、王百寶、包金谷、王德壽、吴昌本、包國炳、王天生、李天深、李天波、李天根、周樟松、雷阿龍、黃老二、藍樟喜、藍樟福、雷門亮、林田士、尹根清、章錦品、雷蔡吉、張樹榮、董土財、袁連兒、毛木興、張樟瑤、徐交養、蕭馬榮、王大元、王兆駒、王萬剛、魏福增、葉恒山、徐兆霖、翁成武、程春壽、胡元成、童學畬、王升球、闞抱璉、王培璋、楊遂發、周𥖁德、王俊年、李可法、謝兆富、陳金山、陳金壽、張川才、周德餘、周新泰、周岳敏、周學禮、周馬成、周勤田、徐廷燮、胡潤輝、葉永恩、周優兒、李賢萬、張朝贊、周其梧、華家清、華光棟、華家棉、華益桂、華客容、鄭奶兒、華承傳、徐樟才、王培堃、鄭樟青、劉尊三、周水法、俞兆雲、王小奴才、傅國良、童弦林、童樟福、項衍棠、何增培、葉有森、何小松柏、薛光田、董克申、董有鴻、姜在建、姜連華、李樟元、梁金芝、陳福祥、陳正發、葉家發、葉樟德、葉老三、華承澍、陳發林、周成、周小客、鄭土財、鄭炳南、周老洲、饒奎銘、徐水發、朱開泰、吕嘉臺、宋起鳳、童金雀、孫聯奎、薛炳焕、尹海鰲、尹樟栽、尹玉樹、尹衣錦、周小奴才、李成柏、謝樟榮、董玉瑞、謝奴才、毛家振、華光喜、馬德富、馬興寬、吴天生、金天福、毛復厚、俞光榮、王樟培、曾壽里、楊水龍、朱蘭福、黄砿發、戚全忠、奴僕。謝承光、武生。周啟墀、佾生。鄭夢辰、文童。何魁榮、葉有森、畢選盉、畢廷吉、畢云喜、畢廷貞、畢廷拔、葉老六、張世裕、張世賢、鄧連沛、涂老三、藍有、濮配龍、彭開海、葉樟華、余土養、戴福壽、徐賽鼎、何樟華、李榮魁、李松富、何祥林、尹樟、鍾成有、張秉元。

以上咸豐八年殉難。

詹宗生、官勇。葉奶兒、徐世梅、徐世正、陳南秀、王礑喜、胡揚貴、尹礑養、陳可福、華小妹、華乃乃、華樟順、黄周福、毛妹妹、華金寶、石老實、鄭樟福、陳阿穀、吕金芝、吴招財、劉錫梧、鄭炳勳、吕月明、周廷昌、邱金鶴、邱寶含、程訓揚、唐觀鴻、王長發、周本性、周自東、周聖求、葉樟柏、戴陳福、藍天有、胡金贊、胡金富、劉老大、朱土養、吴桂傳、黄金寶、駱宗林、尹小奶、林老二、陳金舟、鄭明見、胡森茂、雷石保、周兆錫、許樟達、陳阿狗、潘春榮、劉清奇、徐貴發、羅小畲客、周月中、陳良三、王鶴羽、王恩隆、胡樟壽、王三寶、徐四多、王德林、僧靈榜、王樹珍、武童。葉永瑞、文童。蔣仁壽、戴炳章、童培元、黄老泉、朱培高、廖慶文、周景榮、李子貴、程廷龍、張玉文、黄光、王秉全、唐廷松、江尚賢、羅成宗、黄開泰、鍾老三、吴大德、華禮立、徐來達、徐步堂、徐關標、童烏妹、樓桂華、王錫林、葉妹妹、吕賢慶、吕小妹、王起華、鄭馬則、李奶子、鄭水林、鄭芝根、王有文、鍾三晚、陸永沛、尹恩機、程樟富、鍾金喜、曹弦盛、廬德昌、曾有發、謝俊恩、姜偉圍、鄭養籌、何來富、卜玉魁、黄樟壽、華家寬、朱恒光、李寶喜、李樟才、余陳壽、陳啟英、湯大興、童阿春、胡大興、徐世能、王小才、王仁福、王成發、白宗林、徐孔培、陳炳昌、王寶華、朱德貴、鍾章寶、周基文、何福慶、姜清安、許金棠、姜清傳、姜清達、周基梅、許海富、周若富、周若承、姜清泰、潘兆利、徐祖武、吕來興、吴喜發、陳炳賢、陳唐壽、李松林、程阿月、徐兆瑗、徐惠泰、黄桂士、徐士泰、梁樟春、華三多、鄭德基、駱觀金、華家垣、王兆起、華天慶、淩順發、李樟唐、吴炳賢、劉錫訓、張犬兒、丁優發、王發和、黄殿揚、黄哇兒、賴老二、鄒老大、王光普、葉觀寶、俞高興、毛樟興、毛興海、王立賢、曹孔禮、潘志懷、黄正心、黄海金、楊柏林、楊樟伍、楊林、黄敬田、黄玖、黄弦水、吴德盛、俞阿福、饒大松、俞樟順、徐兆吉、鄭成繩、黄家熙、龔石富、張大賢、潘炳達、潘文焕、潘金榮、王觀裕、葉小妹姐、潘發興、潘觀有、潘弦壽、何彩洪、何日餘、何日根、何根海、潘炳熙、鄭庚福、潘金揚、潘金海、潘老六、潘觀達、周石明、周金培、潘水壽、葉芝根、葉林華、葉發壽、章維海、符松元、符雲貴、龔根貴、徐上標（未及十歲）。鄭芝洪、章仁發、章榮根、章家基、章維彩、章德富、章東山、章秀水、駱觀福、周土財、翁樟寶、吴根土、朱光祥、鄭小善、毛先益、陳金貴。

以上咸豐十一年殉難。

張繩武、武童。尹長雲、項成材、周振□、尹樟隆、余鳳培、尹長美、孟岳彩、鍾琴書、徐渭名、鄧馬貴、項忠保、吴梅基、吴正德、王秉忠、汪榮發、黄升旺、葉俊泰、尹德山、朱長發、翁光大、王家傑、張弦士、賴潤德、黄加起、藍喜梅、鄭發養、范石久、曹福有、葉樟楠、鄭人檢、李接順、黄文芳、鄭人揚、尹德言、闕添周、劉端書、雷樟萬、包國前、包老三、包成宗、鄭迎瑞、葉春發、毛裕亮、葉松年、藍蘭真、雷家堂、翁光發、李奴奴、何樟霓、何日有、何樟貴、李奶兒、何樟懷、何樟保、保日雲、何日貴、何彩高、何彩齊、何水法、何清賢、何茂餘、何弦財、何樟賢、何日焱、何日恒、何彩賢、何彩貫、何根發、唐天喜、葉錦益、葉錦林、朱正啟、劉招德、鄭蘇和、雷樟隆、雷樟明、邱松林、邱美斌、華文龍、王小海、朱新富、王孺方、華小鳳、應唐林、吴元亨、鄭巳庚、鄭善和、張德源、張德松、陳賢海、鄧成壽、鍾其貴、潘永治、徐士吉、徐士志、鄭松林、鄭長成、周華松、張炳賢、周家培、劉三苟、劉家喜、周騰芳、周彭甲、周禎祥、周繼祖、周學貴、周章瑞、廖金彪、周繼槐、葉小才、王三旨、李老四、徐三榮、尹章賢、葉南京、葉京文、徐炳札、徐石鏡、張如福、張弦才、張林高、張炳奎、李炳林、張陳松、孟弦壽、孟弦興、孟石保、周金才、周來明、周人相、周芳槐、李石法、李弦運、葉鳳元、陳水旺、陳弦基、毛聚沙、毛小奶、華家鏞、華家盛、華志奎、華家進、毛增信、毛土高、毛李榮、毛弦彩、毛增福、毛增才、方子春、畢悦來、葉法智、葉炳章、周廷杞、毛文光、徐胡林、毛老四、毛瓊、林妹姐、張家福、雷老二、周章海、周水完、葉水法、李廷喜、周定喜、崔起貴、葉砿富、葉茂吉、周砿瑞、涂舜華、林昌道、羅世盛、許俊慶、嚴開緒、周義文、尹滄海、葉發兒、毛觀慶、葉雷興、張尚圖、許永全、季德旌、尹孔書、雷阿義、葉鼎揚、童大妹、季妹姐、季四奶、方老三、嚴五哉、王昌運、嚴小才、李士槐、汪樟壽、羅樹嶺、羅姑子、羅樟順、羅長新、雷成孫、吴振榮、季德壽、季德旗、巫順海、汪永泰、劉順生、巫樟發、巫觀貴、葉馬錦、羅三星、葉隆宇、葉金榜、葉來源、盧得卯、雷明富、葉新瀛、葉新灩、葉鼎鐫、葉鼎豐、毛先崧、毛先崶、毛紹惇、毛先崑、毛裕漢、毛樟明、毛紹恒、毛世銓、邵樟槐、邱優儀、羅四妹、朱長明、毛石城、毛汝庸、羅來得、賴良學、張章海、黄來壽、汪榮蔡、葉春泰、葉鼎緑、尹曉妹、周貴華、潘樟滿、雷發興、鄭之安、鄭來貴、鄭盛樟、鄭必賢、葉玉泉、劉汝霖、周定順、楊殿正、毛先濤、葉新桂、葉盛德、葉樟保、潘定泰、潘成基、倪元勳、張庭元、徐水華、劉汝宜、葉金興、季樟奎、祝必榮、吴連生、羅百桂、祝有基、武啟茂、雷興寶、陳樟楠、雷金福、周華琴、宋奴才、鄭珍益、唐立奇、黄上求、唐靖功、唐錦星、傅南香、陳雲學、陳五奶、周炳有、朱日培、朱日茂、林良和、周觀鎬、周觀明、周昌元、潘正發、葉月明、周獻樹、周毓章、吴大有、潘石秀、林可祥、賴必元、葉起高、曾德賢、陳之能、朱順好、李必富、陳老五、李根養、鄭福田、羅小德、羅開升、羅石源、張金萬、朱老有、程樟鶴、周上義、周上和、楊盛有、楊新海、周松海、周發龍、周升輝、周升開、羅月明、羅弦發、羅有壽、包學文、包學樹、應東明、包書有、應大富、華廷達、華天富、華三滿、周天相、周德義、魏榮豪、應唐仁、程柏友、程弦春、程三壽、周德龍、周弦奎、祝德輝、魏榮華、張坤行、張啟松、羅福榮、羅清元、張榮朝、張仁貴、白元富、包書原、包鼎傳、祝榮壽、曾茂林、曾茂憂、羅卯生、羅月桂、羅興啟、羅興雲、祝得耀、應發貴、翁弦柏、翁弦壽、包書琴、胡富家、周大源、劉孝全、潘宋德、潘朝金、潘國旺、潘光彩、周寶林、周定魁、周定相、周如長、章彩偉、胡用選、胡順富、胡用發、胡臣樹、畢祥林、周日有、華慶鴻、潘培賢、宋弦海、畢朝啟、畢廷多、鄭天福、畢廷芬、蔣森茂、畢朝培、畢興、畢樟全、周樟秋、周弦林、鮑小妹妹、董元壽、周振興、聶水元、潘樟根、潘章勇、周國良、王海福、潘金章、方高運、周正春、石來喜、包錫州、李應龍、潘士高、應觀喜、朱老二、程利明、鄭養侯、鄭養瑗、鄭大妹、鄭大信、鄭宗林、鄭成本、周礓文、龔章廷、蘇高壽、童永嵒、武童。俞大滿、何攀桂、周馬貴、曹天喜、張庭福、周弦林、毛聞元、藍樟喜、雷老大、黃章書、童雷有、胡大才、胡國良、童永斌、蘇成芳、包日勳、徐胡林、張弦應、周忠和、周上林、程奶奶、葉富壽、李來法、李樟土、李樟奎、李小奎、徐起久、陳大松、張直龍、張西廣、張炳廣、張丙海、張小奶、張小犬、張丙林、張炳洪、馮樟錦、呂永成、周三培、周繼承、李長庚、張家葉、張茂森、張茂選、張茂良、張茂魁、俞光俊、監生。朱作仁、監生。朱金元、朱銀川、周德光、李樟壽、龔樟文、朱倉培、詹恩舒、詹陳喜、朱王成、雷阿福、駱宗瑞、駱宗福、周昌運、周升堯、周昌全、程章岳、楊日安、楊日燦、應繼時、應繼學、朱樟貴、劉才益、盧朝益、盧富富、曹四朝、鍾才益、楊小奶、盧全有、陳丙昌、陳開華、陳長壽、陳長銀、張來元、王曾榮、王亦田、畢樟月、畢樟壽、應尚千、應尚發、曾富奶、曾充榮、華清鴻、曾宗林、潘炳祥、潘炳君、潘培太、畢選盟、畢朝琪、劉珅琳、劉周喜、畢長琳、程利林、邱美武、潘開禄、潘天餘、陳亮海、潘樟滿、潘其然、潘發燕、潘啟陽、潘朝陽、武生。潘清進、周兆奇、傅問元、宋培祖、宋培發、張小阿二、吴小亮、潘廷泰、潘永治、潘成紀、林文斌、潘炳麟、葉振興、周順壽、周尚恒、周鶴清、王玉樹、周佩壽、周弦高、周定高、周兆松、周樟奶、周華琴、葉亦順、傅老海、周勤揚、周日昌、周文彩、應培海、周連科、周馬成、周勤琳、周勤祥、周藍壽、葉聖言、葉玉泉、藍阿一、周阿晚、周敘京、職員。羅正元、羅清元、羅金元、羅昌元、羅開龍、包國林、職員。包國校、包書源、包學序、包書丞、包鼎傳、應永富、祝有年、祝有基、汪裕慶、羅福榮、鄒石福、周觀明、張坤四、張弈松。

以上同治元年殉難。

徐志緒、華汝濱、王光海、蘇秉彩、蘇啟全、蘇宣瑤、程盛祥、葉奐璠、王有文、周貴華、鍾章萬、舒得木、潘樟水、周昌言、程芝鳳、曾樟萬、王三佐、王慶賞、張玉淳、吴志元、鄭養瀛、黄榮仁、葉桂芳、葉樟喜、劉懋獻、彭敬廷、徐鑑堂、徐薰、黄誥、葉殿榮、謝江、詹恩舒、鄭蘭孫、謝英、華敬元、周學贛、官文富、王錫鏞、毛裕隆、王月華、毛金賜、王傑、方蘭靜、程振輝、方上川、毛金暘、梁夔元、童玉瑞、華家宏、尹得沛、徐來達、周景榮、王楊林、黄修基、黄昌學、王學謙、謝鏡涵、劉雅、程宗伊、鮑國鱗、華廷獻、王恩綬、李建楊、王圻、葉嵩齡、謝國喬、鄭人選、李春林、周勤揚、包錦森、彭昌華、鄭成本、華金誥、王太和、潘樟海、李廷起、白長錦、賴方、黄英、吴廣、廖英、林榮、趙西、林同、吴查某、李盛、楊戇、葉和尚、林朝寶、曾性、陳蕃、林阿老、林阿旺、林青蕃、黄永、游矮、林戇溪、游嬰、陳戇、羅番、林文進、廖穴、盧城。

以上府志。

葉椹，字春園，大田莊人。咸豐戊午六月，粤匪犯境，椹率民團逆戰於松陽界首。賊勢張甚，方交綏，後隊已北，遂奔而殿。至一小橋，揮衆先渡，已獨以擡礮繫斃黄衣賊酋一名。俄賊騎四至，椹突陣越澗而蹶，遂遇害。賊碎其尸，合營練勇八百人皆相向泣。時年四十歲。

尹德綵，十五都小忠莊人。咸豐十一年五月初五日陣亡。時年四十七歲。

吴招慶，十五都白螺莊人。咸豐十一年十二月十五日陣亡。時年四十四歲。

周勤揚，從九品。同治元年，督帶義勇於大馬埠禦賊，陣亡。

毛金暘，布理問銜。戊午，粤匪亂，金暘出粟率衆禦賊，不敵，死之。

孝友

宋

鄭千義，保義鄉人。宋景定辛酉，母葉氏病，刲股救療，未效。或曰：人肝可救。遂自刲其肝，既死復蘇。母尋愈。邑令趙旴夫聞於郡守趙崇絢，移獎有云：刲肝療親，雖非孝道之正，然一念之切，上通乎天，而能起其母於垂死，非平日克盡孝道，豈能感格如此之速。又迎引榜示諸縣，作詩以旌之曰：多少愚民不愛身，傷身未必爲其親。願聽太守殷勤語，學取昌山孝行人。因改其鄉曰孝行鄉。

明

周思立。洪武末，父閏宗畏爲掾，自斷其指。時法當徙，事覺逃匿。官執思立詣獄，會大雪數尺許，思立被拷掠，置雪中，幾死復蘇。旬月會赦，乃求得父。父意思立必死，悲泣喪明。思立日舐其目，卒以復明。人稱孝感。入通志，送主入祠。

周子輝，字彥華，弟子忠。永樂初，被誣坐死，罪連妻子。彥華謂妻俞曰：吾弟死，二子尚幼，未能保其必嗣。若姪與其母俱死，吾忍弟弗嗣乎？俞泣曰：盍以吾次子代之。彥華曰：是也。遂以次子孟曉往。曉方十四歲，慨然從命，竟形於市。彥華與妻愛其二姪孟曦、孟顯若己生，鄉人義之，入通志。後以孟曉童年就命，稟送入祠。

黄原照，字伯亮，金溪人。洪武初，覲天下印官，以空印事詔獄。父道俊時任襄陽同知，署印及焉。方上怒甚，無敢言者，原照詣闕撃登聞鼓愬之，死其下，情詞剴切。上悟霽怒，釋原照父，得謫永豐丞。并盡釋印官，僕裹屍歸葬。原照孫鐸痛祖死非命，乃建望雲庵，塑像其中，終身廬墓，哭泣不輟。父生庶子，鐸妻乳之，迄成立。至今人稱其居爲孝友堂云。鐸有澹泊軒遺稿，入通志。

尹彦責，弟彦章，岩溪人。隱居養母，母年七十，朝必率諸婦左右佐飲食，湯藥甘旨惟所命，一時咸稱其孝。空同子書其事於文集。鄭宣南郡志補遺。

朱潑，字德淵。性謹厚，敦於孝弟。贊父盼修築橋梁道路，費以萬計。父歿，執喪如禮。奉遺命重築王村口石橋，卒成父志。鄉里稱爲朱孝子，送入祠。

徐潚，字士澄，東隅人。少業儒，以兄商於外，乃弃儒奉親。親病劇，焚香籲天，求以身代。刲股嘗糞，躬調藥石，衣不解帶者經年。居喪哀毁，廬墓守制。家貧，教授爲生，操行益勵。本學扁其門曰孝友。入孝子祠。

葉宏淵，少業儒，每遭父病，籲天求以身代。父年六十，妾生一子，弃之，竊取乳育成人。分産則曰：俱父一體，何肥瘠爲？長兄早逝，遺一孤，撫字不啻己出。又創家塾，置義田，建義店，以宿行旅。

吴一鵬，年十七，同巷失火。一鵬在外，念母奔回，家已在烈焰中，至則狂號突火。人以火勢甚熾，殺身無益，力挽之。一鵬大呼曰：母死何以生爲？挺身而入，母子俱斃。有司白諸當道，建坊送入祠。入通志。

王仲芳，字汝久。性至孝，九歲侍父疾，終夜徬徨不寐。既卒，哀毁如成人。事二母誠敬不衰。尤好施濟，推産以讓弟姪，宗族鄉黨多賴以舉火。歲疫，市藥救療，存活衆。居鄉平心率物，遠近咸服。邑大夫欲錫以鞶帶，固辭不受。家資故饒，以好施費盡，處之泰然。惟以詩書忠厚訓其子孫。王節婦，其家女也，終年七旬。廣文會稽周官爲之立傳。

葉志，字希尹。性孝友，族黨推敬。母病，割股以療。後己身病篤，子尚木方割股以進。孫克芳甫九齡，亦割肉煮羹，持甌避人至祖帷。群异之，索其甌，方知子父輕生行孝，不謀而合。人謂世孝。後尚木、克芳均舉鄉飲。壽七十餘。入通志，與尚木俱入孝子祠。

徐文洪，號龍山，徙居龍礌。周歲失怙，母楊氏孀居。文洪孝養純備，以庠士游太學。母以二子連逝，悲慟失明，即日陳情終養。自京馳歸，旦夕號天露禱，精誠所格，母目復明。妻鄭氏早世，義不再娶，躬親侍養，不離左右。逮選期届，亦不赴。人謂有李令伯風。

周應鳳，孝友性成，家世食貧，賣藥治生。母病篤，割股進母，至誠所格，延母壽一紀。弟應鸞亡，貧不能殮，爲任殯葬。以子士鯉爲嗣。弟應鶴，子士鰲，俱以明經爲士林望，皆其玉成也。壽七十一。

包可大，十歲喪父，即知孝。侍孀母，晨昏定省，不離左右。母六旬病篤，可大割身籲天，母困而復蘇。訓子有方。三子經邦、經都、經郊，俱膺恩歲薦。經邦自有傳。經都年七旬，猶朝圖暮史，好學不倦，恂恂端方，爲士林矩式。經郊亦以割股救母稱孝云。

國朝

王紹華，字景元，邑庠生，啓泰之嫡子也。弟紹萃、紹莘，俱庶出，奉父遺命，善撫之。教養婚娶，備盡心力。族有圖吞虎噬者，造謗言，且訟之官。紹華力辨，邑侯繆公偉之。萃、莘名復載譜，人不得垂涎焉。

吴德謙，字亨吉，邑庠生。父病危篤，割股進父，病愈。丙寅，洪水衝漂母柩，哀尋，經七日夜，不遑食息，竟得之。人咸謂孝心所感。庶弟三，教以文學，皆有聲庠序。縉紳先生每指述其事，以教鄉子弟云。

葉克芬。祠位存舊志，事實失載。或云葉志孫克芳，姑存之以備考。

華啟童，字恂然，本童姓，自幼乳哺於華。少積學，遂爲文社祭酒，遠近咸奉爲師範。性最孝，尤篤於本生父母。以選拔終，年三十五。妻黄氏，亦耐貧守志，撫孤歷三十年，全操而終。

華文溥，字棕一。幼穎异，十四游庠食餼，試輒冠軍。天性至孝，家貧，以館修娱二老，并爲諸弟婚，一堂孝友，人無間言。父病篤，每夜露禱，願以身代，父疾獲痊。年二十八賫志歿。

朱家選，字元凱，邑庠生，世居弈山。閩寇包鳳起入遂，逼助餉，家選匿其兄弟獨往。包怒將斬，色不變，包義而釋之。寇退，遇大旱，斗米錢三百文，家選質田園遠販以賑，存活甚衆。後白寇據遂，有木城。祝氏從總兵馬公入剿，意在復仇，而馬勿禁，家選晉謁力諫，乃得免。及歸里，收暴骨而撫其孤，壽七十有八。人思其德，今祀於鄉。

徐冀，字北也。年十七娶趙氏，十八生子來章，十九趙死。父母欲爲繼娶，冀不從，躬執爨以養親，推産讓其兄。親殁，負土營葬。清純介潔，教子孫立身讀書，尤嚴而摯。年八十一歲，守義六十二年。

徐啟澤，字德溥。天性真摯。母華疾，刲股以療，不起，號慟哀慘。適邑繆令過其門，嘆爲孝子，遣使贈賻，固卻不受。康熙壬辰，洪水衝漂母棺，啟澤抱棺水中三日夜，足爲之爛。養老父，傭力負擔，備極孝敬，喪葬竭力措置。年五十九殁。子來泰，忠厚醇謹，無愧孝子。後云啟澤入孝子祠。

徐來章，號魯庵，歲貢生，冀之子也。十月失恃，父抱以長。舌耕養親，垂老如嬰兒。父染瘵疾，衣不解帶者三年，每夜露禱，卒以無恙。當五旬，念母，終日哀慕，悲泣達旦，兩目盡腫，及門咸爲感動。尤敦正學，嫉浮華，因材成就，一邑譽髦多出其門。所著有東溪詩草、不息樓課藝。

俞長發，字其祥，邑庠生。體弱不勝衣，然當大節，輒奮勇直前。痛父母早逝，撫兩庶弟有加恩。弟疾，日夜守視，親治湯藥，月餘不懈，聞者無不感動。終年三十四。

王曰瑚，字夏鼎，年十三游庠。家貧訓蒙，孝友獨摯，凶荒甘旨無缺。母病，刲股以療。親怒，則長跪膝下，解而後起。弟曰璉，爲父母愛憐，幼患風疾，轉側需人，曰瑚竭力扶持，以慰親心。年四十三終。其父曰：兒死，吾何以生？慟哭七日亦逝。遺命與子同壙。子之垣，克遵先志，人咸謂孝子有後云。

吴明玠，字彦挺，邑庠生。制行端慤，至性過人。自幼出繼堂叔爲嗣，繼父母早歿，繼祖母責望過急，勞以力役，艱苦萬狀，卒能得其歡心。喜讀書，年十八始就鄉塾，數歲即蜚聲庠序，爲知名士。以館穀奉養，甘旨勿缺。後復以祖母命貿易四方，途次遭風，舟覆者數四，俱得不死。又嘗入山，爲虎所攫，時弟明龍在側，竭力奔救，舉巨石投虎，虎逸去，人咸謂得孝友之報云。生平敦宗睦族，捐置祀田，以報生父。信友恤鄰，以身教人，人多化之。霅溪閔峙庭中丞爲之立傳。

鄭士敬，字翊文，府增生。父席豐厚，不治生計。年十五，即理家政，養親志，鋭意勤讀。十九入府庠，而父性任俠，遇不平事，輒面斥人非。屢爲群小所睚眦，因而日夜伺釁，搆興大獄。時家少餘丁，一庶弟方在懷，昏夜奔走，膚裂趾腫，出萬死一生計，傾家營救，卒脱父難。事庶母與己母絶無毫髮异。弟揮霍千金産，不踰年。典質殆盡，出己資潛爲經營，已失復還，而不使之覺。逢親朋遠在他鄉者，或遇缺需，無不立解囊潛贈，稱爲家寄，終不令其人知也。才識宏遠，里中事咸取决焉。

而儉樸純厚，若呐呐無他長。

童汝梅，字鼎和，邑廩生。性孝友，弟妹婚嫁事，力任之，不貽二親憂。造就諸弟，皆成令器。父母寢疾，忘餐廢寢。視弟有病，一如己病。子以誠、以諴，俱邑廩生。以諴早故，以誠痛弟之亡與親之殁，哀感成疾。孝友之篤，鮮有及者。

戴中孚，字衷一，郡庠生。秉性純篤，得親歡心，尤友愛諸昆季。親没，析産讓肥居瘠。嘗臘月，隣人不戒於火，兄弟屋皆延燒。己倉舍無恙，出穀分與諸昆季，并賑族隣，以度殘臘。徙西溪，建家祠，延師課諸孫成名。省城舊乏公寓，因炭業鳌金，倡首勸捐，售江干周姓屋，爲栝昌公所。

鄭醒世，字超倫，邑諸生，岦三子也。幼不事嬉戲，及長，嚴氣正性，令人見憚。家不中貲，事親能體志入微，叔父亦鍾愛之。叔無子而豐於財，常許立爲嗣，告諸親族，已有成議。時仲氏家中落，及叔卒，讓於仲，仲固辭，讓益力。仲議雙承，又以母老執不可。即爲請於叔母，叔母雅不欲，則委婉涕泣勸諭之，卒以仲爲叔後。叔家人多與仲不相能，復爲之竭力周旋，必使彼此相安而後已。

吴經，字理緒，以庠生入太學，練溪人。少失怙，事寡母綦孝，數十年如一日。母殁，年已衰，哀毁骨立。兄早殁，撫姪如子，俾各成立。爲人寬厚寡言，嗜酒工詩，吟成輒弃去。性慷慨好施，求無不應，以是落其家，未嘗悔也。

吴秉中，字允傳，邑庠生。家貧，藉館穀養家。父壯，鰥不娶，竭誠奉養侍疾，致廢寢食。居喪哀毁過情。年逾八旬，歲時祭祀，常見隕涕。弟病瘵，親調湯藥，憂形於色。及歿，慟哭幾絶。思弟之切，終身弗衰。教育兩姪，俱得成名。凡鄉黨宗族事，勤慎經畫，歷久不怠。

劉振，字巨成，由庠生例授按照磨。博通經史，天性純孝，年踰古稀，四時步行掃墓，從未有間。撫孤姪如子，訓育成人。姊死無後，爲立祭田，命子姪遞年奉祀。睦姻任恤，望重一鄉。生六子，俱列膠庠，孫曾林立。歿之夕，無疾苦，子孫侍飲，猶宣講綱鑑數則。飲畢，趺坐而逝。

吴秉權，字景周，廩貢生。生未周而孤，事母極孝順，惟恐失。敬兄如父，奉兄命肄業敷文書院。未幾兄歿，哀痛絶食者數日，遂絶意功名。家居奉母撫姪，不啻己出。誘掖後進，娓娓不倦。與同人捐積三良士户田，以爲士子鄉試資。事關宗黨，莫不踴躍首倡。壽逾古稀，遺命與兄合墓。

葉蒸，字秉恒，邑庠生。援例得布理問。生母早故，事繼母以孝聞。及卒，哀痛逾所生。幼勤學，不問家事。兄弟分居，田宅什物任伯氏恣所取。伯氏雅不欲，讓愈力，必如所請而後已。至周急窮困，置義冢，修橋道，尤不勝枚舉。爲人伉爽，面折人過而即解。與人交，久而彌篤。遇公事，力任之無難色。

朱英，號粲三，邑庠生。例授按照磨，以孝友重於鄉。父歿纔七齡，哀毁如成人。稍長，事母益謹。母病劇，願減算以增母壽。兄弟俱早卒，竭力撫孤，俾皆成立焉。

華濤，字雪帆，太學生。制行醇潔，事父勤謹，寢食不離左右。父病篤，籲天願以身代，人欽其孝。凡造橋梁，修道路，建廟宇，立社倉，有俾於世者，無不慷慨倡先。嘉慶元年，詔天下舉孝廉方正，縣官以濤應，徵之不起。

徐受泰，字履安，太學生。爲人剛正肫篤。幼罹凶虐，出育外家。外祖母孀居，撫養。及長，勉力圖報，爲請旌典。父喜客外，庚申歲館轂村塾，洪水暴漲，人與書舍俱没。受泰聞信，號泣奔赴，水勢汹涌，屢瀕於危。卒於數十里外，得父屍歸葬。家貧，舌耕爲業，門下多知名士。岳家中落，教育兩内姪，俾俱成立。誤買良家女爲婢，知即遣回，途次拾百金遺券還失主，無德色。子必榮，孫國治，均名振膠庠。壽七十有五。

吴守基，字蔚村。由恩貢授直隸州州判職。髫齡失怙，事孀母盡孝，寢饋必親，友愛兩兄。精書畫，行草尤爲人所珍。知縣朱勿軒聘修邑乘。

華明韶，號納庵，文津子。力學，早歲游庠，侍父赴京朝考，旋隨永嘉縣教諭任。父忽病篤，明韶每夜焚香告天，誓以身代，父病果愈。竟以侍父疾勞瘁，成失音症而殁。

吴文焕，字奎銘。父瞽，幼即解侍奉。年四十，母病篤，家貧無計，焚香禱天，刲左股以進，母病竟愈。越兩年，母病故，葬母守墓。咸豐戊午，粤寇入城，文焕負父入山，中途遇賊，刃傷其父。文焕覆父身，慟哭哀求，賊義之，釋父去。辛酉、壬戌，邑大饑，市無粒米，文焕負米百里外供父，自食糠粃。素習醫，恒不取貲。光緒十五年，督學潘以孝思錫類額旌其門，祀忠孝祠。

朱本大，居西鄉盤溪。少孤，家極貧，採薪爲生。事母至孝，定省無閑，夏則以燭除蚊，冬必先以身温，然後請母就榻。已任饑寒，而奉養無缺乏，惜不假之年。一病不起，母老竟無所依，鄉里哀之。

葉昕，字耀廷，國學生。温厚純篤，孝事父母，友愛弟昆。凡遇善舉，無不贊成父志。父病，衣不解帶。既殁，日夜不離柩側。未周年，竟以哀傷亡。

程宗伊，字景川，庠生。生性孝友，戊午粵匪擾境，扶母走避。宗伊被虜，持母襟痛哭。宗伊竟不歸，母亦尋斃。

華振祥，字曉湖，國學生。秉性正直，孝養父母。母病篤，露禱願代。戊午寇至，全家遠遁。父以年耄不去，振祥夙夜不離。寇犯門，負父入岩穴，饑無所食，幾欲割股以奉父。絶粒五日，父子生還，人皆謂孝敬所。

朱延宗，性至孝。父明發被人誣控，投潭而斃。延宗痛不欲生，亦躍潭而殉。家貧業農，未能詳報。

葉光琦，字厚田，授布政司理問。性孝友，事嫡母、生母，均得其歡心。如造橋平路，置義冢，捐助育嬰堂，無不踴躍首倡。

潘玉田，穩川農家子。生數月即失怙，母王氏守節。玉田性至孝，母病，割股以療。家極貧，躬耕養母，必事事得母歡而後已。勤儉起家，娶妻生九子，至今子孫蕃衍。輯譜牒，立宗祠，母節子孝，大吏以扁額表其閭。

周之暢，字可達，居東坑。市遠人稀，家貧。一日母病，思食肉甚急，之暢無計，割股以進。當年割股之處，至今名其田曰割股坵。

項英賢，號仰山。少失怙，而事母孝。能文章，嘗從廣文周愛棠游，愛棠重其文。應童試，屢列前茅。以鮮昆季，不忍離母，納粟得五品銜。會粵匪亂，奉郡檄督團勇，事急，負其先中丞應祥所著問夜草、國策膾、醯雞齋稿以走。故項氏遺書，兵燹後猶有數帙存者，英賢力也。寇平，先以問夜草重刊，餘待次第舉行。乃以母喪哀毁致疾，越三月竟不起，年五十。

徐世標，字存和。家世業農，天性孝友。父亦富，訓子嚴，世標務得親歡心。父歿，群季尚幼，盡心撫育，得成立。人漸衆多，始推産析爨。母氏黄，年登耄耋，與諸弟遞相奉養。所居内外村，相隔里許，雖年邁，必親肩襆被以迎母。遇戚里借貸，貧不能償者，恒舉券焚之。以子景福貴，贈奉政大夫。

華彬，字志伊，國學生。事繼母，承顔怡志。繼母病，躬親湯藥，日夜不離。又有外祖母，家貧無歸，奉養終身，喪葬祭祀，皆力任之。族黨咸稱孝焉。道光午年，旱甚，知縣朱煌發義倉粟糶之，猶不足，彬以私財泛舟相繼，全活貧人甚衆，宜其見重於朱邑侯。

駱光成，南鄉人。天性至孝，母病篤，成割股以進，勿藥，病痊。人咸謂孝感。享年八十有三。

宦迹

宋

閭邱景憲，由特奏名，初爲本縣學職。時知縣林采重修儒學，景憲贊之。後爲監酒税。

鄭乂，字充道，航頭人。嘉祐初，胡公瑗主太學，連預薦名，以學行稱。熙甯間，登進士第，授將作監主簿，調玉山尉。武陵先生志其墓。

華友龍，字起淵。由庠序起家，初爲含光縣主簿，旋升婺州路録判，後授獎仕郎，遷揚州、通泰二州屯田提舉。莅官歷有政聲，民懷其德，秩滿，咸奔走送之。

劉賁，字元貞，伯憲之父。少力學，受業於武陵先生。由進士爲越州理掾、鎮江軍書記，改秩，知建平縣，通判青州、常州，轉正郎，奉祠。劉伯憲有學行，游上庠，登第，擢衛州教官。

周贇，字襄仲，綰之孫，柘溪人。由進士歷大理寺丞及正奉祠，徙居永嘉。族子焕與子若思俱擢進士。

鄭俅，字端夫，居航頭。少以學問稱，居鄉教授，從者如雲。紹興間登第，分教盱眙縣，改茶陵主簿。秩滿引年，賜五品服。張貴謨、華延年皆出其門。

華延年，字慶長，磊落有志操。淳熙間進士，擢丞閩邑。當路交薦之，未及啟行而逝。

王景夔，慶元間特奏名，以文藝稱。知錢塘縣，轉淳王宫教授，儒林郎。

王仲傑，由特奏名，知星子縣，有善政。朱子創白鹿書院，屬令董事，及與吕東萊書，稱其老成忠厚。民甚愛之。見白鹿洞記。

潘起岩，由進士仕至檢閲。

劉鼎，字公器，中特科第一人，賜進士出身，除東陽郡教官。子贊、賁，俱特奏名。

元

王鉉翁，字中實，鑑翁之兄。由人材任平江路吴縣主簿，英邁敏達，莅政不苟。郡守杜某素知其材，悉委以政。豪民顧、鍾、朱、郭四大姓怙勢爲不法，發其罪，置於理。轉兩淮都轉運，除黄岩州判官。亭户洪甲恃不統于有司，恣爲暴横，殺平民。吏白不宜問，鉉翁曰：殺人之人，乃可置不問耶？逮捕繫獄，罪之。奸民有挾僞鈔板詣官自首者，覬事發，因得誣連富人。鉉翁察其情，詰之，果自服，立命焚其板。遷忠顯校尉，尋以昭信校尉、中山府判官致仕。入通志。

明

尹思忠，字藎卿，起莘裔孫。其先以扈從入京，世襲錦衣，四傳至思忠，豐儀博學，蚤游膠庠。

相者謂公貌當以武貴，乃投筆登萬曆丙戌武進士，擢守雁門，官至山西分閫。天性孝友，愛士卒，所至延章縫之士，談詩説劍，有儒將風。辛卯，給事張公貞觀閲邊，聞思忠賢，虚心咨訪，乃條上六事，皆籌邊大計，邊人至今頌之。

應櫍，號警庵。學問純正，才識練達。嘉靖丙戌進士，授刑部主事。惠安張某以贓敗下部，客有爲張私謁者，夜遺金七百，峻拒之，嚴駁如法。歷郎中奉使南直隸，恤刑平反，全活者衆。升濟南府，遷知常州。適當定冊，櫍究極利弊，詳定規畫，丁據黄冊，糧據實徵，其所更賦役二法，最爲精善。歷寶慶辰州，卓有風骨，權貴斂迹。常州有去思碑。尚書許讚嘗宣言於朝，稱爲天下第一知府。尋升湖廣提學副使，轉陝西行苑馬寺卿，升山東布政使，擢山東山西巡撫。會北虜入寇，即千里勤王，朝廷嘉之，錫以燕賞，升兵部侍郎，總督兩廣軍務。桂平等處徭獞雜處，半爲盜藪，積五十餘年。櫍至，諭以德意，樊家屯、馬江等劇賊悉款服，惟七山諸寇怙亂自若。櫍親督精鋭擊之，賊敗衂，弃巢走。遂封其山，籍其田廬畜物，令官兵屯住耕作。捷聞，賚金帛蔭一子。卒於官，贈兵部尚書，遣官祭葬。所著有慎獨録、讞獄稿、大明律釋義行世。祀鄉賢。入通志。

黄中，號西野，先名忠。穎异不凡，由乙科令鉛山，冰蘗自勵。弋陽業奪驛馬，誓弃官復之，省歲貢千數百金。擢貴州道監察御史，出按晉滇及留都，持大體，多异績。補天津兵備道，妖人張道仙聚衆數千爲亂，一夕縶而殲焉，招集流亡歸業者。萬户錢塘田汝誠序其集，謂栝蒼詩派倡自郁離子，郁離子歿凡二百年無聞，而有黃西野出焉。著有西野奏疏、南窗紀竊集、吹劍集、易經紀蒙。入通志。

余鋟，進士，嘉靖元年知浦城縣。溫溫其度，愛民如子。鼎新學宫，講明經術。用薦調繁侯官，邑中歌曰：公來臨浦，民自得所。公去不復，民何以怙？父老傳爲循良第一。後官至布政使。余鋟舊志不載，見建甯府志宦迹篇。

吴孔性，字粹卿。嘉靖壬戌進士。器度純愨，篤行孝友。任刑曹，贊决大獄，多所平反。守安慶，定兵變，不動聲色。備兵閩漳，禁市舶，肅清海甸。歷雲南參政仕，家居力挽頹靡。分産二兄，賑施宗黨。修譜牒，創祠宇。所著有管見、訓俗等書行世。

鄭秉厚，號蒼濂。嘉靖辛酉鄉薦第二，隆慶辛未進士。始令南豐，撤悍兵，均田賦，人頌神明，立石建十一之行。取入諫垣，彈劾京營侍郎孟重，疏中并及張居正、馮保，直聲震世，聞者辟易。副憲閩滇，持風裁殲叛夷。糧儲江右，節用通濟，區畫惟宜。以督運勞瘁，終於淮次。有奏疏、文集行世。

項應祥，字元芝，號東鰲，森長子。萬曆庚辰進士。初令建陽，勵志冰蘗，力雪寃獄。縣志有『抱案吏從冰上立，訴寃人向鏡中來』之語。復補丹陽、巴縣，調華亭，主勘勢惡，定以大辟，聲震南都。擢司諫，有翼儲、請冠、請婚七疏，功在國本。掌天垣，秉公矢慎，海内想望丰采。時南北黨興，挺然不阿，甘心者思欲中以奇禍，遂假妖人書誣衊之。賴神廟素鑒其忠赤，終始無他，詳見疏中。捐俸給養士田三百石，方伯温陵洪公啟睿爲之記。贍族田三百石，塾田五十石。累升應天巡撫，卒於家。祀鄉賢，并祀建陽名宦。所著有問夜草、醢雞齋稿、國策膾行于世。

項應瑞，字儀明，森仲子。萬曆戊子鄉薦，以兄應祥兩分考南宮迴避，署建陽教諭。丙午，聘江右分試，升盱眙知縣。邑當南北孔道，無城郭、倉庫、獄司，防守爲難，盡心拮据。僅一載，調繁建甯，革火耗，裁里甲，一以廉明簡易爲政。遷蒙化府同知，遂賦歸來，放情棋酒，不問外事。長子天慶辛酉舉於鄉，後二歲乃卒。臨逝賦詩：未必南面樂，未必刀山苦。魄散魂白升，茫茫還太古。精爽不亂，識者偉之。

鄭一舉，字應科。儀容偉岸，動履端莊。由選貢授四川西充知縣，廉明仁恕，庠士多所造就。成獄重囚，得平反者四人。郡守饒公景暉目爲循吏，直指趙公標稱曰福星。致政家居，捐資賑族，躬行節儉，爲鄉閭表率云。

黄一陽，字旋化，九鼎之弟。萬曆癸巳選貢，授滄州判官。築隄理鹽，極著茂績。庚戌，發銀賑畿輔，民實受其惠。升藤縣，地産异草，人食之立死，惡少每恃以誣人。一陽下車，首著爲禁。在任二年，鮮有以人命訟者。欲挂冠歸，當道不允，殁于官。所著有嶽立軒稿。入通志。

鄭九炯，字美中。萬曆壬子舉人，授靈壁知縣。邑當南北孔道，供給浩繁。裁夫役，革火耗，葺城堡，修學，旌節孝，士民德之。升江甯令，治如靈壁。發舊任奸吏侵欺錢糧萬餘金。遷刑部主事，清查淹禁，全活者衆。附列考選，上疏抗陳銓政，朝議以其侵官，謫德安府推官。肅清囹圄，多所平反。遷工部員外郎。母年逾九旬，致仕歸養。

葉雲，字民望。由歲貢除江西建昌府推官。居官廉介，捐俸修曾南豐祠，執法忤當道，遂致仕。居家甘貧，有司以蔡相公廟基地遺之，計直數千金，辭弗受。湖山所建鳳池書院，即其地也。入通志介節。

朱九綸，字廷重，用化長子。慕薛文清學，作止奉則，以文章受知丁哲初、湯若士兩公。泰昌庚申，覃恩應薦，讓一老友。乙丑，始以歲例訓臨海。有貧士王生，以逋賦爲縣卒辱，即逮躬親杖之，隨出俸代償其逋。遷柳城教諭，以南方學教士，士得所宗。時義烏沈尉夫婦喪不能歸，即搜槖數十金畀厥子，以櫬歸。教授紹興，捐資刻功過録，學道劉頒行十郡。嘉與人善，而有惡必懲，廉俸所入，不私諸己。五十執親喪，哀慕如孺子，析箸聽諸弟取其腴者。甲申國變，率鄉人爲舊君服。著有懶雲窩等集。

周德琳，字廷獻。由進士除刑部主事，歷郎中。廉謹平恕，不阿權貴。正統間，清理江西刑獄，多所全活。升雲南布政司參議。時宦官金姓者，要其一見，以美官誘之，不往，遂乞歸。入通志。

徐濟翔，由儒士任河南舞陽縣教諭。建文中被黜。永樂二年，復召用，以年老辭職，奉勅致仕。

翁德昇，由儒士任本縣訓導。所著有燕石藁若干卷。

周汝賢，字希聖。由歲貢任禮科給事中。永樂九年，差四川撫按軍民。十年，差廣東接釋迦佛真身舍利子，兼盤番貨。

王一元，曾山南隅人。由歲貢任江西萬安縣訓導。家居嗜學，閭黨咸欽，屢賓鄉飲。

葉大有，字謙夫。由歲貢任直隸宣城縣訓導。屢以學行蒙獎，終于官署。

蘇滿，字善持，號草窗，南隅人。誠篤淳朴，讓貢至再。任湖廣桂陽州儒學訓導，致仕歸。

翁學淵，字原道。由進士除南京刑部主事，歷郎中。明刑飭法，以敏幹稱。升貴州左參議，以試録謫真定府通判，轉邵武同知，歷福建、湖廣僉事。草創縣志，至今則之。

吴孔雍，字堯卿。由歲貢任天台縣訓導。性孝友，睦族好施，力行古道。授徒於鄉，弟子甚衆。筌奥旨，工大書，屢辟賓筵。所著有振世希聲稿。門人中丞項應祥、太史楊守勤、同鄉王一中爲之序。

朱文盛，字用化。正直廉謹，豁達大度，爲邑令池公浴德所重。謁選銓部，授仙游合浦倅，歷寶慶桂林幕。所至百姓安之，上臺交薦。在寶慶時，節推丁公啓濬有疑獄，力平反之。節推亟稱於御史臺，有『守身不染一塵，折獄立服兩造』之語。家居三十年，凡鄉族諸事，悉爲處分，不抵郡縣。壽踰八旬，兩薦賓筵。

項天慶，字六吉。性倜儻不羈，由舉人授武陟縣令。迎吏至都門，醵金二百爲行李資，舊例也。

天慶艴然曰：此何名？徒累吾民耳。峻卻之。下車，邑民頂香迎候，益自矯厲。終以傲不諧於上，解組歸。

徐志雄，字士英，授上海丞。滬俗尚氣習侈，有打降、鬬寶兩陋規，往往欺懦，致傷人命，且啟寇劫。志雄力請上臺革除，民賴以安。又築城濠禦寇，創黄浦渡。滬人德之，建立生祠。以親老歸養，待族戚有恩義，助學田。司理袁公重之，勒石學宫。郡侯陳公旌爲宦林清品。年七十有五，無疾以終。

黄緝，號古愚。悃愊愊厚，制行純良。以例授廣西南甯府經歷。居鄉三舉善行，五推賓筵。壽八十七。

王居敬，由掾爲婺源尉。政尚寬慈，士民共仰。時解南糧過岩峙街，鄉民適與工部吕因黄山爲難，揭旗大譁。居敬恐激變，委曲勸諭，民始靖。且爲中説道府返役，歡呼道迎者十里。又婺人與江右樂平人爲難，婺故食饒郡米，因嗾饒守閉糴。居敬單騎至饒，陳説曉暢，疏通船貨，民大銜感。比告歸，婺人思之，立祠頌德焉。

王所學，號華峰。由掾吏任夔州奉節尉。勤慎仁愛，不以位卑曠秩。素精岐黄，施藥餌，全活數千人。按臺吴從先薦擢主簿，以父喪歸。徜徉山水，好吟咏。任蜀時，有蜀游紀勝草。居鄉正直，族弟孤單，代聘以衍嗣續，有古人風。

李尚璣，字虞衡。由邑掾任江南溧陽縣典史，遷山東青城縣主簿。萬曆三年署縣事。

李文俊，字彦修，官溪人。從父勦寇有功，授主簿。

國朝

劉應時，字瑞生。究心理學，力闢异端，尤不喜佛老家言，言動嚴正。以明經除四川滎縣令，免運茶税鹽引折色，卓有廉名，以註誤報罷。所著有易經解、四書講義等書。

王文榮，號達宇。業儒不就，爲邑掾，奉公守法，當事咸信重之。上考，授鎮江丹徒縣姜家司巡檢，給由應授主簿，以家政冗不及赴。年七十而逝。

駱文奎，號百泉。幼篤孝友，長諳法律，性行狷介。授鎮遠縣典史，愛民奉公，縣令倚爲左右手。升定番州卧龍司吏目，不貶節以媚上。一日，州守有能言鸚鵡、香臍雞，縱之取，迕意弗阿，投劾而歸。官卑品卓，人咸欽之。家居課子若孫，樂丘壑以終老，壽踰古稀。

俞光顯，字榮我。髫年給事縣庭，立行方便。初選廣甯衛倉大使，革耗惠民，上官稱其能。轉江西新淦縣水北墟巡檢，平官價，除陋規，墟城歡呼，巡按旌獎。以勞瘁終于官，年僅四十六。衣棺無措，紳民輸資得歸其喪。

徐一貴，字良之。廉讓朴誠，敦尚孝義。任華亭尉，有賢聲。致仕家居十餘年，睦婣任恤，儉素自如。子應文，蜚英黌序，以德行稱。

鄭元幹，字硯聲。學有洲源。順治戊子恩貢，考選通判，歷官至蘇州府同知，攝崑山縣篆。時漕政嚴切，民有賣男鬻婦者，捐俸代之，恩威并濟，兵民安堵。解組歸，行李蕭然。著有覺世金繩、含馨齋隨筆、歐陽文忠公讀書法。

李仕道，字見可。篤行力學，户牖間皆心性格言。選餘姚教諭，升衢州府學教授。遂西北水入衢，鄉人貿遷材木必經焉。會修黌宇，仕道董其事。諸販慮其或私鄉人，仕道皆權其值售之，人服其公。尋升山西翼城縣丞，署縣三月，致仕歸。

朱家瓚，字元啓。聰慧博學，由廩生膺戊辰恩選，肄業北雍，兩中副車。庚午試房考擬元，主司以策語忤當道，抑之，士大夫咸惜焉。銓授廣東保昌縣丞，正直不阿。拂衣歸里，談經論道，後學宗之。邑侯徐治國延修縣志。所著有螺青、漚言諸集。

黄德徽，字慎甫。襟期磊落，尤工于古文詞。幼失怙，事母兄極孝謹，課幼弟成名。兄殁，復育孤姪，有聲庠序。中乙卯副榜，歷任於潛、餘杭、嚴州學。所至砥礪行誼，多士咸得所宗。卒于官，壽七十三。

王啟緒，號柳亭。自少篤學，以恩貢任上虞教諭。教士育才，捐俸修學宫、崇聖宫、明倫堂，且創建義學，置田延師，克著成效。年七十餘致仕歸。

王業，字肇禹。少孤貧，天資穎敏，以優行貢成均。銓東陽司訓，懋著惠政，士人心愛之。後升錢塘教諭。及卒，猶贈賻不絶云。

鄭之騄，字仲良。温厚和易，由歲貢至衢州府訓導。以文行勖多士，終於官。

鄭國林，號竹村。性質直，由選拔任孝豐教諭。督課不倦，人咸畏而愛之。苜蓿風清，釜甑塵常滿，餽遺悉屏弗受，雖室人交謫勿顧也。秩滿而家産已盡，上官慰留，竟拂衣歸里。時年踰古稀，好讀史，至失明歲餘，僅能見字，而勤讀如故。致復盲，仍默誦自遣，幾忘昏曉。壽八十餘終。

毛儀點，字聖與。以恩貢任浦江教諭。性孝友，幼失怙恃，事兄如父。里中山高溪深，架橋輒圮，與兄儀燾捐資千金，建以石梁，人皆德之。在官日與諸生講學，亹亹不倦。致仕歸，談經論史，後學宗之。壽至八十有二。

朱奎，字星聚。由拔貢任武義教諭。勤於課士，事關學校，靡不修舉。年七十卒於官。著有易經心解、四書約義、詩韻音義註行世。纂修金華府志、武義縣志，金華太守嚴少峰爲之立傳。

吴心恬，字養冲。由優貢選授黄岩訓導。資禀過人，讀書目數行下，竇東皋宗伯甚獎許之。莅任黄岩，飭躬訓士。有諸生以歉積課被繫，令將懲之以法，聞其事，亟赴縣緩頰，得釋歸。而生赤貧，至期無以應，爲解囊償之。

官文濬，字鏡涵。邑庠生，援例署山東鹽大使，升任福建連城知縣。勤政治，絶苞苴。有貴介來謁，敘談間微及公事，臨别遞一密函，拆視則千金券也，即擲還之。一富商爲事株連，檄提有名，甚疑懼，僚屬謀乘機取利。文濬偵知其故，立召至，諭以無悊。既而衆欲未遂，復思有以中傷之，動以飛語，絶不爲撓，卒脱其人於禍。有無賴子犯法，緣坐者幾至十人，廉得其情，坐首惡於法，餘俱不問。將遷官，以親老辭歸。

朱霖，字雨亭。性孝友，嗜學。督歸化場大使，莅事廉明，督煎催課，加意撫綏。有昌黎縣竈丁苦差役，亟爲陳請裁免，烟竈感戴。上游重其才，列薦章矣，以母老辭。解組之日，祖餞載道。喜詩古文詞，經游名勝，見諸篇什。著有雨亭吟草。其子渭，得膺辛卯科鄉薦。

官承誥，字廷褒。樂善好施，倜儻不羈。由拔貢分發廣西，歷署上林縣縣丞、天河縣知縣、江州州同、安平州州判。所至皆著政聲。嘗由江州回省，條陳邊事，大吏嘉其熟悉邊情，將不次擢之。旋以丁艱歸。

朱燦榆，字星階。由拔貢授直隸州州判，歷署福建龍岩州溪口州同，有惠政。尋以憂歸。服闋，改廣東候補。時海氛不靖，奉檄巡緝，冒颶風得眩暈疾，乞歸。粤匪犯境，集鄉團捍禦，晝夜靡暇，遂成疾卒。著有見山草堂詩文集。

徐志涵，字淵泉。天姿英俊，爲童子時，出語已驚長老。父早故，援例以從九品需次南河，歷任羊寨五港司巡檢，清河縣外河主簿，山陽裏河縣丞。於蔣壩坊堵捻匪，徐州守城功，得五品銜。在官克盡厥職。

徐國楨，字冠卿。姿質明敏，鄉試屢薦不售。時事多故，入襄戎幕，得藍翎，以主簿歸部銓。壬午，朝鮮内亂，隨欽使出鎮有功，得知縣，分發江蘇。入覲抵京，竟一病不起。

徐國楠，字冠英。父志涵，爲山陽縣丞。國楠隨父任，奉事惟謹。旋以從九品受大吏知，得進理問銜。雖未身居要地，而一卑官能受知於大吏，人於是欽其才。今其子孫尚居於徐州。

李本榮，原名廷榮，字載芬。弱冠游庠，中道光辛卯副車，取八旗教習。己酉，復舉北闈。咸豐初，以知縣揀發江蘇。值髮逆據金陵，州郡戒嚴，潮勇驕悍難制，密請誅其魁，一軍帖然。署金壇，軍書旁午，繕守備，聚餱糧，民以安堵。以協理江浙海運功，擢同知，署嘉定。飛蝗蔽野，親自督捕。邑故多盜，出資購捕，悉寘之法。寇擾浙東，歸里辦團防，賊不敢至其鄉。兵興米貴，復運糴平糶。

徐景福，字介亭，一字丹泉，世居周公源茅陽。年十三始就學，不數年游庠。咸豐戊午舉於鄉，辦鄉團禦賊，一源獲全。後入大營，隨克復餘杭，轉戰入閩，敘功得知縣。同治辛未成進士，授常熟令，調婁邑。有某孀夫死，再期生子，爲族人所訐。引良嬴弗陵及老聃事，駁斥之。光緒初，赴本任，捐俸賑江北饑民。出資捕蝗，禱雨虞山，立沛甘霖。尋改荆溪，清保甲，辦積穀，修學宫，建書院，設痘局，輯志書，百廢具舉。丙子、己卯，兩充江南分校。所著書三種，詳藝文目録。事迹載荆邑名宦傳。先是，家苦貧，筮仕後有田百畝，遺命析財産之半以與兩伯兄，并周恤親族之貧者。

王人和，字春皆。由武生襲雲騎尉，任温州玉環千總。有材略，上游信任之。年老回籍，能任地方事。

篤行

元

黄愈之，字景淵。少孤，事母至孝。博學行義，素有鄉曲之譽。至順間，以人材授福建路常平茶鹽提舉。秩滿乞歸，創義塾，聘名士，教授子弟。至正甲申，歲大祲，道殣相望，設粥賑饑，全活甚衆。卒年五十九，勅葬本里塢裏庵。鄉人思其德，刻像祀之。

明

朱子堯，字仲穆。讀書好古，以義槩自持。鄉人有鬬者，就質其是非，一言而決。與其弟子理，少俱孝謹，長敦詩書。正統間，宣寇入境，慕其德義，以劍書諸門曰：積善之家，相戒勿犯。一鄉獲全。其行誼所感如此。時多火葬，子堯與棺埋之，治喪悉去緇黄，有古遺風。入通志義行。

項森，字子秀。祖泗，父孔賢，累世積善，至森益大其烈。業儒弗售，弃去。精岐黄術，每以醫藥濟人，雖傾槖勿恤也。萬曆初，邑旱饑，鬻田賑粥，多所全活。幼時，祖所置四茶亭田若干，歲久爲豪強侵没，及長，悉贖之。課二子，咸以經學顯。邑有相搆争者，得其立解，人比之王彦方云。入通志義行。

華鎰，字時重。由歲貢任蘇州府長洲縣訓導，升湖廣鄖西縣教諭，以母老不赴。孝謹事親，明於醫道，鄉人稱之。

朱自强，字體乾。博學好古，事親孝。母故，以試詣武林，不得面訣，跣奔慟哭幾絶。季叔早世，竭力殯葬，撫其子，俾有成立。弟逋負獲罪，輒罄産解之。好談經史，至老不衰。以歲貢授莆田訓導，飭躬卻餽，士論重之。越期年，謝病歸。著易經破愚四卷。入通志文苑。

包熺，字子昭。少游郡庠，博通經史。嘗從龍溪先生私淑良知之學，發明朱、陸同异之旨。生平好施濟，歲大疫，艱得藥餌，往衢購賑之。又遇窶人鬻妻償債，將別號慟，因出囊金以銷券。晚年置塾田，延師訓宗族，採周、程、張、朱要語，梓行於世。知縣湯臨川重之，爲序。

朱景和，字其順，自強之子。孝友根於天性。萬曆辛巳，以六人考貢當首選，正貢老且貧，遂讓之。壬午中鄉舉，署滋陽教諭。彌月，丁内艱。復除茌平。談經程藝，多士敬信，有去思碑。擢感恩令，雅尚德化。徙舊城，禁採礦，創九龍書院。以勞瘁歿于官。邑請建名宦祠祀之。所著有求我齋類稿、學邵窩迂談等書。祀鄉賢祠。

徐棣，字子登。寬厚簡默，喜怒不形。嘉靖癸卯歲貢，授福甯訓導，復除閩縣，皆以作人流聲。轉永福教諭，值縣令缺，當道檄署邑篆，惟以清白自持。或有以子孫謀勸者，即面赤卻謝之。所著詩文甚富，有虛谷集。

鄭補，字國補，鄉賢鄭還之子。幼得家傳，長崇正學，且稟性至孝。父疾，籲天求代，執喪哀毁骨立。既葬，廬墓側三年。道府以禮旌奬，邑令池浴德親撰像贊。所著有學庸衍義等篇，而綱目管義一書，尤有補於尹氏發明云。

葉恩，字天錫。以吏員累官吴江主簿，升調蒙化衛知事，以老不赴。處鄉里，持論質直，鄉人搆詞者，得一言而解。

周紳，字文佩。禔身敦謹，夙以孝聞。少嘗業儒，既長，從事邑掾，奉公守法，宰多器重之。以考中授惠安尉。時劉公宏道爲之宰，諸所規書，相與謀議。民心胥悦，有『劉父周母』之謡。居家遇荒歲，出資貸人，不取其息。負不能償者，焚其券。後劉公以臬使莅浙，屢致書存問。及殁，親爲文遺祭。

包志學，字而時，增生。友于好施，視姪猶子。歲荒，出穀賑鄉民。疸疫流行，購參普濟，貧者多賴以生。有族女孤孑無倚，撫而爲之嫁。及疾殂，焚券示不復取。人咸慕其高誼。

鄭一桂，家貧無子，訓蒙回里，途聞哀哭聲，詢知爲鬻妻償債者，即贈以修金。抵家頗不懌，妻詰得故，力爲慰解。夜夢神抱與一兒，遂生子九炯。後爲顯宦。

徐榮，字仁卿，孝友醇雅。外祖母家貧無歸，奉養終身，祭葬悉以禮。髫年游泮，試輒冠軍。由歲貢除江陰訓導，課士有軌度。升南豐教諭。

鄭邦相，字珍之，天性孝友。任河南南召尉，上臺重其廉能，升山西大同府照磨。檄散兵糧及查召堡軍器，給賞撫夷召買諸事，清慎多賢聲。晉民德之，鐫石誦焉。致仕歸，事繼母色養不倦，讓産以厚其姪，壽踰古稀。

周一棟，孝友敦樸，平生好施與，常施藥餌，全活者多。間拾人遺金，坐守待還，無德色。縣創學宫，董其事，不憚其勞。延師教子孫，俱成明經。邑侯王旌表之。

徐朝偉，字士雅，榮之子。質禀純和，性篤孝友，嗜書史。由歲貢司訓江右新昌，年已七十，砥切多士，一本至誠。遷新昌教諭，未浹季而又一教諭至，蓋部選誤也。生徒等皆勸争之，憲司曰：吾老矣，安能與若輩競此雞肋哉！遂賦歸來，杜門課讀。邑令許君延之賓筵，旌爲德門人瑞。

周士廉，字介夫，少饇郡庠。雅負俠骨，髫年與友徐懋厚俱受知湯若士。懋厚病瘵不起，屬以嗣事。士廉慨諾厚妻王氏，爲立孤事，間關百楚。士廉挺身左右，以女字其孤。迨王氏從容就節，復爲申大府，題請邀旨旌表。人以程嬰義之。事詳奇節録。遂邑大害在用里甲，士廉極陳諸弊，請撫按頒示永禁。以歲薦司訓湖州府學，歷任湯溪、漳平教諭。享年七十有五。

王文雅，字時正。以歲貢授常山訓導。諸生束脯不計，惟以德行道藝相勖。後赴京改選，生徒不忍舍去，爲之立石文昌閣下，至今猶頌教澤無窮云。

時可諫，字君可。生而潁雋不凡，長益沈心食古。弱冠饇郡庠，邑令湯若士重之。由歲貢司訓進賢，轉安福教諭、紹興府教授。多士咸立碑誦德。

黄聞樂，禮賢好施，建宗祊以崇先。尤能惠及親里，至有待以舉火者。士林延譽，府縣交旌之。

朱九武，字維周，郡增生。性篤孝友，志趨爽邁。遇公事慷慨直前，棘闈屢蹶，遂無意科名。娛親教子，樂善好施，令聞著於姻黨。

徐一靜，號霽宇，郡增生。敦行孝友，博學不售。子應芳、應美，俱一時才俊，爲邑侯湯公所深器。以耋壽終。

徐懋卿，字太階，應乾冢子，郡增生。性行端慤，家學淵源。與堂弟懋厚俱以弱冠錚錚士林。懋厚家貧篤學，病瘵，託後於懋卿而殁。懋厚妻王氏矢志爲夫立孤。懋卿次子光孚生，即以爲懋厚後。周士廉復以女字光孚，成氏節。人以雙義稱之。受業于若士湯公，分相圃半席，樂育後進。數十年凡游其門者，咸有成立。十上棘圍，以數奇賫志而殁。光孚能讀父書，亦有聲郡庠。

王堯棟，字士正。嗜學好古，弱冠蜚聲黌序，尤篤孝友。兄弟三，次兄榜早世，乏嗣。長兄相生一子，堯棟已舉二子矣，以昭穆故，欲待長有所育。入繼後，讓産與兄均分，而獨任祀事。次兄血食不替，人咸義之。治家嚴肅，周急扶危。子耀祖、輝祖，俱餼於庠，有文名。輝祖拔辛卯萃科，部取知縣。

包經邦，字君佐。豐姿偉度，天性孝友。崇禎十七歲貢赴闕，值寇氛猖獗，至山左而旋。沈醉，輒歌『老驥伏櫪』之句以寄慨。終年七旬。

李廷寶，字子守。敦樸古雅，以孝友著。侍父疾，不解衣者月餘，於昆弟藹如也。處族黨有長者風。歲饑，出粟賑活多人。生平操履不苟，居城市，垂老不識公庭。兩薦賓筵，以壽終。季子士道，以貢舉授縣令。

俞中孚，字汝信。賦性孝友，甘澹泊，好賑貧窮。壽八十有三。

葉以然，字懋春。讀書善記，以母久病，徧請諸名醫，因得其術。兄弟五人，不异爨者五十餘年。家始寒素，晚稍充裕，仍以均諸同氣，有餘則以周貧乏，修諸橋梁道路。生平用藥所活者多，而不責其報，且賑其不能具藥者。

華存理，字仲察。孝友敦行，内外無間。正統七年歲凶，出粟賑濟，旌爲義民。子孫繁衍，多列冠裳亭。年八十七。通志作存禮。

吴潭，字源潔。少爲諸生，嘗出行，見一人號泣赴水，潭詰其故，曰：縣官徵租急，無以償，適鬻産得金，將以輸官，因醉道遺，覺而覓之，不得也，不死何得？潭立止之，因紿曰：拾金者我也，爾第隨我歸。其人收涕，潭止而飲食之，急令人鬻家，具如其數以償。未幾，領北闈鄉薦，司理常德，終吉安通判。補通志。

包秉鑑，字孔明。世有隱德，博雅娱詩酒，喜拯人患難。時馬埠司久缺，縣令借以管攝，鄙夷不屑。正統壬戌，連歲大饑，奉詔出粟賑濟，尋遣行人賜勅旌之。入通志。

蘇廷榮，家世業醫，至廷榮益精其技。歲大疫，遍行診治，其貧不能具藥者，施之。龍泉陳令疾，召赴龍泉，道拾囊金七十兩，坐候失主，半日不至。前行十里許，有赴水幾危者，拯起，飲以藥，俟少蘇。詰之，爲微州木商汪榮，即失金人也。驗數皆合，遂畀之龍泉。令贈以詩，有『常施篋内君臣藥，笑擲人遺子母錢』之句。壽八十終，與鄉飲一十三次。入通志。

周李，篤子，孝友尚義好施。族黨中婚葬有不舉者，親爲經營。歲祲，輸粟備賑。有佃户逋租積百餘石，納女充婢以償，卻不受，更予衣米遣嫁之。負錢者貧不能還，即焚其券。當道屢加獎額，與蘇廷榮俱書名于旌善亭。入通志。

華化民，字子與。天性孝友，學官孫懋昭廣闢泮池界其地，欣然予之受值。建茶亭於茂林堂，捨租濟渴。平生得异人授治心氣方，以方藥普施。理刑袁公遇春舉之賓筵，鹽院胡公繼升賜匾給冠帶。年八十有三。

葉以萃，字仲秀，獨山人。好善樂義，建育英樓以教族姓，捐租七十餘畝膳養之。又捐租置渡船於龍口、獨山、焦灘三處以濟人。邑北東梅橋、二十都獨口橋圮壞，咸易以石，往來無病涉者。讓吉穴以厝其兄，爲諸姪婚娶。按院金公忠士嘉其善行，給匾旌之。以子焯贈京衛經歷。入通志。

包志道，字惟一。幼穎异，一覽數行。髫年餼廩學宫，聲名鵲起。中歲嬰疾，嘗築侵雲嶺腳石橋、大柘西嶺茶亭，邑人以義槩稱之。

鄭文誥，字天章。幼讀素問、靈樞諸書，忻然有得，遂精醫術，不責報，尤急貧寠人疾苦。晚授太醫院吏目，嘗置定溪義渡以濟病涉，築洞峰嶺茶亭以便往來，人咸德之。入通志。

王可諒，字友卿。弱冠補弟子員，生平重然諾，負意氣，尚義輕財。嘗葬族人之暴露者，宗族稱之，延請賓筵，不赴。年八十六而終。

朱一紀，字文肅，家弈山。佐父拮据治生産，暇輒從事於學。腹笥頗富，然以苦貧不專業。晚益好學，且殷殷課子，奬誘後進。居家孝友，尤以直道爲鄉閭重。邑令榮錫鞶帶，兩薦賓筵。壽七十餘。

鄭廷康，禔躬古朴，淳懿有長者風。安貧教子，孝友型家。以子貴封給事中。

鄭秉貢，字文元。年十五遭父被仇害，徒跣哭訴當道。縣令池公浴德鑒其誠，拘三人立斃杖下，孝聲震一時。然自是家益落，遂服賈。

包可成，字汝材。天性孝友，與人謹厚。家貧，習舉子業弗售，遂弃去。篤志實修，授徒鄉里，訓子及孫，并飙於庠。生平仗義釋紛，周人患難，所全活者甚衆。

華知良，號恒宇。孝友睦族，好義樂施。戊申夏，置蘭江婦爲保姆。五載，其子來訪，哀不忍離，憐而還之，又贈以贐。丁卯秋夜，火延比屋，同居族姪倉皇遺匣金，家人亦倉皇拾得，擲破器中。遺者自分已燼，數月後檢知，即歸還。紫溪劉公高其誼，迎致賓筵。

朱國泰，字于保，居弈山。性孝友，六歲失怙，以哭泣盡哀。事節母黄氏至九旬，備極色養。輕財周急，有逋負不能償者，輒焚券免之。中丞高公嘉其孝友，給冠帶奬勵，旌匾曰『孝隆義重』。踰六旬終。

朱九職，字廷任。性孝友，輕財好施，與物無競。捐資義塾，造就鄭俊，造舟龍鼻頭濟渡。置租貳拾畝，凡茶亭、橋梁、道路圮廢者，修建不惜重費。遇歉，賑饑施藥，捨棺掩骼，解紛息訟，人稱其樂善不倦云。

王國懋，字士勉，世居湖山。業儒不售，寄迹公門，積仁潔行。授晉江圍頭巡檢，見知於郡守孫朝讓，委以泉州獄務。受事三載，饑疫并至，國懋割俸施藥，分饘賑饑，闔圍賴以生全。圍人爲之立祠。

鄭一寰，字調元，家長濂。體貌魁梧，學識該洽。爲人排難解紛，族里推爲祭酒。晚課三子，并有聲庠序。

包經武，字君揚。秉性純厚，好義樂施。事父母以色養，能以舉業成昆弟名。崇禎丙子歲歉，北鄉尤甚，全活百餘人。有盜其家者，不較，至途拾遺金，候失人歸之。

包英濟，號後川。性朴行端，夙以孝友聞。鄉里有争訟，勸止之，足不履城市。性好賑施，待以舉火者數十家。

毛存紀，號盛宇。性好行義，鄉中饑，發穀賑施，貧民多賴全活。

王惟立，字栢軒。性孝行慤，少失怙，事孀母以孝聞。勤儉起家，遇義舉則身率人先。有横逆相加者，笑受之。涉獵書史，有儒者風。

俞中御，字汝寵。賦性醇朴，少食貧，拮据治生，漸至饒裕。心存濟世，雖告貸屢至，不厭其煩。胡鹽憲行部莅遂，廉訪耆良，特行旌奬。壽七十終。

國朝

項宗旭，號復齋，應祥孫。敏妙博學，能詩善琴。事庶母以敬，撫孤姪以恩。著書自樂，多行善事。

徐應貫，字宗一。篤志詩書，力行孝弟。補禮部儒士，析家産，悉以腴者讓諸昆。順治閑，歲屢饑，捐穀賑米。邑令趙公以清標碩德旌焉。享壽八十有四。

王敏教，號敬庵。以歲貢廷試，授訓導。篤志好學，多士咸景仰焉。耿亂，檄授雲和教諭，守志不屈。享年七十有三。

華國昌，字卓君，邑庠生。慷慨好義，平糴焚券，皆人所難者。順治初，劉游擊率兵勦寇，駐華氏祠，役夫四百餘，需供給不及，將肆掠焉。國昌一人餉之，乃止。

周之駟，年十歲，父母俱喪，依兄嫂撫育。年十三，值順治己丑之亂，兄嫂故，貧不能具棺，爲人傭牧，得所值殯葬兄嫂。及壯，辛苦成家，復捐己産爲兄立嗣。終年七十四。

華啟炯，庠生。幼侍繼母，備極孝敬，撫從子如己出。家不饒裕，而時欲周急扶危。壽七十八。

俞長輝，字含芳，貢生。存心濟衆，雖竭家資，樂施不倦。學憲李公以才品兼優，選舉約正。

葉培蘭，字百東，歲貢生。自幼勤學，至忘寢食。屢躓於場屋，絶不介意。以教授爲業，不計修脯。康熙間，彭逆亂，驟至村居，生徒倉皇奔告。寇至，詫曰：清平世界，焉有此事？我當諭之以理，若自讀書耳。群匪至，聞百東先生在此，相戒勿犯。德之足以感人如此。

徐一孚，字爾信。生而岐嶷，髫年誦讀，過目不忘。弱冠補弟子員，篤於孝友，秉性誠直。一邑利弊所關，嘗直陳當道不諱。

葉萬里，字聲遠，武庠生。精韜略，性孝友。乾隆十年冬，同祖弟雲爲虎噬仆地，倉猝間徒手奔救。虎舍雲，人立奔萬里。萬里蹲身以左手抉虎吭，人與虎俱仆，被爪傷左肱。復以右手扼之，虎仰卧，拳腳交加，遂斃虎。聞者莫不驚駭，稱爲奇勇。而要由於情切救弟，天性勃發，實有以激而成之。時趙石函學博有搏虎圖記，多名人題咏。督學聞之，考校日令於案前試搏虎狀，稱賞不置。

葉起泮，字飛黌。性慷慨，博洽經史。乾隆辛酉拔貢，一時英俊多出其門。與弟同爨四十餘年，雍睦無間。

吴國顯，號桂軒，邑庠生。幼繼堂伯爲嗣，事繼父母極孝敬。居喪哀毁，不异所生。家無恒產，而周邺同堂兄弟子姪，無時或倦。砥行弗求人知，鄉人化之，故出其門者，皆成端士。教子有方，刑于足式。鰥居四十餘年，以壽考終。

徐台睿，字明遠。秉性謙和，篤於孝友。嗜書史，薄聲利，爲人排難解紛，人咸敬服。由歲貢授訓導。

葉燧，號丹溪，武庠生，例授衛千總。幼失怙恃，克自樹立，豪邁有至性。周月喪父，未得遺像，倩畫史借己貌追摹父容，圖成畢肖，咸謂孝感通神。營父葬地，辛苦備嘗，竟以無意得吉壤。自是積累成家，好施樂善。有已離夫婦，出資成全之。施棺槨，置祭田，人無不受其周。

劉瑩，號琪泉，附貢生。立身敦行謹飭，執親喪，哀毁骨立。篤志經書，爲鄉黨所矜式。

毛天珙，字聖璧，邑庠生。孝以事親，仁以愛物，篤行淳備，年登九旬。

王極，字尚虞，由貢生例授布經歷。幼年失怙，扶柩歸里，悉秉教於長兄。婚娶後，寄居岳家，規矩束身，絶無紈絝習氣，遂致巨富。壯年失恃，旋賦悼亡，哀感獨摯，誓不再娶，鰥居終身。教育子女，嚴慈備至。三子俱早克樹立，操持堅定，言出不移。終年七十有八。

葉震，字春華，附貢生，例授州同知。慷慨有志略，幼失怙，以事母不欲遠離，爲族兄婚娶，以延支派。年近古稀，有丈夫子七人，長光升，恂恂儒生，以善書名，髫幼能作擘窠大字。

吴林，號芝麓，恩貢生，選台州臨海教諭，未赴任卒。少孤貧，事母至孝，躬耕以養。暇輒讀，卒成通儒。謹事寡嫂，撫姪如子。性儉約，不靳施與。同里有尹、周兩姓，貧將鬻妻，傾館穀以全其夫婦。嘗語門人曰：吾輩一日間，必有一二善言善行，有濟於世，方不虚過。年踰八旬，尤能燈下書蠅頭細楷。所著有求心堂集。

鄭養賦，字培資，邑庠生。父母早故，能自刻苦。弱冠入膠庠，儉約辛勤，不敢自恣。年既壯，家日以裕，時濟貧乏，晚年悉取券焚之。有堂兄老而無子，産頗饒。兄殁，以己子承其後，將所有半歸於公，與衆分承兄祀。

王國芹，字維泮，例貢生。藉父遺蔭，勤儉致饒裕。長兄早故，以子承祀。奉嫂而居，敬事嚴育。其後孫曾秀發，稱望族焉。

戴炳璉，字介然，事親至孝，性正直。國初彭寇既殲，設保甲法綦嚴，極力調護，遠近諸村賴以保全，鄉人德之。子七人，俱列膠庠。

李樹萱，字北堂，歲貢生，選義烏縣訓導，未及捧檄而卒。醇雅簡默，喜怒不形。少失怙，事母以孝。生平不解會計，喜購書籍，家藏頗富。肄業敷文書院有年，屢蹶棘闈，遂歸授徒，不問修脯。晚年家益落，處之泰然。

官學慎，字啟緒。純謹樸厚，不立崖岸。數奇，屢躓棘闈。及子宦遠方，遂就養焉。布衣疏食，恒如平日。以子貴，封奉政大夫。

鄭惠，字東里，邑諸生。勤學攻苦，恒日夜弗輟。年既壯，始游庠。弟没於水，號泣尋屍而葬之，以己子爲之後。

周廷鏘，字瑞昌。幼失怙，母尹氏茹荼撫育，教訓成人。廷鏘與妻范氏亦能竭誠奉養。居家勤儉，不事浮華。生八子，教以義方。孫十五人，曾玄十餘人。五世同堂，一門雍睦。年八十有九。

潘紹璽，字碧玉。父故，伯兄早世，紹璽率諸弟耕作，勤勞必先。四十喪偶，鰥居不娶。事母宋氏，孝養備至，喪葬如禮。賦性友愛，與諸弟分爨，毫無所私。姊家貧，給衣食贍之終身。地方遇有公事資費，俱力任不辭。

鄭士楨，字藎臣，歲貢生。英姿卓犖，讀書目數行下。幼遭寇亂，荒逋叠積。邑令奉檄嚴懲，懼父被辱，以身往應。令訶斥之，答以應試儒童。試以文，走筆立就。令奇之，詢得代父狀，益嘉嘆而寬恤焉。撫叔氏遺孤，爲之婚娶。貧而負者，舉券焚之。少年食餼，試輒冠軍。子國光，亦能以孝行世其家。

潘國寶，字維善。生母早故，事繼母淳謹不懈，甘旨無缺，自奉甚儉。中年以後，倉儲盈積，而賦性質朴，不以既富稍易其素。告貸者率如其意以去，人以是多之。五旬始育子，七旬舉報耆賓。壽至九十五卒。

周如嶽，字拱宇。七歲喪父，事母盡孝。敬庶兄，撫幼弟，悉本誠心。睦族敦宗，鄉邦推仰。壽七十三終。

俞日高，邑南隅人。性慷慨，捐修馬埠橋石磡，經久不敝，行人德之。遇歉，設粥侵雲嶺，多所賑恤。耿逆舊黨胡啟聯之亂，間道請兵禦寇，不爲寇屈，尤人所難。巡憲劉公及柳令皆有額旌獎。

朱圭敬，號素庵。性穎而豪，讀書善詩，走筆甚捷。所著有安遇草。少尚義俠，有商於龍游者，失水貲喪盡，不能歸，將自溺，敬圭傾囊與之。後數年，獨行山中，誤陷深穴，不得出，忽有人呼挽之，即前失水者。每好奇，甲寅亂，爲才名被繫，不受僞扎，歲餘脱歸。

陳天錫，字公純，歲貢。性友愛，好周人急，嘗贈金完貧人之室。父母年皆八十餘，養生送死，無不盡誠。撫幼姪，教養婚娶如己子。詩淡遠有致，人争誦之。

鄭家淳，號樸埜，附貢生。家豐於財，施濟一出誠心。乾隆辛未夏，大饑，家淳急出囷積，分建粥廠。體察疾病，捐施藥石。間有強悍者，力勸厚給，以安其心，人心帖然。

濮應乾，字以貞。經史百家，罔不涉覽。早失怙，事母以孝聞，膽略過人。康熙甲寅遭寇，率鄉人力禦，民得衽席安。甲申歲祲，運廣米以濟急，償者免息，貧者不問其償。越癸巳復飢，賑亦如之。丙寅，一村遭水，遍成丘墟。恐世系失考，手録宗譜以存之。生平飭躬自淑，所行不求人知。禮義素孚於鄉，有争論者，片言輒釋。屢上賓筵。壽六十一，無疾而終。

朱宗瀛，字翼堂，增貢生。慷慨急公，無分人己。造渡航，建路亭，施丸散，濟人最多。復於里中創造義塾，建閣其上，以祀文昌。滇南何明府爲撰文鑑閣記。

朱挺，號巨川，例貢生。質性醇厚，遇善舉，踴躍贊勸，不靳財力。雍正癸丑，續修郡志，共襄厥事。郡伯炳庵曹公顔其堂曰『聖世菁英』。

葉繼亮，字應明。隱居篤學，以花木自娱。遇修築橋路等事，慨施不吝。壽踰八旬。

王曰謨，字大文，邑庠生，例授州同。豪邁而氣節，而能折節讀書。凡名人學士，無不虚心結納。工詩文，著作頗富。性恬淡，家豐於財，自奉儉約，而獨喜施與。遇饑寒可憫及義所當爲事，慨然推解無難色。地方事，無論遠近，知無不捐，捐無不足。滿城街道，出鉅資布以石板，助田租爲修理東關橋費，捐倉穀并田爲童試卷資，至今士人皆利賴焉。

劉國梓，字佐周，授縣主簿。正直不阿，邺貧周急。凡公倡造橋梁，不吝重資。喜爲人排難解紛，族黨咸欽敬之。

黄紹緒，字繼統，武庠生，例授衛千總。才情練達，輕財仗義，拯人之難，傾囊無吝色。豪俠中有儒雅藴藉之概。壽逾八旬。

吴文炳，字鴻章，增貢生。髫齡失怙，克自成立。事孀母，撫二弟，孝友兼至。性豪邁，見義必爲。與兩弟捐資數千金，倡建宗祠。相度村莊形勢，於練溪下流倡造石梁，築長隄以衛一鄉。往衢郡大道橋路已盡朽壞，獨力甃築，竟三十里而遥，以濟行旅。宗黨中有貧乏者，悉周恤之。

官正相，字長壽，例授迪功郎。天性孝友，樸素無華，以睦婣任卹爲己任。乾隆四十五年，歲旱，煮粥濟饑。有恃刀筆者，以未饜慾壑，輒搆訟危之。四十九年，又值歲祲，因改濟爲借。貧寒缺食者，貸以粟，弗責償。間有償者，仍留以待借，蓋藉借以避施名也。生五子，皆列庠序。季子忠，孫揚，俱中式武闈。曾孫承誥，由拔貢任粤西州判。

朱統治，字允一，號定園，邑庠生，磐溪人。居家孝友，處世温和，慷慨好義。贖墳山以保祖墓，築隄防以捍地方，爲宗祠增建寢室，種種懿行，有乃祖子堯遺風。

包玉章，字德佩，例授縣主簿。早失怙，能勤苦自給。稍長，習計然術，家漸饒裕。爲人慷慨，不較錙銖，重然諾，鄉里咸欽仰之。尤篤孝友，以己貲立祭産，復置租田，爲同堂子姪婚娶之資。重建宗祠，凡公家事，不辭勞瘁。以鄉試士子無所棲止，倡置遂昌公所，士商皆受其惠。壽終八十有一。

官清，字時舉。性孝友，質直無城府。家豐於財，而自奉儉約，布衣疏食，晏如也。好施與，無德色。告貸者按踵於門，遍游惰者即面斥其非，而仍應共求，人是以服其量焉。過蕉灘，見渡船朽壞，即捐資重造，至今數十年，遇壞即造，人甚便之。乾隆十一、四十九年，兩遇歲祲，煮粥濟饑。道光元年，運米濟糶，全活無數。四年，郡城試院將圮，檄十邑捐資重建，慨然獨任，命子寅賫資往，木石俱以重資購運，務求堅厚，費萬餘金。又以郡中有書院而無義塾，復捐資建造，并輪修脯以爲養蒙所。郡人德之，立位以祀，猶自謂無德，再三辭，發於至性。姪文濬，宦游缺資，解囊助之，遂得出宰方隅。晚以子寅貴，贈朝議大夫。妻包氏，亦樂善好施。道光十一、二年，疊災，賑粥濟饑，置宏岡山塲若干畝，助爲義冢。夫婦皆逾八旬。

徐文光，字仁良。自幼卓犖不群，年二十，以父兄孱弱多病，乃弃儒業，獨任家事。居恒脫粟疏布，訥訥若無能，及遇事所當爲，雖艱鉅，力任之，無難色。蕉川爲遂邑東北交界地，自東徂北，道路崎嶇，山澗溪流岐出，凡遇橋梁，無不修築。嘗與人同建者二，獨建者三。邑北有橋曰北固，舊名濟川，下築石墩，上覆瓦屋，圮於水，石址蕩焉。輿論紛起，僉議興築，乃於橋旁設廠，曰與往來者謀。文光慨然曰：築室道旁，事其有成哉！乃排衆議，獨任其事，相山形，度水勢，下故址四百步，建橋基。其南爲平岸，苦無石，北則懸崖峭壁，又無尺寸地。爰鑿其北，通道百數十步，移北石於南，竪石址，命子華董其事。越三載而橋成，建三洞，高數仞，廣等之，長四倍，共費金萬有七千餘。府縣嘉之，以事上聞，奉旨議敘直隸州州同。又於橋南高塏處，購置一山爲義冢，而無主枯骸，皆得瑩葬焉。

吴秉源，字樟福。幼務農，壯事懋遷。租有積聚，念遺澤有前明參政公舊第，出資取回。邑北吴祠，亦參政公所建，歲久朽壞，極力鼎建，復出己田爲祭祀費。胞弟秉淵早殁，子幼，攜與同居。及長，以己所有，悉與平分。姪守華，念産由伯創，亦助祠租十之二。後次子飛鵬游庠，令刊修譜牒，以聯族屬。終年九十三。

鄭明揚，字子盛，附貢生。質直不喜華靡，家故饒，而節儉踰平人。戚里有吉凶事，貧弗能舉者，無不解推以成之。遇災歉，則煮粥發粟，以濟窮困。豪於飲，與同人讌集，每達旦無倦容。

包文鑣，號碧雲，國學生。幼失怙，勤儉持家，克繩祖武。家少康，藜藿自甘，而不吝周急。倡建宗祠，置祀産。遇歲歉，則運米平糶，鄉人德之。

黃崇本，字書文，國學生。髫齡失怙，事母盡孝。宗祠頹圮，獨力修葺。置祀田，修古墓，修道路，造橋梁，平糶濟荒，苟利於人，毫無吝色。彌留之際，取平日借券悉焚之。卒年七十有八。子璜，能承父志。庚辰、辛巳，歲疊歉，亦運米平糶。事關宗祊，力任恐後，咸謂有父風焉。

黃夢圖，字河升，國學生。待人尚淳樸，不識機械。家僅中人産，而儉約好義，能濟人困，親隣多利賴之。每臘月，待其錢米度歲者幾百家。

鄭之熊，字作周，國學生。狀貌魁梧，美鬚髯。童時與弟之熙嘗作苦，以孝養厥父母。問舍求田，辛勤蓄積。先世祖前明參政蒼濂公舊第爲人所據，力購回葺新之。助田畝爲合族童試路費。倡捐義穀，修築橋梁道路，不遺餘力，豐儉各當其可。

葉勳，字覲揚，號香林，例授布政司經歷。豪俊英爽，有肝膽，尚意氣。親朋危困，多爲排解。

凡公家事需用，亟立出己金以成之。及公家有餘資，亦不取償，即以前捐爲公項。其慷慨類如此。

戴祥，號靈昭，邑庠生。幼穎异，年十八冠童子軍，受知於賓東皋先生。屢赴棘闈，數奇不遇。平生慷慨好施，遂龍交界處地名西灘，爲浦城要道，舊無渡，每逢溪漲，多溺於水，遂捐置義渡以濟。

朱象吉，字介石，邑庠生。好讀書，秉性公直，重然諾，有才識。親族交游有雀鼠之争者，尤極力勸止，人感之，不至終訟。晚年嘗作一聯以示族人曰：百忍相承兄弟樂，一經遺教子孫賢。可想見家範。

吴正儒，字紹庭。稟資質直，性孝友。少故貧，勤於農，壯乃懋遷，漸致饒裕。凡有義舉，傾囊勿靳。建宗祠，修譜牒，引爲己任。五子俱克家，至今書香相繼。壽終七十有八。

蘇雲漢，字倬章，家琴溪，邑庠生。少孤，事母孝。烈婦王蘇氏，其女弟也。生平耿介仗義，爲鄉鄰排難解紛，時周人急，遠近稱爲長者。二子潮、海，皆有聲庠序。

華日暾，字焕東，郡庠生，王溪人。爲人慷慨有大度，和睦姻鄰。遇有嫌隙，必力爲勸解，甚至傾囊橐以代予，而人不之知者。王溪山多田少，逢歉歲，運糶甚難。嘗倡捐社穀，設倉廒，春放秋入，不數年，積穀加倍，惠周貧乏，鄉人賴之。

黄維城，字宗輔，號卓屏，例貢生。情性軒爽，生平矜孤恤寡，出自天性。遇歲荒歉，穀米昂貴，即減價平糶，以救貧民。己穀不敷，告貸以賑。素精岐黄鍼炙，能起膏肓。貧人病苟有可爲愈，即不惜重資，解囊施治，弗取其值。

朱永棠，字召遺，國學生。幼失怙，事母至孝，以勤儉成家。而好施與，修橋平路，不一而足。歲荒歉，出穀濟貧。二子早逝，延師課諸孫，均游庠序。年踰古稀。

官承宣，附貢生。大性至孝，事母承順，怡志提躬，矩步繩趨。三子均蜚聲黌序。

王新道，字咸若，增生。篤志好學，事親能得歡心。鄰里有争訟，必爲之解釋。子翱，庠生。邑令傅以士林矜式旌焉。

童應華，字美中，歲貢生。家貧苦耕，非公事不履公庭，閉户潛修。年至八旬終。

華浦，字時沛，增生。好學不倦，尤喜獎勵後進，行誼爲鄉黨所欽。子昌基，增生，善書工詩，著有新甫吟一卷。

王儒己，字汝爲，庠生。仗義急公，尤精岐黄術，拯苦救貧，未嘗取值。

王琪恩，貢生。性孝友，持躬嚴恪，教授里中，游其門者多知名士。父殁，撫諸弟成立。卒年七十有四。

周岐，字達一，郡庠生。康熙六十一年旱，煮粥賑饑，全活無算。雍正十年歲祲，賑如前。自大吏至邑令，疊加褒獎。乾隆十六年歲歉，粟昂貴，復減價平糶。

徐捷，字月三，郡增生。肫樸孝友，廉節自持。廣文孫士蓉旌以『忠厚可風』扁額。訓子夢熊，食餼郡庠。夢熊，字颺盛，禀姿誠篤，雅有父風。好施與，凡人有急難，力爲排解，無事不入公門。鄉黨宗族，咸慕其人。年近古稀而卒。

吴襄，字贊廷，家洋澳。少讀書明義，因父卒弃儒，援例得從九品銜。善事母，家庭無間言。周人之急，鄉黨有争鬬事，得一言立解。

鄭樹藩，字价人，邑庠生。儉約率真，善事父母，取與不苟。精岐黄術，製藥濟人，人咸德之。周庭孝，字克悌，居祥川。持身節儉，創祠、修譜、睦族、平糶、周急、濟貧、修路，皆力任之。舉耆賓，壽八十。

周朝玩，字高德，家徐坳。孝友樸誠，倡建宗祠，修族譜，能周人之急。葉珪，字錫弓。少失怙恃，事叔猶父。性豪邁，見義勇爲。倡建邑城廟，籌置屏山田。遇親朋喪葬缺資者，解囊助之。

王紹典，字允中，鹽運司。經歷安定、青雲一帶，沿河築隄插柳，保護隄根。粤匪亂後，倡捐撫邺，修理書院。知縣方獎其公正廉明，舉爲鄉長。

王文光，字用賓，以例貢就職候選。孝親敬長，睦婣邺鄰。凡婚葬無力者，必概助以成其事。生平不忘德，不讎怨。有故人落魄，聽人言誣訟文光於官者再，不與較，曰：必有慫恿者，故人豈真毒余哉！故人卒自涕泣陳謝。邑宰錢亦不覺悚然起敬，曰：是所謂誠能動人者。文光年六十四始得子思敬，越四年而文光卒。思敬，字秉禮，援例得州同。克承父志，孝親信友，濟急扶危。嘗舉舊事之可戒者，以訓子孫，而終不言其名。凡造橋梁、修道路、建廟宇，費不足，輒鬻産成之。思敬子應薰，字德芳，候選巡檢，綽有祖風。父母兄弟間，人無閑言，鄉里往往因錙銖不相下，應薰以身任之，不責償。道光癸卯，道出宜興，聞李曉雲者負債質妻，贈以銀，使完聚。明年，李生子，命名懷德，曰：德芳賜我也。事載宜興縣志。

華燮元，字芥舟，邑諸生。性倜儻，尤篤友愛。遇地方公事，竭力倡舉，解囊以應。咸豐戊午、辛酉，迭被匪擾，率勇團禦，越境請兵，不辭勞瘁，尋積疾以終。

朱慕淵，字至凝。天姿卓犖。未弱冠，補弟子員，受業於吴蘭陔先生門，爲學院竇東皋、朱石居所器。親老家貧，先後舉孝廉，不就。澹於仕進，以吟咏自怡。晚年精星命。偶沾微疾，自知不起，將易簀，猶以敦品立志勖諸子。

王本衍，字椒圃，邑廩生。少失怙，奉母至孝，友愛弟昆，品學純粹，訓後進以禮，人咸欽佩。

吴秉純，字健甫，郡庠生。篤於孝友，仲弟以優貢北上，傾家産資之。著有卧雲吟草一卷。

葉世銘，字鼎傳，庠生。淹貫經史，好善急公。道光壬午，修邑文廟及文昌宫、妙高書院，費千餘金。邑令爲之請奬，辭勿受。遇戚友不能婚娶者，均解囊贈之。長子永英，咸豐辛亥舉於鄉。

周長有，字邦楨。業儒未就，弃而習醫。究心内經，數十年不釋手。年九十餘，無疾而終。生平好施與，自知卒期，未卒之前，集戚友債券盡焚之。著有内經翼註十二卷。

王灝，字融昭。天資敏捷，讀書過目不忘。精岐黄術，應手取效。不起者，爲定時日無爽。遠近來者，車轍常盈於門。人以重金酬之，悉却不受。年逾八十終。

鄭良，字亦三，增貢生，援例授同知。才氣豪邁，工律詩。病瞽，弃舉子業習計，然多奇中，獲利與諸弟均分之。粤逆之難，與同里李本榮、徐景福集鄉民禦賊，聯絡村堡，分扼要隘，相持兩載，賊竟不敢至其地。鄉鄰有争訟者，得良一言立解，遠近折服，咸倚以爲重。耄猶好吟咏，得句輒口授孫輩録之，積數千首，藏於家。

華熾昌，字小帆，邑廪生。性孝友，博通經史，試必冠軍。教生徒甚嚴，游其門者，多知名士。

徐兆燕，字景詒。孝事雙親，弟於兄長。儉以居家，勤以任事。戚族有患難，即盡心排解，雖費己財，恤也。居鄉恂恂，有長者風，鄰里咸稱慕之。

官振珂，字韻珊，邑庠生。智勇兼優。咸豐八年，從父擊賊被圍，挺身翼父而戰，得脱，被傷成疾，年三十三而卒，士林惜之。

官振槐，字佐卿，邑庠生。事親盡孝。八年，從父拒賊，左右不離，尤徵膽識過人。

官寅，字協恭。樂於爲善，凡造橋修路事，嘗身任之，尤有膽識。咸豐五年，聞粤匪將至，邑令招集鄉勇，寅獨肩其任，帶勇數百名至邑，日夜防守，賊遂不至。

官安瀾，字文敷，壬子歲貢，候選訓導。好習經書，承先志造蕉灘渡，鑿横壁爲平路，因山谿築石橋。

朱達，字用行，廩貢生。品端學邃，孝友性成。就養子燦榆福建龍岩州署。旋里年餘，壽考而卒。

吴有森，字慎盦。性剛毅，有氣節。戊午、辛酉，粤寇犯境，偕朱燦榆捐倡義團，赴大營乞師鄉導，力戰克城。

吴國志，字永德，國學生。勤儉居家，好賑貧穷。凡親友鄰里有告貸者，率如其意以去。遇年歉，出粟平糶，無德色。壽至六十有七。

王紹紀，字錦城，援例得布理問銜。事繼母、生母，克盡孝道。待弟友恭，遇善舉，慷慨倡先。

王維璋，字達夫，邑廩生。禀姿靈敏，少失怙，事母盡孝，與弟友愛。英年食餼，試必冠軍。竟以好學，嘔血不起。年三十三終。

葉煓，字青然。學問純粹。由廩貢授教諭，暂署武義、建德、上虞學，委鎮海教諭。值本籍留辦社穀事，不赴。又署紹興府學、仙居縣學，暂任諸生，咸霑其化。復精岐黄，里人均感其惠。凡社倉書院，經營伊始，不辭勞瘁。道光乙未，協修縣志。年七十五，無疾而終。

華昌基，邑增生。家居孝友，志行修飭，以詩文自娱，一生無疾言遽色。子邑廩生禮鎔，克承父志，其恂恂之慨，綽有父風。

王昌治，字階平，郡增生。尚義，不輕然諾。勸捐義穀，權子母，嚴出入，續置田產若干畝。李太守報舉介賓，旌其閭曰『一鄉善士』。享年七十有四。

王永清，字鑑波，歲貢生。儉不苟取。粤匪之亂，與黃景香等勸辦團練，勞績甚著，得五品藍翎訓導。

周九仁，宋鄉賢周南十六世孫。事親至孝，力行善事。晚年未得子。康熙冬，夜大雪，有乞丐足腐爛，叩門求火，繼求食，九仁與之。又求湯，曰：吾將温吾足。又與之。又求米，九仁方將入内取米，乞丐曰：無庸，君真長者，君將吾濯足水沃牀下，當得子。言頃而乞丐已不知所往。明年果生子，命名天生。尤能孝事父母，積田千有餘畝。知縣何其偉贈以『清風式閭』額，至今子孫繁衍。

周廷標，字可餘。少習舉子業，弃而嫻武人武庠。孝友性成，能得親歡。兄弟七人無間言，尤得天倫之樂。道光十三年大旱，出穀二百石賑之，捐助通惠橋百碩、育嬰田百碩及賓興費，無不捐助。知縣予以『德重鄉鄰』額。

宋涵，字子清，郡廩生。性孝友，事繼母惟謹。咸豐間以辦團練功得五品銜，補用訓導。

王桂堂，字香史，歲貢生。孝友出自天性，父母年逾八十餘，奉侍務獲色笑。嚴課子姪，授徒三十餘年。

徐金銘，字華美，家南鄉根竹口。居家恂恂，繼貴海爲嗣。時繼父已故，事繼母盡孝。生母因事傷足，起居非金銘不可，金銘未嘗一日少懈。凡義舉踴躍輸，必使之有始有卒而後已。

吴錫銓，國學生，字春玉。生平樂善好施，凡善舉必倡率玉成。鄰里中有忿爭事，得錫銓片言，釁隙立消，故鮮有至公庭者。

周鏞，字繼豐，郡庠生。少失怙恃，惟祖父是依，與堂昆季怡怡若同胞。豪於飲，能詩，秋闈屢薦不售。好施與，粤寇之亂，助餉團勇，能力任其事。

周鎬，字步階，國學生。甫生失怙，惟祖訓是式。至成立，出就外傅，兄弟怡怡然。艱於小試，兩兄飛熊，墉相繼逝，遂弃書獨任家政。粤寇亂，帶勇禦敵，不辭辛苦。

潘日三，邑庠生。篤志好學，試輒冠軍。解經得其要領，受業者不問賢愚，皆諄諄不倦。

張道錦，字仁貴。居心正直，家頗素饒，訓子耕讀尤勤。戚族不能舉火者，慨與無吝容。遇歲歉，則減價平糶。咸豐戊午，寇驟至，問仁貴先生居，書諸門曰『積善之家』，戒賊黨勿犯，村里亦得安堵。

張德棋，字繼琴，從九品。好施與，粤寇亂，帶團力禦。壬戌，賊退後，鄉里糧食一空，德棋傾囷貸之，己轉食闔米。闔米昂，弗顧也。素精岐黄，施藥治病不計值，人咸德之。壽七十有三。

黄裳，字麗正，國學生。天性肫篤，内外無間言。歲大祲，預鬻己田赴甌江運米濟貧民。爲人排難解紛，雖竭己財弗恤也。鄉里有争訟，得裳一言而解。凡義舉，力任勿辭。壽七十有八。孫耀堅、耀德，亦好義有祖風。

華文濂，字蓮友，歲貢生。文詞博洽，家學淵源。生三子明樓，嵊縣訓導，有政聲，士林欽頌。次明標、明楫，均皆登黌序。孫曾輩亦克繼家聲，時稱道學先生。壽七十有七。

項榮椿，號春苑，有才幹。咸豐七年，西鄉洋溪源土匪竊發，知縣鄭飭榮椿往諭解散，以功得六品頭銜縣丞補用。八年，粵寇犯境，勸餉辦團，首先赴敵，身受重傷。事平，又奉辦善後事宜，規復書院，經理嬰堂，置購田畝，皆有益於鄉里。

包詿，字春園，援例得待詔銜。膽識過人，排難解紛，不避嫌怨。前教諭周榮椿標其門曰『珂里楷模』。當咸豐戊午，粵匪亂，率鄉民勦賊，躬冒矢石，殺賊無算，賊竄郡城去。後賊酋石達開攻陷翁源隘，糧缺勇散，不能支。詿間道赴省乞援，大吏壯之，許給餉圖復。比回，賊退。事平，求免議敘，請縣加學額。壽八十一無疾而終。

李大興，字惟金。性謹厚，樂善好施。粵匪之亂，奉辦團練，捐助軍餉，由大吏咨部奏請加廣學額，經費頗鉅，大興獨任之。於是遂邑文生加三名，武生加三名，永爲定例，士林德之。

王煊，字炳南，邑庠生。性剛直，尚氣節。粵匪亂，練鄉團，守要害，屢挫賊鋒。而尤孝於親，友於弟。弟善病，凡事皆獨任之。弟亡，撫姪勝於己子。訓導單恩溥爲贊其像。

周詢虞，字愷庠，邑廩生。能文辭，有膽識。生期月失怙，事母無忤容。遇事剛决，雖艱鉅不少卻。戊午、辛酉兩遭髮逆之亂，詢虞率團勇獨樹一幟，以監生周樹芳爲前隊，徐步雲爲後勁，由舊市直擣松陽白沙。賊弃營走，得大礮一座，他器械無算，而松陽由此克復。壬戌，仍設團防，以助官軍聲威。撫軍左具題，謂遂昌鄉勇裹糧越境，不分畛域，深明大義，實爲詢虞輩言也。

步雲，字來友。亦自幼失怙，樂善好施。白沙之捷，得五品軍功。

王啟圖，號蘭坡，廩貢生。粤匪之亂，首倡團勇，獨任其勞。瘟疫大作，啟圖家亡者七人，以團練倥偬，不及顧家。壬戌歲歉，開倉穀數百，以予貧乏。子嘉猷，能承父志，助租百碩入宗祠，爲族中貧者婚嫁資。訓導高鴻贈『垂裕後昆』扁額。

包作賓，原名書篴，字孔修，北鄉高坪國學生。秉性廉介，重然諾，地方之事，義所當爲，不辭勞瘁。同治初，髮匪擾亂，鄉勇守岱嶺，陣亡四十餘人。倡捐立會置産，届中元，祭祀勿替，并禀請詳報，各得邺典，爲鄉里所推重。

鄭寶柟，字冠林，按照磨。和易好義，輸義穀助兵餉，置祀産，建涼亭，諸善舉孜孜不懈。幼失怙，事母盡孝。母吴氏完節，寶柟四子均克樹立。

鄭書田，字研農，府廩生。秉質純正，孝以事親。族叔某以償債鬻妻，贈資勸止。後叔得二子，叔嘗露禱，願書田世世昌盛。

黄金墀，字對揚，歲貢生。好讀書，秉性公直，遇公事不憚勤勞。捐造三峰橋、小息亭，置田畝爲修理貲。築石龍頭大碶，功甫半，爲水漂没，再築而貲不足，復售田以成其事。壽至七十餘終。

周振珊，字信益，國學生。性謙和，以家累弃書。孝事後母，爲鄉里排難釋紛，恤貧救急，無不樂爲。有僧犯法當死，爲之全其命。一日病篤，僧來問疾。僧回寺，不數日死，而振珊疾竟痊。壽至古稀。

吴道溥，字克周。急公尚義，親族鄰友借券盈篋，不索逋。前邑令鄭給『好善不倦』扁。壽八十有八。

吴興瑞，昆仲皆游庠，興瑞居次。父老兄故，代理家政。篤於孝友，一家數十人，待之恩勤如一日。凡遇公家事，解囊弗靳。兵燹後，鄰族賴其周濟者多年。近古稀終之日，聞者無不墮淚。

吴興瑜，字玉先。質直好義，尤精岐黄。貧不取貲，活人甚衆。鄰縣就醫者，接踵於門。經理積穀，涓滴歸公，人皆德之。壽六十有七。

朱瑀翎，貢生。勤儉起家，修門頭嶺道路三十餘里。子鳳鏘，能承父志，周急施棺，助山前坑山場爲義冢。凡親戚告貸及公家事，無不捐助。

沈增林，貢生，原籍福建汀州。生平樂善好施，急公尚義。娶妻黄氏，未有子，爲善益力。年老生三子，迄今書香相繼。

朱瑾，字懷英，蘇村監生，有品行。初貧，業炭木，家漸裕。慷慨慕義，施衣棺，修道路，不惜重貲。置租田，造舟於中淤渡，以濟病涉。

鄭積忠，字心田，練溪監生。秉性孝友，弟早故，撫姪如子。創建宗祠，撥助租田。遇荒賑濟，提攜親戚。凡有善舉，踴躍首倡。舉介賓。壽七十有九。

徐承嘉，字品山，太學生。慷慨有大志，自幼失怙，家貧，弃儒服賈，事老母愛敬備至。尤精岐黄術，病且貧者，不取其值。惜不永年，竟以客死。

潘可仁，字純德，國學生。幼失怙，兄弟早故，撫姪如己出。凡濟人利物之事，靡不踴躍樂行。道光間，輸義穀百餘碩以賑饑，邑令鄭贈以『惠周閭里』扁額。

官承訓，字肇廷。勇略過人，不避艱險。咸豐八年，粵匪入境，倡義捐資，團勇防守，親率子弟督勇攻破界首賊營。於同治元年，逐賊出境，即遣子振庸偕各紳赴龍泉，請林鎮軍來援。振庸以功得六品頂戴。

官承鈞，字芝亭。性倜儻，仗義疏財。辛酉，粵匪竄邑界，承鈞率鄉人據山堅守，殄其酋。間道馳書村民，約日會勦，如期雲集，乘夜列炬以逐賊，賊驚潰。城隍廟毀於寇，謀興復，承鈞捐千金以爲倡。

包國勳，字拱宸。天資明敏，由附貢生需次廣東，署潮州饒平縣東界場。旋里時，適髮逆亂，遂不復出。樂善好施，助妙高書院田一百伍拾碩，育嬰堂田陸拾碩，捐義倉穀叁百碩，軍興又輸錢陸百緡。撫憲程以『急公好義』表其閭。所著有問求軒詩，未梓，兵燹後失去。子鎔，附貢生。亂後民間乏食，家亦告匱，出家藏物易米以助賑。

官學健，字純庵。性剛毅，扶危濟困，出於至性。其最鉅者，莫如鑿猪母石。石在西安念北莊，形如猪母，截踞中流，溪窄潭深，洪濤鼓蕩，舟筏遇之，人貨俱付急湍。又爲我邑抵衢通省要道，就近居民藉此拾遺爲利藪，無敢鑿之者。學健與其父老議，不允，乃走告西安縣，相持年餘，案始定。學健鳩工鑿石，河流順軌，獨任五百餘金，至今人咸德之。

官揚，字鷹時。幼讀書，壯習韜略。嘉慶癸酉捷武闈，授衛千總，以父老不就。輕財重義。道光初，歲大荒，奸民屯聚，將刼掠，揚出解散之，鄉隣賴以安。子承釗，邑庠生，兼諳武略，以之教人，大小試皆聯捷去。粵匪犯邑，屢以鄉團挫賊鋒。里中有戚貧不能自振者，歲時存問。以孫育僑、官揚、承釗，皆贈武功將軍。

周景鰲，字連元，太學生。世居蕉川，善體親心，嘗遵父遺命，輸穀三百碩。新路灣大橋久圮，獨力興捐田，爲歲修資。子兆豐，援例得清軍府銜，克承先志，修馬埠石橋，費不資，獨任之。戊午粵寇之亂，軍書旁午，檄富民助餉，動輒千計，而兆豐樂輸無吝色。至於助賓興修邑廟暨郡文廟，皆踴躍爲一邑先。今其孫附貢生徵庸，亦輸積穀七百籮。建郡城萬壽宮，費千餘金。修水門浮橋，完郡城垣墉，助育嬰堂田，所費實不可勝計。前勝、鄧兩太守皆有扁額旌其閭。議者謂樂善不倦，有祖父遺風云。

鄭英，字蘭亭，國學生。事親孝，訓子有方。生平好施，道光年間歲饑，常施粥以濟貧。爲人排難解紛，不惜財力。年逾古稀，卒後人尤追憶之。

葉世鐸，字振文，援例得布理問銜。性温厚，少失怙，事母至孝。其修道路，賑饑荒，助兵餉，無不勇爲。復於西門外建造三官堂，不惜鉅費。

官燮廷，字理卿，附貢生。性敦厚，童時讀書，夜深入廚取茶，遇竊者於竈後，矜而釋之，給以錢米，勸令改轍，而隱其姓名，其人亦卒歸於正。及長，樂善好施。咸豐戊午寇退後，尸骸徧野，集十餘人，持畚荷插，自本村至門頭嶺，沿途收瘞之。

王天機，號靜軒，排前國學生。仗義好施，育嬰堂、妙高書院暨橋梁道路，無不樂於捐助。道光間，捐十五都義穀捌百石，建好川義倉。時撫憲程諱含章，予以『急公好義』額，并奬八品頂戴。子朝英、朝俊，連袂入泮，克承父志。咸豐戊午粵匪之亂，弟兄出資同辦鄉團，朝英以勞苦成疾故。朝俊精岐黄術，惠及親族。己未歲歉，捐米捌拾石以賑，知縣韋奬賞之。今孫福基、福康，亦同科入泮。家漸中落，猶捐積穀百石，人謂其克繩祖武云。

王廷賓，字與言，例授修職郎。急公好義，每年終身纏碎銀，遇貧輒濟。邑舊有官柴陋規，民受其累，廷賓爲訴當道，弊乃永革。

潘得清，西岸人。儉約自甘，樂善不倦，助田二百二十四籮於惠衆寺内，永爲公産。得清歿後，届生諱辰，其子孫群至寺祭享，歷久如故。

黄德潤，監生，家王溪。少極貧，長事貿遷，漸饒力行善。夏施茶，冬施炭，製膏藥，歷久不倦。至造廟宇，修橋路，靡不捐助。光緒十二年，既濟橋，暴雨冲没。德潤修之，隨修隨冲至數四，費頗不貲。闗川毛冠祥倡造石橋，德潤慨然出百金，其好善如此。

毛復裕，號蓴亭。少貧，長事商賈。性和易，而好義儉約。起家漸饒，援例得從九品。同治初，以克復邑城功，得五品。遇覃恩，晉四品封。有才幹，任地方事，不避勞怨。費千餘金，造栝蒼平政浮橋。凡郡文廟、試院及邑文廟、邑廟志乘各公事，皆踴躍輸將，必倍蓰他人。知縣江以聯額奬之。壽至七十有三，無疾而終。子亨然，亦好義，知府謙贈以『利濟爲懷』扁額。

華源，字鏡泉，貢生。幼失怙恃，家貧，賴祖母針黹以生。事祖母以孝聞。道光間，修邑乘與其事。

謝邦，字式南，邑諸生。幼失怙，事母盡孝。生平樂善好施，嘗見人鬻子爲僧者，亟代贖回。歲印陰騭文、勸善等書贈人，至老不衰。他義舉尤多。卒年七十五。

華錡，字化成，邑庠生。性和易而好學，族之誦讀者多從之游。年七十，家人以俗例爲懸弧之慶，不許。走蕉川爲潘天生者課子。去月夜出游，有婦人哭甚哀，詢知夫好賭，將鬻以償債者，錡以修金二十金贈之。忽一夜，夢藍衣老人告曰：爾算將盡，以贈金事增十年。後果至八十而終。

華文津，恩貢生，温州永嘉教諭。學優品粹，以端士習爲首務，永嘉士欽敬之。解組旋里，猶與子姪輩講文談藝，同入棘闈。

董廷洪，字克成，家湖邊。事母至孝，建祠修譜，爲一族倡。嘗竭己財爲人排難，無力婚葬者，施與無吝。

潘之銘，字日升，國學生。孝以事親，持家勤儉。素精醫理，就診者其門如市，寒暑無辭，不受人餽。

葉啟祥，字雲松，廪膳生。精岐黄術，意在濟人，不沾沾於利處。總鎮特病篤，得啟祥而痊，以匾額彰其廬。

張聯登，字世型，例貢生。慷慨好施，精於醫，病者邀即往，遇貧者施藥餌。奉縣檄經理積穀有法，稱貸者皆沾其澤。

周飛熊，號漁隱，武庠生，授衛千總銜。少而英敏，長而豁達，慷慨好施。年甫四齡失怙，祖維翰教養有方，賴以成立。與弟鎬恪遵祖訓，母王氏青年守節，尤曲體親心。習軒岐，兼善外科，有就諗者，不取資，施以刀圭，珍品不惜。

葉世鑭，字參圃，國學生。敦樸純謹，篤於孝友，生平不干外事。其賑饑荒，助兵餉，無不慷慨樂爲。長子丞焕，授按照磨銜，亦孝謹有父風。

劉斐然，字子裁，襟溪恩貢生。重厚簡默，孝友性成，訓弟子必歸實踐。咸同間寇亂，田野荒蕪，斗米錢四百。斐然罄産以濟，親族多賴全活。常言士生斯世，不能得志於天下，當思有益於宗黨。棘闈兩薦不售，力學之志，至老不衰。年六十有四終。

陳嘉謀，字圭崖，號贊卿，襟溪歲貢生。穎悟倜儻，涉獵群書，尤精音韻。習舉業，爲知縣方所器。家貧，手不釋卷，晚歲猶勤。年六十終。

周廷鏘，字天保，鄉賢周綰之後，故爲祠祀生。居十四都石柱村。幼失怙，零丁孤苦。授室後，經營家政，稱小康。内外雍穆，急公好義。知縣楊表以『先民是程』扁。四代同堂，子孫曾玄百餘人。壽至八十有九。

李榮，字維芳，監生。咸豐戊午，粤逆亂，隨營高濟頭，以功得六品銜。光緒初，重造縣堂，榮與董其事。

王應華，字永懷，邑庠生。沉静好學，孝友性成。親族中無力婚葬，咸以私財助之。資姪有志讀書者，視之猶子。凡遇公事，無不和衷以成其美，爲前令陳所推重。

王巨臣，字玉成，邑武生。居家孝友，樂善好施。其子維藩，能成父志。生平禮法自守，捐穀以益義倉，平糶以濟荒歲。凡有造橋梁，修道路，無不慷慨樂爲。

華嵩，字瞻嶽，廩生。博聞強識，尤善岐黄人。請診治病，不受。值病劇得愈者，人以再造二字貼其門。

華簡，字悠三，邑庠生，鄉賢岳孫，進士延年父。言笑不苟，嗜詩書，淡於聲利。助軍餉，輸義穀，凡諸善舉，孜孜不倦。周濟貧乏，不能償者，立焚其券。以子貴，得封贈。按：簡，宋淳熙間時人，舊志未載，今補入。

文學

宋

龔敦頤，字養正，原之孫。博通群書，撰元祐建中列傳譜述一百卷。淳熙間，修國史，洪邁請甄録，從之。授穎川文學，仕至宗正丞。入通志。

元

鄭元祐，字明德。元初，父石門高士，字希逸，徙家錢塘。十五能詩賦。是時咸淳諸老猶在，元祐徧游其門，質疑稽隱，充然有得。父殁，僑居平江，從學者衆。省臺交薦，至正丁酉除平江路儒學教授，轉江浙儒學提舉。居九月疾終，年七十三。元祐兒時傷右臂，比長，能左手作楷書，規矩備至，遂自號尚左生。爲文章滂沛豪宕，有古作者風。詩亦清俊蒼古。晚年自彙其所作以授謝徽，名僑吴集。又有遂昌山人雜録、山居文集若干卷。入鄉賢祠。入通志。

尹廷高，字仲明。父竹坡，當宋末以能詩稱。仲明遭亂轉徙，歷二十年始歸故鄉。嘗掌教永嘉，復任處州路學教授。尋歸隱，日以詩酒自娱。有玉井樵唱正續稿，奎章閣學士虞集爲之序。入通志。

明

毛翼豪於文。由舉人任福建同安縣儒學訓導，升梁府教授。

俞得濟，字公廣。幼孤，長尤博涉群書。永樂六年，詔翰林集四方儒學士纂修永樂大典，得濟以能書薦。書成，被賜賚，詔就翰林，益進其藝。十八年，擢兵科給事中。勤慎詳敏，克舉其職。坐累出爲邯鄲縣丞。縣當孔道，民不困而事集，尤以寬厚得民心。洪熙元年，轉刑部照磨。宣德初，升刑部廣西清吏司主事。盡心察理，獄無冤滯。及殁，大學士楊士奇爲志銘。見獻徵録。

吴紹生，字繼賢。永樂乙未進士。以習譯文考選翰林院庶吉士，轉行人司行人。使琉球，升禮部儀制司員外郎，歷工部屯田司郎中。所著有默齋集。子志，亦進士，官知府。

朱朝正，字克正。性敏悟，以詩文雄於世。有史才，曾聘修各郡縣志及輯家譜，兩浙名公皆折節焉。自號野史山人。嘗繪浩然騎驢像，有名人題跋。

王養端，字茂成。倜儻負意氣，善談古今事，工古文辭。舉順天亞魁，大學士袁煒每推轂下之。與濮州李先芳、楊州宗臣諸公相結甚驩。生平著述極富，有震堂集、山居論，其遂昌三賦載明史云。入通志。

黃九章，字叔範，中子。性資疏朗，學問宏深。由貢生授龍溪訓導、華亭教諭、海州學正、南昌教授。所至造就人材，於士有恩。每署縣，輒著聲績。尤長於詩文，所著有秋水齋集。

葉澳，字爾瞻。齠齔時即負大志，縣令黃道瞻一見异之，負笈從明師游。尤受知於臨川湯公。萬曆甲午領鄉薦，因抱疴不獲顯於世，人咸惜焉。所著有四書註翼、易通、淇筠志感并詩集行于世。入通志。

黃九鼎，字禹鈞，號象州，中之姪。萬曆癸酉舉于鄉，除陝州守，多惠政。未幾，解職歸，愛西湖之勝，遂家焉。名山异迹，題咏幾遍。尤善於樂府擬古諸體，結社湖山，與名公互相倡和。督撫劉公一焜尊爲人倫楷模，捐俸梓湖山百咏、七二草行世。入通志。

徐應乾，字以清。行誼端謹，學問淵宏。家貧，課生徒束贄奉父，均予諸昆，不入私室。夙著才名，由恩貢授甯波訓導、清遠教諭、雷州府教授。所至作人訓士一本蘇湖，董修府志事，筆削允當。所著有昌岩藏稿、士林正鵠行世。

包志伊，字惟任。孝讓正直，睦族恤鄰。髫年游泮，負大志，自舉業外，經史諸子，過目成誦。

作詩歌古文詞，娓娓數千言，爲邑侯湯公玉茗所器重。讀書唐山，無疾而歿，葬于山。有樵童忽見襴幞者降，語曰：上帝以吾賫志而歿，勑爲英靈公主此山。於是邑人禱祀，輒著靈异，肖像寺中。

潘覺民，字任卿。幼孤，事母至孝。早歲失偶，一子賴母育之，終身不再娶。待兄弟甚友愛。家貧舌耕，弟子以百十數，皓首賫志，邑稱人師、經師云。

鄭秉鍊，字泉曲。以歲薦授蕪湖縣丞。性廉介，日與諸生爲文社，以清操見忌。免歸，囊橐蕭然，讀書彈琴以自怡。一時名公如焦漪園、楊崑阜皆推重焉。

鄭秉券，字錫卿。髫年入郡庠，太守張公器之，因贅於麗。端方勤學，以毛詩教授門徒，一時監司守倅多延之賓館，爲子弟師。後選開化訓導，轉分水教諭，俱得士心。終于任。

王文中，字紹泉，歲貢生。秉性孝友，讀易精陰陽妙解，游其門者歲常滿。少食餼，試輒冠軍。閉户好學，足不一履公庭。

童進思，字懋忠。弱冠游庠，九入試闈，偃蹇不第，志益壯，一時名士皆出其門。課子一經，善吟咏，有溪吟、童子離騷。

朱明誠，字聚敬。性孝友，善詩文，操行耿介，鄉黨有不率者，卒服其化。

葉繼康，字伯阜。性孝友，讀書一目數行，經史子集靡不淹貫。髫年游庠，中萬曆癸卯副車，以歲貢授鄞縣訓導，升昌化教諭。踰年致政歸，屢應鄉飲賓選，著梅菊百韻。

包經文，字君質。力學好修，善事後母，撫諸弟。早歲饟庠。崇禎十三年歲貢赴京，時國步方艱，上親閱試策，拔其尤者百人，加以欽賜之額，獲中第三十七名。以疾歸，賫志而歿。

葉梧，字于陽。幼穎悟好學，博涉今古，舞象即饟于庠。與兄澳、弟幹俱爲湯令若士所鑒拔，俾負笈黄貞父、岳石鍾兩先生門下。中辛卯副車，志愈矯厲。家故饒，不問家人産，數奇不售。晚年食貧，恬不介意，惟怡怡以承母歡。

鄭九州，字鼎卿，郡廩生。穎悟絶倫，博極群書，工古文詞詩賦，啟扎咄嗟而辦。郡守朱公葵檄修郡乘。

黄德璩，字瑩郎，父廉。家學淵源，倜儻宏博，文辭詩賦咸取法秦漢。弱冠饟郡庠，屢試高等，家金溪。歲壬午、癸未，萑苻起際，下距其鄉咫尺，會侍御熊伯甘、司李陳卧子提兵合勦，檄參帷幄，招寇投誠，鄉里以安。

童問禮，字用和，郡廩生。舞勺登黌選，久困棘闈，數益奇而名日益噪，出其門者多名士。且訓子有義方，子任良、任重、任大，俱爲邑名儒。

徐應泮，字鵬池。能文章，弱冠游庠，有至性，晨昏定省，色養無違。親亡，居喪行文公家禮，閭里悉稱其孝。文宗樊公重之。平生著作甚多。

項天衡，字舜齊，應祥次子。生而穎悟，父深器之。髫年游泮，饟於庠，錚錚有聲。而温文謙藹，無貴介氣。創建茶亭，歲凶煮粥濟饑。家富書史，天衡酣枕其中，惜賫志而歿。所著有閩中游草。

華知京，字汝統。博聞強記。弱冠餼於庠，屢試高等。事親孝，居喪哀毀盡禮。好行其德，施藥餌賑貧乏。又善古文辭，詩有盛唐風。壽至古稀，終之夕猶飲酒歌詩。所著有適居集二卷。

朱九綬，字廷若，郡增生。賦性警敏，居心醇慤。初家頗饒，勵志舉業，不治生産，屢躓棘闈，卒致困乏，然不以貧改節。壽六十賫志而逝。

葉文舉，字爾知。幼敏慧，有文聲。弱冠游庠，北游太學。伯繼康，文行爲一邑冠，事之如父，不幸早歿。

國朝

黄豸聲，字姚臣。才識超邁，與族弟懋學俱以童子游泮。豸聲幼即能詩文，多奇警句。性好游，過豫章與艾東薌、陳幼升結社吟咏，刻韻江草，黎博庵爲之序，稱其奇拗尖冷，不從人間來。吴興蔡正庵督學延爲其子訓制藝，刻有苕溪冷箏。歸游温州，歿年二十七，家貧未及娶。懋學髫年餼府庠，乙酉選貢，亦能詩，多散逸，未刻。歿年二十四，亦以貧未娶。

項天琦，字韓仲，應祥幼子。以庠生游北雍。性謙厚，多才藝，父器之，家政悉委綜理。以祖墓在長扨方山，創橋濟渡，建亭施茶，皆名之曰祖德。生平漁經獵史，能詩善書。

李春富，號竹樓，邑廩生。忠厚正直，博聞強記，尤篤義方之訓。厥子成童，即飆於庠。文行爲士林宗仰，遂、松兩邑名儁，半出其門。以廷試終于京。

項世臣，字非喬，邑庠生，應祥孫也。資禀穎敏，博極群書，著述甚富。論易凡十卷，剖晰微奥，尼以羽翼四聖。工於詩賦，足迹所經，耳目所遇，莫不見之。著有梅花百咏。惜癖於佛，更名佛第，自號心空，竟以禪隱。

包萬有，字似之。六歲失怙，事繼母如所生。居繼母喪，啜粥茹蔬三年。十八補弟子員，屢試優列，入棘闈。主司命題曲意媚逆璫，遂投筆而出。弃青衿，放浪山水，博極群書，經史百家，内典丹經，靡不淹貫。建兑谷書院，會同志講學焉。又捐輸義倉穀一百石以賑饑。兩應修郡志聘，修邑乘者三。所著有編年合録、五經同异、範數贊辭、小學遺書、食貧録等書。殁，郡伯周宿來先生讀其撰述，慨然想見其爲人，詳請祀入鄉賢。入通志。按：項世臣、包萬有宜入隱逸傳，通志入義行，亦非。

包蒙吉，字聖修。以恩貢考選州同，改迪功郎。後奉取選，堅辭。著古史補，惜未梓，散佚。爲諸生時，文名爛然。婺州司理李公之芳延之西席，及升浙閩總制，駐扎三衢，復延之，不赴。前浙江巡撫王公國安乃其門下士，請往見，至再三，一見而返。其高風清節如此。督學張公衡旌曰『潛德象賢』逾古稀而終。

王錫，字禹功。以歲貢選奉化訓導，辭疾不赴。性情恬澹，操守端嚴，試輒冠軍。所爲文章，四方争誦之。廷試歸，潛修三十年，足迹不履公庭，著書自娱。有偶時吟詩一卷。壬辰夏，邑令延修縣志，以目疾不赴。未幾，捐館舍。年七十有六。

葉茂林，字秀也。廩生。甲午鄉試薦魁，以策涉嫌疑見遺。爲人高曠瀟灑，能詩畫。會入浙東五友社。著有飛鶴閣詩略、卧竹亭稿、甬上吟。

包蒙亨，字穉嘉，郡廩生。爲文得先輩法脉，屢試冠軍。十戰棘闈，厄於數。戊子饑，鬻妻質子者捐金贖完之，時人仰其高義。康熙庚午，郡伯劉公延修府乘，秉公無私。所著詩賦多不傳，其易經衷統合參、心齋詩集稿尚存，邑人士莫不景仰焉。

毛桓，字克亭，號荔園。孝友嗜學，弱冠聲名籍甚。文矯健沉雄，詩亦精琢，兼工書法。貢入北雍，讀書敷文書院。兩舉優行，一薦鴻博，又再掌昌山教，延課南明書院。所著有荔園文集、遠抱樓詩集、四書解義。

朱楷，字翰仙，號梅岡，邑廩生。有雋才，工吟咏，終歲一室，雖疾病不少輟。性好施與，遇寒士即罄囊弗恤。所著有梅岡集。終年五十八。陳教諭吊之以詩，有『斯人今地下，文章自千古』之句。

王正化，字熙世。由歲貢授訓導。博學善詩，有茂槐堂詩集、紀游詩草行世。生平慷慨好施，樂善不倦，嘗刊慕善録、牛報篇，廣行規勸。子瑛，弱冠食餼。亦著有數園稿、芥納軒詩集。

鄭家燕，字鳳城，歲貢生。氣度閑雅，經書子史，無不研究。長于解析書義，每擁皋比，談論娓娓，聽者忘倦。父授原鄉教諭，隨之任。一時名士，皆執經請業焉。晚以詩酒自娛。

華明樓，號東籬，由歲貢選嵊縣訓導。穎悟過人，沉酣於學。文宗醇正，不入時人蹊徑。器宇高曠，名重一時。前王令聘修邑乘。

童汝礪，字資先。由恩貢授教諭。端莊醇厚，文法高古，得隆萬衣鉢。居家嚴肅，而待人以恕，不吝周恤。遇囊澀不能應人之求，則貸以册券，任其典質。善細楷，手録經史諸名家詩，及古昔格言，累架盈箱。年終七十三。子孫皆有聲庠序。

劉霞，字超然，府貢生。幼聰敏，武進錢文敏公考校栝郡，閲其文，贊賞不置，取爲榜首。問其考幾榜首矣，答以不能記憶。文敏笑以老榜首目之。數奇，屢躓秋闈。著作甚富，有餘綺堂文集，家貧未梓。乾隆乙酉，分修縣志。

華日瓚，字在中。鋭志於學。游庠後，有臂以瘋廢，不告休。左手學書，仍應試焉。秉性温文，篤於孝友。

王景雲，字文郁，歲貢生。幼穎异絶倫，童年食餼，一日能成制義十餘藝。衆以明季陳大士比之。家貧授徒，合庠諸生，半出其門。幼失怙，撫養於祖母俞氏。後俞得節孝旌表，手鐫百壽碑甓於坊。著作散失無存，士林惜之。乾隆乙酉，分修縣志。

周觀鎬，字繼豐。由恩貢授州判，改授布理問。秉性倜儻，家故貧，克志潛修。壯年游幕，才識高邁。二子皆弱冠游庠，亦各就幕。積館穀，漸致豐裕。晚年家居頤養，左圖右史，取經史百家，摘其要者手録之，髦年不倦。

周謙，字益之，邑廩生。體羸弱，若不勝衣，而姿禀過人。喜讀書，目數行下。嘗從章北亭太史游，北亭以大器期之。能詩文，楷法多寶塔，頗能酷似。臨懷素草，亦遒勁有機勢。惜不永年而卒。著有賓月樓詩稿，未梓，失於水。

王夢篆，號窺園，歲貢生。幼承庭訓，篤志好學。制義之外，酷好吟咏。薄游并冀，經歷所及，得山川之助，詩益工。晚年就正於學，師陸太冲，迭相酬唱，爲武林梁山舟太史所賞識。有窺園詩鈔四卷行世。

黄衣照，字孔章，邑庠生。孝友性成，與人無忤。安貧守善，坐卧處典籍之外，别無長物。工吟咏，善書法。年八十有四。

葉均，號月坡，廩貢生。少穎异，過目不忘，出語每驚長老。得風疾手顫，遂援例入成均。自是怡情棋酒，以岐黄術濟世，更周以藥餌、星命、堪輿諸書，無不超悟精微。

王鑰，字守寅，邑廩生。夙智早成，舞勺游泮。幼失恃，號踊過度，兄弟終日怡怡。篤志好學，每虚室獨坐，游心墳索，名行爲時輩所重。惜不永年。

朱熡，字正陽，廩貢生。敦孝友，尚節義，樂善好施。與人接，藹然可親。教子重躬行，而後文藝詩文以性情理法爲宗。書法學顔魯公，而得其神似。

俞蓮，號雨薌。歲貢生。自幼閉户讀書，從不問門外事。與文人學士交，日以詩文相往來。書法秀勁，能自出機杼。性耿直，不能諧於俗。

華日融，字煦亭。由拔貢候選教諭。有蕉石堂詩鈔。歷主須江開陽講席，多所造就。以廬墓居衢郡西鄉。讀書之餘，雅好施與。嘉慶壬戌大饑，傾囷周邺，自與家食菽療飢，全活無數。即於是年卒。鄉人巷哭，爲奉祀於社。

童邵，號春樵，歲貢生。幼敏捷，塾師教讀數過，即能記憶成誦。博洽多聞，可片刻成數藝。早歲名大噪，肄業敷文書院，名公宗匠咸重之。家素豐，以不理生産中落，衣食不給，晏如也。晚年尤精岐黄，時稱國手。

華紀，字邦政。通書史，喜吟咏。事親盡孝，至老不衰。著有南垣集略四卷。

華綱，字邦振。賦性純恪，通經史。事親孝謹，不求聞達。著有松波傳八卷。子鐙，十歲能文，工詩賦。督學見其文藝獨超，詢知家學，賜以『詩禮傳家』扁額。迄今世列膠庠，書馨勿替。

吴世涵，字淵若。天資穎异，下帷力學，博極群書。肄業敷文書院，名大噪。每一藝出，人争傳誦之。兩浙知名士皆慕與之交。中道光戊子亞元，會試在都，群推爲文壇飛將。庚子成進士，出宰博陵，丁母憂歸。服闋，改滇南，歷署通海、太和、會澤篆。勤政愛民，年近六旬，以奔父喪，舟次中暑卒。所著有又其次齋詩文集。

王廷楷，字端書，府庠生。家貧力學，孝友性成。與弟分爨同居，雍睦無間言。視姪猶子，凡遇公家事，無不和衷贊成。知縣晏尤推重。著有則亭詩稿，教諭周愛棠爲之序。

吴沆，字藹人，恩貢生。博記洽聞，仲兄世涵以遠到期之。羸弱善病，志不獲展。晚得端木太鶴地理元文注，殫精研究，洞見本原。年近六十而卒。

吴世煊，字煦宇，歲貢生。淹貫博洽，手不釋卷。詩文賦辭，援筆立就。秋闈薦而不售，從游甚衆，多成就者。

葉永英，字登耆。少穎异，七歲入家廟，能書『正大光明』四字。少長讀書，過目成誦。十七游庠，弱冠食餼。負笈杭城，從吴栗園先生游，先生器之。知縣朱勿軒、徐鐵孫皆重其文。登咸豐辛亥恩科亞魁。所著有繼香文稿。

吴世琛，字韞山。天姿穎异，未冠餼於庠，旋以拔貢考取咸安宫教習。丁母憂回里，頻遭寇亂，雖顛沛患難中，仍手不釋卷。方思於服闋後考滿候選，竟賫志以終，時論惜之。

朱渭，幼聰敏，年二十四中道光辛卯恩科舉人。學問淵博，尤全孝道。寓京邸十餘年，倡建處州會館。家居日，又倡捐，遂西賓興。乙未揀選知縣，署湖州府學。工古今體詩，又與堂兄培元捐田百餘籮，爲族人婚娶喪葬之用。年四十餘終。

黄景中，字恬庵。天資靈敏，學問淵博。咸豐庚申拔貢，督學張星白稱爲翰苑之才。因道梗未赴都，旋卒。

黄煦，字亦齋，邑庠生。品端學邃，工文善書，好吟咏。著有心愛集詩文十卷，未梓。

戴鏊，字曉山，邑廩生。品端學博，善文工書，授徒甚衆。著有下里初存詩四卷，待梓。

鄭應辰，字星槎，同治壬戌恩貢生。博通經史，才識過人。鄉試屢薦不售，督辦周公源團練合源，得免蹂躪。又帶勇同破界首賊營，以採辦軍米功得六品頂戴，又以功保即用教諭。

吴焕文，字廷慶，學識淵博。年十九冠軍入泮，前令朱許爲科甲中人。鄉闈屢薦不售，與戴曉山、華潛園諸名宿唱和聯吟。咸豐辛酉，粤寇復至，焕文草檄數拾紙，徧榜通衢，情詞慷慨。傾家助糧，約集會勦，賊遁去。生平手不釋卷，有見山樓時藝、碧雲齋試帖、衆緑軒賦鈔、仁孝録、誠敬録各著作。子興煒。王村口下游一帶，有無賴子截阻木排，尤爲商民之害。興煒禀請分設駐防，商旅以安。卒之日，鄉里同嘆。

黄璚雲，字崑山，歲貢生。禀性醇樸，授徒餬口。所居深山中，士鮮知學，自璚雲提倡，遠近從風，極一時之盛。晚歲精神矍鑠，有勸令省試邀恩賜者，辭曰：某不敢以衰耄貪天功。尤足徵高尚云。

華國儀，字來虞，貢生。工詩。父知京，不樂仕進，著適居集詩詞，採入南巡彙典，另有傳。國儀著有射圃吟一卷，教諭李爲之序。

隱逸

宋

葉可權，字國衡，號平齋。隱居桃源。讀書樂道，澹如也。邑嘗起爲教官，能誘掖後進，人咸景慕之。尋歸隱。

周與昂，字天常。隱居桃源五峰之下。通史籍，精卜筮，以耕雲處士自號。終老邱園，未嘗入城市。蒔松竹梅於屋側，以寄歲寒之志。

王鎡，字介翁，湖山人。宋末由選舉授金溪尉。帝昺播遷，弃官歸隱，與尹綠坡、葉柘山諸人結社賦詩，匾所居『日月洞』。族孫王養端爲之序。

明

潘永滿，字天澤。隱居桃源。孝義著於鄉邑，博學善詩文。御史中丞章溢屢薦不起。壽九十三。

王鑑翁，字子明，賢良濬之父也。性恬退，有勸之仕者，曰：吾自度之審矣，岩容澗姿，豈堪飾之章服？或以聞於集賢，曰：是能樂天者也。遂以樂天自號。及終，太史宋濂撰銘，誠意伯劉基篆額，學士陶安吊以詩，有『直道追三代』之句，其見推于名流如此。入通志。

周頊，字成珍。性恬澹，不樂仕進。侍讀楊萬里疏名上，宰相薦於朝，詔徵不起。與鄉人進士華延年、周著思講明經義，隱居西郭。入通志。

包夢吉，字維祥。讀書慕古，不欲仕元，自甘隱遯。洪武十五年，以賢人君子徵，疏辭母老不赴。

鄭邦棟，字隆之。性孝友，内外無間言。少熟内經，濟人疾病，一介不取。吏隱歸養，與兄邦相承先志，修葺定溪渡、石馬嶺、洞峰嶺、岱嶺亭，增置膳夫，人感德之。

王季种，字文起，家湖山，養端第三子也。性敦孝友，善詩。游庠後，即遍訪名山，採芝深谷，有塵視軒冕意。所著有真樂處詩集。

卷之九

知縣清河胡壽海、宛平史恩緯重修

列女

貞女節婦人微迹隱，而綱維大義，殉節捐軀，或茹蘖含荼，承先翼後，其苦志實足驚天地而泣鬼神。搜采不廣，高行奇節，與山中草木同萎，誰之責哉？咸同閑，粵寇兩躪其地，殉難婦女幾徧各鄉，例得附書。

元

李氏，王延洪妻，名淑貞，處州教授某之女。年方艾，歸延洪，生三子。延洪殁，擇傅就學，每親課其所誦，探其課對工拙爲賞罰，三子克有成立。至正戊戌，鄉亂，爲椎埋剽奪，李挈孥避地松陽。長子死於兵，故廬毁于火，李氏憂悸成疾終。

王氏，葉杭妻，名妙泳。至正丁酉，山寇作亂，將殺其夫而污氏，氏以二子屬之姑，自刎而死。郡縣上其事，旌雙節門。

明

周貞女，二都周滿女。永樂間，許嫁蘇仲善。未婚，仲善死，滿欲别嫁之，遂號慟至夫家，衰麻事姑，撫夫前子，家日迫而守益堅，鄉里以童老安人稱之。年七十餘而歿。

鄭氏，王固鐸妻。年二十三，有姿色。正統間，賊劫掠，縣人悉逃匿，鄭氏匿於山。賊搜得，逼行至清潭，臨崖曰：甯死於此。聳身下，夫從後撈得之。賊怒，脅以刃，見其無所屈，索資而去，得不死，以壽終。

楊氏，徐維讓妻。年二十二，夫逝，長子四歲，次子二歲，三子在遺腹。諸伯皆亡，家無擔石，煢然孑立，形影相吊，紡織餬口，力育三孤。次子文洪業儒，入太學。氏以二子連逝，哭喪明。文洪籲天露告，目忽復明，壽終七十二。

朱氏淑貞，王叔可妻。年十九，夫客死王事，子冕甫周歲，守節撫孤，壽至九十六歲。建坊府治東。

王氏，周應熊妻，名思員。年十七歸應熊，生一子，甫八月，夫病革，屬王曰：能不吾負，善養吾母，保吾孤。王嚙指出血，泣曰：必無負，天鑑之。後一如夫言，孀居六十餘年，歿年八十七。邑太僕朱仲忻詩曰：有心懸皎月，無行負蒼天。地下良人會，應知不赧然。

姜氏，吴渭妻。生一女，夫死，年二十四，鞠庶生子若己子，孀居四十餘年，未嘗出門。夫兄弟以事見，則闔門與語。後庶子家日落，藜羹不繼，姜處之無怨言。

應氏，葉某婦。年十八，夫從戍，二十餘年，音信不聞。人傳其夫在戍，已别娶生子，父母信之，逼令改嫁，氏堅執不從。後夫終不返，清苦自持，不渝其志。

葉氏，蘇長益妻。性恬素，年二十二，夫喪。舅姑憐其年少無子，令再嫁，婦泣願守志終身，年六十七歿。

葉氏，獨山朱子方妻。年二十，夫故，慟哭幾絶。遺二孤，長暆，次瞰，尚在襁褓，朝夕撫訓。私室所有，悉舉奉舅姑。衣食窘乏，而所志益勵。五十餘年，始終一節。

鄭氏，東隅徐廷玑妻。年二十六，夫故。家貧，一子甫六歲，一子在娠，旬月方産。鄭日夜哀毁，不離柩側。適隣家火逼，乃抱柩大慟，須臾返風獲免，見者莫不慘异。母欲奪其志，悲泣咬指，呼天自誓，紡織撫孤成立四十餘年。郡守高公趙額其門曰『完節』。邑御史黄中贈詩，有『心事青天鑑，綱常赤手支』之句。

項氏，西隅周黼妻。黼故，氏年二十三，無嗣，日夜悲啼，誓死靡他，獨處一室，雖至親不得見。年躋八十歲而終。

柴氏，金溪黄錩妻。夫早世，氏年二十八，一孤方匍匐，誓志守節，蓬垢不出門户。通孝經大義，教子宛如嚴師。常静坐吟曰：日落西山留不住，水流東海并無回。言此志不渝也。壽九十五而歿。子濾出金建祠，孫公栴值歲大祲，焚券減租賑濟貧乏。世篤善行，皆氏懿教所遺也。

陳氏，徐朝紱妻。朝紱早世，兩兒尚在髫齓，家貧甚，紡績度日，撫孤成立。復能茹苦減粒，蓄餘資與伯叔輩均價買地，安葬翁姑。許邑侯以『節凜冰霜』額獎之。壽七十而終。

吴氏，長濂鄭廷器妻。年二十一生一女，夫亡，哀毁幾絶。母憫其年少無子，勸易志，氏誓死不從。伯叔兄弟有事相告，則隔簾而語，不出户庭者三十餘年。

俞氏，西隅生員葉讓妻。家貧無子，讓死，氏斷髮翳目，誓不再適。痛夫未葬，躬爲人紡織，併日而食，經歲僅積微資，始克舉葬。鄰嫗有憫其貧而勸易志者，輒慟哭自縊，如是至再。或授之餐，堅不受。年七十餘，竟餓而死。

華氏，官陂舉人戴憲妻。憲中鄉舉，即罹疾，藥石莫治，氏刲股救療，竟弗起。時年二十五，遂剪髮自誓，撫育遺孤，雖饔飧不給，而孀操益堅。郡守吴公仲憐其苦節，田租贍之，後以壽終。

周氏大務，徐舜滄妻。年十七，舜滄故，即置柩於卧室，晝夜悲哭三年。遺腹一子，乳養訓誨，俾克成立。家貧，傭紡自給。姑劉氏屢逼他適，誓志不從，竟以完節終。

鄭氏，包潭妻。性至孝，精於女紅。父母歿，繡容以祀，宛然逼真，人謂精誠所感。既嫁，事寡姑盡孝，姑亦愛之如女。年二十六，夫故，哭踊幾絶。以姑老子幼，忍死紡績，膳姑育子，孀居五十四年，壽七十九。邑令池浴德旌其門曰『孝節』。

尹氏，朱璘妻。年二十二，夫故，長子方呱呱，次子尚在衽，遺田僅給飦粥。人或竊議其不能完節者，氏以死誓，煢煢苦守，足迹不履閫外，勤勞織紝，撫孤成立，至老益堅，壽八十三而終。

黄氏，朱明訓妻。聘而未婚，氏母聞婿有心疾，欲奪改適，氏即斷髮，誓死靡他。及于歸，孝養舅姑，調理病夫。舉子國泰，夫亡，年二十二，哀毁欲絶，不出户庭，紡績撫孤成立。七十餘年，始終一節。按院彭公應參表其門曰『貞節』。郡伯李思敬以詩挽之曰：七旬孀操冰霜潔，九十遐齡名壽長。

蘇氏長濂，鄭延儀妻。年二十七，夫故，遺有三子，氏哀毁籲天，矢志守節。家計蕭疏，恒以紡績針紉佐給，撫育諸孤，各得成立。壽至九十有九。一生操凛冰霜，白首無瑕，遠近欽敬。病革日，手持牀頭錢一千，以示子孫曰：我守節七十餘年，每遇窮困煩悶時，將此錢傾散房中，一一俯而拾之，藉消憂鬱。而今而後，吾其免夫。視其錢圓滑無比，是真能苦志堅忍者。卒後，撫按司道府縣各送『百齡完節』匾以旌之，里人爲建百歲貞節亭焉。

王氏，廩生徐懋厚妻。幼好讀書，語及貞烈，人目爲常事。歸徐五載，夫病，割股療治，不能起，遂絶粒求死。其父引程嬰事爲喻，始誓志立孤。孤歿，復立冠。婚甫畢，率子婦告廟。次日，抱夫像自經。哭夫詩七首，中有『傷懷慚看陳情表，夢魂猶記柏舟詩』之句。知縣林剛中親爲文祭之，上其事於當道。御史張公素養題請竪坊，旌曰『貞烈』。

鄭氏，儒士華志遠妻，參知鄭秉厚仲女。年十五歸華，屬夫病，刲左右股以療。夫故，從卧内設巾履，相對哭泣。妯娌知其欲以身殉，更番守之。值新歲，乘閑投繯而逝。中丞項應祥上其事於當道，督學陳公大綬扁其門曰『節烈』。

周氏，葉應善妻。家四壁立，清苦自守，隣里罕覯其面。夫病故，誓以死從。夫兄強其再醮，引刀自裁，覆卧衾，手足整然不亂，通邑誦异。邑令胡順化爲之給銀竪石，題曰葉門周氏貞烈之墓。

華氏，生員項宗孔妻。歸宗孔六年，宗孔入泮而殁，氏悲痛幾絶，以死自誓。伺家人防衛稍疏，竟投繯死。

鄭氏，生員包志伊妻。年十九歸包，踰年而夫殁，撫前妻兒女若親生，爲之婚娶，教訓成立。子亦克孝，宗族鄉黨稱之。執節四十餘年，有司表其廬曰『節孝流芳』。

李氏，黄九宫妻。宫故，氏年二十二，家徒四壁，矢志撫孤。親戚慮其年青，勸令再醮，氏誓死靡他。紡績度日，撫一子苦讀，得入黌序。柏舟之操，畫荻之風，人共稱之。

吴氏，黄伯康妻。夫故，氏年二十二，欲以身殉。衆諭撫孤，勉志苦守，事姑孝養，課子成名。經撫按學道旌表，名列憲綱。

周氏，時可訓妻。孝事孀姑，三載夫亡。時氏方踰笄，絶食欲從死，孀姑泣持，始勉強爲立孤延祀計。事姑益聚順生事，葬祭俱盡禮。邑令林公剛中匾旌節孝，爲申上臺，歷有旌奬。終年七十三。

王氏，朱懋孝妻，即節母黄氏孫媳。夫故時，方二十五歲，矢志撫孤。孤亡，復立繼嗣，鞠育義方，至授室産一孫。繼嗣又亡，復撫孤孫，百苦備嘗。年踰六旬，猶課孫書，率孫婦紡績操作不疲，人咸稱其可繼祖姑芳躅云。

周氏，駱佛喜妻。居楊門口，爲農家女婦。秉性貞潔，不妄言動。丁亥冬，大兵剿寇，氏爲所掠，挾坐馬上，行五里至三墩橋，有崖塹下臨深澗，筍石削立，忽飛身投崖，裂膚血濺崖石而殞。

楊氏，府庠生童大俊之妻。青年守節，白首冰霜。

徐氏，包炯妻。青年孀居，玉節無滓。撫按屢獎，壽至八旬有八而終。

潘氏，王文仲繼室。相夫勤苦，克敦婦道，盛年守節，家政肅清。知縣許某有『節如冰映』之旌。中年有疾，子國靖割股療之，後至九十一終。

毛氏，周一詔妻。年二十六，一詔弃世，長子之奇纔能趨走，次子之貞方數月。礪志守節，訓育二孤游庠，甘心荼苦。歷任知縣俱賜額旌獎。

周氏，徐元福妻。元福貧，賈於外，氏甫産一男七日，元福即出門，一去不返。氏撫子懷慶，竭盡荼苦，上奉孀祖姑與孀姑，晝夜爲人紡績，甚至不能備燈火，暗中辟纑，指節腐去其半。先是祖姑守節撫孤，孤又夭，同其姑貞守，撫其夫元福。後元福離家，存亡不卜，一門三代孤嫠，煢煢貧苦，見者酸鼻。懷慶幼失學而能孝，割肉救親，治三喪俱克盡禮云。

徐氏，長濂鄭一桂妻。幼婉靜，適鄭氏後，夫婦相莊，克盡婦道，未幾稱未亡人。子九炯竟成進士，氏身膺花誥，壽九十一。鼎革閑，九炯告歸，猶得承歡膝下者半載。

王氏，庠生童一春妻，刑部郎中王玘孫女。生而淑慧，嫻內則，兼曉經書史鑑，端莊靜一，言笑不苟。于歸時，年未及笄，益敦孝敬。三歲未孕，即勸夫納媵，連舉三子，氏亦舉一子，人咸謂樛木之報。夫故子幼，一體撫育，四子亦依依如一母，不知誰爲嫡庶也。比就外傅，躬授句讀，有丸熊畫荻風。諸子皆雋才，次第游庠。次志舜，爲氏出，尤恂恂篤行。諸文宗皆以德行旌，人以孟母比之。氏性秉清虛，尤虔事佛，年逾花甲，無疾而逝。

葉氏，包萬正妻。于歸三載，萬正亡，長子宇彦方二歲，次子宇龍猶在腹。産子後，矢志貞節。家貧，極飲荼苦。甫爲長子娶媳徐氏，三月，長子又亡，徐氏遺腹胎墮，遂矢死。又撫次子，娶妻生孫，前後備嘗諸艱，凡四十六年，冰操如一日，當道交獎焉。

徐氏，包宇彦妻。未嫁時，已知宇彦飲博狂蕩，既于歸，悉出其簪珥以償債，勉令讀書，而宇彦不肖如故。歲杪，爲人索逋，勒逼自縊，氏曰：夫既死，婦亦當從。投繯得救而蘇，姑慰以育遺腹，留夫一綫。有頃，父母以其悲哀，俾之歸甯。所親有諭之曰：爲蕩子婦未逾年，情好既疏，繫戀安屬？青年慧質，何苦乃爾！唾之不應。一日胎墮，復求死，父母日夜守之，號泣，頭觸牀壁悉腫，黑血從口鼻出，别父母曰：兒不求死且死矣，得姑一面無恨也。不能乘肩輿，舁置酒桶中，與姑一慟而絶，時年十七也。

徐氏，長濂鄭九鵬妻。年二十而寡，卻箸絶粒，誓不獨生。翁姑以有遺腹數月，勸其衍祧百世，勝於從死一時，遂勉稱未亡人。孝事翁姑，果舉子元忠。家徒四壁，百蓼備嘗。有強以他適者，氏呼天籲地，矢志靡他。日將夫遺髮一束，泣對紡績，教子得游黌序，至老奇窮，而清操勁節不少衰。

王氏，朱門振妻。于歸逾年，懷孕三月，振以貧外游客死。遺腹子生，氏苦志守貞。未幾，翁姑亡，田廬俱盡，煢煢獨守，織紝度生。及子長成，訓以安貧，負薪食力，一切慶吊飲宴槩不赴，足不踰閾，四十餘年如一日。惜僻處山中，貧無立錐，未獲旌典。

周氏，王志昂妻。夫亡，年二十五歲，無子，矢志守節，請命翁姑爲夫立嗣。嗣方髫齔，氏鞠養勤瘁，撫孤成立。年七十五，猶矍鑠健飯，督訓子孫無倦。邑令旌其門曰『栢舟遺風』。

翁烈婦，華國治妻，貢生翁之恩女也。勤操井臼，婦道無忒。國治少游蕩無檢，家殖盡落，勒氏改醮，氏遂操刀刎頸，幸未洞喉，衆亟護得蘇。刀痕未愈，復行強逼，竟加刃而殞。

周氏，儒士王堯相妻。于歸一載，舉一子，未周而堯相殞。氏方及笄，哀毀欲絶。翁姑以撫孤勉之，遂矢志育孤，顧復有加。比就外傅，尊師重道，教子成名，勤儉起家，内政肅然。院道府縣莫不賜額旌獎。五孫森立，垂老猶督誨不倦，壽七十一終。

王氏，俞中倫妻。年二十居孀，長子甫三歲，次子遺腹。父母欲奪其志，矢死靡他，至投繯始寢其謀。一意撫育兩雛，謝絶慶吊，足迹不踰閫閾，勤儉自立，不負蓼苦，鄉閭推仰。郡縣請旌，壽七十二終。

蘇氏，長濂鄭一升妻。年十八適鄭，逾二年而升故。長子僅歲餘，次子遺腹生。家貧，與老婢紡績相守，教二子咸克成立。明季胡鹽臺行部旌獎苦節，氏守貞四十年，足不踰閾，雖至親亦罕識面，里中稱女師。逾六十而終。

鄭氏，葉文舉妻。年十九適葉，五年而夫死，長子纔離襁褓，次子遺腹生。氏能甘澹泊，茹辛苦，不與宴會，稱未亡人者三十年，即至親罕睹其面。

吴氏，省祭駱日臯繼室。年十九歸駱，逾年生子，再逾年日臯亡。氏刻苦紡績，撫前子與所生子咸克成立，竭力婚娶。年七十餘終。

吴氏，庠生華允宜妻。秉性貞静，夙嫻内則。年十九歸華，家貧，盡出奩具爲夫助讀。夫疾，刲股救，不治，哀慟幾絶。撫六歲孤，荼苦備嘗，燃燈紡績，令子隅坐讀書，聞者憯然憐之。教子成立，苦操四十餘年，其事志於郡乘。

葉氏，勅贈登仕郎王詔妻。氏年二十五，詔故，遺子甫一周。極貧，以女工易粟。歲饑，煎粥撫孤，義方式訓。六十年孀守，節操凜然，壽八十五終。子國泰入太學，授鴻臚寺序班。

國朝

周氏，徐一旭妻。十六于歸，不三載，夫染沈疴，禱天願以身代，割肉烹羹進之，不治。氏屢欲求死，姑曰：當憐我。乃止。無子，立幼姪奉祀。停夫柩於室，朝夕一蔬一飯，食於柩側，食且泣。

喪畢，移柩後園，每食擕往如故。家貧，蓬頭跣足，織紝治圃，易粟供寡姑，終身不食鹽油。壽七十終。繼子貧不能葬，歷二十二年，棺將朽。康熙辛卯，邑令繆公捐資以葬。

蘇氏，四都鄭元果妻。夫故無子，伯氏以歲饑促之嫁，氏潸然告曰：吾以有妯娌可倚，幼姪可望，故不遽從死耳，甯能改事他人耶？及伯氏夫婦俱故，遺子九歲，氏代撫如子，希得存一脉，乃復夭亡。氏哀告族人，爲更推立。家貧，諸苦備嘗。公姑夫伯遺柩，拮据營葬，且竭力爲繼姪婚娶。壽七十終。

華氏，廪生葉茂林妻。茂林詩文翰墨，膾炙人口，大抵得之賢助居多。氏稟質聰穎，鼓琴知書。順治戊子，邑大饑，貧民有鬻妻以活者，氏助夫還債，至簪釧不吝。及喪所天，矢志守節。或奪其志，則操誓撫孤。九歲燃松紡織，令子坐其旁，訓以句讀，得成名。邑令韓公給『賢節母儀』之額。

劉氏，華作霖妻。矢志孀守，忍饑耐寒，不屑求人。子被寇虜，有迫之改適者，投繯得免。子踰年歸，又歿。遺孫世采在襁褓，紡績撫孫，且養且教，猶及見入泮而逝。

包氏，徐懋明妻，鄉賢包萬有長女。知禮義，嫻壼德。二十歲歸徐，未五載夫亡，矢志靡他，瘁十指，奉舅姑，供滫瀡，訓孤光晉增廣邑庠，壽至八十有五。學憲張公希良以『青年矢志，白首完貞』獎之。

徐氏，生員潘自伸妻。年二十四夫逝，欲從死，迫以孀姑，命養姑撫孤，紡績爲活。姑病，刲股不治。勉力殯葬，訓子入庠。韓邑令旌以『節孝可風』。享年六十有二而終。

王氏，生員包運亨妻。年十七于歸，四載夫亡，生一子甫二月，守志撫孤，勖以義方，子得成立。常捐嫁資煮粥賑饑貧，年五十四終，守節三十三年。雍正四年建坊旌表。

王氏，潘時積妻。年二十七夫亡，六十六歲終。王、潘世皆業農，氏獨知禮。夫病篤，子生數月，截髮誓必守節。有勸之者，即操刀裂項，血漬淋漓，已死復蘇，卒能守節以終。雍正四年建坊旌表。

朱氏，生員童巽妻。年二十四夫亡，子國柱方七歲，國梁方七月，誓死守孤，無伯叔娣姒，獨事舅姑，孝養備至。舅姑老，扶侍疾病，晝夜不懈。缺藥餌，出嫁奩，市甘旨，喪葬盡禮。訓二子學行兼優，爲邑士冠。雍正三年建坊旌表。

趙氏，周宜清妻。年十八于歸，夫以涉水没，氏披髮河壖，晝夜哀號，始得屍歸葬。家貧，撫孤守節，壽八十四。學憲馬公給『空谷芳蘭』扁獎之。

徐氏，庠生王湛妻。年二十五于歸，三十六夫故。家極貧，奉翁姑，撫幼子，艱苦備歷，蓬跣終身，未嘗温飽，年六十八終。學憲馬公獎以『節勁松筠』之額。子樾亦克孝，居喪茹素守靈，三年不入内室，人稱頌之。

周氏，徐懋棐妻。年二十二夫亡，家極貧苦，躬給薪水，孝養舅姑，義方訓子，始終如一，歿年五十二。

周氏，儒童毛檠妻。年十七于歸，未三年夫故，矢志不渝，撫孤成立，守節三十年歿。乾隆九年建坊旌表。

黄氏，周宜新妻。年二十二嫁於周，未期夫故，撫一孤，養一媳，以傭績爲生，言笑不苟，饔飧不給，竟成疾以殞，隣里哀之。

葉氏，廩生華文溥妻。年二十二夫病，割股以進。及亡，痛苦撫孤，家貧如洗，足不踰閾，聲不出户，苦節四十七年，終年七十八。

鄭氏，儒童項景燦妻，廩生鄭鰲之女。年二十二歸景燦，甫七月夫故。有遺腹冀得子，比生乃女也。氏偃卧絶食，曰：爲死計。家人防衛極周，乘閑吞金死。士大夫多以詩文褒其貞烈，學憲李公題『九逝魂芳』旌之。

徐氏，長濂鄭元塾妻。年十九于歸，二十八夫故。數日不食，願以身殉。有勸以子幼無託，隱忍就生，紡績餬口，備嘗艱苦，守節四十五載，終年七十五。

朱氏，生員俞長發妻。年二十四歸俞，三十六夫亡。遺子在懷，辛勤撫養，刻苦教誨，早歲有聲郡庠，竟先氏亡。二孫復賴氏成立，終年七十。雍正二年，詔訪節烈，氏以守志乃婦常分，不願舉報，其知大義如此。善吟咏，著有自悼詩藏於家，其憶昔及春景二詩，選入平昌詩鈔。

葉氏，生員周彬妻。年十八于歸，未幾夫故，撫孤不育，復繼孫，兵燹流離，艱苦不折，壽八十二。

王氏，周理妻。年十六歸周，三十三夫歿，力事寡姑，恩撫幼子，煢煢苦節，終年四十六。

鄭氏，周聖琳妻。年二十歸琳，未三載琳故，遺孤周歲，守志立節不移，年四十八終。

章氏，生員吴德巽妻。于歸甫一載，夫患瘵，氏悉脱簪珥以供藥食。夫亡無子，欲從死，忍哀立後，撫子成名。翁姑營葬，伯叔以氏寡，不令勷助其費，氏盡易奩具佐之，不少減，人稱其孝。後以壽終。

朱氏，吴克焕妻。二十一歲歸吴，夫故，矢節萬苦不辭，爲舅姑營墳，親自負土成之。兩聘媳未娶，子夭，立孫承祧。婦道母儀兼備，苦節四十九年，壽九十一。

王氏，生員毛森妻。年二十四夫故，生子甫五月，繼姑以家貧逼嫁，氏抵死不從，姑加酷責，受之恬然。閲四年，值夫誕日，懸夫像，一慟而絶，救蘇，隨自縊死，時年二十八。學憲馬公給匾旌獎，進士張德純爲立傳焉。朱氏，生員王紹華妻。年十九于歸，夫病，割股以進。夫死，二子俱幼，家釁叠作，氏上事舅姑，下撫二子，且舉葬七代遺骸，人咸以女丈夫目之。乾隆閒建坊旌表。

朱氏，生員劉光濂妻。二十九夫故，諸子幼孫皆親督責成名。氏性孝，父死弟幼，遺寡母，姑知其志，命迎母養焉。姑與母没，喪葬如禮。乾隆十二年建坊旌表。

鄭氏，生員葉嗣俊妻。年二十六歲夫故，生二子，幼穉。勵志冰霜，善事翁姑，教子有成。乾隆九年建坊旌表。

何氏，故民王昌孝妻。夫歿，氏年二十三，挈兩孤依伯姆以守。伯貧，或勸改適，氏以死誓。雖乏衣食，志益堅，凡糞濯婢妾之役，甘爲之。姆素悍，嘗扑二孤，氏不敢怨，暗泣而已。無何，伯姆繼歿，亦遺一孤，氏殯葬如禮，撫姪猶兒，鄉人義之。年七十八卒。

尹氏，生員毛紹堂妻。二十于歸，年二十四夫故，一子甫七月。家計蕭條，無親可倚，紡績度朝夕，母子相依。葬夫娶媳，十指辛勤，備極艱苦，氏處之怡然。年六十一。

潘氏，故民徐懋仕妻。懋仕以幼孤贅氏家，懋仕故，氏年二十九，子幼苦守。氏弟逼嫁，氏夤夜逃回夫故里。僅存破屋二閑，氏截髮自誓，紡績樵蘇，以延餘喙。族親憫之，量周以米，母子得活。終年七十五。

鄭氏，故民華世武妻。孝事翁姑，年三十夫故，撫姪承祧。翁姑及夫喪葬，備極艱辛。年六十一卒。

周氏，故民何秉悌妻。歸六載而秉悌亡，生一子一女，僅祖遺瘠田數畝。伯氏屢迫之嫁，不從。乃潛受某金，構黨謀奪。氏覺，急攜子女訴縣，截髮明志。邑令蘇公痛治之，因鐫『終身守志』四字于簪，以旌其節，且命氏依母苦守。母故，始返舊宅，婚男嫁女，苦荼萬狀。年六十二卒。

王氏，故民華啟淑妻。啟淑本翁姓，啟淑歿，氏年二十九，族有迫之更嫁者，氏誓死不從。遂借端興訟，驅啟淑子歸宗，邑令姚公審斷獲全。氏紡績課子。後子弃讀事商，氏以大義勸勉，不使放逸。年六十八卒。

宋氏，生員華文濤妻。年二十九夫故，矢志守節，上事老姑，生事死葬，下撫弱息，俱克成立，歷三十載而歿。雍正甲寅，學憲帥公以幽畹貞操旌之。

鄭氏，故民尹來麟妻。年十七歸尹，二十五夫故。兩子一女俱幼，翁又老而疾，氏吞聲苟延，縫織種藝，靡不躬親以供朝夕。時堂伯無子，應氏子承祧，翁嫌貧弗許，氏婉轉白以大義，翁始允。及翁歿，哀毀盡禮，且舉先代之未及葬者而并葬之，治家復極嚴肅，卒年六十有九。

俞氏，生員王篔妻。年十六于歸，二十三夫故。生二子俱襁褓，氏慟哭欲從死，姑泣以撫孤勸勉。時家道零落，氏蓬垢茹辛，黽勉事姑，殷勤訓子，俱成立。娶媳生孫。姑疾，躬親湯藥，衣不解帶者踰月，喪葬哀毀，人謂婦兼子職焉。冢媳徐氏歿，又撫二孫克長，淒楚萬狀。終年六十六。

毛氏，儒童王坦妻。坦應府試疾歿，氏搶地欲死，翁姑諭以撫伯幼子爲嗣。上事翁姑盡孝，訓誨嗣子成名。守節三十五年，終年六十有二。乾隆十七年旌表。

姜氏，長濂鄭家鎬妻。年二十二夫暴亡，氏懷孕八月，欲以身殉。翁泣諭緩死，生男延夫一脉，踰月果産男。遂一意撫孤，改卜夫墳，善訓孤兒，得獲成立。乾隆辛未冬，夫墳被人盜葬，氏日夜椎泣，遂成疾，終年五十一。子養中匍匐籲扞，不果。辛巳王侯莅任，朝訴夕扞，是可慰氏於地下矣。

鄭氏，儒童王維庸妻。二十于歸，二十三夫故。以姑老子幼，矢志苦守，紡績事姑，辛勤教子，卒獲成名，年五十一終。學憲雷公以『松筠勁節』題額。

尹氏，故民朱鷺妻。年十九歸鷺，二十一夫故。子方周，氏欲殉死，舅姑責以大義。苦守踰歲，父微言改志事，氏即痛哭，取刀斷左手小指，以明不二。鄉里有斷指寡婦之稱。孝養舅姑，竭力喪葬，子有小過必責。居孀從無笑容，及生孫始一哂。終年五十四。

俞氏，生員華日榮妻。十六歸榮，孝敬備至，紡績以助夫讀。五年不孕，即納媵婢，婢連孕不育，而日榮歿。氏年二十五，絶粒五日，百計從死。翁姑以繼嗣勸，始勉存活。數年叔得一子，躬親撫養，四歲又夭，自是號慟成疾。踰年復得姪，又撫養之，疾遂劇，終年四十七。

吴氏，廪生葉廷槐妻。年二十七夫故，貧無立錐，事孀姑菽水承歡，婦兼修子職，攜女抱子，備極艱辛。其後婚嫁子女，葬翁姑，克遂厥志，孀居四十餘載。司訓王公世芳錫以『節孝足嘉』額。子澍，爲邑庠生。

李氏，故民項鼎業妻。年十六于歸，越十載，夫客死於外，氏孤孑無倚，矢志守節。族衆以宗祠穀米分贍之，更爲按譜立嗣，嗣夭復爲立孫。氏備嘗艱苦，年六十有八，始終如一。

吴氏，生員劉國槐妻。其姑朱氏已褒節孝，氏年二十八夫故，朝夕依倚姑側，跬步不離。晝荻和熊，教子誦讀。子必成，弱冠游庠。年逾六十一，孝慈兼備。

張氏，故民翁樹穀妻。年二十二夫故，痛欲從死，姑苦諭乃止。然無嗣而家貧，氏紡績供姑，俟叔舉子甫周，即抱養爲嗣，未長而亡。再繼次姪爲後，殷勤訓育，苦守有成。年逾六十。

鄭氏，故民周永洛妻。年十八歸永洛，十年夫故。二子尚幼，氏矢志守節撫孤。無何，長子夭亡，幸次子輔游庠，無負義方之訓云。

王氏，生員葉連鶴妻。十九于歸，年二十七夫死外郡。奔喪剪髮，事姑撫子，守節四十四年歿。

童氏，儒童王遺昌妻。遺昌本遺腹子，故名遺昌。既冠，赴縣試，死於寓。童氏年十九奔喪，號痛欲從死，隣以姑老子幼解之。姑歿，徙居母氏，子得成立。

學政鄧公賜『柏心荻字』匾額。

鄭氏，王之藩妻。年十九夫故，堅貞自矢，備歷艱難，持守不怠，至老彌篤。學憲雷旌以『松筠勁節』額。乾隆戊子，奉旨建坊旌表。

吴氏，蕉川潘志相妻。年二十四而寡，一子萬新在抱。時當明季，饑饉洊臻，流寇猖獗，室家咸不自保。氏撫遺孤，冰霜自矢。有以時艱勸再醮圖存者，拒曰：我若嫁，則此孤難保，潘氏宗祧絶矣。于是蓬首垢面，毁容力作。子稍能耕，恒躬率以往，寒暑無間，顛連困瘁，有難以言語形容者，積誠動天。萬新生子紹玉，玉生六子，瓜綿椒衍。裔孫分居蕉川、古亭兩處，居然成村。居僻遠，世安耕鑿，當時未邀旌典。乾隆甲申，纂修邑乘，華明樓爲作傳，刊於其譜，玆爲補載。

王氏，礦坑儒童葉宗鸞妻。生一子朝東，方五月，夫歿，氏年二十三。剪髮毁容，矢志不移。奉孀姑，撫孤子，忍饑耐寒，歷有年所。邑令王旌以『志潔冰壺』匾額。壽至八十一。乾隆甲寅具題，奉旨建坊旌表。

王氏，李熙泳妻。年二十八夫故，遺孤延禮，尚在襁褓。矢志艱辛，撫孤成立。力爲娶媳徐氏，得育一孫。氏方自慰，而延禮又没。時徐氏方二十歲，與姑同守苦節，誓死靡他。侍奉孀姑，備極孝養。王氏至八十二壽終，喪葬盡禮。遺子樹萱，從師督訓，得成通儒。卒年五十四。有司詳請旌表。

王氏，北鄉大侯周諸生周錫瓚妻。錫瓚赴郡試，抱病入場，得優等。未復試，病篤，舁疾回家而没。氏方盛年，遺一子一女，悲痛撫育，俱得立成。女適名門，子入膠庠，娶媳鄭氏，方稍慰懷。無何，子又以應試卒於郡，櫬回，一慟昏絶。族人勸以立孫，慰解之。鄭氏年少，屢思改醮，氏堅執不允。鄭恚甚，肆意凌忤，氏甘受挫辱，百折不移，以此相持歲久。氏年至七十八始卒，而鄭亦五十餘矣。及喪百日，鄭登樓，忽失足，墜折成廢，亦得完節以終。人咸謂一節保全兩節云。

王氏，邑南錢塘教諭王業幼女。年十九，歸二都亭根楊士傑爲妻，育一女而夫亡。家貧甚，堅守苦節，奉養孀姑，爲夫繼姪樟貴承祧。壽終六十五，守節四十一年。

烈女朱玉姑，三都葛坪朱發龍女。許婚隣村陳兆福，未嫁而福以樵採被石壓斃。時姑年二十一，痛夫死於非命，矢志堅守。俄聞父母有别議，即閉户自縊死。後貢生劉霞設帳于其經死之屋，每夜聞步履聲，意其精靈未泯，偕同人呈請旌表，後遂寂然。

貞女尹氏，吴隖尹秉侯女。幼字練溪葉正春爲妻，未娶而春病故。女以姑老無依，登門守節。家無立錐，紡績供甘旨，喪葬之費，皆出自十指間。立嗣承祧，時或凍餒，而貞操益堅，比之殉烈爲尤難焉。壽終八十三。有司上其事，奉旨建坊旌表。

周氏，長濂庠生鄭蘭妻。育一子二女，年三十二而寡，哀苦勞瘁。子□娶媳華氏，連育二女而殂。華氏年未三十，幸遺腹得一男，而氏竟以過哀成疾卒。華氏撫遺腹子，至五歲而又殤，遂感成癆瘵，醫治數年不愈。病革時，繼堂姪鴻飛爲嗣。

王氏，練溪廩生吴國賢妻。母家故饒，于歸後，勤苦逾于寒素。夫歿，子幼，氏茹荼守志，孝養舅姑，喪葬盡禮。性尤好施與，嘗創宗祠，置義冢，捐祀田。貞操淑德，矜式一邑，人咸稱爲女師云。子文炳、經、秉、權，均入黌序，貢成均。壽終七十七。孫曾游庠食餼者十餘人。曾孫世涵，戊子舉鄉選，庚子成進士。嘉慶五年，具題奉旨建坊旌表。

徐氏，周振傳妻。幼嫻内則，年二十九。夫歿，家貧，奉孀姑，生養死葬如禮。撫遺孤觀鎬，督課讀尤嚴。時肄業者惟習一經，氏教子必讀十三經，旁及古文書法，卒成碩士。平居績維勤劬，足不踰閫。母家故殷富，任窘迫，絶不請貸。遇婚慶及父母誕辰，登堂賀拜即返，從不與宴。及子游庠食餼，欲爲請旌，諭曰：汝能揚名顯親，吾志已慰，請旌非吾意也。後觀鎬援例授六品秩，氏例得請封。

劉氏，練溪生員周卜龍妻。于歸五載而寡，子幼姑老，生計日促。氏茹荼泣血，作苦勤勞，得立門户。姑喪明，氏以舌舐之，後竟復明。姑殁，伯仲無力舉葬，氏出己資獨任之。家有祀産，子姓漸多，群議出售，氏不能阻，亦不分取絲毫。歲時伏臘，一身承祀，没世不衰。以生平齒積，爲子納粟入太學，娶媳生孫。嘉慶八年，具題奉旨建坊旌表。

周氏，練溪生員劉沅妻。沅有聲黌序，爲王邑侯燈所器重。及有疾，氏衣不解帶者半載，疾篤，作疏籲天求代。沅殁，慟絶而蘇者數次。念姑邁子幼，强爲未亡人，事姑訓子，竭盡心力。子三：尚筠，入太學；尚觀、尚鵬，均入膠庠。平生贈娶周貧，賻喪濟葬，鄉黨共仰。嘉慶八年，欽褒建坊。終年七十三，微疴數日，謂子婦曰：迎我者至矣。遂命更衣，從容而逝，异香滿室。

應氏，生員童以誠繼室。于歸數載，生子周歲而寡。未幾，姑又繼殁，伶仃孤苦，力主兩喪。子又孱弱多病，撫育惟艱，俾至成立。

曹氏，柳村太學生官寬妻。性貞静，勤操作，事姑舅惟謹。年二十九夫故，無子，誓以身殉。登樓投繯，家人覺救，逾時始蘇。姑再三勸慰，爲立後，乃飲泣忍死，立姪雲爲嗣，教養成人，入太學。守節五十餘年，壽終八十四。道光三年具題，奉旨建坊旌表。長孫承選妻葉氏，亦艾年孀居，撫孤艱苦，同於祖姑。

鄭氏，長濂鄭家勳長女，弈山朱象美妻。年十八于歸，逾年生一子，甫三月而夫亡，幾不欲生。孀姑勸育遺孤勿死，守節三十餘年，事姑以孝聞。子瑗，弱冠游庠，欲以節孝請，氏諭之曰：節孝吾分内事，汝爲我計，獨不念爾父乎？能上進，使吾與爾父得叨誥命光，方愜吾願，毋亟亟以此請也。瑗力學，膺嘉慶辛酉拔萃科，惜未及銓期而卒，迄今待旌。

周氏，邑南生員王田齡妻。年二十歸王，結縭一載，生一女，田齡即抱沈疴，謂氏曰：余命苦短促，親老家貧，累汝奉養，不能續一線之延何？氏泣曰：如有不諱，當竭力圖之。閲五月夫歿，氏勤女紅以膳翁姑，生養死葬如禮。堂姪文濠生八月，繼爲嗣，教育有方，後入庠序。年逾七十而終。

王氏，華明鐘妻。年二十二夫故，子日漣方在孕，舅姑俱年邁，氏刻志守節，奉事舅姑，孝敬不衰，撫孤成立，冰霜之操，終身常如一日。年六十七歲壽終。嘉慶十七年請旌表。

葉氏，儒童華日泰繼室。年十八于歸，二十二而夫故，投繯得救而蘇。姑以保遺腹勸之，乃自誓靡他。撫前妻女如己出，彌月生子名剛，教以義方，入邑庠。事姑曲盡孝道。守節五十二年。嘉慶十一年請旌表。

李氏，王川口太學生華明壎妻。二十歲夫故，欲以身殉，親族勸勿輕生，能爲夫似續，則視死節有泰山鴻毛之别，遂勉進飲食。繼姪日南爲嗣，教養兼至。早歲即蜚聲庠序，歷任訓導。氏壽至八十。具題旌表。

官氏，練溪國學生朱書繼室。年三十夫故，矢志守節，營葬姑舅，訓育幼嗣。二子琪、霦均登仕版，累封恭人。勤儉自苦，而樂善不倦。施寒衣，建橋梁，築隄防，助書院，獎賞經費，捐族中婚娶義田，人咸稱之。欲以貞操上聞，氏曰：吾一老嫠，屢荷國恩，方期子孫努力圖報，若再邀旌典，是希名也。乃已。壽七十八。親見長孫筵仕、次孫登第。

俞氏，邑南俞長鉅女，潘村儒童王國蘭妻。年二十三而孀，繼子抱養，撫之成立，從師力學，爲國學生。以一經遺後孫三人，俱入庠序，子姓繁昌。守節五十二年，奉旨建坊旌表。

華氏，上旦生員王錫龍妻。十八于歸，二十一而寡，生遺腹子，甫周歲而殤，哀號不欲生，翁姑諭以撫姪爲嗣。家綦貧，茹荼紡績，足不踰閾，事上撫下，苦節三十一年。嘉慶十八年具題，奉旨建坊旌表。

徐氏，徐懋健女。事後母以孝聞，適儒童李熙源爲妻。夫病，告天乞以身代。及歿，屢不欲生，重翁姑之命，立嗣守節，仰事俯育，不辭艱苦，守貞數十年，足迹不出户庭。有司詳請具題，奉旨建坊旌表。

王氏，生員吴國榛妻。生二女，夫故，氏年二十七，矢志靡他，立嗣承祧，守節五十餘年。

項氏，儒童包華鑄妻。翁姑早故，歸包逾年，生子不育，夫患血症，氏百計調護，病卒不起。

一生食貧，織維自給，薄産數畝，不肯妄費，積貯增置，以爲嗣續計。卧室中設夫木主，朝夕焚香相對，白髮青燈，數十年如一日。年四十九，以積勞成瘵疾卒。奉旨建坊旌表。

徐氏，生員包才章繼配。于歸數載而寡，稚子復殤，僅一女，家徒壁立，誓死靡他，茹荼三十餘年，家稍康。族人欽其貞範，爲立嗣，終年六十二歲。奉旨建坊旌表。

尹氏，生員王宗才繼室。生子本仁，夫故，氏年二十，號痛幾絶，以懷中呱呱，不敢輕生，育孤成立。全受全歸，得膺旌典。

葉氏，職員周振圭繼妻。振圭與原配華氏伉儷綦篤，因失耦致疾，娶氏時，已羸弱不勝衣，閱四年，竟以瘵亡。弟振璧未得子，氏守志以待繼嗣。次年，娣舉子覲位，氏稍慰。無何，璧亦亡，兩孀共撫一孤。不十年，娣又亡，氏撫之成立。娶媳生孫，及身沐旌表，壽終七十歲。

王氏，弈山朱仁陶妻。二十八歲，夫殁，三男三女，均在提抱，既無立錐，復無兄弟。老翁八旬，上事俯育，備歷艱辛。翁壽至百有二歲，養送無虧，節孝兩全。壽終七十三歲。

濮氏，生員王廷熙妻。濮本世儒，氏幼嫻詩禮，歸王，敬事夫子。夫得風疾，調護周至，不數年，卒以斯疾亡。家故寒，紡績度日，撫孤成立。有孫男六人，孫女三人。壽終八十。

葉氏，生員王兆珽繼室。原配葉氏，繼娶謝氏。兆珽年登強仕，謝氏又殂，鰥居無耦，訓讀湯溪。葉氏居停，重其人，以女妻之。兆珽長氏二十餘歲，無何，兆珽故。氏正艾年，柏舟自誓，爲夫立嗣，足迹不出閨，踰十年終。以不符年例，未得請旌，咸共哀之。

陳氏，練溪貢生吴文炳副室，節母王氏媳。王家法嚴肅，氏承顔色，獨得歡心。事嫡如母，生子三，長守圭，次暄，均在提抱，三守基生甫數月，夫殁。有磨笄之志，因不敢重貽姑戚，偷息將雛，兩世青燈，相依爲命。後十年，姑病，衣不解帶，手滌厠牏，歷久不倦。嫡殁，氏已六旬，哀毁致病。教子以禮，家不由貲，周濟貧困，猶及見子孫游庠食餼者七人。嘉慶二十四年具題，奉旨建坊旌表。壽終七十九，守節五十年。

方氏，大田儒童葉朝勳妻。二十于歸，二十五而寡，事姑孝，撫孤成立。嘉慶二十四年具題，奉旨建坊旌表。守節四十一年，子青華、孫鼎銘均入庠，咸謂苦節之報。

魏氏，柳村生員官學敏副室。年十五于歸，十九歲生子，甫二十八日，夫客死於衢。氏聞訃哀號，欲以身殉，因耄姑在堂，苟存一息，吞聲飲泣，孝養無虧。嫡生一子，承祧長房，夫故，傷感成疾，氏奉事惟謹，四十年無少間。教子颺，有義方，以庠生援例入成均，孫枝亦振振挺秀。有司詳請具題，奉旨建坊旌表。

許氏，方村姚建龍妻。年二十四夫殁，二子尚在襁褓，家徒四壁，有勸之改醮者，截髮自誓，爲人紡織縫紉以奉姑。

吴氏，太學生王權妻。年二十七夫故，矢志自守，遺孤鉽，撫育成人，爲國學生。壽終八十四。

鈺妻宋氏，亦年三十而寡，上事孀姑，下撫幼子，辛苦備嘗。教子雲出就外傅，力學得入庠序，強年不祿。其繼室蘇氏，又在艾年，以姑老子幼，義難捐生，仰事俯育，克紹芳徽。子洪、孫泰來均英年食餼。道光十四年詳請具題，奉旨建坊，旌爲一門三節云。

朱氏，東横鄭祥采妻。年二十一歸鄭，六載夫歿，子甫三齡，撫之成立。聘媳兩載，子復夭亡，號痛成疾，爲子繼孫，疾甚而卒。道光八年具題，奉旨建坊旌表。

許氏，前溪王正璣妻。二十四歲夫故，立志守節，積苦不移。壽至八十四卒。

毛氏，柘溪尹家修妻。年二十一夫歿，守節四十九年。

華氏，邑南俞益妻。青年矢志，家無擔石，撫孤成立，荼苦備嘗。孫召棠，弱冠入泮。

俞氏，長濂鄭養鑭妻，城南俞天任女。年十八于歸，生一子榮萱。二十一夫故，立志守節，教子義方，入庠食餼。終年六十三。

周氏，張寶照妻。年十七適張，四載夫亡，生一子必光，甫五月。氏矢志堅貞，撫孤成立，娶媳汪氏，亦數載而寡。以姑老子幼，隱忍不死，苦持家政，奉姑訓子。季男漢、孫榮皆先後游庠。周壽終七十有七，汪年亦至六十有九。有司詳請具題，奉旨建雙節坊。

黃氏，石練生員吴秉和妻。秉和世儒，寒素得瘵疾，氏鬻簪珥以備湯藥，病二年卒不起。子守素、守約皆幼，以遺命奉舅撫孤，吞聲忍泣，不敢以夫故傷舅心。居舅喪，克盡禮，典奩具以葬。居恒織紝爲生，饑寒并迫，秉節愈堅。兩子均入膠庠。孫世醇，亦克奮志，弱冠食餼。年七十九無疾而終。道光十四年，詳請具題旌表。

周氏，大忠太學生包咸章妻。二十六歲夫故，遺孤在懷，老親垂白，奉養高堂，壽終。子華元，名登太學。孫國謙，早歲游庠。道光十一年，具題奉旨建坊旌表。

董氏，儒童華日濬妻。年十八于歸，未幾日濬病，氏默禱求代，病卒不起。氏年二十一，誓死相從，姑多方慰諭。待伯氏生子，先以姒女撫育，伴寂寥。及伯氏生子家齊，遂立爲嗣。家齊孱弱多病，鞠育尤艱。夫兄弟早析居，兄家計日落，氏奉孀姑，孝養極誠。姑歿，喪葬之費，多己任之。夫兄歿，家愈窘，氏按月給米，歷久不倦，且歲時周濟，親族無吝色。守節五十四年。道光十一年具題，奉旨建坊旌表。

毛氏，吴秉恭妻。艾年居孀，遺孤在抱，家無擔石，父母令改醮，截髮自誓，依伯姑同居，晝夜操作，心力交瘁，凍餒積勞以死。孤子賴堂叔收養，教之務農，得婚娶成家焉。

周氏，弈山生員朱智晉妻。二十歲歸晉，周年而寡。時方有娠，冀延似續，乃生一女，慟不欲生，翁姑爲立嗣以慰之。氏上奉甘旨，下勤教育。後子媳相繼亡，兩孫俱幼，家徒四壁，氏躬親撫養，勞瘁備嘗。二孫各娶室生子。守節五十九年。道光十五年請旌。

黄氏，張士傳妻。年十八夫故，冰蘗自守六十餘年。有司詳請具題，奉旨建坊旌表。

李氏，生員程鵬妻。年二十九夫歿，苦守不渝六十餘年。

鄭氏，廩生華冕妻。三十歲夫故，生一女，茹荼苦守，繼姪承祧，守節四十年卒。

包氏，生員黄文瀚妻。年二十九夫歿，冰操凜守，六十四歲卒。

俞氏，儒童周誥妻。年二十六夫歿，守節三十七年，壽至六十三歲。

張氏，獨山葉萬通妻。戴氏，萬通子桐妻。張年二十八夫亡，撫孤成立，名登國學。戴年二十四夫亡，孝養孀姑，撫二孤佩蘭、佩蓮，均入庠序。蓮娶華氏，復二十六歲即寡，奉姑備極誠敬，躬執麻枲，教子有方。二子秉宣、秉寅，俱國學生。卒年六十五。寅娶同村介賓鄭梁女。鄭氏又二十二歲而寅歿，亦誓守不移，辛勤艱苦，育養其子成人，娶媳生孫。四節萃于一門，遠近稱之。

羅氏，西山頭華文貴妻。年二十歸華，三載夫亡，遺孤新富在懷，撫之長成。而富又愚樸無一能，屢爲惡少簸弄，氏忍耐饑寒，獨支門户，每於殘燈敗帷之下，背人掩泣，堅守四十餘年，始終如一。卒以憂憤成疾，至七十四歲而終。

黄氏，周仕緯妻。歸周時，年方十五，事舅姑承順惟謹，相夫治家，敬戒備至。生一子文興，甫周歲而夫亡，氏時年二十三，以撫孤爲重，不敢輕生。次年，翁姑繼歿，姑遺三齡穉子，氏伶仃孤苦，與子同乳哺，叔姪均撫成立。平生縞衣疏食，淡泊自甘，遇困窮，遺贈不吝，居孀三十餘年。嘉慶二十四年，具題旌表。

葉氏，練溪黄致中妻。家貧，以負販爲業。上有老母，氏孝養孀姑，不貽中以内顧憂。生二女而夫旋殂，氏以婦兼子職，立嗣嫁女，惟持十指，况瘁幾四十年。

吴氏，練溪生員朱林妻。年二十九夫歿，遺孤璠尚幼，氏立志撫孤，俾至成立。年踰古稀，曾玄繞膝，不衣綵，不苟笑。有欲以節孝請者，氏曰：吾事親不能孝，事夫不能久也，何褒爲？堅拒乃止。

黄氏，王世傳妻。氏年二十七，世傳亡，痛不欲生，飲藥以殉。姑見而奪之，慰諭再三，勖以立後大義，織紝終身，未嘗現齒。

華氏，項德升妻。幽閑貞静，二十一歲歸項，越七年，夫歿。冰霜勵節，備嘗孤苦。卒年七十九。道光十四年請旌。

李氏，華日泮妻。青年孀守，紡績自給，勤儉銖積，漸至小康。立嗣承祧。終年八十三，名溢鄉評。道光五年，詳請旌表建坊。

黄氏，巫光曉妻。年十七歸巫，三載而寡。生一子作霖方兩月，氏號慟絶粒，幾不欲生，以呱呱在抱，忍死撫孤。子長娶媳，連舉七孫。霖亡，與媳共矢堅貞，持家撫孫。卒年七十歲。

潘氏，金岸朱正煒妻。年十七于歸，逾年即寡，慟絶而蘇。時上有舅姑，夫弟森燧未娶，中饋乏人，勢難死殉，輒復苟活。舅姑哀其早寡無子，急爲森燧娶婦姜氏。姜年方十五，幸一索得男元恭，遂繼與潘爲嗣。後姜連舉四子寬、信、敏、惠，方共欣慰。無何，森燧服賈東甌，病回旋歿，時姜年二十九。娣姒矢志保孤，上事下撫，竭誠致慎。翁病篤，姜典鬻釵珥，竭力醫治，不效。清夜焚香，籲天割股作羹以進，翁病竟瘥。月餘復病，遂不起，喪葬如禮。越五年，潘亡，姜隻身支持奉姑，逾八旬令終。教子游膠庠，貢成均，皆成令器。後元寬妻姜氏，歸寬五載而孀，年二十四。元信妻鄭氏，結褵未周歲而信故。二氏均未育子，俱克嗣徽音，貞操并勵。姜立惠子振紳爲嗣，鄭立恭子振繡爲嗣。各能上奉孀姑，生終無愧；下撫繼嗣，庠序有聲。青燈相對已三十餘年，一門濟美，四節流芳，爲世所罕聞。道光十四年，詳請具題，奉旨建坊旌表。

鮑氏，生員華日昉側室。年二十五歸昉，逾年生一女。嫡俞氏，生一子金南，未滿月而俞亡，氏撫育之。未周歲而昉又亡，環堵蕭然。氏砥節保孤，朝炊夕汲，艱辛備嘗。延師課子，藉十指爲束修費，俾孤子早列膠庠，累世家聲賴以不墜。道光元年，詳請具題，奉旨建坊旌表。年九十餘終。

蘇氏，小字杏姑，西鄉琴溪蘇宗軾女。幼習内則，不苟言笑，鄉隣罕識其面。字三歸儒童王開煦爲室。年二十二，婚有期矣，而夫病改期。及期，夫病益劇，母欲止不嫁，婦固請往以視夫疾，且以死自誓。既嫁，登堂行禮畢，即卸妝詣夫所，恭問疾苦。晝則躬親藥珥，夜則焚香祝天，願以身代。越數日，夫殂，婦痛暈頓絶，姑救始蘇。蘇後，轉以好言勸其姑與大姑，囑勿過哀。及夫就殮，潛入卧房，引刀自刎其頸。姑覺，奔救不及，遂死。死時屹然端坐，顔色如生。有司上其事，奉旨建坊旌表。朱相國石君時按考處郡，聞之，爲著蘇烈婦傳。

朱氏，柳村武生官聖欽妻。年二十四夫故，夫屬纊時，盥櫛禮拜畢，潛引石擊額，家人持救得不死。數日後，投繯幾殞，又爲人覺救。自此氏母日夜守之，不暫離，終無計尋死。乃爲夫立嗣，佯寬慰其姑，示無死志，然飲食終廢。及夫葬有期，撫棺號慟，絶粒數日而亡，夫婦合壙。邑前令陳君樹堂爲立傳上其事，奉旨建坊旌表。

劉氏，東岸姜紹新妻。于歸五載夫亡，氏年二十六無子，誓死從夫。家人勸立嗣以承夫祧，乃立夫兄次子鳳騰爲嗣，教育成人。守節四十六年，壽終七十二。

黄氏，練溪庠生周肇芳繼室。德容兼美，孝養公姑，撫前妻女如己出。年二十九夫故，哀痛欲以身殉。翁年逾八旬，曲諭爲夫立嗣，飲泣從命。繼姪承祧，男婚女嫁，謹守先業。守節二十一年。道光十五年詳請旌表。

葉氏，俞紹价妻。价二十五歲亡，氏毀容堅守，始終一節。

濮氏，柳村太學生官承恩繼室。年及笄于歸，夫病已篤，氏親侍湯藥，曲慰舅姑，私禱願以身代。逾年夫故，慟求自盡，舅姑力勸止之，卒以晝夜哀毀，嘔血而死。

賴氏，葉順魁妻。年十八歸順魁，不數載夫亡，以孀姑在堂，遺孤孑立，不敢死。無何，連遭回禄，艱苦獨嘗，甘旨勿缺。後稍充裕，命子培援例入國學。侍姑疾，湯藥必手親調。及歿，喪葬盡禮。年逾古稀，人言無閑。

華氏，周承鵬妻。青年孀居，生三子一女，尚在提抱，矢志撫育，男婚女嫁，荼苦如飴。

陳氏，周柏芳妻。夫歿，子甫二齡，孝奉孀姑，撫孤成立。治家整肅有法，漸致饒足。媚族屢擬請旌，謂分屬當然，無求彰著。苦節六十餘年，壽近百齡終。

林氏，三井潘日明妻。年二十四夫故，上有翁姑，兩子在抱，家如懸磬。氏立志不移，仰事俯育，備嘗艱苦，壽近百齡。

李氏，東川太學生黄弈妻。連歲大祲，弈奉母命往長安運米濟糶，舟行江心，風潮大作，舟將覆，驚悸成疾。氏侍奉湯藥，衣不解者四年，病卒不起。氏年二十九，立志守節，撫孤成立。人頌弈之仗義，而稱李之貞潔也。

金氏，周國選妻。年十九于歸，諸弟皆未娶。翁有痼疾，姑亦多病，常偃息在牀，氏侍奉盡職。越九年，夫歿，撫一子一女，至於成立。

黄氏淑貞，年十五，字周維基爲妻。父衣璋病篤，日夜籲天，衣不解帶。一夕，聞伯言：若璋亡，其妻年艾，勢必改醮，兒輩難免離散。氏聞之，愈加憂慮，晝夜悲啼。一日，獨坐父傍，恍惚有神諭以割股之方，遂默禱于神，割股進湯，父飲而愈，内外莫知。氏股腐半載，復夢神教以香粉調治，如諭而痊。後璋壽過古稀，氏歸周，孝奉舅姑，八十餘猶精神矍鑠，人皆謂孝感云。

李氏，周聚耀妻。年十七歸耀，生一子，方四歲。耀往江右省舅，猝殁舅家。氏聞訃，哀號絶食。以上有老翁，下有孤子，不敢輕死。家徒四壁，親績維以膳老幼，教子成立。翁故，喪葬盡禮，咸稱道之。

吴氏，長濂生員鄭煬和妻。家臨溪。庚申，大水入室，煬和負父登樓，再下梯，失足而没。時氏年二十八，撫棺哀痛呼天，矢志靡他。奉高堂，撫孤子，節苦持家。年届古稀，家漸裕，而淡泊如一日。子寶柟，名登國學，孫曾林立。

張氏，監生毛紹春妻。年三十夫故，老姑在堂，矢志靡他。撫育三子，備極艱辛。次子鳳昌，弱冠游庠。年六十八歲。詳請旌表。

貞女葉氏，大田生員葉龍旂之女。幼字柳村鹽庫廳官聖朝爲室。聖朝分發長蘆，翁姑挈氏赴任完姻。中途得聖朝訃音，翁姑哭幾喪明。氏惟謹恪，婉言勸慰，朝夕侍奉，得保翁姑無恙回家，氏之力也。及靈櫬旋里，氏具祭哭奠，决意捐軀，翁姑苦言勸止。以長孫承銓命氏撫育，以延似續，乃飲泣從命，恩勤倍至。三十餘年，娶媳生孫，得詳請具題，奉旨建坊旌表。

劉氏，社後彭吉琳妻。年十九適彭，夫早抱病，入門未滿月而夫亡。氏懷貞弗二，上奉孀姑，色養無虧，爲夫繼嗣成家。村多務農，鮮禮儀，氏内政嚴肅，足不出户，里人罕見其面。

葉氏，松邑葉秀潤女，社後彭吉琅妻。十九歲歸琅，生一子昌期而琅殁。氏年二十四，家中落，奉姑極孝。姑卒，生計益窘，而母家固素豐，因挈子依兄弟以居，辛苦勞瘁，自食其力。子亦勤儉操作，朝夕弗懈，得以成家。道光十四年，詳請旌表。

葉氏，潘村職員黄鑑繼室。賦歸時，黄前妻子甫八齡，氏撫之如己出。數年後，生二子。夫歿，氏年二十七，復生遺腹子。上有老姑，養生送死，無不如禮。守節三十餘年。

華氏，邑南華日璜女，儒童徐金佩妻。歸佩，年方十七。越六載，金佩故，氏哀痛，决意從死。家人環守嚴，徐勸慰之。有以無子諷令改適者，涕泗交流，以死自誓。足不踰閾，終身未嘗見齒。後以憂鬱成疾，年四十二卒。

鄭氏，長濂增生鄭養賦幼女，三都潘可俊妻。年十七于歸，舉一子文藻而俊殞。氏年二十四，哀毁欲絶。與妯娌相得，群以撫孤勉之，遂矢志奉姑育孤。二十餘年，家漸裕，猶勤苦如一日。子亦善承母訓，納粟授職，以慰母心。後爲之詳請旌表。

朱氏，練溪儒童周家序妻。生一子日新，夫故，氏年二十九。夫無兄弟，雙親垂白，飲淚撫孤，孝養舅姑，均以壽終。

吴氏，柳村太學生官文治妻。文治聰敏勤學，年方弱冠，賫志而没。氏年二十，方有娠，號痛幾絶者數四，舅姑慰勉得全。彌月誕子承宣，乳養誨訓，備極辛勤，俾得髫年入泮，援入成均，以償夫志。奉養翁姑，守節五十餘年，壽七十四終。道光二十六年詳請旌表。

官氏，弈山儒童朱璞妻。年十九于歸，璞已抱病，氏侍奉，夜不交睫。越三月，疾劇，氏亦骨瘦如柴。璞屬曰：吾死，命也。能事吾親，續吾後，雖死猶生。若徒死殉，吾目不瞑也。氏承夫命，飲泣吞聲，極誠奉養。奉舅命立姪振鴻爲嗣，得以成立。守節四十餘年。

鄭氏，古亭潘人顯妻。顯體弱，以勤讀嘔血死。遺一子文治，方周歲，氏號痛絶粒。孀姑以撫孤勉之，始進食飲，依父以居。文治娶媳，方回故里，清操勁節。戚里議呈報，氏力拒之。父哀其志，爲報詳請旌焉。

周氏，儒童吴世炯妻，節母陳氏孫媳。結褵一載而寡，生遺腹子，甫周而殤。氏引刀自刎，家人救止之。翁姑以家貧，勸諭改適，誓死不從。祖姑哀其志，以長孫次子命嗣育之。未幾又殤，呼天搶地，嘔血絶食，决意捐生。祖姑復爲立嗣，忍死從命。上事兩代姑嫜，曲全孝道。後舅姑繼喪，家計愈窘，惟藉十指度日。守節四十餘年，請旌有待。邑令以『累世貽芳』額表其閭。

貞女潘氏，柳村潘朝相女。幼字同里官聖輔爲妻，年未及笄而聖輔病故，氏涕泣易服，願歸官門立嗣，以承夫後。冰霜自勵，與姒葉氏稱雙璧云。

黄氏，生員葉世鏞側室。生子永荃，在襁褓而夫故，氏年二十三，矢志育孤，足不踰閾，州里稱之。

童氏，名尚錦，諸生童敏次女，生員周偉人妻。于歸後，孝事舅姑，克諧妯娌，姑最鍾愛之。未幾姑卒，氏哀毀不已。乃踰年而夫又亡，一切簪珥典鬻殆盡。遺一子芳林方周歲，氏悲號欲以身殉，父諭以事舅保孤大義，始涕泣從命。有利其改適者，婉言勸誘之，氏誓死不移。既而析產，亦一無所得。父故子病，四顧無依，日夜抱子悲泣。偉人業師周慕溪聞而哀之，遂析屋以居。氏得所依，辛勤操作，齒積寸累，家因漸裕，而清苦猶昔。子既成人，聘名家女爲媳，群稱其能重振門户云。

李氏，邑南李熙滄長女，適同邑華日萱爲妻。年三十三夫故，生三子俱幼，家徒四壁，織維度活。幽靜貞潔，或終日僅得饘粥一餐，或併無之，未嘗言苦，亦不向人告借。子漸成人，教令務農習藝，始得爲餬口計，允稱苦節。

吴氏，儒童劉筠縉妻。年二十四夫歿，立志不移，繼嗣奉祀，刻苦成家，貞靜勤勞，兼而有之。

鄭氏，邑南貢生王式堯繼室。青年居孀，家計蕭條，與妾林氏紡績爲活。林氏舉子尚幼，鄭視之如己出，十指辛勤，雖饔飧不繼，氏處之晏然。守節四十餘年而終。

黄氏，邑南儒童王儒億妻。年二十六夫故，生二女一子。子甫三齡，家極貧，紡績餬口。子又夭亡，二女嫁畢，煢煢孤守，雖鶉衣藿食，安之若素。終年六十有二，以胞兄次子庠生學醇承祧。

毛氏，練溪劉錫輿妻。世代寒儒，貧無立錐。錫輿故，氏方艾年，僅一女，甘茹荼苦，歷久彌堅。年逾六旬，惟縫紉自給，人共憫之。

馬氏、雷氏，俱邑南貢生王文光之側室也。嫡早亡，馬氏數生不育，勸夫再娶。雷氏生子職員思敬，甫周歲，夫故。二氏青年苦節，撫孤成立。至理家政，内外肅然。學憲史公旌匾『節著一門』。

周氏，十六都北山周攀賢女，適滐川儒童張殿颺爲妻。結褵數載而夫病，氏典鬻衣飾，延醫侍奉湯藥，刻弗離側。夫卒，痛不欲獨生，時年二十七。親鄰慰解，再勉強苟活。從此冰霜自勵，足迹不出閨門者二十餘年。

黄氏，十三都潘村貢生黄金墀女，許字十八都淤頭儒童毛廷選爲妻。年十九于歸，越三載而廷選卒。氏痛哭昏絶數次，屢欲自盡，防守嚴，終不可得。乃爲夫繼姪承祀，而堅貞自矢，始終如一。同里親舊，罕見其面。

王氏，傅林保妻。年十八適傅，越一年而夫亡。時氏年十九，生遺腹子容頂，而家無恒産，賴織維度活，撫容頂成立，爲之娶婦，方稍自慰。不數年而容頂又夭，幸亦遺腹得孫，而婦旋改醮去。遺孫與氏孤苦零丁，形影相吊，氏頭顱如雪，節操彌堅。後孫亦得成立，氏年八十二歲，守節六十餘年而終。士林多賦詩頌之。

王愛兒，七都馬頭龍昌莊王某女。生未周旬，母病乏乳，爲同里張姓抱養，許與其子蘭蕙爲妻。女自幼孝慧，合家歡愛，因以愛兒名。年十歲，翁姑相繼亡，於是父取女回。蘭蕙孤貧無依，出外傭，以傭值置岳家爲養妻資。愛兒及笄，父母欲改婚，愛兒知之，悲不敢言，於無人處掩泣而已。蘭蕙欲迎愛兒歸，輒遭窘辱。父母將誘蘭蕙至家，迫退婚，愛兒乘閑引蘭蕙逃。父母恚甚，逼改醮愈急。愛兒窺親意終不可回，蒽又無力，此志必爲所奪。甲午夏五朔，霖雨徹夜，意溪流必漲。次日晨餐畢，即沐浴更衣，袒衣皆密縫，提筐紿母赴河澣濯。含笑出門，至溪投水，而近岸流淺波平，不没其頂。復起登岸，淋漓立，號泣呼天者三，躍入中流而死。屍流里許，面如生。隨殯葬於祖塋。遠近聞之，無不感悼。未及請旌，女堂伯名協贊有詩哭之曰：愛兒愛兒，真吾姪女。吾有數言，聊堪慰汝。梅方賦摽，志氣獨超。捐軀守義，女德孔昭。烈烈節操，全貞全孝。閨女芳徽，不媿名教。白璧無瑕，清名獨耀。泉路茫茫，爾應含笑。

王氏，儒童傅德才妻。于歸數載，德才即病，氏侍奉弗離左右。見病勢日甚，暗自飲泣。及卒，氏年二十七，又無子，慟哭幾絶。以翁姑在堂，未敢殉死。繼姪承祧，孝養公姑以終。

鄭氏，太學生劉邑繼室。年二十八夫故，撫側室子如己出，教養兼至，以至成立。歷五十餘年，壽八十五。

華氏，邑南徐台錦妻。年十七于歸，事舅姑至孝。姑亡，哀慟异常。二十九歲夫故，以舅老子稚，勢難從死，生養死葬，辛苦難狀。五子俱教育成人。道光十五年詳請旌表。

劉氏，十二都章茂槐妻。年十七歸茂槐，十載而寡。毁容守志，奉事舅姑，生養死葬，無幾微憾。生四子，提攜撫育，備極艱苦。屢欲遣就外傅，迫於貧，咸使務農成立。

朱氏，琴山應宗堯妻。應業農，氏躬操井臼，事舅姑曲全婦道。生三子一女。年二十九夫故，視斂畢，即欲捐生。翁姑苦勸，稚子哀號，勢難身殉。上事俯育，孝慈兼至。卒年八十有三。諸孫旋以儒業起家，人謂苦節之報云。

葉氏，長濂儒童鄭國儒妻。事繼姑以孝聞，姑甚鍾愛之。年三十而國儒歿，哀毀誓守，撫養子女成立。身爲冢婦，力持中饋，以禮義勤儉倡率諸娣，允稱婦道無虧。

包氏，太學生項衍洲妻。年二十于歸，二十九而寡，子臣尚在襁褓。衍洲故貧，應試未售，鬱鬱成疾。氏衣不解帶者三載，後竟不起，拔釵佐殮，慟不欲生。以子故，忍死撫育成人，終年六十有八。道光三十年知縣晏詳請旌表。

王氏，南隅華秉文妻。青年守節，恃十指以撫遺腹子。道光三十年請旌。

黃氏，溪淤周仕緯妻。道光元年請旌。

包氏，佾生周家溶妻。年十八歸家溶，孝事舅姑。咸豐八年，粵匪入境，家溶督勇殉難。無子，氏年二十二，聞信絶而復蘇。未一年，舅又逝世，喪葬盡禮，日夜悲哀，憂鬱成疾，卒年二十九。已請旌。

徐氏，弈山儒童朱濟妻。應氏濟子雲林妻。徐年二十六夫歿，雲林年甫三齡，撫育成人，名登國學。無何，雲林又早世，悲傷成疾，與媳共撫孤孫，守節五十餘年，未嘗見齒。及曾孫生，始出閨門一哂，享年八十。雲林故，應氏年二十餘，恐傷姑心，嘗吞聲暗泣。勤儉治家，撫孤子堉授室，生子亦登國學。咸豐戊午，氏年七十六，聞賊近境，自隕其軀，與姑節并堅。教諭葉春元表其閭曰『雙節凌霜』。贊曰：卓哉賢母，冰清雪潔。兩世完貞，千秋并埒。松筠競操，各享大耋。巾幗綱常，請視雙節。咸豐元年，知縣晏上其事，奉旨建坊。

吴氏，儒童周觀鎡妻。年二十四于歸，三載夫故，子猶在襁褓，痛不欲生。賴孀姑徐氏多方勸慰，責以撫孤大義。於是上事孀姑，下育孤子，備嘗苦況，子得成立，食餼邑庠。咸豐二年，詳請具題旌表。

周氏，儒童鄭成宷妻。年二十五夫故，素服終身，孝事翁姑，不出閨房，年六旬而終。咸豐元年，詳請旌表。

王氏，儒童鄭之璠妻。年二十三生子，甫七月夫故，枕尸慟哭。鄰里勸以姑老子幼，始稍釋哀成禮，事姑盡孝，年六十二終。咸豐五年，詳請旌表。

潘氏，邑東潘琳女。性貞静，好讀書。幼字柳村上官聖輔，未及于歸，而聖輔即於就傅之年早殤。氏聞訃，慟哭幾絶。顧念姑老無依，因以省姑登官氏門，即易服哭拜靈前，示姑以之死靡他之志。茹荼集蓼四十餘年，久而彌甘。繼二子鴻、鵬，以鴻貴封安人。咸豐七年請旌。

李氏，佾生項衍昌妻。于歸四載，夫亡，氏年二十二，無子，號慟絶粒。家人苦勸，立姪榮爲嗣，教育成人，壽終七十。咸豐二年請旌。

王氏，國學生周蔚文妻。夫病，焚香告天，願以身代。夫故，氏年二十二歲，長子飛熊甫四齡，次子甫生。氏號慟幾絶，默念翁姑年邁，矢志守節。同治六年詳請旌表。

鮑氏，儒童周之燦妻。于歸未久，夫以院試因病被黜，沈疴不起。氏日夜泣禱，憂心如結，對孀姑言笑自若。夫故，年二十三，誓不獨生，俟夫殯葬禮畢，乘間登樓自縊。同治十年，撫憲具奏請旌。

張氏，鄭之掞妻。年二十八，育一女，侍夫久病，嘗飲泣廢寢食。之掞恐身後家貧難守，氏誓死靡他。夫既故，將嫁資給家用，絶無私積。繼姪爲嗣，又售奩田納聘娶媳，壽終七十四。同治五年詳請旌表。

葉氏，山前吴克訓妻。克訓歿後，閲六月，生遺腹子竹樓。家貧撫孤，家道日起，孫枝皆蜚聲庠序。同治九年請旌。

吴氏，王村口貢生華秉簡妻。秉簡體素弱多病，氏焚香求禱。及歿，氏以頭觸地，視夫殮畢，即仰藥自盡，時年二十六。同治十三年請旌建坊。

王氏，監生唐琦妻。年二十一歸琦，越兩載，夫故，立姪爲嗣，苦守五十餘年，以壽終。同治年間請旌。

毛氏，石練贈登仕郎鄭琛妻。克全婦道，得舅姑歡。琛病瘵，氏侍湯藥，衣不解帶，歷久無怠，琛竟不起。氏誓死靡他，擯絶鉛華，辛勤家計，立兩姪爲子，以先人遺産悉付之，勉之曰：爲人遵古訓，守先業，讀書爲善，如是而已。守節二十一年，二子能承母訓，均名列膠庠。

王氏，監生周振純妻。年十五歲歸振純。夫病，侍藥餌，不解衣寢者數月。及卒，慟哭欲絶，時年二十八歲。矢志守貞，撫孤成立，壽逾八十二而終。光緒三年請旌。

張氏，監生程殿墀妻。年十八歸殿墀，孝奉舅姑。夫故，氏年二十五，有一子一女，勵志守節。子啟洛娶王氏，而啟洛又夭，氏憤鬱成疾，立孫爲嗣，姑媳相守四十年，終年六十有五。現請旌表。

王氏，吴建烈妻。年二十于歸，三十三寡，子甫二歲，氏慟不欲生。宗人曉以大義，不數年而子又殤，氏志益苦，事翁姑尤謹。後姑殁，翁病足廢，終年牀第，動必須人，氏奉事十餘年如一日。粤寇亂，衆皆驚避，氏以翁足廢不忍去，曰：翁苟不免，余忍獨免耶？其至性如是。夫遺田僅數畝，氏艱苦縫紉，積增數倍，立姪文東爲嗣。壽終七十有三。

俞氏，職員項名儒妻。幼嫻内則，孝養孀姑。子英賢甫三歲而夫亡，氏年三十三，以姑老子幼，不敢輕生。姑疾，躬親湯藥，衣不解帶者踰月。及殁，喪葬盡禮。年逾古稀。光緒九年，訓導周榮椿上其事，奉旨建坊旌表。

葉氏，楊庵莊民葉某女，字城北王立序。立序病，俗以病中迎娶，謂之冲喜，父不許。氏謂其母曰：既以女許人，可背盟耶？且事夫病分耳。如期成禮，以立序病故，仍异室也。無何，立序病益篤，氏侍奉湯藥，衣不解帶，目不交睫者四十日。立序竟不起，氏哀號一慟，絶而復蘇。視殮已，乃入室投繯，遇救免。越旦，將送殯，乘間仰藥死，年十九歲。光緒十九年請旌。

俞氏，佾生葉永豐妻。于歸後，善事翁姑。夫故，氏矢志守節，年二十九歲，家貧而喪葬盡禮。繼姪啟樟爲子，守節四十一年。光緒十五年請旌。

俞氏，華諳修妻。粤匪之亂，諳修奉札督勇，亡於陣。氏聞信，欲以身殉，妯娌救勸，絶粒成病。子雲飛，焚香刲股以進，病遂愈。邑令劉、江各書匾額以贈，學憲瞿又旌以『寒松高節』四字。氏以節儉積資，晉、豫、鄭州災，兩次捐輸，得六品章服。

王氏，增廣生華秉權側室。年二十三夫故，立姪爲嗣，如己出。善事翁姑，周濟宗黨，年七十有七終。光緒辛卯請旌。

黄氏，邑南王應薰繼室。秉性貞靜，不苟言笑。年十九于歸，二十三應薰故，號慟幾絶，誓不欲生。三十餘年，足不踰閾，訓子以方。義嘉祥爲邑諸生，嫡室子嘉言以歲貢生舉孝廉方正，家庭雍睦，鄉黨咸稱。光緒八年具題，奉旨建坊旌表，教諭羅顔其額曰『古井不波』。

王氏，沙口鄭廷楨妻。年十九于歸，上下無間言。咸豐戊午，粤匪犯境，廷楨倡率民團，自西鄉攻入城，殺賊無算，力竭陣亡。氏聞夫死於義，憤不顧身，必欲尋賊蹤以報夫讎，姑止之曰：以一女子赴寇死耳，若子始誕七月，若死則鄭氏一脉絶矣。氏不得已，忍痛含荼，敬聽姑言，撫子文郁成立，守節三十餘載。光緒八年具題，奉旨建坊旌表。教諭羅以『忠節一門』題其額。

濮氏，弈山國學生朱永純妻。年三十夫歿，三男二女均在提抱，翁姑在堂，孝慈兼至。逾年姑亡，夫弟少無所依，氏爲撫養，恩逾己子，以慰翁心。年六十一，親見子吉祥筮仕，夫弟與諸孤俱得成立。光緒五年詳請旌表。

鄭氏，獨山監生葉亶然妻。年二十五夫故，守節，仰事俯育，子得成立。歷五十載，壽終七十有五。教諭周榮椿以『松貞柏鋭』表之，已請旌。

李氏，獨山監生戴長學妻。年十九夫故，矢志守節，歷盡艱辛，撫孤成立。壽至八十有四終。已請旌。

俞氏，蕉川生員周星垣妻。年二十七夫故，矢志堅守，三子均成立。守節五十餘年。詳請旌。

王氏，石坑口儒童賴清涵妻。于歸甫三載，夫病，氏夜不交睫者數月。夫故，氏年二十六，痛不欲生。子方周歲，矢志守節，孝事舅姑。卒年六十四。

華氏，排前王槐萼妻。年二十八夫故，育子一女，矢志守節。卒年六十八歲。

周氏，排前佾生王槐達妻。年二十九夫故，立志守節，育子成立。卒年六十歲。光緒十一年請旌。

周氏，碗上張元壁妻。夫故，年二十六，立志不移。壽至七十歲。欽褒節孝。

王氏，磜上張毓儒繼室。年三十二夫歿，生一子，視前妻子如己出，守節三十年。壽六十四歲。

黄氏，好川胡廷祥妻。年四十歲夫故，日夜哭泣，絶粒七日而亡。

王氏，十五都沙口宋長融妻。夫故，年二十四，矢志守節三十二年。

吴氏，十五都沙口徐承培妻。夫歿，年二十七，家貧苦守。壽至七十三歲。

劉氏，朱盛隆妻。家貧。同治壬戌，粤寇亂後，瘟疫大作，盛隆亦病疫，自知不起，命氏曰：如不諱，可改適，無自苦。氏誓志不移，典衣治夫病，竟不起。罄所有爲夫殯殮畢，自經於柩側。

楊氏，朱崑山妻。夫故，子僅四齡，氏欲死者數四。翁有痼疾，不得已撫孤事翁。越五年而翁亡，喪葬事惟氏一身任之。尤善針黹，病者請輒往，諳藥性，投多奇中。粤寇之亂，嘗懷利刃，誓遇賊即自刎，其貞操如此。年逾六旬，勤儉如故。得旌表如例。

王氏，柳村儒童官育琨妻。年十八于歸，時當兵燹，夫被賊驚，病狂，全家大小均染疫歿，賴氏調理。年二十五夫故，矢志守節，繼姪爲嗣。婚娶後，又病歿，憤鬱悲慟，不食而亡。光緒十九年請旌。

鄭氏，定谿鄭廷珍長女，自幼字柳村官俊品。婚有期矣，夫適病故，女聞訃，即改粧素服，痛哭不已，欲自經死。父母兄弟日夜看守，水漿不入口，數日尋卒，鄉鄰咸哀痛之。

劉氏，柳村職員朱寶森妻。年二十四于歸，二十七夫故，守節三十餘年，始終一轍。光緒十五年請旌。終年五十有七。

黄氏，石練庠生鄭嗣芳繼室。年十七歸嗣芳，生一子，僅二齡。嗣芳故，撫前室子如己出。已請旌建坊。

吳氏，監生張聯星妻。年十三歸聯星，生二子，夫病兩年餘，氏衣不解帶，奉侍能謹，故矢志守貞。孫曾林立，年逾七十而終。

毛氏，尹家修妻。年十九歸家修，二十一歲夫故，苦守四十餘年。光緒二年旌表。

王氏，尹志泮妻。年十六歸志泮，十七夫亡，守節三十餘年。光緒二年請旌。

鄭氏，蓮峰周宜瑞妻。年二十九夫故，家貧守節，矢志靡他。長撫育幼子廷傑、廷備，藉針黹以度日，人無間言。卒年六十有一。

徐氏，周觀泉妻。年十九于歸，越二載夫故。生子方期月，家貧，矢志不嫁，孝奉孀姑，撫子成立。守節四十餘載，終年六十有六。尚未請旌。

程氏，周家宜妻。夫故時年二十三，事奉翁姑盡孝，守節至今已三十餘年。光緒十六年請旌。

濮氏，練溪儒童劉桂森妻。年二十七于歸，夫苦讀成疾，病日篤，謂氏曰：我兩房僅遺一姪而幼，產業無多，設病不起，有累汝矣。氏涕泣任之。及夫歿，欲以身殉，念前言，力成夫志。越一年，姪又亡，悲號幾絶，經營墳墓，又爲長房立繼，以延宗祀。

吴氏，武庠生衛千總銜周飛熊妻。孝事孀姑，持家勤儉。年二十九夫故，長子之燦四齡，次子祖豳二歲，撫養成立。光緒十二年，撫憲衛具奏請旌。

楊氏，監生黄瑞章妻。年二十三歲夫故，撫孤守節。享年八十。光緒十四年請旌。

鄭氏，禮生周家侃妻。年二十九歲夫故，子甫七齡，撫孤守節。壽至七十七歲。光緒十七年具報請旌。

吴氏，東鄉周之煌妻。咸豐八年，山寇不靖，之煌奮不顧身，被虜殉難。氏年二十七歲，子甫四齡，身操紡績，勤儉持家，事孀祖母與翁姑，極其誠敬。光緒十七年請旌。

貞女黄錦霞，國學生黄裳女。年十八字金岸儒童劉蘭生，未娶而蘭生故。氏矢志守節，孝事雙親，復精女紅，親族幼女從學甚多，足不踰閾，外人不得見其面。壽終七十有一。光緒八年請旌。

徐氏，社後陳景銓妻。禀性貞静，年十七歸景銓，甫周歲而夫染沈疴，焚香禱天，願以身代。夫故，號痛幾絶。殮畢，氏潛入卧房，投繯自殞，時年十八。

葉氏，儒童鄭人豹妻。年二十六夫故，一子殤，居閨房，晝夜不出。立夫栗主對坐，無事罕至堂前，雖至親冠婚不與歷，四十餘年如一日。壽終六十七。光緒十三年詳請旌表。

應氏，高棠村民周元厚妻。年十六歸元厚，十八夫亡，遺腹生女，氏矢志守貞。年近五旬，遘疾不起，遺言以忠厚勤儉勖子孫。惜未請旌。

周氏，洋溪楊日統妻。年十七生一子法德，甫二月而夫亡。氏矢志不移，孝養翁姑。四十七歲賫志以歿。詳請旌表。

葉氏，柳村官鑫階妻。年二十八夫亡，竭事翁姑，訓育孤子，白首完貞。光緒十年請旌。

朱氏，山前吴德修妻。夫多病，氏奉侍惟謹。夫故，子甫六歲，女猶懷抱，守節四十餘年。壽七十有八。光緒十九年請旌。

鄭氏，山前儒童吴德繹妻。德繹勤學，縣試歸，病不起，氏號慟幾絶。舅姑在堂，子甫三歲，女猶在腹，氏矢志靡他，敬事舅姑，嚴訓孤子。壽六十九。光緒二十年請旌。

黄氏，山前童生吴發楷妻。二十四歲夫故，孝事姑嫜，撫孤守節三十餘年。光緒十九年請旌。

巫氏，監生沈盛鶴妻。年十八于歸，二十三寡，茹苦盟心，婦兼子職。繼子麟賜亦娶巫氏，方生一子，麟賜又早故，氏年僅二十四，姑媳相依，一貞同矢。光緒五年請旌。

袁氏，張久基妻。年二十歲夫病，三年變簪釧爲夫藥資。夫故，殯畢，即入房仰藥死。

吴氏，邑北包書簡妻。年二十一于歸，八年夫歿，無子，矢志守節。年六十四終，計守節三十六年。光緒十二年請旌。

戴氏，增生華承熙妻。年十九歸華，六載而承熙死，孤子三齡，舅姑耄耋，室如懸磬，日事紡績，以仰事俯育，茹荼盡瘁。壽至五十九而終。已詳請旌表。

方氏，鄭炳燦妻。淑慎性成，歸鄭七載而夫逝，守貞三十三年，上奉翁姑，下撫幼子。至四十七歲終。光緒十八年請旌。

華氏，國學生李日點妻。未嫁寇亂，恐爲所污，引刃自刺，死而復蘇。既于歸而夫亡，投繯欲殉，遇救不死。子又殤，痛哭投井，親族勸止之。繼姪以存夫嗣，苦節三十餘載。光緒十六年請旌。

張氏，揚州張永年女，庠生周家濱室。于歸後，孝敬翁姑，勤儉持家。夫病篤，焚香禱天，願以身代。夫既亡，抱首觸柱，誓以身殉。奉姑命繼姪承祧，守節三十餘年。詳請旌表。

周氏，職員華士俊妻。于歸未久夫逝，養老撫孤，數十年如一日。光緒十年旌表。

項氏，監生華有成妻。素嫻姆訓，夫外出遘疾，每夜露禱，將易簀，面誓同死。夫曰：汝能爲吾奉姑養子，吾死無憾，同死何補耶？未幾，姑逝子殤，隨居母之內室，無事不出户庭。青年守節，年六十終。

徐氏，附生周家濱妻。夫病數月，奉事湯藥，夙夜無懈。撫姪爲嗣，守節至周甲而終。光緒十三年請旌。

方氏，監生程惠疇妻。原籍安徽旌德，年二十六歲夫故，於咸豐十一年避匪來遂，遂寄居於遂。光緒十一年，由遂昌學詳報請旌。

葉氏，柳村官承選妻。艾年喪夫，勵節孀居，撫遺腹子以成立。含辛茹苦，歷五十五年。七十七歲終。於光緒七年請旌。

朱氏，鄭善緟妻。年十九，善緟以府試卒於郡，聞訃哀號幾絶。閲兩月，生一子，矢志守貞。子英燦，壯年食餼。孫嗣芬、嗣芳，俱入泮。壽終七十二。教諭周贈額『孟韋嗣美』。已請旌表。

朱氏，文童吴有善妻。年二十四夫故，翁年邁，養生送死，毫髮無憾。造橋助田，前縣江爲作記。已請旌表。

官氏，練溪監生鄭焕章妻。年十九于歸，及夫故，女幼，子甫二齡。矢志自守，男婚女嫁，備歷艱辛。壽終六十有一。

王氏，練溪監生鄭廷升妻。年十九于歸，姑已抱病，躬親藥餌。姑歿，夫亦旋亡，矢志不渝。壽終六十二。

周氏，茶淤潘名騶妻。年二十于歸，次年夫故。欲從夫地下，上有翁姑，腹有遺孕，不得遂志，守節二十餘年。光緒二十年詳請旌表。

王氏，溪淤儒童周文滄妻。光緒十一年請旌。

周氏，大侯周應桂林妻。光緒四年請旌。

王氏，大侯周周勤鎰妻。未于歸而夫故，氏聞訃即乘輿到夫家，拜見翁姑，爲夫成服。後以夫弟子爲嗣，茹苦含辛，享年六十餘而終。

徐氏，周廷譜妻。年二十二歲夫故，終年七十餘。詳請旌。

周氏，張毓龍妻。于歸時年方十七，生二子，二十九而夫亡，次子甫在懷抱，痛不欲生。姑老，諭以撫孤爲重，守節三十餘年。尚未請旌。

吴氏，李榮庚妻。年十九于歸，二十三歲夫故，守節三十七年。詳報旌表。

吴氏，監生毛毓城妻。年十八于歸，孝事姑。踰四年姑卒，夫居喪哀慟成疾，氏日夜奉侍，而夫又故。守節三十餘年。

黄氏，山前增生吴調元繼室。三十三歲夫故，子方周歲，前妻二子一女，愛如己出。鄉里爲繼母者，咸以黄氏爲法。

曾氏，徐兆燕妻。年二十九夫故，生二女，子在遺腹，逾三月而生。敬事翁姑，嫁女婚男，備嘗艱苦。子入太學。壽至七十四歲，無疾而卒。

王氏，武童徐張妻。守節四十餘年。已請旌。

章氏，王光憲妻。二十四歲夫故，孝事翁姑，七十三歲殁。子人孝，娶李氏，年二十五，人孝故，氏事姑尤孝，守節三十餘年，五十七歲殁。

闞氏，王本宣妻。二十歲夫故，七十九歲卒。

祝氏，高坪林肇進妻。年三十夫殁，二子尚幼，矢志守節。及長子娶媳，不數年子又亡，姑媳相依，歷五十餘年，壽至八十一終。

鄭氏，儒童時進修妻。二十四歲夫亡，長子三歲，次子甫免懷抱。守節四十餘年，壽六十餘終。未請旌。

彭氏，洋澳國學生吳顯揚妻。年二十八夫故，立志守節，家僅中人產，親族貧乏，不吝周濟。

包氏，生員楊際春妻。二十一歲于歸，夫患瘵疾，閱五載餘，氏奉湯藥，未嘗少懈。夫歿，撫育子女，家貧守節。現年七十三歲。

傅氏，王村唐讚喜妻。三十一歲甫生子，夫故，家貧，織草履以撫子，苦節不渝。年臻六十有六，猶曰賣草履。人共憫之。

周氏，王溪監生陳紹虞妻。年十八歸陳，僅百日夫故，堂有孀姑，身懷三月子，生十歲殤。姑染瘋疾，轉側需氏，不能一刻離，奉事十八年如一日。姑故，喪葬一身任之，自奉儉約，而賙濟捐助不稍吝。勉堂姪讀書，出資入籍，得游庠序。繼堂姪立政爲嗣，娶媳黃氏，生孫承雙祧。立政又早亡，黃氏年僅二十一。姑媳相依。周現年六十二歲。光緒二十年請旌。

謝氏，文童朱經畬妻。年二十三夫故，仰事撫育，矢志靡他。子昌言，早年食餼，前縣張贈『節義雙全』額。現年六十一，光緒二十年請旌。

吳氏，庵頭劉信邦妻。年三十三夫故，家貧，事舅姑盡禮，現年六十八歲，光緒二十年請旌。

官氏，石練候選縣丞劉定鎔妻。歸劉時，翁已年邁，奉侍不少怠。翁卒，敬事無异生前。定鎔多病，氏侍湯藥，倍極艱苦，病竟不起。氏痛不欲生，然幸有二子，恃針黹以撫育。無何，二子相次殤，氏仰天號呼曰：天竟不欲延劉氏一線耶？孤寂無依，依母家以存，節衣縮食，勤苦女紅，得有田三十籮，年周甲，將手創田助宗祠，曰：願後之世世主宗祠者，爲吾舅姑及吾夫祭祀之可也。現年五十九歲，守節三十二年。已請旌表。

王氏，監生朱沅繼室。歸朱時，姑已年邁，起居飲食，非氏親身扶持之不可，戚族嘖嘖嘆姑得賢婦。未病，氏奉侍惟謹。既卒，氏痛哭未已。而姑又病，旬月之間，姑又不起。氏拖痛經營，二喪尤難，人所難爲。撫前妻女如己出，擇婿而嫁，悉中禮。氏茹苦食荼，錙銖積累，手創田三十籮。年逾周甲，將田助宗祠，以爲久遠計。現年六十六歲，守節三十七年。已請旌。

潘氏，尹德紳妻。年十五歸德紳，生二男一女，敬事翁姑，咸以孝聞。咸豐十一年九月，夫被匪擄，氏聞呼搶欲絶。時氏年三十歲，撫子女成立。德紳竟一去不歸。現年六十有五。

羅氏，吴物昇妻。年十七于歸，二十夫故。時長子二歲，次子姙三月，均撫育成人。不數年而次子儒林又歿。儒林妻羅氏二十一歲歸儒林，越四年儒林故，氏欲身殉不可得。爲夫立嗣，以延似續，現年七十五歲。

涂氏，吴士林妻。年二十四歸吴，三十三夫故，守節不渝。現年七十有八。

周氏，黄章照妻。年二十二于歸，越四載而夫亡。時長子景楊甫一歲，次子廷揚遺腹，義難捐生，撫育遺孤，俱得成立。長入太學，次入膠庠。現年七十有三。

周氏，吴漢林妻。年二十一于歸，三十四寡，子甫九齡。時同治元年，髮逆所過，刼掠一空。又值瘟疫大作，夫死未殯，翁姑又相繼歿。不數日而夫弟二人又死，旬月間積屍五人。氏號泣無門，售居屋之半，始得具衣棺以葬。時粒米維艱，氏常數日不食，凡祭祀事，必料量無闕。勤苦撫孤，力務農業。現年六十八歲，孫四人。

朱氏，程訓繼妻。年十七歸訓繼，孝翁姑，和妯娌。生一子甫周歲，夫病故，痛不欲生。氏年十九，矢志守節，撫孤成立。勤紡織，善持家，内外無閑言。現年五十有七。已請旌。

黄氏，王觀瑞妻。年十七于歸，二十三歲夫故。氏矢志守節，撫孤成立。現已娶媳生孫，備歷艱苦。現年四十五。

黄氏，生員徐起霖妻。氏年十九歸徐，謹事翁姑。年二十五夫故，家極貧，僅遺幼子，以針黹度日。現年六十歲，守節三十六年。已請旌表。

宋氏，儒童徐起鴻妻。年十九于歸，夫早有病，奉侍湯藥，情尤可憫。衣不解帶者期年，而夫竟亡。痛不欲生，親鄰勸解，爲立繼子。現存年四十六歲，計守節二十七年。已請旌。

周氏，童生葉啟衍妻。年二十一歸葉，孝事翁姑。於咸豐八年粤匪入境，夫殉難，無嗣，時年二十二歲。養夫兄子爲嗣，撫育成立。現年六十歲，守節三十九年。已請旌。

謝氏，石墈賴天潤妻。年十八于歸，二十八夫故，撫孤守節。家貧爲人業，履底厚寸許，以麻縷繞指度針，中指縷痕深若斷。年七十不輟，人咸憫之。子二逝，孫二：洪祺、成德，依氏成立。

張氏，大侯周周勤儒妻。年十九于歸，三十四歲夫故，無子，依夫弟恩貢生振銘以居。現年六十七歲，守節三十三年。

葉氏，蕉川周英嚴妻。年二十一夫故，家極貧，恃十指養子成立。現年五十七，守節三十七年。

周氏，十五都大忠監生包書同妻。年二十九夫故守節，事姑盡孝，繼嗣立後，今已五十餘歲。

周氏，上旦王有文妻。年二十歸有文，咸豐辛酉四月，髮逆猝至，有文提戈死敵，事聞，入昭忠祠。時氏年二十七，僅一子在繈褓，亂後貧無立錐，藉縫紉存活。無何，子又殤，氏茹荼含辛，孀居三十六年，現年六十七。

童氏，城北文童包國榮妻。年二十一歸國榮，夫多病，氏夜必露禱，願以身代。越三年，病卒不起，子甫三齡。現存年五十有七，計已守節三十餘年。前教諭羅爲之請旌。

周氏，朱樟淵妻。年二十二歸樟淵，未匝月遭寇亂，樟淵旋染疫亡，氏哀號欲死，親族勸慰，立姪爲嗣。至今守節已四十餘年。已請旌。

黄氏，周正琪妻。年十九歸正琪，生子僅三齡。正琪死，孝事公姑，撫子成立。

吴氏，梁雲興妻。年二十八夫故，家小康，氏毁妝銜哀，矢志守節。現年已周甲。

王氏，周潤元妻。年二十八夫故，家貧，有勸改醮者，氏矢志自守，勤紡績，寡笑言。現年六十餘。

劉氏，包石樑妻。青年喪偶，矢志靡他，撫孤守節三十餘年。

徐氏，關昌張永漣妻。年十九歸張，四載夫亡，以孀姑在堂，不敢死，未周歲而孤復殤。及姑殁，喪葬盡禮，繼姪承祀。現年五十有六，足不出户，惟以縫紉自給。已請旌。

吴氏，祥川周國成妻。年二十二夫故，氏號慟欲絶。時上有老翁，夫弟未娶，中饋乏人，輒復苟活。翁病故，葬祭盡禮，立姪承祧，艱辛備歷。現年五十四。請旌。

毛氏，山前職員吴興業妻。三十歲夫故，矢志守節。現年七十歲。

巫氏，王溪沈盛鵬妻。年二十于歸，二十九而夫卒，終身素服粗食。現年八十有五。旌表節孝。

華氏，吴處鍾炳雲妻。年二十七夫故，遺腹一子，勤織撫孤。現年七十五。

葉氏，文童吴宗培妻。年二十六夫故，翁姑年邁，侍奉靡懈。繼姪承祧，擇婚完娶，以勤儉勖子婦。現年五十七。光緒二十年請旌。

蘇氏，葛坪董鍾林妻。年二十九夫故，養姑撫孤。現年六十二，已守節三十年。

鄭氏，儒童葉盛輝妻。同治元年，盛輝被匪擄不歸，氏甘貧守節，爲夫立繼。現年六十。旌表。

淩氏，高坪林長富妻。二十一歲夫故，現年七十三，守節五十餘年。

包氏，增生祝燧妻。年十七于歸，十載夫歿。時祖翁在堂，三子在抱，氏竭盡艱辛。現年七十有五。

鄭氏，增生時授人繼室。二十九歲夫故，無子，善事翁姑。現年五十餘。

石氏，淤公村華淨海妻。二十六歲夫故，守節至今已六十七年，無嗣。

陳氏，山前吴秉相妻。德性幽閑，夫故，欲以身殉，二子猶在襁褓，紡績撫孤。母家憫其年少，欲爲改適，氏誓死不從，誨子成人。孀居四十餘年。

鄭氏，生員劉炳奎妻。時年七十七。光緒二十一年四月十七夜，大風雨，墻倒，正壓卧房，家人惶悚，畚鍤齊下，瓦礫盡弃，板碎如粉，而氏竟如夢初醒，一無所苦，人咸謂節孝之驗云。

章氏，王福海妻。年二十八夫故，事姑克孝，訓子有方，立志守節，貞操不移。於同治十年詳請旌表。

王氏，西鄉上田毛福元妻。年二十夫故，無子，繼姪爲嗣，鞠育恩勤，勝如己出。侍翁姑盡孝，二十餘年足迹不履閫外。年四十八而終。光緒十四年請旌。

劉氏，南鄉烏尖周繼鉅妻。少知禮義，年二十五歸周，未周歲夫亡，矢志靡他，孝奉二人。繼子恒，訓誨有方，青年入泮。年七十有四。光緒元年詳請旌表建坊。

傅四美，監生傅鴻熙女。年十二字王沛然，越三載，沛然暴疾卒。訃至，四美一慟幾絶，泣告母曰：既以兒許王氏，則兒身爲王氏人，願臨其喪，一視含殮可乎？母憐之而格於議，是夜遂投繯，母覺救蘇。然自此不復食殭之進半甌糜，數月成疾，竟以絶粒殉。里人華西岩贊曰：山川靈秀，鍾毓閨房。發其貞烈，整厥綱常。潛德未曜，宜闡幽光。敢告君子，彤管揚芳。

王氏，琴溪蘇學聖妻。年十九歸蘇，生一子，三十歲學聖亡。氏撫子成立，言笑不苟，而子先氏亡。

應氏，姚谷賴鍾麟妻。年二十歸鍾麟，一子二女，二十九歲鍾麟亡。痛不欲生，祖姑李氏年邁，勸止守節。

李氏，姚谷賴熙麟妻。年十八適賴，二十三歲夫亡。

陳氏，琴溪應學易妻。年十九適應，僅二女，二十五歲夫亡，言笑不苟。繼姪作貴、作孚爲嗣，事姑至孝，訓子成立。年近五旬終，苦守二十餘年。

應氏，琴溪蘇昌福妻。年十八適蘇，二十一歲昌福亡，無子，悲痛欲絶。以姑老，奉侍無人，乃苦守持家，事姑盡孝，足不出户，三十餘年如一日。

華氏，北隅項德升妻。二十七歲守節，無子，奉侍姑克盡孝道，艱苦備嘗。道光三十年，知縣晏詳請旌表。

王氏，弈山佾生朱弈華妻。適朱，貧無立錐，典嫁衣以助夫。生三子，甫襁褓，夫亡，欲以身殉。時祖姑在堂，從祖姑言，仰事俯育，歷試艱辛。長子入成均，次入邑庠。姑早逝，祭祀必誠。事祖姑事翁，均克盡孝。年七十終。光緒四年請旌。

葉氏，生員華承勳妻。二十六歲夫亡，事舅姑盡孝。家貧甚，典質一空，教子讀書，不辭勞苦。次子及孫，均得有成。年六十六終。得請旌表入祠。

戴氏，大山莊監生汪國順妻。年三十一夫亡，一子四女，子先夫兩月而殤。舅姑年耄，氏善奉侍，繼姪德俊爲子。學憲潘表以『貞同金石』額。

吴氏，東隅周起豪妻。與夫同庚，年二十七夫故，家貧無子，苦守度日，守節三十餘年。

魏氏，謝元遠妻。年二十七夫歿，二子俱幼，氏痛不欲生。翁姑慰之曰：死節易，撫孤難，正當爲其難耳。因勉從之，訓子成立，皆得游庠。

巫氏，鄭運普妻。年二十四夫故，子幼家貧，矢志撫孤。卒年八十餘。孫曾蕃衍。

黄氏，鄭運濟妻。年二十六夫故，清操苦節，鄉里推尊，撫繼嗣如己出。壽終八十三。

賴氏，李品棣妻。年二十三夫故，孑身苦節，矢志靡他，繼姪爲後，尤能訓養成立。

羅氏，監生鄭箋妻。夫故時，五子俱幼，主持家政，勤儉撫孤，今子孫林立。

王氏，城南佾生徐志剛妻。年十九歸徐，事姑嫜，和妯娌，人無間言，生子女各一。夫病，親視湯藥，衣不解帶，卒不起。夫殮方畢，閉户投繯，解救得免。時姑老子幼，勉從衆勸，矢志守貞。未幾，子又以痘殤，立夫兄子桂培爲嗣。年六十有七終，守節三十七年。光緒二年，教諭周榮椿備文詳報，奉旨給帑建坊旌表。

詹氏，十五都白螺莊民吴慶堃妻。咸豐四年夫故，氏年二十八歲，家貧苦節。現年七十歲，守節四十有三年。

蘇氏，監生章兆蘭妻。同治七年夫故，氏年二十九歲，家貧苦節。現年五十七歲，守節二十九年。

翁氏，十四都麻洋莊民張水有妻。年十九于歸，生子德宗，家貧苦操作，又生子新起，以貧故，育於他姓。水有又屢欲售其妻，氏不從，乃私售於壬午岱莊徐某，謀奪娶之。前一夕，氏始知之，以夫貧子幼失節爲恥，自縊而死，時年二十五歲。

陶氏，監生廖萬金妻。萬金賈蘇州，被粵匪擄去，時陶二十九歲，守節事姑三十餘年。六十一終。

王氏，鋸洋村廖達福妻。夫故，年二十餘歲，子三歲，家徒壁立，奉養翁姑，辛苦備嘗。現年五十有七。

葉氏，毛繼猷妻。光緒十三年詳請旌表。

姜氏，陳光榮妻。已請旌。
周氏，監生朱兆先妻。已請旌。
吴氏，高巒葉志盛妻。青年守節。順治十二年，郡守給『貞節可風』扁表之。
周氏，林山頭徐日松妻。乾隆間請旌，撫憲給有『貞潔淩霜』扁額。
宋氏，北隅民人曹開裕妻。光緒四年，氏年十七，夫故，無嗣。時姑年已八十餘，氏恃針黹，孝養無缺。繼姪爲嗣，無异所生。現年三十九歲。
毛氏，練溪監生吴有政妻。年二十歸吴，二十八歲夫故。克敦婦道，善事姑嫜，守志三十餘年。於光緒二十二年詳請旌表。
華氏，徐兆錦妻。早歲歸徐，事姑盡孝。不數載，夫故，無嗣，僅生二女，哀毁欲絶。姑以女幼勉之，氏隱忍就生，矢志守貞，紡織餬口，備嘗艱苦。姑逝世，喪葬盡禮。年逾六旬。現請旌表。
董氏，張村庄。已請旌。
黄氏，蕉川葉永海妻。
薛氏，蕉川徐祺妻。
陳氏，蕉川徐鑚妻。
鄭氏，蕉川徐景雲妻。

王氏，蕉川潘清進妻。
葉氏，增生毛繼猷妻。
周氏，附貢毛繼銘妻。
王氏，佾生毛福元妻。
周氏，毛尚檼妻。
王氏，儒童朱弈華妻。
王氏，儒童朱正選妻。
吴氏，儒童朱振鸞妻。
朱氏，曲辛葉奐璠妻。
鮑氏，西岸坦潘發芸妻。
董氏，張村莊妻。已請旌。
吴氏，弈山儒童朱振鸞妻。
姜氏，監生朱元寬妻。
周氏，礓頭背蘇芳妻。
劉氏，生員王樞妻。

李氏，王溪陳德興妻。
黄氏，文童劉蘭香妻。
傅氏，山前吴德龍妻。
陳氏，武童徐潢四妻。
鄭氏，監生徐觀清妻。
王氏，監生潘清進妻。
周氏，礓頭背蘇方榮妻。
徐氏，生員王湛妻。
朱氏，生員俞長發妻。
周氏，庠生鄭蘭妻。
王氏，周理妻。
華氏，鄭驥妻。
林氏，馮樟林妻。
葉氏，太學生官承銓妻。以上府志節孝未合年例，不及旌表者。

殉難

王氏，華承寶妻。年二十八夫亡，乏嗣，家無恒産，縫紉度日，繼姪爲嗣，守志二十載。咸豐辛酉，粵匪擾亂，罵賊不從，被害。知縣方詳請旌，入節烈祠。

王氏，山前貢生吴焕文妻。年二十歸吴，事姑孝謹。戊午，逆匪陷境，氏避寇深林，預藏利刃，語其夫曰：萬一賊氛迫近，有死而已。及賊至，衆皆逃竄，氏自剄死，時年三十六歲。同治九年旌表。

葉氏，黄榮飛妻。辛酉冬，粵匪入城，葉氏攜幼子女竄入山林，被匪搜尋，氏立志不從，被刃未死。同治壬戌，又被匪掠，氏惡聲詈罵，賊破其腹，至數日始死。

葉氏，儒童周起鑒繼妻。咸豐十一年，爲寇所掠，氏罵不絶口。適夫叔樟高被擄在旁，勸其曲從，保全性命。氏厲聲叱之曰：翁一男子，從賊不愧，反勸我耶？甯斷我頭，萬不曲從，請翁寄語吾舅，夫异日收吾骨於此可耳。言畢，罵更烈，賊刺其口，又斷其喉而去。

葉氏，廩生劉誠妻。咸豐八年六月，賊匪搜山被獲，氏辱罵不屈，賊以刃試，遂罹其害。詳請入節孝祠。

徐氏，生員葉啟蕃妻。年二十三歸啟蕃，生一子。戊午，粵匪入境，夫殉難，氏時年二十七，痛不欲生，自縊。舅姑救蘇，慰之曰：我老孫幼，誰爲撫養耶？十一年十一月，粵匪又至，氏避難湯山，守節不屈，罵賊被殺。同治三年請旌。

王氏，李長壽妻。同治元年，粵匪入寇，徧搜山谷，懼不得免，投厓殉節。

吴氏，小馬埠劉樟基妻。同治元年，爲粵匪所擄，氏肆罵不從，遂被殺。

王姑，王清泉女，字郡庠生潘步瀛，年二十。同治壬戌，遭寇亂，爲賊所迫，女不從。賊怒，手刃之。

吴氏，監生謝高妻。咸豐八年六月，避粵匪於景坑山中。寇至搜山，投岩下死。知縣方詳請旌表。

劉氏，弈山朱振鴻妻。性謹恪。咸豐戊午，振鴻督勇守隘，血戰陣亡。劉聞報，馳赴隘口，抱夫尸慟哭。賊擁至，劉痛罵，以頭撞石壁死，時年五十四。光緒五年，詳請旌建坊，贈恭人。

徐氏，生員葉啟蕃妻。

王氏，生員吴焕文妻。

葉氏，生員劉誠妻。

徐氏，生員葉潤妻。

李氏，生員葉家齊妻。

包氏，生員鄭際昌妻。

潘氏，武生黄昌學妻。
王氏，佾生劉懋獻妻。
陳氏，生員葉晉妾。
劉氏，職員朱振鴻妻。
吕氏，職員徐聖瑞妻。
吴氏，監生謝高妻。
葉氏，監生包育泉妻。
葛氏，監生孫清蘇妻。
鄭氏，監生潘柏林妻。
吴氏，從九尹守常妻。
葉氏，從九王人基妻。
杏苑，從九王人基女。
賴氏，軍功葉信林妻。
王氏，醫生鄭位廷妻。
王氏，儒童巫惠林妻。

傅氏，儒童濮圭山妻。
王氏，儒童葉永瑞妻。
葉氏，儒童周俊財妻。
黄氏，武童吴鳳翔妻。
華氏，武童葉世煌妻。
童氏，葉載和妻。
鄭氏，童梓材妻。
葉氏，包景耀妻。
葉氏，何林照妻。
楊氏，何金提妻。
黄氏，鄭土財妻。
吴氏，童松賢妻。
鄒氏，沈時來妻。
陳氏，李源起妻。
黄氏，李章土妻。

萬氏，黄觀鼎妻。
周氏，尹章士妻。
俞氏，曾林寶妻。
雲氏，牛才兒妻。
牛氏，周泰妻。
徐氏，陳廷松妻。
王氏，朱成宗妻。
鍾氏，雷廷榮妻。
葉氏，宋長信妻。
鄭氏，王養發妻。
伊氏，蕭馬榮妻。
姜氏，周起鴻妻。
李氏，翁金火妻。
黄氏，劉學賢妻。
何氏，葉有元妻。

鄭氏，葉百賢妻。
鄭氏，葉偉林妻。
李氏，翁小克妻。
李氏，鄭家培妻。
張氏，劉金養妻。
邱氏，周自東妻。
胡氏，潘弦芝妻。
樟玉，鄭水林女。
吴氏，葉炳榮妻。
繡雲，王俊選女。
鄭氏，俞啟成妻。
葉氏，劉錫梧妻。
吴氏，胡其富妻。
江氏，黄開泰妻。
周氏，葉樟柏妻。

王氏，戴陳福妻。
詹氏，鄭水養妻。
葉氏，童金鴻妻。
華氏，童金雀妻。
陳氏，李奶子妻。
藍氏，李天順妻。
王氏，黄馬福妻。
黄氏，何來富妻。
曹氏，卜玉魁妻。
何氏，徐蘭福妻。
駱氏，李才兒妻。
戴氏，徐應來妻。
黄氏，項衍魁妻。
翁氏，陳鴻妹妻。
華氏，徐關洪妻。

王氏，劉學易妻。
李氏，徐陳松妻。
朱氏，徐克兒妻。
曹氏，黄周福妻。
蔡氏，余君亮妻。
潘氏，余雙丁妻。
董氏，王觀裕妻。
俞氏，葉小妹姐妻。
應氏，俞忠財妻。
項氏，葉水法妻。
羅氏，葉承宗妻。
鮑氏，葉小砿貴妻。
王氏，華承寶妻。
華氏，徐兆春妻。
周氏，童學任妻。

林氏，周水元妻。
黄氏，馮狗哉妻。
華氏，章蘭福妻。
鄭氏，徐德義妻。
姜氏，黄正心妻。
李氏，周蘭孫妻。
虞氏，王樹本妻。
徐氏，闕彩林妻。
尹氏，張益久妻。
林氏，馮樟松妻。
蘇氏，程德賢妻。
紫雲，胡康仁女。
雷氏，王恩隆妾。
周氏，藍天有妻。
章氏，謝滿章母。

俞氏，周文富母。
吴氏，王天生妻。
吴氏，童培元妻。
周氏，羅月明妻。
陳氏，徐胡福妻。
羅氏，蘇唐富妻。
徐氏，蘇全福妻。
葉氏，彭吉位妻。
鄭氏，王硋雲妻。
王氏，何來發妻。
周氏，尹天滋妻。
吴氏，王大川妻。
鄭氏，劉金良妻。
蘇氏，包金谷妻。
宋氏，李樟魁妻。

王氏，徐起久妻。
劉氏，方芝才妻。
鄭氏，吴來富妻。
劉氏，支元松妻。
劉氏，陳之傳妻。
徐氏，陳景奎妻。
華氏，淩會魁妻。
龔氏，方蘭藻妻。
陳氏，鄭馬英母。
姜氏，鄭馬清母。
闕氏，徐胡林妻。
大姑，徐胡福女。
董氏，何清霖妻。
鄭氏，何清賢妻。
潘氏，何炳榮妻。

葉氏，朱盛禄妻。
張氏，章雲松妻。
官氏，章仁貴妻。
張氏，章來招妻。
吴氏，巫萬妻。
王氏，李長壽妻。
葉氏，鄭人奎妻。
葉氏，黄文泰妻。
周氏，吴來福妻。
雷鍾氏，朱樟松義母。
伊氏，蕭馬榮妻。
葉氏，周英琪母。
李氏，翁良財媳。
王氏，葉茂林母。
張氏，葉茂林嫂。

趙氏，王長發母。
邱氏，王本性孫媳。
吴氏，潘海雲妻。
潘氏，黄陳德母。
羅氏，蘇瑞信伯母。
徐氏，蘇家護母。
葉氏，彭江林媳母。
藍氏，李金海妻。
陳氏，李啟元妻。
鮑氏，蕭礌貴妻。
闕氏，鴻獨才妻。
賴氏，梁鴻林妻。
鄭氏，吴書基妻。
徐氏，彩林妻。
以上府志殉難。

包氏，候選訓導鄭際昌妻。同治元年，於四都劉塢地方，遇寇被執，罵賊不屈，死之。事平，大吏入告，奉旨旌表，准予建坊，入祀昭忠祠。

卷之十

知縣清河胡壽海、宛平史恩緯重修

藝文

藝文，一變古制，全録詩文，等於蕭梁文選，近已視爲固然，有失班書之例。今詩文已散見各門，而自龔深源博學好古，著作名家，南宋及明，人文蔚起。兵燹後大半淪亡，悉將書目備載，不分立經史子集部名，總隸以某某撰而已。深山窮谷，如有存者，當可按籍而稽。

易講義十卷，續解易義十七卷，周易圖、春秋解各十卷，論語、孟子解各十卷、文集七十卷，潁川唱和集三卷，宋龔原撰。吴世涵宜園筆記：武陵先生湛深經術，在北宋最爲儒林耆宿。其時周程之學尚未盛行，獨先生以經學爲世表倡。凡永嘉先輩以經術鳴者，淵源皆出於此。吾邑先正，唐以前已無可稽，其灼然耳目，斷以先生爲稱首。先生易解等書，已皆散失，詩亦失傳。

元祐建中列傳譜述一百卷、芥隱筆記二卷，宋龔敦頤撰。陳世修平昌詩萃内編小傳：敦頤以光宗受禪，改名頤正，字養正，原之曾孫，相之子。博通群書，撰元祐建中列傳譜述一百卷、芥隱筆記二卷。淳熙間修國史，洪邁奏請甄述，授潁川交學，仕至宗正丞，入通志文苑。 宜園筆記：邑乘文學傳以養正爲深甫先生之孫，又以龔楫忠義傳云敦頤之父。余按吴郡志，養正爲相之子，深甫先生曾孫。又邑乘載宋常濬孫崇學祠記云：深之先生晚以元祐黨籍謫居歷陽，有曾孫敦頤流落西浙，博雅好修，頗世其家云云。常爲宋人，其所言較足據，因更正之。

九經圖述、詩說、韻略補遺、泮林講義，宋張貴謨撰。宜園筆記云：子智先生爲南宋名臣，立朝建白，皆關國家大體。治州郡，所居民愛，所去見思，有古循吏風。圖述、韻略諸書，今無存者。

資治通鑑綱目發明五十九卷，宋尹起莘撰。堯庵先生爲一代儒宗，隱居不仕，有感於古今治亂興亡之變，因著此書。魏了翁謂深得文公筆意。起莘自序：先正朱文公先生修通鑑綱目，觀其自序有曰：歲周於上而天道明，統正於下而人道定，大綱概舉而監戒昭，萬目畢張而幾微著。則知先正致力是書者，其有補於世教甚不淺也。又曰：是則凡爲致知格物之學者，亦將慨然有感於斯。先正注意是書，具有望於後人發揮而講明之者，亦甚不淺也。且夫先正書法，有正例，有變例。正例則始終興廢，災祥沿革，及號令征伐，殺生除拜之類，義固可見。若其變例，則善可爲法，惡可爲戒者，皆特筆書之。如張良在秦，而書曰韓人；陶潛在宋，而書曰晉處士；楊雄在漢，而書曰莽大夫；吕后在一統之時，而以分注紀其年；武氏改號光宅，而止書中宗嗣聖之類，是皆變文見意者也。至於其間微詞奧義，又有不可得而徧舉。如陶侃以出鎮入擊賊，而必書温嶠以陶侃討峻；褚淵以舊臣爲司空，而必書於齊王道成稱帝之下；唐宇文士及，邪佞之臣也，而卒書其爵；五代馮道，失節之人也，而卒具其官。凡若此類，殆未易察。倘徒習其句讀，而不究其指歸，則先正書法之義隱矣。此固愚生所以妄意發明，有不容自已者。况是書之作，其大經大法，如尊君父而討亂賊，崇正統而抑僭僞，褒名節而黜邪佞，貴中國而賤夷狄，莫不有繫於三綱五常之大，真所謂爲天地立心，爲生民立極，爲先聖繼絶學，爲後世開太平者也。昔孟軻氏以孔子作春秋，與抑洪水，膺戎狄，放龍蛇，驅虎豹者，异事而同功。竊謂綱目之作，其有補於世教，殆亦有得於春秋之旨，皆所以遏人欲於橫流，存天理於既泯，是烏可不講究而發揚之哉！今兹所述，止欲發明書法指意，使之顯著而已。其間亦有先儒已嘗議論者，則不復述；或雖已有議論，而指意不同者，則自以己意附見；又有雖當發明，而先後義例相類如一者，亦不重舉。求其大要，不過如是。雖未能貫通奥旨，然於其大義，亦或略見萬分之一。世之君子，倘因瞽言，而不徒以史學視之，亦足以無負先正之志矣。管見之愚如此，幸勿誚其僭。

包萬有綱目發明書後：宋司馬文正公奉詔開局，修歷代編年，凡十七年始成，上之神宗，賜名資治通鑑，言資於治道，通爲君臣之鑑戒也。計二百九十四卷，目録三十卷，考异三十卷。以卷帙浩繁，又作歷年圖七卷，縱書年，衡書事，爲便覽。始周威烈，續春秋也；終周顯德，授之宋也。朱文公以其帝魏，又病其直書無法，乃因胡文定公寅補司馬公舉要，作綱目五十九卷，仍以資治通鑑冠之，曰：綱仿春秋之經，目仿左丘之傳也。爲綱目功臣凡六家，在宋則我遂昌尹起莘著發明，永新劉友益著書法，在元則祁門汪克寬著考异，望江王幼學著集覽，上虞徐昭文著考證，及我明武進陳濟著集覽正誤。初，朱子發凡、起例，授之門人趙師淵編輯，曾遺師淵商訂數柬，至書成而邑例最後出，故發明或有與凡例違者，其書法又另自立凡例，此考异、考證所繇作也。迨邱瓊山乃有世史正綱之輯原發明等六家，各自爲書，後人合綱目而刻之，故有去取。中所稱尹遂昌曰者，乃管中之豹班耳，嘗恨不得發明原本讀之。崇禎壬午，於項氏借得内府秘本，每本上有表章經史之寶璽印，資治通鑑綱目及發明書考异、集覽、考證與集覽正誤等俱全。大本綿紙，字依洪武正韻，蓋永樂中所刻之書，乃祖萬曆中爲給事時，司禮田義善以相遺者也。予獨取發明四本，命人用宋字繕寫，分爲六本，稍小其字，每行每字，悉依原本擬刻之，以貧未遑也。會續修府志，予與博士鍾先生與焉，司李張公示凡先賢遺書稿存者，亟爲釀金梓行，於是鍾先生率諸生各出貲多寡，依卷數梓之學宫，亦千秋盛事也。時視邑篆縉雲丞湯君鉉，亦助錢伍緡。予以爲吾邑宋末王鎡月洞詩一卷，元鄭元祐遂昌雜録一卷，皆所當梓者也。

易統，宋劉贊撰。

月洞詩，孝廉方正王嘉言家藏本。宋王鎡撰。介翁詩，其族孫義端刻於嘉靖壬子，裔孫楠重刻於嘉慶乙亥。兵燹後，嘉言又刻於光緒初年。養端序：養端族自宋祥符婺州牧隆、天聖栝蒼府屬譚，迄今傳世二十，爲年六百。中間雖無奇□天烈，班昭史册，然類能清修，不辱故家文獻之傳。□□有介翁鎡者，文章爾雅，造履峻潔，仕宋官縣尉。當帝昺播遷，大勢入元，即幡然弃印綬，歸隱湖山。與尹緑坡、虞君集、葉栢山諸人，結社賦詩，扁所居爲月洞。意以孤炯絶塵，灝湏自抗，庶幾乎有桃源栗里之致焉。每對時忿懣，輒形於詩。所謂『山河隔今古，天地老英雄。局敗棋難着，愁多酒易中』之句，往往聞者憾不得一見其人，與之言衣冠禮樂之盛，聲明文物之華，有如今日者。嗚呼！馮道五朝，管仲再霸，後世羞之。若介翁，不亦超然隱君子哉！苟以縣尉小官，則梅福上書，掛冠神武，又何心耶？養端少習聞其事，壯而流落江湖，不能爲之告太史立傳，如子美、元亮焉者，亦天也。懼久而無聞，乃刻遺詩一卷，庶乎後人能論其世，知吾族在平昌代有高行清才，不獨榛榛狉狉爲深山草木鹿豕也。湯顯祖序：予在平昌，見黄兆山人詩文，浸淫魏晉人語，而復得其先人宋月洞先生詩，殆宛然出晚唐人手。宋之季，猶唐之季也。觀黄兆山人序月洞云：節操峻潔，孤炯獨絶，如律中『青松秦世事黄菊，晉人心沙漲浙江，龍去遠天寬北闕，鳳歸遲悲歌當泣』，此真如司空表聖弃官居虞鄉王官谷爾。絶句如落花依草，婥約蒨姸，咏荆卿者，固亦賦閑情耶。世之達官貴人，往往不珍惜其祖之手澤，而叔隆重梓斯集，問序於余，月洞先生可謂有詒厥之力矣。太守涂以輈序：昔虞舜命后夔曰『詩言志』。孔子教弟子學詩，於興觀群怨外，即繼以邇之事父，遠之事君。從古忠臣孝子所作，令人讀其詩可以知其志，知其志可以想見其爲人。三代下人與詩并足傳者，彭澤令陶靖節。後如韓、蘇諸公，勳業爛然，又有詩集傳世。若安陽魏公，以勳業掩文章，黄花晚節，寥寥數語。詩以人傳，即無詩而其人自足傳。至人以詩傳者，如宋延清一流，其人可鄙，其詩則可存，亦孔子不删鄭衛國風之意，不以人廢言而已，曷足貴乎？甲戌秋，平昌太學生王楠重鐫其祖月洞詩集，事既竣，挾詩集至蓮城，謁余請序。述其祖生當南宋，作尉金溪，宋鼎遷後，即弃官遁迹黄冠，顔其所居曰月洞。鬱發爲詩，常有不忘故君之意。集中諸作具在，可覆按也。且言世世相傳，更葬宋六陵一事，月洞與焉。史逸其名，亦不見於他説，故至今人無知者。是所望於顯微闡幽之大人君子。余聞而惜之。覽其詩集，見忠憤之忱，時時流露於楮墨間，髣髴陶靖節之遺風。其人可傳，其詩亦可傳。所謂讀其詩可以知其志，知其志可以想見其爲人也。至更葬宋六陵，遺失其名，以月洞僻居山陬故耳。古來名湮没不彰者，何可勝道，豈獨月洞也哉！月洞屬括蒼，前代部民能詩，有守領郡者，宜爲表白。屢欲操管濡毫，以公事未暇。今年春，楠又來郘敦請。余既重月洞之節，又嘉楠不忘先人手澤之意，序而歸之。第自媿才非士安，恐未足以傳月洞。至其詩之佳，則吾鄉湯玉茗先生序已詳之矣，兹不贅云。

宜園筆記：曩在都門，於汪嘯盦太史家見一詩册，所選皆唐人近體卷，未以介翁詩數十首附焉。余時悤悤出都，無暇購此。後再入都，徧求之不可得。介翁詩宗唐人，具體中晚鍛鍊之工，如精金美玉，而沖和淵雅，神韻天然，絶無谷音。河汾諸集，噍殺之音，原鈔所録過少。余擇其前册之完善者，重爲增入，并益以後册所載，共得若干首。庶讀介翁詩者，無遺珠之嘆云。

玉井樵唱集，元尹廷高撰。

虞集序：玉井樵唱續集者，六峰尹先生之詩也。集聞之，言心聲也。詩也者，言之至精，而聲之至諧者也。自夫人生之時不同，居之土不同，氣有所化，而詩始不可以一概言矣。當宋之季，談義理者以講説爲詩，事科舉者以程文爲詩，或雜出於莊周、瞿聃之言以爲高，或下取於市井俳優之説以爲達。江湖之間，草茅之士，呌號以爲豪。紈絝之子，珠履之客，靡麗以爲雅，世不復有詩矣。數十年來，學者始或用力於此，其能不推移於世故，拘局於土風者，幾何人哉！今所謂續集者，皆自浙至燕道中之詩也。感慨而不悲，沈著而不怨，律度嫻雅，有作者之遺風，而無宋季數者之弊。永嘉諸篇，山川之勝，亦有未及言者。君兩游京師，聞人達士，見之惟恐後。皇慶癸丑，君方六十，遽自引年歸，與游者咸愛戀之，曰：先生甯復肯來耶？君亦爲之不忍別集，曰：何傷乎？著以樵唱模本，傳諸好事者，固有以係其思，亦因可以得君之風致矣。　四庫全書總目：廷高字仲明，別號六峰，遂昌人。是集首有廷高自記，載其父尹竹坡詩一聯，蓋即戴復古石屏集以其父遺詩冠首之意。竹坡名楝，宋寶祐閑嘗爲紹興府幕官，見此君亭詩話。而廷高行履不槪見，惟遂昌志稱其大德閑任處州路儒學教授，顧嗣立元詩選小傳又謂其嘗掌教永嘉，秩滿至京，謝病歸，與志不同。永嘉志乘亦不載其名。今案集中有永嘉書所見一首：此邦幸小稔，竊禄似有緣。又有永嘉任滿代者未至詩，又有告病致仕謝掌尚書詩，則廷高仕甌及謝病實非無據，疑遂昌志失考也。其詩氣格不高，而神思清儁，尚能不染俗氛。集中有題虞集、邵陶二卷詩，則集亦重其筆墨矣。　此君亭詩話：尹氏家譜載：仲明父名楝，號竹坡，宋寶祐閑任隆興府武甯縣主簿，升紹興府參軍。又載：大德閑，仲明任處州路儒學教授。郡邑志亦同。永嘉官師志并無廷高名，而元詩選云：嘗掌教永嘉。集中永嘉書所見詩云：此邦幸小稔，竊禄似有緣。則仲明仕甌實非無據，或志與譜失考耳。　宜園筆記：六峰先生詩格清超，不染元時纖濃繁縟之習。遭亂轉徙，撫時感事，往往託興微婉，有開、寶諸老遺音。集中如錢塘懷古、庚辰故里諸作，皆宗法少陵，不獨集杜二首爲神似也。樵唱正、續全集，外閑鮮有存者。余於永嘉志得其紫誥岩詩，亟增入之。

遂昌山人雜録，徐景福補校重刊。僑吴集十二卷，元鄭元祐撰。四庫全書總目：元祐字明德，至正丁酉，除平江路儒學教授，移疾去。後七年，復權浙江儒學提舉，卒於官。本遂昌人，其父希遠徙錢塘，元祐又流寓平江，其集以僑吴名，而是録仍題曰遂昌，不忘本也。元祐以至正二十四年卒，年七十一，則當生於前至元二十九年，故書中所列人名，猶及見宋諸遺老，下及見泰哈布哈、倪瓚、杜本。併見杜本之卒，多記宋末軼聞及元代高士名臣軼事。而遭逢世亂，亦閑有憂世之言，其言皆篤厚質實，非輟耕録諸書捃拾冗雜者可比。其記葬高、孝二陵遺骨事作林景熙，與輟耕録异，蓋各據所聞。其稱南宋和議，由高宗不由於秦檜。宋既亡矣，可不必更爲高宗諱，亦誅心之論也。四庫全書總目：元祐家本遂昌，徙於錢塘，而流寓平江凡四十年，爲時最久。故其集名以僑吴集，則杭州所作亦在其内，蓋從其多者言之也。集本其晚年所定，以授謝徽。今此本後有弘治丙辰張習跋，乃稱元祐本有遂昌山人集，與僑吴集多繁蕪重出，因通録之，得詩文之精純者，併爲十二卷，仍名僑吴集，用梓以傳。則此本爲習所重訂，非元祐手編之本矣。凡文六卷，詩六卷，其中與張德常書，有『僕贊郡無補，嘗移檇李』之語，而蘇大年所作墓志，盧熊蘇州府志，皆稱元祐以大府薦，兩爲校官，不言嘗爲他職，與元祐仕履不合，豈代人所作，失於標注耶？其文頗疏宕有氣，詩亦蒼古，蓋元祐生於至元之末，猶及見咸淳遺老，中間又得見虞集諸人，得其緒論，末年所與游者，亦皆顧阿瑛、倪瓚、張雨之流，互相薰染，其氣韻不同，固亦有自來矣。宜園筆記：元人詩多失之文，至鐵崖錯采鏤金，尤以濃豔尖巧，盪人耳目。一時學者，從風而靡。尚左先生與老鐵爲友，聯吟談藝，而其詩遠宗韓、杜，近學蘇、黄。古體諸作，往往色正芒寒，風格遒正；近體亦清峭拔俗，在元人中幾乎并伯生而軼曼碩，與老鐵諸人雅正迥别。卷中諸作，一一可按，非鄉曲之私言也。惜僑吴集未見其全，祇就原鈔所録者登之。

淡泊軒遺槀，明黄鐸撰。

蘭軒詩槀，明朱泗撰。

管見訓俗，明吴孔性撰。

默齋集，明吴紹生撰。

振世希聲，明吴孔雍撰。項應祥序：癸卯嘉平既望，吴先生自越訪予於燕都。維時先生春秋七十高矣，策蹇破寒，不遠數千里而來。余驩然喜，詫然异之。比親其音容，寬兮綽兮，于于徐徐，若從三昧起，婆娑法筵，曾無少間關風露狀，予益詫以爲异。既館之齋西彌月，雀羅在門，止水在舍。先生闃甚，乃索予緗囊書讀之。每讀，輒亹亹竟夕弗輟，又往往喜篝燈據按作蠅頭書。予窺瞯，未有以測其際也。久之，乃出所手撰振世希聲二十餘章以示余。余卒業，益不勝詫异。先生當古稀從心之年，耽耽操觚，形神婉孌，若少壯靡所惰窳。即其語，或攄性靈，采摭前人，萃以成篇；或激胸懷，托物自況，矯爲高論，吹萬不齊。大都憤世嫉俗，有超然蟬蜕富貴利達意，故其於富貴利達津津語獨詳。藉令以此執牛耳，持加斧藻，以完粹白，而因廣以軌物，即不越樞牖而道存矣，豈不挺挺出污劫，爲陽春白雪寡和哉！命之曰振世希聲，信然矣。嗟余不佞，居諫垣十餘載，有問夜草若干篇，兒曹裒之，竊惡卑卑無奇，襲之巾笥，罔敢眎諸人。先生稅逆旅僅數月，鉛槧纍纍，輒可陶今以型來裔。若斯人之度量相越，豈不遠哉！豈不遠哉！遂因其付梓，敘諸簡端。

介庵文集四卷，明吴志撰。陳世修昌山詩萃内編：志字味道，號介庵，成化丙戌羅倫榜進士，兵部主事，守山海關，歷郎中，升惠州府知府。著有介庵文集，今無傳。　宜園筆記：介庵公爲予族中遠祖，曾以兵部守山海關，爲人慷慨有雄略，居官亦多惠政。今其親裔零落，集久無傳，僅依原鈔録眠牛山一首，以志梗概。又公父翰林公諱紹生，有默齋集；雲南參政粹卿公諱孔性，有管見訓俗等書；台州司訓堯卿公諱孔雍，有振世希聲稿，今并無存，可慨也。

介庵詩稿二卷，明朱仲忻撰。

理氣管見、圖學叢談、一元付笑、鄉黨須知，明鄭還撰。

春壑詩稿，明應果撰。

慎獨録、讞獄稿、警庵書疏六卷、大明律釋義三十卷、蒼梧軍門志，明應檟撰。大明律釋義應檟自序：櫝自丁亥備員法曹，幸無多事，素性褊狹，不善應酬，乃得暇日究心律文，每日所得，隨條附記，積久成帙，大率本之疏義，直引諸書，參以己意而已。迨後奉命録囚江南，歷典名郡，雖亦得力於此，然卒困於簿書，此集弃已久矣。往歲過都下，間有知此集欲得之者，因歸而觀之。竊謂一得之愚，或可少爲治獄之助，故於校士之暇，命工彙次謄寫成書，以俟諸君子裁正焉。

蒼梧志晉江王慎中序：帝王以無外爲治，聲名政教，思際乎天地之所燾持，而尤病於功之所不得致。禹征有苗，南仲、召虎平江漢，皆在荆徐之間，則夫百粤之遠，又可知也。惟其懷之以德，畫爲荒服，文告所及而已。後世力或足以致之，而德下衰，故秦出五軍以開南粤，其人皆入叢薄中，與禽獸處，莫肯爲秦。由始皇之心，利粤之犀象珠璣，意不在民也。斥地闢壤，斯漢唐之君之所用心，其意雖不出於利之心，亦不純乎德，故或畔或服，不恒厥性。由三代以還，得南粤者，惟漢文帝降附尉佗，近於帝王之德，而經制未備。两伏波將軍之師，誅伐蕩定，功已高於帝王，然元朔、建武之君，猶出於廣土之意，宜其民不恒於服，而輒繼以畔。蓋五嶺之表，荆揚之餘，誠爲德之所懷，而力有所不得致者，三代以前是也。後雖力足以致，而不純於德，其迭有畔服之迹，則漢唐之事可睹已。吴晉不奄北土，有事於南服尤勤，以其偏安之統，其事雖勤，而不足多述。有宋之南，亦猶是矣。我明啟土二廣嶺海之間，治教與中國比，虞周之所不能服，漢唐之所不能懷，兼制而得之，於乎盛矣！始建都御史巡撫二廣，并置或置罷不常，其以總制重其權，兼撫二廣，而開府於梧州，則純皇帝朝所命都御史韓公雍始也。自是以爲成制，而授鉞體勢之隆崇，賜履疆圻之遐邇，視前世置尉建牧，五管立使之制有加。兵農吏士，庶政所出，實總文武之揆。而當陳常詰戎，以垂本朝懷致久大之圖，其經略施設，爲事非一。今都御史栝州應警菴公，始自爲志。是書既成，而有明至德大功，自聳出漢唐，追駕乎虞周之際，皆所以能服百粤而無畔志。由不利其土之物，有以懷之，而戡過壤拓之方，其力致矣。則虞周以來，嶺海之間，未有此書也。昔漢馬伏波平女側二條，駁漢越异律，與約束束駱，越人奉爲馬將軍故事。李衛公尉撫嵩南，所至震威武，示禮義，民遵其法不敢倍。而步騭、吕岱、陶璜，爲晉宣力交廣，績效尤著，惜其不能爲書載而行之。後世亦以勞烈雖壯，而風猷未裕與？然文淵、藥師，立功於草創，而步、吕諸人，爲偏安之國之勳臣，使誠有其書，猶不行於遠也。公以文武全材，鎮臨斯土，有功於嶺南，不啻兼是數子之勞烈，而籌謀綏馭之暇，智足以及此書，其風猷遠矣。且當有明德懷力，致之熙運，以顯白其書，遭遇之盛，又非偶然也。益贊于禹數言，存於虞書，江漢、常武二詩，列之大雅，虞周之美在焉。簡册寥寥，詞約而義古。公所爲書，事詳文繁，古今不同可知也。於以載有明之美，而可行於後，則雖詳且繁，其義固詩書之所稱，烏在乎同不同耶？慎中特論其係之大者爲序，以推尚是書於漢唐之前，蓋非虞周之間不能有也。若其書之發明記事，可以見公功業之所在，與學術之所至，觀者當自得之。

西野奏疏、僑吴集、吹劍集、西野文集三卷、易經紀蒙、南窗紀癖四卷，明黄中撰。

南窗紀癖東嘉侯一麟序：語云『知人難』，豈虚哉？夫知人難，非聆其言而辨堅白之難也，非睹其行而析同异之難也，又非忖其心而索元德之難也。在聆乎無聲，睹乎無形，韜乎吾之心，則渾乎與彼化。且夫莊周，大夢也，而大覺焉，何獨至於紀癖而疑之？且予嘗以吾心而求諸千載之上，讀其書而咨嗟咏嘆之，有以想見其人，而况親炙之者乎？乃予於今西野黄先生而中心悦服之也。先生與予通家丈人，予季兄則嘗附先生鄉進，予時已距躍慕之。後先生仕爲賢令尹，召入爲名御史，蓋二十年而始獲上謁焉。至今年春，先生與斗山公樊先生入雁山，而予乃復幸從游者累日云。蓋予於二先生，仰之其高如天柱矻立也。賦咏爲流水之音，予時或繼聲焉，若春蟲之鳴，而鸞鳳不以弃。久之，出南窗紀癖爲諸體詩，總若干首。予受而誦之，蓋終日不能釋手云。夫其沈鬱雄健，既具少陵之體；而清融自得，又暢以孟襄陽之趣；俊偉精密，則王右丞之品。噫，淳備矣哉！叙事爲核，發聲非竅，殆寫諸其心者與？斗山樊先生顧麟曰：吾將校而授之梓。若敘諸，乃麟小子也，何足以知之？顧竊見先生大度，汪汪焉，洋洋焉，可謂叔度千頃之波，令人低徊親之，不一善稱。而或者乃謂先生以如彼其才，公卿即拜耳。今起家踰十年，徒相與嘆其淹抑，殊不察循良澤於邑，憲節著於朝，固自天壤不磨者也。且夫唐公卿能詩者不乏矣，而襄陽以布衣參其間，然而李翰林、王右丞輩咸尊之愈於公卿，此何以然哉？若叔度者，則天下號徵君者也，非有言論可考，文藝以傳也。然當時與後世咸慕之過於摛藻儒林，抑又何也？乃況先生宦業之盛，則异襄陽、徵君，而德量詩材兼有之，則所以尊於今而慕於後者，在此不在彼明矣。且安知當宁不旦夕徵公卿耶？曰：然則自比於寱，何也？夫寱，寐言也；寱也，永昧也。蓋老氏云：明道若昧。又云：不自見故明。斯先生不自見之心也。故曰：大覺而後知，此其大夢也。今天下之不爲夢者鮮矣，而強自見焉，自以爲覺，而不知入於固也。是故希夷微知古始，惟象罔得元珠。先生聞之，逌然一笑，請遂書之，爲紀寱序也。若文章奏疏，則別有集云。

朱尊彝明詩綜載：李時遠稱黃副使爲詩，不泥法度，不主故常，沖融渾化，意境兩忘。識者謂其衆體皆備，頗以未見其全爲憾事云。

此君亭詩話：余所見南窗紀寱集一二卷，上少七律，益以列朝詩集所載過朱陽仲墓一首，邑乘所載登清華閣一首，明詩綜所載久雨一首，又明詩綜謂蘭臺法鑒録、浙士登科考俱作遂安人。嗟乎！遂昌栝郡古縣，以副使之名列仕版，其里居錯記，尚不免與朱陽仲等，宜邑人士之湮没無傳矣。此余平昌詩鈔所由輯也。

董煜云：黃副使五言近體，翦刻穩密，更具絃外之韻，擬諸前劉，幾乎亂真矣。

宜園筆記：西野先生以縣令起家，歷官副使，宦轍所至，皆卓有政聲。生平與朱陽仲友善，陽仲没，先生擕其詩於滇中，序而梓之。予讀先生過陽仲墓詩，深情懇款，猶想見古道交焉。先生詩清新婉雅，於唐人最近大曆十子，以視明前後七子，每多讓也。金溪黃氏，在明時門才稱盛，幾乎人人有集，乃不百年間，風流消歇，遺書散佚，至先生詩流播人間者，亦殘缺不全，里居錯記，如此君亭所云者。然則吾邑人士，窮年績學，卒以僻處一隅，聲氣阻塞，湮滅而不彰者，可勝道哉！噫！

陽仲詩選，明朱應鍾撰，刻於滇南。後萬曆辛卯，項應祥復刻於華亭，陸樹聲爲之序，然其本今已無存。

黄中序：國家以經術舉士，士率以詩厲舉業，非性能而好之，則不暇以爲。即爲之，亦多於既舉之後。是故論今詩者，往往謂遜於唐人，有由然也。吾遂朱陽仲氏，七歲知屬辭，鄉之人稱奇童子。比長，刻意騷雅，至廢寢食，若將以舉業厲詩者，思欲一掃俗軌，齊軫漢魏，無論唐也。故其詩聲調意境，渾涵融瑩，駸軼往喆，五七言古尤膳炙藝苑。予昔同爲諸生，間問作詩之法，曰：詩豈有法哉？法昉於詩話，詩話作而詩道亡，詩豈有法哉？余不解，請益，曰：俟他日細論之。甲午，陽仲以試解客死武林，僅三十歲，詩大半散落不存。余方奔走南北，欲爲輯之不可得。王子奉使滇南，過柘溪，與王子汝推言别，論及陽仲遺事。汝推出手校青城山人詩一帙授予。青城，陽仲别號也。南行，遂攜以往，將以求其所謂細論之旨耳。今年春，按部蒼洱，公暇與憲副郭君菊潭、少參王君賓行、僉憲崔君栢溪，揚摧古今人詩，因出陽仲集，且道其坎壈弗偶，志古而不幸夭以死也。諸君諦觀之，曰：公無庸爲陽仲戚也。是可傳者，是必偶於身後者也。崔君謂蒼洱之刻類中土，力請梓之，且更加坎定，序而標之曰朱陽仲詩選。嗚呼，陽仲死廿年矣，庸詎知今日見知崔君哉！崔君朱嘗識陽仲，讀其詩，懼其湮淪澌滅，而梓以傳之，仁者之用心也。三都序而洛陽之紙貴，中論表而文學之名彰，是在同時且相知，無足异者。吾不知陽仲何如太沖、偉長，而崔君之高致，則固遠在皇甫謐、曹子桓之上矣，陽仲又何其幸耶！蒼洱邊徼，去吾遂萬餘里，陽仲之詩傳焉，遂可知矣。中土又可知矣，陽仲其果偶於身後者哉！

何鏜曰：朱青城陽仲，邃情古調，殆於入微。詩選留在人間，亦掞辭者之金膏水碧也。往時李伯承選輯本朝詩，於陽仲尤多標選，嘗曰：東南菰蒲中，乃有奇偉如此人。

此君亭詩話：錢虞山列朝詩云：朱陽仲以字行，失其名，遂甯人。七歲能屬文，刻意騷雅。嘉靖甲午，以試解死武林之逆旅。其友侍御黄中輯其遺集，曰武林其友黄中。則遂甯字係厕刻之誤。而朱竹垞明詩綜亦襲其謬。蓋遂昌僻處萬山，游踪罕及，邑人士亦足不踰千里外。前輩詩章，流傳及遠者絶少。詩才磊落如陽仲，又有全集可考，尚不免舛誤如此。其他湮没不傳，可勝道哉。董煾曰：朱陽仲詩，原本漢魏六朝，而折衷於初盛唐，體裁麗密。雖享年不永，未臻於化，然當摹擬剽竊之日，而能陶冶性靈，發揮才調，亦高手也。又云：陽仲七言古詩，層層脱卸，情詞清綺，多初唐人遺調。是時唐義修、陳約之諸公，争以王、楊、盧、駱體稍變李、何之積習，陽仲蓋其流亞也。

宜園筆記：陽仲先生天才卓犖，所爲詩清峻雅潔，根柢騷雅，而取法於漢魏三唐。余尤愛其七言絶，高情遠韻，有龍標、太白遺音，宋元以後無此格也。邑乘稱陽仲嘗至姚江，從王陽明游。陽明謂其天資近道，不僅爲詞章之雄。天不假年，德器未就。今之知有陽仲者，徒以有其詩在也。陽仲詩之流傳，自明黄副使刻之於滇始。今予增輯先生詩，亦在滇中。先生之於滇，可謂有身後緣已。

震堂集、遂昌三賦、山居論、六擬，明王養端撰。 縉雲樊獻科序：余弱冠時，偕王君茂成讀書連城書院。時茂成爲諸生有名，又好爲古文詞，每與余論詩，輒喜甚。余意茂成必有以名世者。既而余偶通籍，茂成顧不偶。越十餘年，始選貢上春官。嘉靖乙卯秋，以明經魁京闈。是時茂成才名振都下，海内士罔不藉藉稱王子、王子云。乃累不第，乞爲儒官，不遂。乙丑夏，余將於役金陵，茂成適抱病思歸。余即延茂成同舟與南，促席敘契闊，各大喜。茂成病稍稍可，時時以詩投，余亦間和焉。余初意茂成好六朝語，今乃知茂成固酷意秦、漢也。既别去踰年，忽聞茂成病且革。嗚呼！以彼之材，奚不至而不遇，命也。今得震堂集六卷讀之，余且悲且喜，茂成即不起而不朽者固在兹。昔王、楊、盧、駱與孟襄陽輩多不偶，其可傳者固偶諸後世，余於茂成乎卜之矣。遂池侯明洲公自恃多違絶，獨素知茂成，乃捐俸爲梓其集以傳。而余辱命序其篇端，因寓書以歸諸茂成之子文漸。　池浴德曰：震堂集宏博高古，其詞最多沈鬱之思，坎壈之況。而遨游湖海，棲偃岩穴，復飄逸而不可羈，蓋其素所懷藉者如此。　何鏜曰：吾友王君茂成，往爲博士弟子，不屑以時藝自表見。博觀上古載籍，下及宋、元諸名家，時時依擬馳騁，無不得其步驟。生平於莊、列、荀、韓尤篤，所著山居論若干篇，以憫世經綸之才，託之寓言孤憤，翩翩然郁離流亞也。震堂集古體脱胎漢、魏，歌行已得高、岑三昧，近律諸篇才富而格整，亦出入李、杜。欲升其堂者，總統昔賢，抗手作者，吾於茂成將北面焉。　宜園筆記：茂成先生聞見淹洽，才氣縱横。壯歲以古文詞馳騁名場，聲稱藉甚。所爲詩矜奇愛博，意欲牢籠百氏，淩轢時賢。第取材過多，鍛鍊未細，不免有繁富之累。後之梓震堂集者，又未能精於决擇，遂致玄黄雜陳，瑕瑜互見。余於葉邦彦表兄處得其詩集，係隆慶時刻本，模糊舛錯，多不可識。爲殫旬日之力，悉心校讎而慎擇之，删其繁蕪，擷其菁華，共得詩百餘首，覺震堂面目爲之改觀。先生有知，當亦以小子爲不妄也。

宋儒語録鈔釋，明包熺撰。知縣湯顯祖序：自孔、孟没而微言湮，越千百載而宋四子續。四子之於道也，其幾乎！余獨于茂叔、伯淳竊有慕焉。蓋嘗讀太極説、定性書而知其學，讀風月玉金之讚而知其人矣。他如正叔、張、朱，不無少遜，而名言非乏。總之，遜心聖道而窺其藩焉者。往予欲删輯諸子遺言，以爲絶學梯航，而卒未暇也。洎予令平昌，訪士於學博林鶴於公，則聞右族有包子昭氏，約已賑人課子明經，足迹不履公門，長厚聲於厥邑，乃延致膠庠而賓禮之。厥後子昭氏以天年終，其三子志道、志學、志伊皆諸生，手一編視余曰：是先君子所手録課諸孤者。先君子壯游郡庠，卒業於石窗張主政之門，私淑陽明之論議。晚弃舉子業，獨好觀四子語録而鈔釋評騭之。諸孤不敢忘，則手澤存焉耳。予矍然曰：予乃今知子昭氏之心矣。昔蔡季通之父以程、張遺書授之，曰：此孔、孟正脉也。季通深涵其義，辨析彌精。汝三子其有季通之志乎？其梓之以志不忘，且以俟後之游心於道者。嗚呼！是編也，獨課兒乎哉！獨課兒乎哉！

學邵窩迂譚、求我齋稿，明朱景和撰。景和自序：余聞之，以身教者從，以言教者訟。教人以言，抑末也，矧迂乎？不知理有固然，人以爲迂，而實有非迂者在焉。是故正名之説，子路迂之；仁義之説，當時諸侯迂之。萬古經世範俗之道，舍二者無由也，迂云乎哉？余庚寅、辛卯二歲，在禮次先廬被回祿，構學邵窩，容足鄉黨。就見，多以事質之，愧不能以身爲教。間有所言，相信者寡，乃逐日逐事登記之。或援古以勵今，或借此以曉彼，惟取其耳目所習，與婦人孺子可通曉者，積累成帙，凡九十三條。語不拘繁簡，詞不分俚雅，卮言漫衍，若遠於人情，而無當世用。因命之曰學邵窩迂談，授兒以訓於家。壬辰，主教茬山，時與諸生談論，聽者亹亹。丙申，轉令感恩，兩造至庭，事間與之相符，觸類而通，若觀火然，其有裨於聽斷良多。或請梓之以布閭閻，得無曰：以教家者教民，非苟言之，乃身先之乎？噫！閑居巷説，豈亦有正名仁義之意邪？如有知我，或觀斯言，不以葑菲下體而廢採擷焉。其迂與否，必有能辨之者。

古泉詩略，明王養度撰。王養端序：同祖弟子憲，別號古泉，嘉靖壬子之春，刻詩一卷。予謂其風流標致，有嗣宗叔夜之遺，乃惜其未遇，如饑鳶之下莽楚也。今已十年矣，復刻其詩，俾予讀之，則見子憲志勤於用，業趨於正，恢恢乎有端人達士之度。昔之孟浪紛華，無復影響存者，殆伯恭之去驕，伯淳之戒獵，詩可以興，於斯驗矣。夫苟饜心富貴，而藉口乎宣父之遑遑，鋭力高曠，而矯節於微生之栖栖，是皆以吾道爲駢枝者也。子憲已早辨之，詩可以觀，詎弗自知哉。養端少與子憲食同盂，書同硯，造習游詣同嚮焉。迨既壯也，養端試春官，子憲儲選銓曹，俱有四方之志，而家食之日少矣。子憲乃能繩尺有用之材，腆志世故，忘味道腴，苟際時用，其必能爲操別盤錯之器，又無疑也。詩有鹿鳴、皇華、四牡諸什，皆經切謨猷，非苟鄙鄙功名之技也。子憲其亦有得於此矣乎。刻成，予將鼓篋北上，待校南宮，敢以是爲子憲告焉。且予二人者，砥礪不怠，日浸有成，不爲盛世佚人，尚相賡載聖化，以次擊壤康衢之音。此固未足以多子憲，而予重自畫也。

秋水齋什一草，明黃九章撰。九章自序：黃仲子束髮受書，好异聞，雖抑首而諸生哉，乃喁喁尊古而卑今。遇賢豪長者，語疇昔若海內外奇詭事，輒傾耳依依聽之，雖弗解，不忍釋去。乃又私發先大夫藏書讀之，尤多所博。觀外家傳語，而博士家言，間一寓目焉，雅非其好也。同學少年，相與目攝。夫夫也，未得國能，而先失故武者哉？每督學郡邑，輒試高等，屢比於鄉，則屢困。所親謂仲子務多聞而薄正業也，困不亦宜乎？乃仲子弗爲沮，罷棘歸，而傾橐裝，市載籍如故也。噫！良亦勤矣。今髮種種，心彌勤而技益殫，安所窺作者之壇童習白紛，楊雲氏獨嘆易道哉？薄游霞浦，齋居負郭，鮮過從。以手板餘力，下帷理舊業。或觸景會心，抒靈吐抱，能言所欲言，頗示己志。雖辭弗爾，雅弗輟也。嗟乎！巴歈自好，山水寡諧。作者難，知者不易。悠悠千古，感慨係焉耳。間於故篋，得囊草什之二，授兒廉彙而次之。識時歲，稽今往，將就有道正焉。有道其許我乎？蓋爲諸生，修業虛白樓，有虛白樓藏稿。後先客游吴越淮泗間，有客窗寤言。檄修郡乘，有囿山内餘稿。上春官而北也，有適燕紀迹。已南下，則附之爲大官選人，有苑西漫語。既補龍膠，厥有霞居草，有吟鞭小草，有浮海吟，有啟事，有竿牘，有皇荂資嗑，代人答述也者，有吉言。凡如子卷，各有題引，統而弁曰秋水齋什二草。夫齋以秋水名，何居？仲子家越東，萬山流水在屋上，淙淙爾，琤琤爾。霜鉉夜響，梵磬時落，雜咿唔聲出硐户。一泓周舍下，空明湛碧，可鑒毛髮，其常也。欻秋水驟至，萬派奔赴，濤怒山摧，似馳似沸，似窪者嗃者，噪者吼者，汀渚易素，涯涘不測。仲子竊樂此，時而屐，時而杖，時而據梧縱觀。發大叫，若下胥江，若汎洞庭，若八月觀江陵之濤。陽氣浮於眉宇，汩濦者與目謀，訇磕者與耳謀，鱗疊而羽麾者與心謀，百折下而莫之能禦者與神謀。適哉！故以名吾齋。志適也，則奚若？嗟乎！此河伯欣然自喜，謂足以盡天下之美者也，而庸知其見笑於大方之家乎？頃有事海上，遵海而南隅，旋面望洋，窅然自失。嚄！幸哉，幾殆矣！獨不見而澒洞，而澔汧，而噴薄，潢漾蒼蒼者，將自力竟乎盪胸决眥。偉哉觀也！乃今識水之鉅麗，嚮所自多者，直蹄涔耳，涸轍耳，均堂而塵浮芥耳，爲虛也乎哉？雖然，茲觀也，進乎技矣。懷襄者廓其度，盪激者詭其勢，沸湯者博其趣，轟雷而飄風者壯其氣。放乎空虛，掉乎無垠，横流逆泝，變態靡常，斯亦天下之至文也。秋水云乎哉？然未敢自是也，行將造海若而問焉。海若儻有意乎？將挾雲氣登大皇而從之游。

直園筆記：叔範先生生長富貴，而其詩神清骨冷，絶無紈綺氣習。其齋居詩云『性真甘淡泊，輕肥非所希』，蓋天性然也。五言秀潔，具有副使家法；七言清婉流利，亦間有沈雄之作。生平抗心希古，學問淹洽，頗自負。既躓不得施，以校官終。故其詩撫時感事，多所自傷。如云『俠心時拭千將匣，書癖長燃太乙燈』，又云『岩壑姿如此，何爲強曳裾』，讀者可以悲其志矣。

擬古詩、七二草、湖山百咏，明黄九鼎撰。

擬古詩武林黄汝亨序：古詩必以十九首嗣三百篇之音，彼其天質自然，若啼鳥唳鶴，匪由情織。若蘇李河梁，陳思白馬，情之所極，才與俱壯。于鱗言：陳子昂以其古詩爲古詩，質而已矣。而世人逐逐然以今心模古辭，則東家之顰也。栝蒼禹鈞黄先生，自刺史拂衣歸，顧西湖山水而樂之，觸景攄情，溢爲百咏。中有所感慨抑鬱，復擬古詩若干首以放之。近而遠，紆而達，不敢謂其全肖古人之骨，而洞洞乎，琅琅乎，必非今人之心，則亦有其古詩者矣。嘗與先生泛烟霞，狎鷗汀，樵漁麋鹿之與游，而陶然忘彼我而入醉鄉，雖不讀先生詩，不憾不見古人也。

湖山百咏蘭溪胡應麟序：武林山川勝絶，錢唐、天竺等區，爲東南游賞甲。而西湖之韶靚穠麗，尤震旦國第一觀。澄波鏡空，萬頃如席，外環三竺，旁峙兩高峰，元宮梵刹，四百八十，金銀丹雘，照耀其中，恍惚窈寞，殆非人世。始予讀穆天子東方生書，輒謂寓言已當。比周歷湖上，乃知方壺、員嶠、聚窟、閬風諸書，所談境界即此。而世人弗察，類馳想於大瀛窮髮之區，致足哂也。自秦并六合，祖龍車轍，幾遍域中，乃燕、楚、晉、梁，往迹眇睹，而吾越遺事簡册，班班藉藉，人口吻得，微以神仙藪穴，靈藥易求故耶？古今題咏，香山、眉山兩刺史而下，充棟汗牛，田氏志餘，蓋嘗備載。顧前人所賦，或總挈其凡，或標舉其最，湖山景物，軼漏滋多。迨今黄刺史禹鈞百咏出，而毫髮無遺憾矣。禹鈞故富才情，饒纂述，筮仕一州，意有弗欲，翩然拂衣，邁往大業。樂武林風土妍美，遂定居焉。紫陽之麓，咫尺大隄，花晨月宵，風天雪地。日從二蒼頭，挾奚囊，掉舴艋，沿洄六橋孤嶼間，嘯咏敲推，積成卷軸。其色理之清華，風神之遒膩，若芑蘿夷光，明粧袨飾無間。雅工凡流，瞥見心醉，即兩芒鞋未踏武林，而領略兹編，湖天勝概，弈弈縣諸几杖矣。古今三刺史時代，相去無慮百秋，而游覽品題，若符節合，不亦大奇事哉！昔太沖屬草賦三都，陸士衡揶揄其側，比賦出而平原色動。予頃攜家，亦欲效觚管於湖上，蓋僅成十咏者再。而禹鈞才高足捷，迄爲所先，卒業是編，大令人妒。然予固未嘗以傖父目禹鈞，而百咏之工，亦無庸色動於既成之後。予不敏之前識，竊謂過於士衡矣。

詩萃内編：九鼎字禹鈞，號象州，邑金溪人，副使中之姪也。萬曆癸酉舉人，仕至河南陝州知州。意有匆欲，拂衣歸。樂武林風土妍美，定居紫陽之麓，挾奚囊，掉舴艋，沿洄六橋孤嶼間，即境賦詩，名曰湖山百咏。瀫水胡應瑞序而梓之。詩高曠，學王、裴，間有小注，可補武林軼事。又有七二草、擬古詩，遍搜不得見，僅得此册於包連玉處。連玉名廷璉。

董熤云：陝州詩格不清，遠慚副使，然亦時有好句，亦沙中金屑也。

鳳棲岡集，明黃九斗撰。昌山詩萃内編：九斗字元樞，西野第四子，著有鳳棲岡吟。余向王景行雲路鈔得村夫子選本，披沙揀金，殊不滿人意。後朱翰仙楷寄視鳳棲岡山海奚囊集一册，係元樞閩游之作，雖非足本，亦足以窺豹一斑矣。

此君亭詩話：山海奚囊集内近體如：楚甸稻粱當落照，匡山木葉正清秋。九曲盡隨丹壑轉，群峰喜是碧溪環。微茫海氣浮空界，斷續溪聲度野橋。糸猿掛樹舒清嘯，黃鳥遷喬遞好音。越國山青堪睥睨，章江草緑待夷猶。曉風拂樹鶯初出，春雨滋階草自茸。榕影時來榻上下，潮聲常繞座中間。不減劍南集中語。

星槎草，明黃九澤撰。顔容軒序：萬曆庚辰、辛巳之際，不佞與友人金邦鼎、劉介徵、國徵兄弟，黃鱗伯、江宗達、王欽約、於武叔姪，黃啟仁、吴吉先十數輩，結契芝山日霞中社，推盧希稷祭酒。于時栝蒼黃叔範以廣文至，單騎躝入，與希稷互執牛耳，遞爲桓文，一時都雅，膾炙人口。亡何，叔範遷去，而介徵兄弟及鱗伯亦出而應世，不佞待罪行間。又亡何，希稷、叔範、邦鼎、介徵、國徵修文地下，壇坫寥寥，不勝今昔之感。丙午，不佞投閑西湖，則黃太守禹鈞先已主西湖盟，内不佞於社。禹鈞，叔範同祖兄弟。思叔範而不可得，得友禹鈞，足慰平生。今乙卯夏，齋居無事。一日，禹鈞偕道濟過我醉茶庵，道濟則叔範同産弟也。文采葳蕤，叔範難爲兄。不佞與黃氏有連，黃自觀察公始基，而叔範，而禹鈞，及道濟而四矣，風騷代不乏人。一日道濟以所撰星槎草視不佞，且問序焉。道濟他著作甚富，星槎草大官鼎中一臠耳。道濟佳公子也，幼而席父兄之遺書，足以娛目。自舞象即知名學官，爲吾鄉林太史督學所賞識。及壯，謂雕蟲非千秋業，桑樞甕牖，豈丈夫所安耶？遂厭薄時趨日，枕藉於先秦大曆、韓非、呂不韋之書，遂駸駸度驊騮前。道濟性惡彈鋏歌魚，以其家在栝蒼萬山中，山饒楩楠豫章、扶疏美箭之屬，乃受計然之策，爲范少伯之游。浮筏所至，風晨月夕，山脊磯頭，皆吟場也。肥腸滿腦，何處非詩，何處非天機也。昔張博望浮星槎，得支機石，至今談以爲异。道濟從浮筏中得詩，皆夜光明月，其所得與博望、支機石孰多？道濟材足以勝境，而勝會於材；情足以用法，而法就於情。無不至之境，無汎濫之法，則道濟之勝具也。勝具在道濟，則汪洋萬里，何所不可？他日星槎所至，又安知不得支機石哉？

東壁圖書稿，明黃九方撰。

擊壤閑録，明華彦明撰。鄭秉厚序：往予之爲諸生也，山人華子以文名。顧山人於時弗偶，竟置博士籍，時時愴中抱，輒爲寓言，命曰擊壤閑録。若川吴公誦其言，謂有關於世教也，乃鋟諸梓，且敘諸簡端，蓋得山人之大具稔矣。頃之，紹介抵都門，以書示予曰：吾鄉華山人者，不佞雅相善也，矧與公夙好。今老矣，生平宿養，著之論述，幸公一言爲山人重。余讀卒業，起而嘆曰：人有言，文固能窮人，豈道古能言之士，造物誠妒之耶。余觀山人論述，炳炳烺烺，不具贅。余惟山人性警敏，倜儻有大志，自少與儒紳抗伯仲，儒紳輒俛首禮下之。其意氣峻嶒，往往溢於聲歌詞調之外，而讜言宏議，躪躒今古，恍若睨嬴庭，不辭碎□□□筑，怒髮沖冠，屹然莫敢有誰何者。且也襟懷洞徹，了無涯際，其游神在濛古，其耽思在沖元，其頤情在八埏九垓，而不覸於一世之榮利。山人謂聖世之逸民，非耶。夫當堯之時，康衢老人擊壤興歌，山人遘聖明熙洽之運，與康衢老人等。老人得堯天子而其名始重，堯得康衢之老人而堯之道愈尊。乃今山人即弗庸，而擊壤閑録具然在也。矧行誼超卓，藉藉人口吻，他日史官採風謡録及遺言懿行，千百祀而下，猶知聖明之世有華山人焉。聖化聖民，爀然流光，謂文真能窮人，而造物豈誠妬之耶。予叨侍從，雅念山人不置，爰附數語於編末，其將蒙續貂之誚否也。

耕餘録，明王庭贊撰。

姚江王正億序：耕餘録者，録王子耕餘之詩也。王子躬耕之餘，或觸景興懷，或感時相遇，或即景舒悰，出口成咏，積咏成帙，所謂詩言志者是已。然詩豈易言哉。昔人云：三百篇後無詩。非無詩也，但尚奇者多艱深之句，率易者鮮雋永之味，雖汗牛充棟，無足録也。今王子之詩，不詭不險，不刻不琢，直寫性靈，迥有真趣。詞入先秦，氣逼盛唐，律之風人之温柔敦厚，殆庶幾焉。使其試鑑聲於清廟，掇巍科，登樞要，皆餘事也。而顧託之耕以自見，何哉？予辱通家，諦知之矣。王子幼負穎質，長從乃翁宦游，受業先君於白鹿。論及伊洛源流，輒趯然有獨得之志。及歸嬰疾，自分不任馳驅，遂謝舉子業，隱居梅溪山中，因號中山。嘗自嘆曰：有田一頃，可備饘粥；有書百卷，可充玩索。出而耕，入而讀，逍遥乎陌上煙霞，嘲弄乎溪邊風月，身閑心適，於吾足矣，他何慕哉？嗚呼！玆王子所以樂於耕而有斯録與？吾因是益信王子之深於道矣。蓋潛見殊途，而其致則一。岳牧之勳，無加於洗耳之叟；四皓之高，不減於躡足之雄。彼逐逐世故，充詘隕穫，而日不暇給者，是舍其田而耘人之田，非達識也。予將乞閑尋中山，耕餘樂處，於是乎爲之序。

岳立軒稿，明黃一陽撰。

昌岩藏稿四卷、士林正鵠四卷，明徐應乾撰。昌岩藏稿四明莊學曾序：予小子禀學豐城，還集邦族，宣之湖南別墅。初揖以清先生而奇之，歸語諸季曰：以予觀於徐先生，殆有道者也。標格朗秀，丰儀峻整，神采奕奕，如岩下電。諸君篤守舊見，驟聞知本宗，各不相下。先生默若忘言，而凝若有思，涇渭審矣，殆有道者也。亡何，使者持一緘來，果契止修旨，而以藏稿教。讀之大爲灑然。國家熙皞之隆，詞人焱起，大都博雅自命，屬辭比事，摹古爲雄。次則徘徊四聲，流連情景，取適己爾，其誰縈情天下國家之務，身心性命之微？蓋經術經世，兩歸寂寞，先生然乎哉？先生負奇不偶，心六經而腹千古。向從王文成高足游，蚤參微言，又雅好禔修，屬有所見，不專爲良知作羽翼。其文平典，似則歐、曾，而持論不刊。大都以定人品，明學術，取其懿美可法，荒慝可鑒，而無意於譏彈刻畫之云。故思深氣厚，詞直而理平。間有評裁，灼然耳目之外，凜凜柱後惠文，三尺人不得以浮辨相掩。知言哉！吾師之論春秋也，謂二百四十年行事，夫子一一假之作斷案，以垂訓千古。進退襃貶，皆因天道，未嘗託南面之權而身爲僭也。先生志之矣。初試廣文，有以自貴，夙夜孜孜，惟懼修名之不立。斯人倫之上準，廟廊之隆棟也。世有和璞，不美陵陽；鳳臆龍鬐，終歸造父。吾有以知以清矣。先生沖襟善受，弗自滿假，編出以示同志，僉曰知言。於是謀壽之梓，傳諸都邑，而不佞曾僭爲之引。　士林正鵠四明全天敘序：不佞濫竽史館，彤管編摹。唯是躬修粹白者，娓娓賞焉弗置。思表章之風，世爲士類範型。茲晚近游談熾而實行疏，士習波靡。嗟嗟！士冠四民，億耳目嚮風。故士多雅操，則比屋可封；士無誇節，則流俗寖薄。用宜建德樹標，爲天下率。豈早爲吾道登壇，而猥與齊民等哉？顧我國家功令非不申，約束非不峻，乃士日趨江河，不可挽返。此無他故，成度圮而定趣淆耳。是故若孝弟，若忠信，若清慎，若勤敏，正己正人，曷踰於玆。在自修則美節，在風世則美俗。其在覆載間，爲立德，爲立功，矯矯亭亭，迥塵寰，軼夷等，裒然爲百世楷模，士始稱貴。不者卑卑，奚以士名焉。嘗聞之曰：雖有金齊鐵英，非巧冶，則純鉤利器弗克就也。雖有深羽利鏃，非弦機，則正鵠之度蔑出中也。夫士砥身範俗，世望以左右袒，亦萬品之治，百行之的也。若之何不以此自完也。栝蒼以清徐先生茹古涵今，重爲世教慮，乃搜往昔孝弟忠信清慎勤敏八者，總輯二百餘條，列爲四卷。先生深心竭慮，大爲士林立赤幟。今司訓我明，動輒以此牖迪士子，又出此卷以實驗責成之，固知先生大有造於我明也已。不佞弟輩居門下，習提誨，持卷示不佞。不佞繙閲數過，躍然謂弟輩曰：與我編摹之願適愜，洵矣士林正鵠也。以挽頽波，以維末造，將於是乎賴。即上獻明廷，藏之中秘，備館彦講誦者，誰曰不宜。是以不辭不斐，而樂爲之序。

醯雞齋稿七卷、問夜草七卷、國策膾四卷，應祥裔孫麇生庭家藏本。明項應祥撰。按明當神宗之世，政事秕糠，盜賊蜂起。元芝中丞直言敢諫，請立太子，疏十數上，妖書之禍，幾於不測。卒能見諒於中主，其至誠出於至性故也。中丞文勝於詩，沈博絶麗中，具跌蕩之勢。惜醯雞集僅得一册，未窺其全。問夜草東陽許宏綱序：曩予待罪掖垣，日取歷代名臣奏疏而讀之，至君臣離合之際，未嘗不廢書而嘆也。夫造膝而談，止輦而受，片言自喻，焉用文之？其末也，至於聲震朝野，虜人搆之金什伯，而竟無如世主何，則臣子之術窮。語曰：將順其美，匡救其惡。故上下能相親也。然章奏之體，有匡而無順，順則甘，甘則見以爲諛。與其使我爲諛也，甯苦而睽，則臣子之心，又與術而俱窮。雖然，有二説焉：揆事而事未它然，論人而人未必服，引裾折檻，而幾非遇巷，語非破的也，吾不取其術；謗以爲忠，訐以爲直，幸驪龍之睡，而取其珠，沾沾自喜，即朝而謫，暮而還，直取諸寄也，猶之乎超乘矣，吾不取其心。蓋予回首數十年間，而主上之與臺省，可抵掌盡也。始懲其激，輒震怒而摧折之，從怒生厭，從厭生弃，迄於今，皂囊白簡，十不一報，甚且序差序轉，杳若河清，而言路之窮，莫窮於今日矣。然予友項元芝，不嘗周歷四垣，積十餘歲月，犯顔論事，不數百牘乎？而上之敬信不衰也。如吏垣都諫缺，越次用之，旋引疾，旋詔起，兩分校禮闈，垣中稱希遘，妖書之中，禍且不測，上獨亮其無他，比以清卿謁告復郎家，晉拜中丞、畿南節鉞，是遵何術也？嗚呼！我知之矣。元芝前後疏草具在，時直時諷，知無不言。顧其論事，則事不冥冥而決策也；論人，則人不羅織以蘄勝也；匡救，則匡救不謬悠激烈以買聲名也。試舉奏牘之言，而施之面奏，無弗合矣；試舉入告之言，而質之外庭，無弗合矣；試舉十數年前之言，以劵十數年後事，無弗驗矣。蜩之承，輪之斫，技耶？道耶？元芝爲人，洞開城府，如列鬚眉，慷慨赴事，無所避就。與人游，脱去煩苛塵垢，冷冷若御風而行。晚歲揮手中丞，一卧遂不復起。余雖辱在雷、陳，實管、華也。以此等人作排雲披膈語，誠之至也，精之融也，天地祖宗且鑒之，獨皇上哉！元芝在日，雅秘其草，不欲傳。既没而想其風裁者，時時向省署中手録，二三門弟子因請壽諸梓。而公之題曰問夜，從前志也，而問序於予。予謂人如元芝，奏疏如元芝，生前何患不遇，死後何患不傳，用以彰主上納諫之明，作臣子建言之，則關係非淺尠矣。若徒曰是爲不朽元芝計，元芝不朽，甯一立言已耶！

醯雞集越東趙金簡序：中丞項先生，起家邑令，由建陽、丹陽、巴縣調華亭，俱有政聲。余家僑葺城西峰泖閑，故老猶能道之。然第傳先生猷爲守，未嘗傳其詩也。竊居山長，三季於兹，先生子孫來謁者，敦詩説禮，風流尚存，穆然想見先生，洎讀問夜草，慨然真見先生焉。神廟七疏，焯著白簡，蓋三百篇中忠臣孝子之性情，而二百年來唱嘆咏歌，俎而豆之者也。夫文章一道，有專門，有餘緒。醯雞集，先生餘緒耳。鷹能觸奸，尚可不識字，况鳴鳳朝陽，聲震天下，而必斷斷然責以諧金石與否，其視文章一道，亦尠淺甚矣。且其詩别裁謫體，沖曠清真，自然得之，不假雕飾。至於長夜行、從軍行、博望驛烹雉、代大夫松請告、題吴子卷諸作，未嘗不慨慷磊落，雄視一切也。若尺書迷復，與一代名卿道政事之得失，披腹心以相與，類多持正不阿，忠勤砥勵之語。即拈筆扎記，亦期不負所學，先民是程。故當時如湯玉茗、袁中郎諸詩翁，眷眷顧念，見於他書，有人品者必有詩品，謂先生亦一詩人可也。顧先生目醯雞名其集，千古得失，寸心自知。先生若曰：吾志固不在此而在彼也。子雲之技之雕蟲也，漆園之吏之塵埃野馬也，彼射沙之鬼，吾蠛蠓視之，而吾鴻毛之軀，泰山莫與比重。謂行吟離憂則無是，激而作歌告哀，誰其敬聽之？嗟乎！揮霜排日，諫草尚可焚，何有於風雲月露哉？先生莅雲閑，與張東海、董思白以文翰相知，采風則賞仲醇于岩壑之外，而貽憾伯生山人之鮮噓植，崇奬開誠，汲引不逮，正與晉張茂先識二陸有同心焉。其風流至今猶令人嘆想也。先生敭歷中外，栞中丞命乃老，優游泉林，養士贍族，皆文章之餘緒耳。今邑父老猶傳其建陽輿誦云：抱案吏從冰上立，愬冤人向鏡中來。於戲！此真先生不朽之詩也夫。乾隆七年歲次壬戌二月初吉。

國策膾東海徐益孫序：古今治亂，惟在是非利害兩端。經以純言是非者也，策以純言利害者也。任經則世治，任策則世亂，而古今之局定矣。昔者結繩之俗，書契未萌，天下熙熙，民如野鹿，即殷誓、周誥，聖人不得已而寖出焉。何以策爲？策之興也，無論諸侯王從之而愚於聽，國人從之而愚於兵，即其所自號客卿者流，三寸之舌沸於波濤，七尺之軀悶於轆轤，卒乃以黄金爲注，至令自阱其身，如熏膏而殘翠者。然則策安在哉？即使策中所載，固自有一二可喜，要之機心機事，漢陰老人所掩耳而不忍聞也。是策者其將已乎？曰：非也。夫策之爲縱横，一童子能言之，乃劉中壘、孔衍、高誘、曾鞏、鮑彪、吴師道諸君子參考讎校，亦使此書附庸經術之後。蓋我道大矣，平壠甫田不廢泰岱，清流大澤不廢蛟龍，瓦石可以兆卜，談笑可以解紛，顧用之何如耳。用而不善，則神奇化爲臭腐，醍醐化爲毒藥；用之而善，則銷鑛而爲金，採腋而爲裘，集諸瑣碎而爲竹頭木屑之用，而况是策乎哉？邑侯項公政既成，於鼓琴鳴鶴之暇，芟剃此書，傳之文章學士，亦此意也。大抵世之右經而詘策者有故。客卿攘袂，顛倒國枋，始於七雄，迄於四豪，皆以狙詐相豢，而天下靡有甯日。此無他，高才奇士抑鬱而不能吐，則不得不以口舌而操國君之權。乃今家絃户誦，士有奇士，且張彌天之網羅之，則亦何所畏客而詘群策爲也？侯今推天下治平第一，必且召而爲股肱諫臣，爲天子争是非。蘇眉山所謂我取其術，不取其心者，侯將又以是爲諫法矣。

蒼濂奏疏文集，明鄭秉厚撰。項應祥序：昔人謂諫官之權與宰相等，凡正君澤民，用人立政，宰相得而行之，諫官得而言之。余以爲見已然而言非難，計未然而言爲難；計未然而言之難，言之無不中的可行爲尤難。余鄉蒼濂公以縣令治平天下第一，擢吏科給事中，其一時敷陳奏劾，固已震雷轟耳矣。余今得步後塵，濫竽諫垣，因取其疏觀之，洋洋乎！侃侃乎！慎糾劾，精簡黜，則紀綱作人訏謨也；議賦役，清鋪行，則足民足國遠圖也；重邊臣，公賞罰，則廟堂戰勝偉略也；杜請託，劾庸穢，則魚頭冷面英風也。知無不言，言無不盡，真陳言矩矱哉！然目擊其弊，時睹其利，凡懷赤心者，類能言之。若夫君志沖睿，内監馮保等之惡未著也，公則誦冏命篇，惓惓以堅立志、近端人爲言，此其計君心之未然者，何殷殷也！孟侍郎貪殘肆惡，而首相張江陵之惡未暴也，公則折其植黨相濟，此燭權奸之未然者，又何了了也！防君心未萌之欲，折權奸將肆之心，當幾而發，罔不中的，公真善籌而長慮者乎！使得久立朝端，功豈小補？惜江陵、馮保憚其直，補公於外。然公之直雖不容於朝，未始不信於意；公之言雖不行於人，未始不行於己。故張、馮敗事時，公正以邊功著，朝廷錫以金繒，擢江西左參伯，意將大用公也。不意公以督漕盡瘁卒，行不盡其所藴，識者悼之。雖然，至今讀公疏，猶正氣勃勃，令人興起，則公之行雖不竟於已，其助人忠義以錫類者，又甯有既也哉！

淇筠志感、四書注翼、周易本義通，見通志經部。**明葉澳撰。**淇筠志感勾餘黃良臣序：平昌葉爾瞻，予石友也。方爾瞻在燕，予索其舊業於仲氏，爾環偕之。淇筠讀書處多片紙，盈牀壁間皆是其閑所爲書，書爾瞻一時意也。最首紙題云志感，偏觀之多獨見語，爲耳目之所未經睹，否亦前人之曼辭申其義而暢之者，甚有當予衷。因偕爾環彙次之，分爲四部，經談曰經部，史談曰史部，詩賦詞曰吟部，雜説曰雜部，仍總之曰淇筠志感。淇筠者，爾瞻之别號也。爾瞻著作最富，不朽之大業不止此，而此其可傳之一耳。讀之殊足以啟人之志意，故不忍使之散漫無聞。予意也，亦爾瞻意也，命剞劂氏爲傳之，俾世之知爾瞻者雖不盡於是，而亦不離於是。

四書注翼葉洲序：予聞之伯兄曰：四書有集註，其肖子也；紫陽有陽明言，其忠臣也。憾今不聞勾餘之益友耳。當總角從伯兄後，讀四書幾二十年，伯兄時多獨悟，輒數語以志不忘。久而成帙，乃彙之以示家塾幼學曰：今非敢折衷前書，言如窺班，一得不爲附聲逐影常態，亦四書之筌蹄，爲註疏者羽翼也。名其編曰註翼云。在同志者聞之棼如，謂予帳中之秘矣。予弗獲辭其請，因梓而應之。鐫工就緒，質之伯氏，伯兄愕不語，既而曰：將藉弟斯舉爲就正資耶？抑爲附作者末以觀聽四方乎？恐閩洛之徒當唾吾面。予唯唯否否，蓋誦讀而爲聲名，以勞此七尺軀，非予兄弟之素志。顧註翼自有不容私者，苟讀者第如今博士家説以目斯編，則剞劂之罪，予任之晚矣。

四禮損益、範數贊辭、小學遺書、食貨録、月旦會簿、書院約言、五經同异二百卷、編年合録八十卷、史編餘言、正蒙集解、唐山寤歌、講學創記，明包萬有撰。四禮損益徐應乾序：曩予分氊四明時，則司李武莪何公嘗精風教，輯四禮儀節，徵余預編摭焉。型古揆今，矩矱犂然備已。迨游東粤，攜是編以楷式遐方士，時有知嚮往者。家食以還，獲交於包子似之。每相與上下古今，喜其博雅好修。一日，出四禮損益視余而請序，余瞿然曰：季世人惟勢利是騖，澆靡是競，惡睹所謂禮節也者而搜循之？冠儀曠而不舉，婚媾麥而論財，喪禮繁縟而乏精禋，蓋鄉俗之澌潰也，不啻江河逾下矣。乃包子獨有旨於禮節，而加之損益，則豈真世俗中人哉？竊聞之，禮有情文兩端，緣情斯立，由文斯行。故戒賓三加，納采共牢，冠婚之文也；順而成德，靜好宜家，冠婚之情也；寢苫倚廬，時薦歲享，喪祭之文也；戚容痛心，齊明存著，喪祭之情也。情與文相須，而本末辨焉。方今知四禮之文者眇矣，矧知四禮之情者誰與？記稱大禮必簡，尼父稱禮奢甯儉。夫簡豈疏率之謂乎？儉豈靳嗇之謂乎？篤乎情而文或有節，達於文而情常無窮，乃所謂真簡儉也，是崇本救時之深意也。要之，禮不虛行，顧其人何如耳。故曰：忠信之人，可以學禮。包子箕裘，家學質直，茂鄉閭，推忠信焉。援古攄臆，損益四禮，期於標儀節之芳模，挽澆靡之頹習，其志遠，其慮深矣。余因令付之剞劂，將俾披是編者，玩其文，諸其情，庶幾先民之是程，少有裨補於風教云爾。於是謬敘其概，以告吾鄉之同志於禮者。於戴是編也，甯獨可風吾鄉也乎哉？

又包萬有自序：孔子諭前知而擬之禮，不外因與損益。夫損之益之，正所以善因者也。又嘗云：能言夏、殷之禮，而憫杞、宋之無徵，則所賴文獻多矣。周監二代，周禮、儀禮皆周公攝政之書。周禮爲邦國之法度，儀禮則身體之威儀也。漢曲臺、大小戴遞相刪録孔門餘論而爲禮記。自禮記行，周禮、儀禮廢矣。在漢則有漢官儀，在唐則有開元禮，但皆駁雜，不得復儀禮之舊。而漢與唐所因所損益者，皆可知也。然儀禮爲古大夫元士之禮，後世仕無世官，亦有所不宜者。宋朱文公因司馬温公書儀禮，損益程、張論説而爲家禮，以施於家者也。未成時，爲人竊去。文公没，其書始出。故楊復等有推例悉附之條。至我國家有大明會典諸書，乃邱文莊公復採酌品官士庶所通行者，爲家禮儀節。余嘗伏讀而約以行之，乃感因與損益之説，或所擬議者附焉，題曰四禮損益。按儀禮首士冠禮，次士婚禮，以至士相見禮、鄉飲酒禮、鄉射禮、燕禮、大射禮、聘禮、公食大夫禮、覲禮八篇，皆嘉禮也。喪禮則喪服、士喪禮、既夕、士虞禮四篇，而牲特饋食禮、小牢饋食禮、有司徹三篇爲祭禮，共十七篇。家禮分冠、婚、喪、祭，而首論祠堂爲通禮。今喪服遵孝慈録，祠堂依會典入祭禮。若居家雜儀，深衣制度，與夫度式，并另有折衷云。所謂損益者，不過如此，而實則因家禮與儀禮耳。或以生今反古罪我者，亦聽之矣。後之君子，庶幾文獻之足徵云。

範數贊辭四明周應賓序：往予濫竽史館，讀太元、元包、洞極、潛虛諸書，然無若洪範皇極内篇，闡疇數以配易象，第迄今未有贊釋其旨者。今年春，平昌徐以清氏走刺視余，以範數贊辭，乃其友包子萬有似之所譔也。予不獲知包子，若以清固訓予郡時如之深者，乃因以清而知包子矣。觀乎内篇，數始於一，參於三，究於九，成於八十一，備於六千五百六十一，變化無窮，咎休具見，揭天理，敘民彝，袪世迷，障人欲，雖不與易同象，而實與易同歸。蓋九疇緣理以著數，九峰衍數以明理，有内篇而皇極之旨昭，有贊辭而内篇之旨達，則包子不獨羽翼九峰，即謂其羽翼九疇可也。劉須溪不云乎：通身皆易，通天地皆易，通古今皆易。無適而非易，則無適而非洪範。蓋吾心有自然之理數，即有自然之洪範在也。玩内篇條晰之洪範，反而求諸吾心自有之洪範，則所稱皇建有極，平康正直，而斂時五福者，皆其自有之休徵矣。彼徒以象數去者，淺之乎知易與範哉！

五經同异。包萬有自序：漢宣帝甘露三年，詔諸儒講五經同异於石渠閣，各以經議對。丞相奏其議，天子稱制臨决焉。後漢章帝建初四年，修甘露石渠故事，詔諸儒會白虎觀，講議五經同异，亦稱制臨决，作白虎議奏。按：石渠議奏無傳。崇文總目所載白虎通德論十卷四十四篇，爲班固撰，大抵引經斷論，而無稱制臨决之語，是白虎通即所謂五經同异也。唐徐苗家貧好學，爲儒宗五經同异評。自是而爲五經剖同析异者，罕有其人。予家世治詩，而旁通諸經，年踰四十，棘闈屢北，裂衿自免。以舉子業付兩兒，會所輯編年合録成，乃發五經藏而讀之，作而嘆曰：甚矣，舉業之陋也！經生治一經，喃喃章句，童而習之，櫛而比之，幸者二十年博一第，敝屣弃之矣，烏睹所謂五經之有同异也！漢儒治經，各專其業，代相承受，亦有兼治者，如包咸於詩，韓嬰於易。唐列九經，有大經兼小經之目。宋取士用經，疑則博詢。至於今業舉子者專治一經，徒專訓詁，不復知作經本意。善乎康節之言曰：畫前有易，删後無詩。予之説經也，於易也，窮圖象於先天，而義理之匯合者，若子夏、商瞿也，田何、費直也，焦貢、京房也，王弼、鄭元也，無不歸源焉，爲易經同异於書也。本精一爲心傳，而義理之匯合者，若孔壁、汲冢也，古文、今文也，伏生、安國也，無不聯絡焉，爲書經同异於詩也。探詩聲爲樂源，而義理之匯合者，若魯、齊、韓、毛也，外傳、逸篇也，飛潛、動植之釋也，無不統會焉，爲詩經同异於禮也。直體同節於天地，而義理之匯合者，周禮則本云官附考工記，而復訂以禮經會元；儀禮則取禮記識義附於各篇；曲禮則取少儀、内則、玉藻、表記、坊記、緇衣、深衣附之，以其餘入於大戴，爲二戴記，餘而禮列爲三矣，爲禮經同异於春秋也。尋所志於孔子，而義理之匯合者，左丘則以記事者爲傳，其義例與公羊、穀梁附焉，閑取國語與胡、程、張、吕諸説參之，而傳合爲一矣，爲春秋同异。至於諸經之總論，與夫後儒之片語考釋也，則首禮記經解，次白虎通五經篇，并諸子百家所論列者附焉，爲五經同异解。樂經雖亡，樂記猶存，黄泰泉之樂典亦備矣，乃取諸史之樂書與律吕新書爲樂典同异。至於緯以配經，隋志以爲孔子既敘六經，明天人之道，知後世不能稽其同异，故别立緯及讖。前漢有河圖九篇，洛書六篇，云自黄帝至周文王所受本文。又有三十篇，自初起至孔子九聖之所注。又七經緯三十六篇，并孔子所作，并前合爲八十一篇。故易之有易緯，乾鑿度、坤鑿度、稽覽圖、是類謀、辨終備、乾元序、制坤靈圖、通驗卦、河圖栝、地象也。書之有書緯，中候、璇璣鈐、考靈曜、帝命驗、運期授、雒罪級、五行傳也。詩之有詩緯，推度災、紀歷樞、含神霧也。禮之有禮緯，含文嘉、斗威儀也。春秋之有春秋緯，演孔圖、元命包、文耀鈎、保乾圖、運斗樞、合誠圖、漢含孳、感精符、佐助期、握誠圖、潛潭運、巴説題、辭命歷序也。若樂之有樂緯，動聲儀、稽耀嘉、叶圖徵也。孝經之有孝經緯，援神契、鉤命决、左方契、威拒也。論語之有論語緯，摘輔象也。此皆於經之外，翼以神奇。東漢信之，六朝時屢禁其書，至唐亦漸廢。惟孔穎達正義間引之，而諸儒之崇正經術者不用作正解云。夫五經皆我註脚，惟操一心以爲之主，則五經且合而爲一矣。孟子不云乎，博學而詳説之，將以反約也。余之辨同异也，正斯旨也。

編年合録包萬有自序：古者左史記言，右史記事。言爲尚書則别記，事爲春秋則記年。史記之紀傳，尚書之典謨也。通鑑之綱目，春秋之經傳也。故正史祖史記，編年宗綱目。二十一史，正史也。綱目及前續，編年也。説者以司馬子長壞編年而成史記，謬矣。編年在漢荀仲豫，故有作也。温公本漢紀以後諸篇作通鑑，朱子因通鑑作綱目。吾遂昌尹起莘氏有發明，永新劉有益氏有書法，綱效素王，目爲左丘，發明其穀梁，書法其公羊乎？然發凡起例，本之朱子，而書成於趙師淵氏，發明書法，奉爲符籙，未免附會。迨凡例最後出，則汪克寬氏之考异，徐昭文氏之考證所由作，可稱綱目之忠臣也。元金履祥氏復本春秋，始陶唐爲綱目前編。今南軒氏又遡自太昊，成化間輯宋元爲綱目續編，而周禮氏、張時泰氏亦有發明廣義，稱全書矣。第王幼學氏之集覽，陳氏之正誤，馮智舒氏之質實，駢枝浩繁，又非朱子私便節閲之意也。予之起斯録也，續編之詳者略之，前編之略者詳之，中編之冗者汰之，年爲一綱，而目繫之。事核評騭，取發明書法廣義暨後賢所論斷者，繫於其事之目而折衷之，一禀紫陽之義例，蓋合春秋之三傳，如元經薛氏耳。題曰編年合録，斷自陶唐，從經世所推爲始。若羲畫道統之説，則治統以祖述爲法，而非所論於卦畫也。又以鄭端簡之大政記爲綱，皇明通紀、憲章録目之及於嘉隆，以迄三朝，其間四千年之行事，且一編合之矣。遠芟前史駢拇之陋，近成一代未竟之篇，非敢筆削於尼山，抑亦仿述作於考亭，所謂私便簡閲，自備遺忘云爾。藏之唐山，以俟來世，知我罪我，其惟編年乎？

史編餘言邑令許啟洪序：崇禎十六年王正月，栝蒼包似之文學刻史編餘言。是歲夏五，吴人許子爲之敘。敘曰：史有正史，有外史，有野史，有史餘。曷言乎其正也？古者天子置左右史，左記言，右記動，搜善櫛惡，以示萬世。三代尚矣，春秋雖淩遲衰微，列國有南、董，斷斷乎其慎之也。秦燔圖籍，放斥史官，無有紀録。漢興，太史在丞相上，郡國上。計率二本，一上内府，一上太史公。史職最重，論著亦最詳。典午時，陳壽志三國，予奪乖舛。唐、宋以降，奉勅分曹，聚訟滋焉。上下二千餘年，而乃有外史之作，不下數十百家。曷言乎其外也？史言失實，記事者非盡柱下世守，如孫盛、習鑿齒、劉競、曾鞏等，感託興起，悉摭拾舊聞，甲乙紛若，雖衰識亦頗有足採，不過成一家言。而抉微顯异，傳疑道怪，又歸之野史氏。其言與齊諧相彷，固薦紳先生所不道。乃一二好古之儒，不廢梳剔，則何以説今古？一抨學人才子，寸管寸舌，具足千秋，皆不能抹。所云史失而求之野，然與否耶？若史餘，又補三史而爲之。曷言乎其補三史而爲之也？正失之諛，外失之略，野失之龐。參稽同异，鉤核是非，諛者駁之，略者詳之，龐者改訂之，則不知其爲三史之千櫓也，亦不知其爲三史之針石也。如龍門之索隱，涑水之考异，新安之發明，皆其類也。此似之史餘所繇作也。然又曷言乎其餘也？夫子作春秋曰：其義竊取。餘即竊之旨乎？夫子又曰：慎言其餘。似之此書，簡而核，廣而信，文而不靡，奇而不詭。廬城南弃諸生帖括，探二酉六籍，閲三年書成，一字未敢輕落筆。似之之史，餘其尤得慎之旨也。夫此不但可翼史，并可佐經，是烏可以不敘？敘之者，陽羡書生許啟洪、任宇父，偶擔鵜籠寄平昌君子山下，與似之兩郎，一蒙吉，一蒙亨，皆稱文學交。談文之暇，書此付之。

梅菊百韻，明葉繼康撰。

懶雲窩集、庭訓格言，明朱九綸撰。庭訓格言天台陳函輝序：玉几先生，儒之高蹈也。慕薛文清之學，其要止懋達□□，而不多乎道。爲人作止奉，則去其方厲。淵博宏静，義類多姿，而無武庫經笥之容。先型後進，皆欽之舞象。應童子試時，湯若士先生令遂昌，拔冠軍，且語曰：子名當不在吾下，顧天下才亦有所砥成。武休吴伯霖，今之文章，古之道德也。爲具脡脯，聆皐比，遂爲伯霖首座，往論海内名宿。若士才博望峻，好誘後學，然氣殊嚴，故不肯輕許與。伯霖温栗如玉，坦曠若谷，而胸有古人不可見之概。四方人士，以爲兩先生得當之難也，而不以難先生。先生其可知矣，然而有不可知。兩先生齒若券，而獨不足券。先生十上浙闈，竟以歲例行。嘗説安命之名不漫許，業無足恃者，謂其夢魂原不到青紫也。若乃足乎己，信乎人，全乎天，而猶落落行道心惻，况身歷者乎？而先生泊如也。識知先生，咸謂青氊非其坐席，而先生泊如也。謂官無冷而不可爲也，初訓臨海而臨士化，謂地無遠而不可至也，繼諭柳城而柳士皈，已乃教授於越，八邑士人人有紫陽夫子之號，而先生泊如也。維時最心折者，倪鴻寶先生，嘗致書曰：余鄉者建言，以爲生祠既廢，書院宜興，正合坐翁輩於中，爲吾道主盟。夫以翁之學與品，上之撑立岩廊，次之亦應不失南面一方，庶幾發抒生平，登進古治。顧乃以冷冷一片席老其身，何説以處此？嗟乎！此可以知先生矣。先生休行不勝舉，總之打破義利關頭，所以八載廣文，依然一介寒素，而先生泊如也。嘗語厥嗣元鬯曰：天下無官不可自見，但須有本領耳。以故過庭提命，與郵筒往來，訓家規俗，長篇短牘，莫非格言。元鬯奉爲金石，珍如拱璧，手録成帙，欲登梨以垂爲家藏，持示予以問序。余受而讀之，大率根聖賢以爲學問，本道德以爲功名，立心立品，持身持世，叮嚀告誡，彌勘彌精。宋世喬年，潛心理學，窮究河洛，爲當世大儒，後學宗師。元晦發先聖之蘊，集諸子之成，復爲孔孟功臣。以觀於先生喬梓，不亦重光也乎？書曰：吉人爲善，惟日不足。傳稱衛武耄年而學益精。今先生年踰稀齡，視明聽聰，髮尚蒼然，所以進善懋學，義方式穀，其未有量。予交在紀群間，敢譜其所已至，留未或知，以俟來者。

閩中吟，明項天衡撰。陳世修平昌項氏篋中詩：天衡字舜齊，號韋師，中丞仲子也。生而穎悟，性復温文，富藏書，韋師寢食其中。作爲詩文，俱有法度可觀，惜不永年而卒。著有閩中游草。　此君亭詩話：舜齊詩刻，止有閩中游草，余鈔録其尤者，復從邑乘摎得數首，并登其一於後。　董熤云：舜齊詩，剪刻工細，雖稍窘邊幅，而語俱瑩澈。

伊蒿子集，明王季科撰。詩萃内編：季科字文漸，養端長子。

燕閑草、丹崖草、浦陽草、雲室草、石羊草，明王季稑撰。詩萃内編：季稑號心古，養端第四子。詩俱不傳。

真樂處詩集，明王季種撰。

淑世語，明鄭一豹撰。

燕石稿，明翁德昇撰。

隱城小草，明黄國用撰。

碧峰樵唱，明王紀撰。

清淹禁疏、雲陽蘇困録，明鄭九炯撰。

五木公傳，明鄭秉鐸撰。

蓬纍稿，明王季皋撰。

清白齋集，明鄭一課撰。

香雲集，明鄭九州撰。

螺青漚言四集、螺青蛩鳴二集、四書述十卷、燕游草四集、詩説解頤，明朱家瓚撰。燕游草四明薛岡序：文章，經世大物也。闡千聖之藴奥，寫一人之情才，可以觀政，可以觀人，予益有以徵諸元卺先生矣。先生栝蒼奇士，髫年餼庠，馳聲兩浙中，士望之如昂昂千里駒，其遠到不可量。而以奇於數，屢不售。會戊辰龍飛拔萃，貢京師，登順天庚午、丙子兩乙榜。無如親老家貧，謁主爵，謂當俾宰百里，以觀其所學，而顧得丞，是何也？夫士挾才於世而售焉，遇也；其終矻矻老牖下而不售者，不遇也。售而不必售，非遇非不遇，此其間有命焉。嗟乎！命之於人微矣。先生有奪命之文，而命終不爲所奪，於是以奪命之政當之。思以丞爲基，進進不已，躋九層之臺，還制科大物，故其爲丞如宰，不屑孳孳焉。仰宰眉宇，疇利宜興，疇害宜剔，宰未逮而丞嘗啟之。諸要衝鉅細不齊之務，一自先生擘畫，投棼而割，遘猝而整，無紳衿編氓，無不觀聽悦服。而且旬宣才之，直指才之，制閫又才之，有才練而沈，質端以潔之剋，可以觀政。先生雖恂恂不改書生之舊，然其事上御物，矯矯振刷，不徇流俗，不墮纖趨，恪遵庭訓道德功名一貫之旨，爲鸞鳳不爲鷹鸇，爲狂狷不爲鄉愿，可以觀人。時有民皆德，無上不獲，而最稱知己，則郡李瞻淇馮公，嘗取其魚麗得儁，與射策兩奇，歷試冠軍之制義，評選授梓，公之天下，以見先生非巫具。余游友人李金峨宗伯署中，時宗伯嗣君與先生爲同年籍，獲讀其制藝，喟然曰：斯所謂惟賢知賢，他士有一人知己，可以無憾。雖然，斯人斯文，而竟同東野斯立之遇哉。讀其文，想望其人，以弗及結襪爲歉。辛巳初夏，訪木叔驥渚先生，亦同時相過，得覿眉宇，傾蓋如故，雪膽雲肝，光霽映人。余閱人多矣，道氣雅韻如先生者，指不多屈。木叔嘗推先生爲畏友，知言哉！文如其人，人如其文，因偶讚賞其制藝，先生輒嗛嗛，復出一帙以示余，螺青蛩鳴也。余披誦之餘，牢騷骯髒之概，固自不乏，而温厚和平之意，亦復藴含靡盡。先生又善詩哉！姑無論文，即論詩，有唐以詩取士，無功賓、王兩公，非所稱唐代名家耶？而及其拜官，亦僅一丞，千萬世所爲無功、賓王重者，唯詩若文，而丞不與焉。爾時紆青拖紫，争李唐三百餘年公孤之席者，不可枚舉，而聲聞如王、駱，至今赫赫天地間者幾人耶？先生之詩之文具在，即稱之曰今之王、駱，誰曰不可？夫文能傳聖賢之精神，詩能抒一己之靈性，又况仁心義質，嚴氣正性，亭然風塵之表，超夐王、駱之上乎？先生方踰強仕，功名事業，正未可量，東山高卧，非其時也，先生勉乎哉！

又荆溪胡世定序：才老者藝淨，業博者工精，致非一也，歸靡不然。藴隆積者，澍注於潢；嶔⿱山莫遥者，靈集於奥；滂濞衍漾而泛濫者，珍裔於媚，而怪麗於幽。下逮輸囷之楠梗，蒸盎之芝箭，阿巢焉，郊游焉，岐集焉，凡爍旭而射芒者，靡不擇精於溥博，鍊美於淨遠，而後獲一以貞，沛歸而成，可以逮津於咀芬嚼華，可以膏肓夫六藝，而芳嗽夫後生。吾朱先生元卺，其殆是歟？先生少也，析子骨，抉經髓，破帖括之元根，犂狐涎之野窟。蒼然涼然，學如初日之浴淵也；燦焉煌焉，文如繁星之麗天也。材集宋、屈，光攫遷、固，理又雪立於濂、閩之庭。攻苦如是，凡數十年，僅得與經生家射一鄉進士，而又棲於枳焉，集於蓼焉，區區以畢吾先生之半生。噫！無怪乎同人有仰天之問也。雖然，先生且老矣，遭寇以來且窮愁矣，而先生所著之書，固在志士擊壺，英雄捫舌。虞卿發憤之著，方欲與天争藴隆，與地争嶔⿱山莫，與名山大川争珍而角麗，區區畢吾先生者，又何足以小吾先生也！先生之螺青蛩鳴，先生言志之章也；漚言四書述，先生淑世之書也，皆極精博而極淨遠。吾固知先生之才極老而業極博也。三不朽，先生有其二，功名直與彼蒼野俱浮耳，又烏足與珉瑶争遠近哉！

敬聚堂稿，明項宗堯撰。

甬上吟、卧竹亭稿、飛鴻閣詩略，明葉茂林撰。飛鴻閣詩略荆溪胡世定序：嗜好所結，膏肓隨之；鍼砭所加，表餌行焉。此在工倕之鼻，能與郢伴；離朱之目，能與彩角。轉之者環，釀之者酪，相遇於神識，先默易焉，不知有搃造者也。兵然，醫然，陰陽家皆然。而於詩亦然。詩貴真，真近於椎魯；詩貴厚，厚近於腯碩。晰其源者，與以真易魯，魯颺而去之；得其本者，與以厚易腯，腯骨而析之。颺魯而析腯，則仍其爲魯而加真，仍其爲腯而加厚。郢之鼻，朱之眸，不加明聰，而技愈神巧，此固善轉於環，自志醍酪耳。今天下詩家者，求遠而真，則僉曰陶哉；求近而雄，則僉曰杜哉。然誦陶而不知其陶，則椎魯矣；誦杜而不知其杜，則腯碩矣。即唐之章、柳，宋之大、小蘇，元之虞、薩，明之北地、信陽，皆未免盡更夫優冠而孟裳也。今吾葉子秀也，古宋陶而律杜，神貌骨理，駸駸焉，弈弈焉，已與二賢相浸漬，而又加厲夫宗工，務戛戛乎其魯腯。猗歟！隋杜不能轉法華，秀也不爲法華轉矣。郢鼻朱眸，當身具在，不假表餌鍼砭，神焉不外夫秀之爲秀，而詩之爲詩，則固雲泥也。然則秀之於陶、杜，豈猶夫世人之優冠孟裳也哉！

心葵堂詩稿，明王之臣撰。

皇極贊數、學庸衍義、綱目管義，明鄭補撰。

古史補二百卷，明包蒙吉撰。古史補包蒙吉自序：上古史官，其後爲道家者流，至老子猶爲柱下史，而容成、大庭、伯皇、中央、栗陸、驪畜、軒轅、赫胥、尊盧、祝融、凡遽、稀葦、冉相等氏，所以見稱於莊子也。孔子作春秋，本魯史，素臣内外傳及戰國諸史，詳於時而略於古。漢之中葉，以讖緯定禮、樂，而緯以配經，易、書、詩、春秋、禮、樂、孝經、論語，皆有緯書數十種，所述上古聖皇之事，其源出於道藏。厥後讖緯不行，而書隱矣，惜子長不見之也。司馬子長述史記，始黄帝迄漢，自敘以爲周公後五百歲至孔子，孔子後五百歲至於今，有能紹明世，正易傳，繼春秋，本詩、書、禮、樂之際，意在斯乎？小子何敢讓焉。其意亦欲自附於聞知矣。乃班掾取漢事爲漢書，譏子長先黄、老而後六經，而不知道家原出於古之史官也，猶儒家之出於古司徒之官也。蘇子由以索隱而正史記，始羲皇至秦爲古史，止取本紀、世家、列傳，而其他表、志胥略焉。其序曰：古之帝王，皆聖人也。其道以無爲爲宗，萬物莫能嬰之。斯言得道家之旨矣。惜其不及三皇之世，而以伏羲、神農、黄帝爲三皇也。羅長源始取緯書諸子而輯路史。路者，大也。兆自三皇爲前紀，羲皇以至夏后爲後紀，以商、周征誅不足紀也。其志誠大矣，閑足補古史之未備。然而本紀與侯國列傳不詳分也。吉嘗訝史記列傳起自伯夷，而唐、虞、夏、商何寥寥也，即列國之佐亦僅僅也。又得近世劉節、介夫之春秋列傳，并上摎自燧人四佐，以及唐、虞、夏、商之賢，如阿衡、胥靡輩以補之。古者諸侯世國、大夫世家，而史記之世家皆侯國也。故以路史、蜀山等氏皆稱之曰侯國，而易夫世家，又以劉向之列女傳、列仙傳補焉。冠以路史，自三皇至秦，題曰包氏古史補，所以别蘇子由之古史、譙周之古史考也。大抵蘇氏取諸史記者十之五，而吉取路史之前後記者十之二，而其他國名發揮，餘論略焉。夫史記之論斷更端，劉子元史通譏其扯談。古史之論斷，據理乃見稱於朱子。路史之論斷宏博，然而多以後事證古事，而吉於所去取者，亦有以備論焉。昔人有言：後世即有司馬子長，亦不能成史記。何也？以其君非黄帝、堯、舜、禹、湯、文、武之聖，其臣非稷、禹、皋陶、周、召、姜、吕并孔、孟、老、莊之賢，其書無詩、春秋諸傳及世本之籍也。觀於孔子弟子子貢一出，存魯、亂齊、破吴、強晉而霸越，其文出於吴越春秋可見矣。乃長源何幸得緯書諸子，而輯上古聖皇之紀，以騰越子長也哉！吉不敏，方藉乎長源、子由、子長而附驥尾矣。此非吉之私也，家夫子之意也。家夫子以布衣讀書，於經史多所撰述，垂老倦勤，而以授之吉也。吉不識之，無時能誦四書正文。六歲入學塾，十年而補弟子員，五舉於鄉，乃以里選貢入成均。既而反初服，得優游於深山僻壤之中，以遂其麋鹿野豕之性。倘過此以往，將漢書、後漢書以及魏、吴，將晉書以及南北六朝，將唐書以及五代史，將宋史以及金、遼、元，爲後史補焉，豈非古昔之全史一大快也哉！雖然，此大史也，其書志等記事者，則馬氏補杜氏之通典爲通考，并通鑑記事本末，及近時之古今治平，略可按也。嗟夫！後世猥云三教，漢中葉以後，佛始入中國，其前但有孔、老而已。以孔子爲儒，以老子爲道，何也？蓋畫卦肇自包義，孔子十翼，闡道已至，不過因子謂子夏曰：女爲君子儒，無爲小人儒。禮記乃有儒行之篇。儒者，需也，爲人所需也。老子述黄帝之言，乃稱黄、老，謂之道家，而何以自居於爲人所需，舉義、黄以來之大道，獨讓之老子也耶？可慨也！

易經破愚，明朱自強撰。

虚谷彙編，明徐棣撰。

哦松集，明包志伊撰。

溪上吟、童子離騷，明童進思撰。

古今异苑，明閨秀王玉德撰。按：詩萃内編載：王邦仰女兄名玉德，好讀書。諸弟篝燈咿唔，玉德從旁竊聽，輒先成誦。歸於徐，嘗著奇節。余録其詩入閑門集中。邦仰有哭姊詩一首，哀楚感人云。按：舊志僅載書目，不詳其名。今考詩萃及王氏本傳，其爲徐懋厚妻無疑。本傳不載其著作，是疏略失載也。

易經解、四書講義，國朝劉應時撰。

四書講説，國朝童國柱撰。四書講説長洲彭叙豐序：近世爲文，多墨守家塾講章，而不敢溢一義。不知聖賢義藴，尋味無極，欲求合於道，必先有得於心。果能融會貫通，則信手拈來，頭頭是道，何註疏章句之不可互相發明也。餘杭童司訓國柱，體究理脉，折衷朱、程，輯其平日所聞，爲四書講説。反覆演暢，而不謬於道，其可發蒙而啟蔽者耶。若夫綜括儒先奥旨，研味賢聖道腴，則在司訓返諸心而有以自得，詎是編之足以竟其藴云。昌山詩萃：國柱字崑石，七歲喪父。其□□□國梁□□□日，母朱矢貞撫二子。崑石長而痛母之苦節，鋭志力學，弟始就塾射誨之。自幼識之無，長通章句，未嘗暫令就傅也。析爨後，每晚猶會食於母所，歌呼談笑，至夜分乃罷。嘗偕試郡城，崑石病溺血，一日如廁，久不能起，大木親扶掖之，且手片楮爲潔其穢。毛克亭曾悉其事，爲余述之。余曰：此固大木能恭其兄，亦崑石之素友其弟有以致之也。性謙退，遇閭里賣菜傭，亦惴惴以失言失色是懼。文詞力追往哲，詩亦流麗不多作，又秘不示人，故所録止此。

窺園詩鈔，王嘉言家藏本。國朝王夢篆撰。錢塘梁同書序：始吾讀文沙之詩，未接其人也。昨年秋，文沙來武林，過余舍，余適自外至，譚良久。見其面目清臞，吐音安雅，樸而不俚，謙而彌光，吾於是因其人而益證其爲詩也。夫詩者，肖乎性情而爲言也。劉彦和論文體性云：八體屢遷，功以學成。才力居中，肇自血氣。氣以實志，志以定言。吐納英華，莫非性情。惟詩亦然。故少陵云：陶冶性靈須底物。性情不深，或危側趣詭，或縹緲時俗，雖聲華斐然，非凡近猥瑣，則土龍芻靈耳，曷足貴哉！抑余更有説焉。詩不必規規於時代體格之間，亦不必一讌集必有詩，一游歷必有詩，燒之所觸則發揮之，意有所感則抒寫之。當情往興來，長篇短韻，刺刺不能休，設窮年積月不得一佳語，輒隨手弃之，此其所以爲性情也。文沙於性情者也，而製扁消取徑能，此性情過謹之病。余援朋友之義，終之以規，故以此説進。他日倘更得解脱繩束，則栴檀妙香，當薰發四十由旬而上矣。文沙以爲何如？按文沙詩，於王徵君嘉言處，摎得一册，刊刻精緻，前刻山舟學士序及書札，皆學士手迹。文沙篤於伉儷，其夫人雁門君，名御琴，早逝。文沙有自著抱琴生小傳，悼亡之情，見於言表，其傳載藝文輯存。

東溪詩草、不息樓文集，國朝徐來章撰。

覺世金繩、含香齋隨筆、歐陽文忠公讀書法，國朝鄭元幹撰。

易經心解、四書約義、詩韻音義注，國朝朱奎撰。詩韻音義注尚存，未見。

雨亭吟草，國朝朱霖撰。

求心堂集，國朝吴林撰。

吸月樓詩稿，國朝毛以燠撰。詩萃内編：燠字瞻武，康熙丙寅拔貢生，著有吸月樓存稿。毛奇齡小傳曰：瞻武生而舌正，方六歲不能言，及能言而穎异絶倫，博極群書，補博士弟子，籲於庠。康熙甲寅閩變，賊蔓延衢、處閒，肆掠無饜。時瞻武季父士希，年已八十矣，賊獲之，索金錢無所得，將縛以爲質。瞻武前叱曰：縛即縛我耳，叔老無相楚。賊即縛瞻武去，至衢城南九龍山，其渠帥見瞻武狀英偉而詞敏給，欲屈爲書記。瞻武怒，裂眦且駡曰：奴輩殺掠已耳，焉用天下士哉！賊榜笞雨下，臀肉賤地甚，以鐵箍腦，豕鬣撚溺處不死。其地有關繆祠，瞻武卜筊，得馬瘦毛長之語。初弗解也，會賊潰脱歸，始知筊云馬者，賊馬勝也。後爲學使太倉王公選拔士，及游雍，司成翁鐵庵一見器之。由是六館人士争誦其文，而名噪長安。無何，以年少時爲賊幽囚者再歲，沮洳卑濕，雙耳重聽，且於人事亦稍稍淡矣，遽歸。余方乞假里居，常相過從。瞻武爲文，力追漢、魏，詩格在唐人王、孟閒。卒年六十三。其子克亭亦能文云。按以燠舊志人物門失載，故附載原鈔小傳於此。此君亭詩話：克亭述其先人既爲賊困，其猶子彬謂以多金賂賊，身名俱不能全。乃潛往賊寨，伺其榜笞横甚，則少少與金求緩，百方營救，得以不死。瞻武既以身代叔，彬復不避斧以全叔身名。兩人孝友，均足傳世。後彬前死，瞻武哭以詩，以『分爲叔姪親如弟，竹馬回頭兩小兒。今日衰年成永訣，不如早死亂離時』，噫！亦可哀矣。以此詩少質直，故不入選，附見於此。

韻江草、苕溪冷筆，國朝黄彖聲撰。 此君亭詩話：姚臣詩，幽渺似鬼窟中語。黎博庵謂其人如玉樹臨風，而集中又多冶游之作，風流放誕，疑似杜牧一流人。

山莊楚吟草、越吟集，國朝華知京撰。

梅花百咏，國朝項世臣撰。 詩萃内編：世臣字非喬，中丞應祥孫也。天姿英敏，讀書十行俱下，爲邑諸生。尋弃去，事佛，更名佛第，號心空，駐錫甌之仙岩。生平著述甚富，卒後爲東甌好事家取去，遂不傳。余從毛克亭、王肇禹斷爛本中鈔得若干首，并附選所刻梅花百咏於後。吉光片羽，亦足淩轢時賢。 此君亭詩話：非喬學既淹洽，才復灝瀚，矢口數百言立就，故詩亦間傷淺易。古體頗排奡，惜不多見。詩話又云：梅花詩初咏七律三十首，上下平韻各系一詩，續韻亦如之。三續五律三十首，亦依平聲爲次，而每首下復另有題。四續則五絶二十首，七絶二十首。余既録其通體隱稱者入集，他如香濃庾嶺春初到，夢醒孤山雪未封，渾無俗豔鶯難覓，别有清香蝶未知：影掠平沙初落雁，香冲風雪欲來驢：半窗疏影半窗月，一樹濃花一樹雲。湖上小驢尋影迹，嶺南遷客問寒温。雞啼晚店枝枝月，馬度寒村樹樹霜：夕陽掩映樓臺紫，春水迷離煙草青。臨風自許香無價，鬭雪休嫌冷不勝。閑情半落霜天路，疏影遥牽雪夜舟：萬點香來三弄笛，五更夢破一聲鐘：階前影到鐘初動，燈下詩成磬未敲。竹外疏花樵徑小，橋頭半樹酒旗高。亦清俊有味。

缶吟集，國朝項宗旭撰。 按宗旭時兵燹初平，流亡始復，蒼涼感慨，情見乎詞。

偶時吟，國朝王錫撰。此君亭詩話：禹功詩別有町畦，新生鏃鏃。集中杜門雜咏，自一東至十五，咸分韻各賦一首。句如命定不如從我好，數奇何事乞人憐；世上風波原不定，胸中冰炭老方消。最喜閑雲無定體，誰嫌好鳥不時鳴。閑吟每每蕭雙鬢，酣睡油油曲一肱；饒有風致。

易經衷統合參、心齋詩草。國朝包蒙亨撰。詩萃内編小傳謂：穉佳數奇不偶，嘗應郡守聘，修郡志藝文編，不載己作，人服其識。刻有心齋詩草，清健有骨。

荔園文集、遠抱樓詩集、四書解義，國朝毛桓撰。董熜云：毛克亭老困諸生，鋭志吟咏，氣格既就，選詞亦樸，感古情則鴻朗激昂，敘山居亦風清骨峻，宜吾友多所採録焉。

宜園筆記：天之生才難，生才而使克竟其才尤難。吾邑詩人，若前明朱陽仲，國初毛克亭，皆秉絶特之姿，負宏通之略，足以黼黻隆平，潤色鴻業。乃并厄於數，一則夭折以死，一則衣食奔走，終於明經，可慨也已。克亭先生詩才豪邁，骨格清奇，奄有古作者風力。生平多材藝，尤精書畫，歿後手迹零落，詩亦散失。今所選録，皆原鈔所載先生四十以前詩也。先生爲雍正四年拔貢，乾隆初曾舉博學鴻詞，未赴卒，年五十有九。

茂槐堂詩集、紀游草，國朝王正紀撰。

合刻平昌二華詩，國朝華萃德、華小宋撰。詩萃内編：萃德字東井，少讀書無所就，託迹文無害，更名啟漢，字子房。年三十，貲滿考授經歷，復事占畢。三十八始學爲詩。麗水陳大受以高適五十學詩比之，與伯兒小宋合刻其所作，曰平昌二華詩。

此君亭詩話：東井詩頗清新，七律如登月山望海云『幾陣松風生足下，一痕秋月出山高』。龍游道中云『渡頭水淺魚堪數，馬戍雲横山欲迷』。過靈山云『夜雨鳴階驚好夢，春風摇翠入垂楊』。納涼云『涼生波面雨方歇，暑退林山鳥乍眠』。山居云『出林衆鳥常時過，繞屋閑雲盡日飛』。暮秋過大谷嶺云『秋盡沙汀多宿雁，霜清林樹少吟蟬』。五律如送王尉云『俸薄難明志，官微去益豪』。過蘭若云『浮雲生峭壁，衆壑下飛泉』。獨坐云『梅將香入句，竹送影當門』，亦復超超元箸。

數園稿、芥納軒詩集，國朝王瑛撰。

賓月樓詩稿，國朝周謙撰。

閑窗偶吟，國朝王珩撰。詩萃内編小傳：珩字元白，邑庠生，有幹才，家貧，以訓蒙自給。今素絲垂領，猶褰裳數十里外，作章句師，亦可哀已。集曰閑窗偶吟。

雪村偶存，國朝周應枚撰。詩萃内編小傳：應枚字醇儒，邑增廣生，性灑落，與人交，不設崖岸，然遇事有可否，又毅然不隨俗同。常從邑前輩項非喬學詩，尤工咏物。著有雪村偶存詩稿。

昌山詩萃内編六卷，生員葉永蘅家藏本。國朝教諭海甯陳世修鈔，邑人吴世涵增輯。世修事迹載職官。

平昌項氏篋中詩鈔八卷，項庭家藏本。國朝項椿業輯。椿業字大年，摎羅其先世遺集，都爲一册，曰閩中吟，項天衡撰，見前。曰缶吟集，項宗旭撰。曰梅花咏，項世臣撰，見前。曰容膝軒稿，項世潤撰。曰舒情集，項世楨撰。曰澹甯集，項世溥撰。曰半閑集，項樹業撰。及己所作曰觀瀾亭草，附梓於後，共爲八卷。海甯陳世修爲之序。陳序已殘缺不全，尚存教諭趙金簡一序。趙金簡序：平昌百數十年來，維毛徵君桓爲詩人第一。余自乾隆四年來校茲山士，舊好新篇，與徵君唱酬迭復，多所感發。嘗隨世家子項生大年攜所作詩，就此君亭商摧默改曰：是可與言詩者。曩時海甯陳山長刻平昌詩鈔約五卷，自唐、宋、元、明以來，斐然可攬，間附以後人之樂此者與登選樓，徵君大有力焉。臨安徐山長昔從慶元來平昌，羈攝數月，去河橋，零涕尊酒，贈言戀戀，不舍毛公與平昌詩友如項生一輩。吾聞毛、徐二君乘桴下栝蒼，夕不次宿，兩人低唫高唱於溪風山月中，大年述其事以爲詩癡。余屢寓蓮城，與陳、徐二山長論詩，謂毛荔園不在貫唐山休、皇甫曾山、冉玉月洞、尹緑坡、鄭元祐、朱青城下，又有與荔園并秀之項震旦，天老其才而不遇，此固深山大澤之貽憾也。大年以爲然。徵君嘗語余：項氏世以讀書起家，中丞以下，風流文采，代有一家言，惜其譜牒未及修明。大年與其宗長群從乞諸徵君，徵君讓諸不材，忽忽二十年矣。今徵君下地五載，始克舉之，愴然太息，不得與徵君共相紀載也。牒既成，大年復爲其先世刻篋中詩，將以藏之家廟，蓋歉乎不敢與古今名流相揖讓也。余嘉其志，爲次其世及系以小傳，檢校去留，以歸大年。憶徵君曾私語余，大年師禮事兄嫂，舍生□□□□□□□□□□之信然。兩舉篤行，并荷優禮，於人倫鑿，至今猶敦修不怠。然則大年之不忘其先世，固匪徒感手澤之存焉爾已。刻既竣，進大年言詩，而述其宿昔事如此。夫項氏先世詩，刻於平昌詩鈔者有矣，若大年與陳、徐二山長唱和諸詩，紙墨猶未滅也。今二山長提唱江東，試以兹集質之，當必有教我所不逮者，惜乎毛徵君之不可作也。

道光遂昌縣志十二卷，國朝知縣朱煌、李玉典重修，教諭王椿煦、周愛棠、訓導鄔宗山、湯咏分修，邑貢生鄭培椿、吴守基、試用教諭葉煓纂修，邑舉人吴世涵、朱渭、副貢李廷榮、貢生黄金墀、童應華參校。其書分輿地、賦役、建置、禋祀、官師、選舉、人物、兵戎、藝文、雜事十二門，子目七十三，修於道光十五年乙未。朱煌序：道光志以前，如明邑人翁學淵嘉靖草創志、知縣池浴德隆慶志、國朝知縣徐治國順治志、知縣繆之弼康熙志、知縣王燈乾隆志均佚，各序文載卷首。

又其次齋時藝詩集、宜園筆記。詩文集葉永蘅家藏本。國朝吴世涵撰。雲南迤西兵備道王發越序：詩境與心境相因者也，存乎人者，有介然不易之操，淡然寡營之懷；而後見於詩者，理明而詞達，志和而音雅，可以風，可以觀，豈徒拾鮑、庾之牙慧，襲白、甫之皮毛，遂侈然自附於作者之林哉！榕壘吴君，以浙右名進士，出宰真南，攝太和篆，持躬儉約，居官不考寒素風，其爲政務以德化，不尚嚴酷，期年頌聲遍榆城。所謂廉静之吏，悃愊無華，日計不足，月計有餘者耶。工詩文，不輕着筆，從游兩載，惟臨水雅唱，僅窺一斑，其他無聞焉。所謂衰賈深藏若虚，大匠不輕示人以璘者耳。壬子四月，因新老陳情引疾，始以所著詩集見示，披覽一過，静穆之氣，撲人眉宇。五古尤爲擅場，已浸浸乎入晉魏之室，而窺其奥妙矣。夫詩言性情，亦半由境遇而生，吴君以績學士登賢書，後浮沈京華者十餘載，七赴禮部，始博一第，宰一邑，見諸咏歌，宜牢騷以鳴其不平，乃神恬氣和，怡然自得，涵養之深醇，誠有大過人者。兹當服官之年，循聲卓著，相期者方冀驥足之克展，乃急流勇退，遂初遽賦，毅然解組，歸耕養親，其志趣之高尚，天性之純篤，以視營營榮利，没世不悟者。賢不肖之相去，又奚啻霄壤耶。然則觀吴君之爲人，而其詩可知，讀吴君之詩，而其人愈可知矣。今者瓜期非遥，行將遠别，吾聞浙右多佳山水，天台、雁蕩諸勝甲海内，他日優游林下，事親之暇，杖策游覽，借江山之奇氣，助文人之清思，詩境心境，當必有更進於是者，區區一編，又烏足爲榕壘限，榕壘勉乎哉。

内經翼註十二卷，長有孫麇生慶棠家藏本。國朝周長有撰、自序。按：長有字邦楨，居北鄉之應村，業儒不就，弃而學醫，存有塗鴉集册，間及地理之學。閲其書，知天姿卓越，非尋常碌碌者。惜生長山區，無名師益友相切靡，故詞多疵類，絶少完善之作。然其議論識見，固有一二可采者，如論義倉，則曰：宜歸民理，不歸官理。歸官理，則徒多侵擾。歸民理，則自相稽察。又曰：地方演劇科派，勞民傷財，不如以每年科派演劇之財，爲積穀之用。數年之後，不可勝計。其論取士，則曰：可不拘一藝，各盡其所能。其論武備，則曰：用兵不如重民團，以復先王寓兵於農之意。至邑宰胥役諸論，皆能切中時弊。娭洋煙，惡賭博，各有論說。娭惡若仇，發於至性，所謂鐵中錚錚，殆其人與。

企山詩稿，國朝朱達撰。

見山堂文集、詩集四卷，國朝朱燦榆撰。

蕉石堂詩草，國朝華日融撰。兩浙輶軒録：日融，乾隆己酉拔貢生，候選教諭，著有蕉石堂詩鈔。陳傳經曰：春圍於戊申夏，爲朱石君先生招集省試，從場屋中訂交。庚戌廷試歸，歷主須江開陽講席，多所造就。以廬墓居衢郡西鄉，讀書之餘，雅好施與。壬戌大饑，傾囷周邺，全活無算。其詩皆粹然儒者之作。癸亥夏，遘疾以歿。余有詩哭之曰『孝弟兼慈和，爲善曷有極。鄉人無智愚，咸頌君之德』，蓋紀實也。

卧雲吟草，國朝吴秉純撰。

心愛集詩文十卷，國朝黄煦撰。

新甫吟一卷，國朝華昌基撰。

安遇草，國朝朱圭敬撰。圭敬原名震。

則亭詩稿，國朝王廷楷撰。

抗月吟社詩鈔一卷，王嘉言家藏本。國朝嶺南徐同善與邑人宋雲、徐沂撰。同善自題云：遂邑自月洞翁以詩鳴，繼之者代不乏人，平昌詩草具在，可歷考也。然其高風亮節，樹陶令之清標，冷韻幽懷，作林逋之後勁，諸君子非其儔矣。同人雅集，抗想前賢，幸是清時，照來古月，藉以名社，弗囿所操。手擕玉斧，幾生修到八萬千人，家住沙溪，即景宜爲二十四咏。敢疏原委，并作先驅，秕穅在前，自斬形穢，瓊徭客報，定罰盃□。　按：同善字公可，道光丙申間邑令鐵生諱榮三公子也。榮有惠政及民，事迹載職官。慕遂昌山巒深邃，先命公子構屋數椽於西鄉之沙口，顔曰『懷古田舍』，將終老焉。榮旋升任去，備兵汀漳。粤寇亂，統兵征勦，殉節祁門。諸公子皆有用材，襄戎幕於皖豫間。公子初官農部，讀其詩集注，知出勝克齋、宗滌甫兩先生之門，與伊遇龔、陳古樵、潘伯寅諸先生同時。公子才氣縱横，英姿秀逸，淡於仕進，有飄飄出塵之想。咸豐癸丑，移家沙口，與邑諸生宋雲、徐沂聯吟抗月詩社，明抗懷月洞之意，有沙口二十四咏，境以意造，各綴小序，點染風華，戛戛獨造，詩筆放縱，尤傑出一時。録數首於藝文輯存，俾略見一斑，山靈得此，定使千古生色。近時亦有□勝景詩見採者，大半庸俗淺陋，恐爲山靈騰笑，概置不録。倘讀徐公子詩，珠玉在前，亦當氣阻矣。其他佳句，如沙口漫興云：無才翻覺妻奴累，避地甘同木石居。病後經營思種藥，閑中事業付鉏瓜。鶯花不速成陪客，風月招租罷税錢。情致瀟灑，別有懷抱。聞春漪弟蒙張中丞咨留皖營云：親老急須謀禄養，囊空實爲怯長途。顧寵也應驚國士，酬知休自諉庸才。寄託宏遠，忠孝之思，溢於言表。其雜感三十四首，警句如：妖祲仍三楚，歸心已十年。空山時鼓曲，秋水静懷人。遺愛兒孫得，居人骨月如。古今誰隻眼，物我盡忘形。筆力蒼勁，自然名家。秋深即事，律句如：妒我清閑憐我老，與人俯仰讓人豪。別業苟完宜忍餓，故鄉多難不成家。有慨然終焉之志。辛酉遂地半賊蹤，沙口尚未波及，里人某有欲乘亂篡取公子家財者，公子有智略，不動聲色，以計脱全家於虎口，遂擕家走閩海。事平，公子竟逃禪而去，不知所終。今聞其後人有以科甲起家，筮仕他方者，忠良之後，天道應爾也。宋雲字瑞亭，徐沂字琴舫，詩固不及公子，然較近時所採，自當高置一席。亦録數首，附藝文輯存。

補校遂昌山人雜録二卷、丹泉海島録四卷、清華軒詩文集二卷，景福子麐生達聰家藏本。國朝徐景福撰。景福字介亭，文勝於詩，古文具有根柢。清華軒集未刊，海島雜録於天文、地理、掌故、音樂，淵雅宏括，無所不有。官江蘇知縣，以經術治民，故所至有聲。其事迹載本傳。補校遂昌山人雜録自序：遂昌山人雜録，鄉先生鄭明德書也。其録宋季元初遺聞軼事，有所託而言，非漫然自儕説部也。昔歐陽原功修三史義士傳，不列謝皋羽，自以爲遺憾，蓋亦以其人可傳而闕一傳爾。他或囿於耳目，散失而闕如者何限。世有如先生，述其可興、可觀、可泣、可歌，以遺來者，雖載筆者失之，奚憾焉。是録可采史官者，非□二數矣。景福因民事下鄉，常由泗涇至七寶，從天馬山繞楓涇，扁舟隨潮，竭來水月光中，取鄉先生之書，校其譌字脱句，如吹劍外録、清夜録、郁離子、草木子諸書，次第就緒。先以是録付梓人錢竹汀。元史藝文志、會稽商氏本、讀畫齋本皆作一卷，今條補葉多，分爲二卷，庶幾鄉先生書傳之無窮也。海島録劉履芬序：宇宙之賾，事物之繁，五運代嬗，六呂迭行，規矩卓爾，愚哲蒙如。焠録一編，洙誦千口，謙爲豹斑，實則狐腋。常熟令尹丹泉徐君，和政堂琴，厲精路鐸，援經飾治，佚道弭怨。昨以撫字其劬，勞筋蹔憩，陽子方書，歐公集古，於炳燭之課，寄運甓之勤，寂處省會，寤歌永夕。舊讀丹刊，故事墨瀋，流傳耆老，輯合典府，八珍侈味，五都絢目，陳大鏞於東序，來楛矢於北庭，以七緯貫經腴，以三才析儒奥。麼娑鄭重，荒忽奇侅。所見所聞，識大識小。鴻寶祕枕，繭紙妥牀。輒復分甘同嗜，勻資手民。儗端簡之今言，倣燕泉之冬録。海島里者，君吳門僑居所也。龍宮之藏，類發奇采。波斯所獲，匪止紅珊。含曜自心，雋娱獨饜。顧玆流惠，得非唾餘。然闇塗投珠而按劍，失船得壺而千金。言者旨遠，聽者神會。郢書燕説，庸不旦期暮遇乎？不揣椎樸，敬導秕穅。

見山樓文鈔、衆緑軒賦鈔、仁孝録、誠敬録，國朝吴煥文撰。按：煥文事迹已載本傳，其著作據採訪册所述如此，均未見。其已刊迴文詩一册，直同兒戲之作，姑置不論可爾。

按舊志載有書目一百二十一種，新採五十九種。今所見僅宋尹起莘綱目發明、舊本。王鎡月洞詩、重刊。明項應祥問夜草、兵燹後其裔孫重刊。國策膾、舊本。醯雞集、舊本。國朝王夢篆詩鈔、舊本。陳世修詩萃内編、項氏篋中詩鈔、舊本。吴世涵又其次齊詩文集、舊本。周長有内經翼註、重刊。徐景福補校遂昌山人雜録、丹泉海島録光緒四年刊。數種而已。餘大半有其書而未梓，有梓者亦毁於兵。宋侍郎龔原、明處士包萬有著作最多，其子蒙吉亦有古史補二百卷。今問其書，竟無人知者。文獻淩替，概可知已。其收入四庫全書總目者，惟尹廷高詩、鄭元祐遂昌山人雜録、僑吴集，餘不經見。自宋、明至國初，尚有數詩人能舉其名者，幸有雍正間教諭陳世修編輯平昌詩萃六卷在爾。

卷十一

知縣清河胡壽海、宛平史恩緯重修

風俗

唐魏之風，儉嗇而褊。聖人删詩，猶有取焉。遂昌山稠田狹，甘儉約而勤耕種。讀書之家，大半務農。栝蒼彙紀云：俗懲侈汰，生事殊少。編輯瑣事，以爲風俗。他日輶軒之采，其在唐魏間乎？

冠禮久不舉行，婚禮結兩姓之好，必憑媒妁訂定，而後紅箋書名姓，偕冰人踵門晉謁，餽以禮物。凡納采、行聘、迎娶、合卺、廟見諸事，大率與古禮相仿。

喪禮豐約隨分，三日内殯殮，親屬慰唁。至七日來，復設祭。男女往吊，衰絰杖苴，一如古制。凡有姻戚祭奠，以七七爲期。舊志云：不尚浮屠，至今漸弛矣。獨葬期不拘久暫，然竟有遲至數月數載者，形家風水之説誤之也。

祭禮於報本睦族之義，尤能加意詳慎，事事從厚。凡一姓人丁繁衍者，即置購祭田，創建宗祠，刊譜牒，詳世系，聯合服屬，分别宗支。古志所謂立宗法，崇祭祀之意，由來舊矣。舊志各宗祠無不詳載，未免繁瑣。以此立言，無家不有。宗祠不言可知，無庸鋪張也。

地無珍産，商賈不至。城以内，月逢二七日爲市，雞豚柴米外，無他物。所謂布帛菽粟，不尚珍舁，純乎古風。凡大鄉鎮，另有日期，不載。

俗尚巫，病家往往於夜半鳴笳鼓，巫者高唱曼聲，奔走閭巷間，謂之搶魂。搶魂歸，貼符於門，愚民憑其顛倒。士夫明理之家，能首禁止，惡俗亦可漸除也。麗水訓導何美期竹枝詞云：符咒何來療病方，師公伎倆最荒唐。嗚嗚夜半喚龍角，未識誰家又打瘟。俗稱巫爲師公，因病禱神，謂之打瘟。

民間尤喜以草藥療疾，本草所載謂之官料藥，相戒忌服。昌山詩萃朱炯敔詩有云：巫藉東方工罵鬼，醫憑小草忌稱官。

山田不能蓄水，入夏後小有旱乾，往往聚百數十人入山，取潭水鱗介之屬，謂之抽龍，舁以入城，至各署請官長行禮。其不馴者，不免聚衆滋事。此風栝屬大約相同，遂之西鄉尤爲倔強，宜思所以戢之。

履端之始，肅衣冠禮神祀祖先，而後互相慶賀。除夜預輝燈，謂之照耗。祀門祭竈，折栢枝繫柿橘，俗呼百事吉，懸之中庭，以示嘉兆。爆竹喧天，以祓不祥。

上元各神祠家廟設祭，結綵張燈，城隍廟爲尤盛。鼓吹喧闐，爆竹聲震山谷，游龍燈火照耀如白晝，自十三試燈至既望夜而止。

社日農家各祀穀神。是日播種，謂之社秧。

社後卜吉，設醮作樂，呼擁鼓吹，舁溫元帥周巡四隅，以童子作優伶狀，高舁而行，謂之臺閣。

拖船於市以逐疫，城鄉男女雲集競觀，彷彿古儺遺意。

清明節以茵葉擣細，和爲粔餌，謂之清明果。門户插柳掃墓，掛紙錢於丘隴間。

四月八日浴佛之辰，取南竺葉擣汁漬米，名曰烏飯。

重午以蒲艾插户，裹角黍，親友互相餽遺，兒童繫縷佩香囊，舉家飲菖蒲雄黄酒。當午競採藥，并取百草煮湯以浴。

夏至以前逢丙寅日，尤忌無雨。諺云：丙寅見陽，曬煞稻孃。

立秋日忌逢雨，非旱即潦。諺云：立秋雨打頭，無草可飼牛。

七夕，女子間有備蔬果香燭供牛女星，謂之乞巧。

中元爲蘭盆勝會，插香燭化紙於道。

中秋日，兒童以果餅供月，士庶家喜集戚友夜飲，謂之賞月。

臘月，掃舍索逋，多有嫁娶安厝者。

除夕，先數日謝神，當夕奉祀先祖，坐夜守歲，爆竹達旦。

畲民附

畲民有雷、藍、鍾、盤、婁五姓，本盤瓠遺種，其後蔓衍爲五溪蠻。趙佗割據南越時，復有五嶺蠻，曰僚，曰猺，實屬一種，於兩廣最多。遂邑之有畲民，蓋於國初時徙自廣東，散處於衢、處、温三府者。力田傭工，不敢與本地人抗禮。服飾言語，均沿蠻俗。婦人堆髻跣足，以斑斕布包竹筒，綴以珠璣，蒙其首，腰着獨幅裙。嫁娶不避同姓，近亦漸摩向化。小康之家，其婦女服色亦與本地相同。北門外井頭塢建有藍、鍾二姓宗祠，亦聚族而居，咸知禮讓矣。每一姓始祖刻龍頭杖爲之，子孫祭祖，供杖羅拜之。祭有三次者，稱進士，衆聽約束。其俗自有紀律，悉聽尊長處分，從無庭質。

按：畬，集韻：詩車切，火種也。韻府：式車切，燒榛種田也。俱收入麻韻。李商隱詩：燒畬曉映遠山色。范成大詩：砍畬大山顛。陸游詩：山畬一老鋤。蓋山中農田之謂云。邑人周應枚畬民詩云：盆陀之後亦編氓，百畝夫妻事并耕。人不壓居無力役，田從主賃省官征。麻衣麤織神農製，繡幘高妝帝嚳甥。來自蠻方今已久，謳歌仍自作南聲。負耒爲氓自遠來，相傳舊姓有藍雷。茅居偏向隴頭結，佃種無辭荒處開。九族推尊緣祭祖，一家珍重是生孩。人人自有羲皇律，不識官司與法臺。再按麗水志稱：嘉慶八年，巡撫阮元會同學使文甯，咨准一體考試有司。民之貴者，亦宜准其考試。先擇俊秀者，准其入義學讀書，使知彬彬向學，不得以异類屏之也。

物産

邑苦無珍异，而取其土之所宜，在方物，不在珍异。略舉其有，以存其名。稱謂各殊，載以俚語，雜見他説，證以諸書。貨惡其弃於地也。地力所出，可以驗民俗之惰勤。

穀之屬

稻：有赤、白二種。其早者，俗呼可曰早。以黏爲糯稻，不黏爲秔稻。有松花糯、觀音糯之名。

粟：韻會所謂米之有甲者，結穗下垂，猶如獸尾黏。粟謂之秫，今統謂之粟米。有觀音粟、雞爪粟之稱。

玉蜀黍：苗葉俱似蜀黍，俗謂之包羅。

菽：俗通呼爲豆。釋名所云，有大、小、赤、白、青、黑之名。本地所稱，有豇豆、刀豆、豌豆、藊豆等名。

麥：小麥冬種夏收，大麥下種稍遲，收穫較早。蕎麥以白露種，霜降收，與他處大略相同。

胡麻：俗呼脂麻。有黑、白二種，可以榨油。

貨之屬

麻：江右人最善種，一歲可刈三次。本地種麻者少，共取以爲繩者，所謂絡麻，又稱野麻是也。

藍：俗稱靛青。以藍浸水，以石灰澄之。毛桓詩：郎罷收藍澱。註云：遂昌種藍者多閩人，閩人稱男子爲郎罷。

茶：味亦純厚，以穀雨前爲佳。採而復生者，謂之二茶。惟製造手法遜於他處，非枯則碎，難得勻淨而翠色者。

山麻：爾雅疏：麻生山中者名薜，土人取其皮漬腐作紙，以造雨傘。

棉：畲民有種之者，僅以自製衣絮，不諳紡織。

菜油：俗呼香油，榨芸薹子爲之。
茶油：樹高丈許，花葉類茶屑，子以爲油。
桐油：實大而圓，大如楓子，食之令人吐，取子作油，可塗髹器物。
紙：質理麄疏，以竹爲之，有大簾、小簾之分，不中書也。又黄標紙作楮帛之用。
香綢：土絲作綢，名香綢。吴世涵物産詩云：敝惜香綢襖。
桕：唐本草云：葉可染皁，子可榨油，成於仁者名青油，成於皮者以造燭。
淡芭菰：俗名菸草，本地植之者多利，勝於種稻。
鐵：於山谷取沙淘洗，取其黑者爐冶之。東鄉出處最多，故鐵爐亦半在東鄉。
硝磺：出東鄉，土人俱於直嶺頭采取，取石融之，其液流爲磺，其渣再燒爲礬紅。

蔬之屬

韭：麗水志載：張丹村梅簃隨筆云：栝郡向無黄芽韭，自張荔園教園丁種植，遂傳其法。今遂昌亦有之。按：張名駿，嘉慶初年爲麗水教授。
葱：夏衰冬盛，有觀音葱、龍爪葱等名。
蒜：俗呼大蒜。
芸薹：俗呼油菜。

菘：種類不一，通呼白菜。埤雅：菘性隆冬不凋，四時常見，有松之操，故曰菘。

芥：有大葉、細葉之種。

薑：苗高二、三尺，葉似竹，兩兩相對生，根似列指。

萊菔：歲可兩種。有紅、白二色。

莧：有赤、白二種。又有馬齒莧，葉似馬齒。

鴨腳葵：俗呼馬蹄菜。

筍：種名不一。羊尾筍，產白馬山最佳。有明筍，即白筍。毛桓詩：明筍三春白。又有觀音筍等名。

芹：生陂澤者曰水芹，生平地者曰旱芹。

芋：廣志所載種類甚多，色紅者佳。

薯蕷：俗呼番藷。有紅、白二種。徐景福詩：卓午鄰家薯蕷香。

蕨：根可作粉，俗呼山粉。

蒿：花葉微似白蒿。

茄：即名落蘇，出時鶯始飛。黃鶯，俗名買落蘇。

薺：以其音名之也。

冬瓜：農書：冬種勝於春種，經冬白如塗粉，故名。

南瓜：附地蔓生，蔓延十餘丈，故曰地瓜。老則色黃，故又曰金瓜。

絲瓜：老則筋絲羅織，故俗呼天羅。

果之屬

樟梨：味辣，可解酒治氣。産西鄉覆螺淤，隻一株臨溪，梨熟半落水中，故所得不多，餘俱無效。徐景福竹枝詞：樟樹熟梨粉細堆。註：遂昌山樟樹生梨，秋時熟落，旁有黃粉。

雪梨：俗呼消梨，尤甘而脆。

桃：舊志以紫桃出名，或即所謂胭脂桃。

栗：本草：栗，立也。人有腳弱，啖栗數升，遂能行立，故云。舊志獨載大栗，然有榛栗、茅栗之分。

杏：俗呼杏梅。

枇杷：味酸者多。學署後有枇杷一株，高數丈，色黃而甘，相傳爲塘西種云。

林檎：一名來禽子，俗呼花紅。

葡萄：漢書：出大宛，張騫始得種。有紫、白二色。

石榴：有甜、酸二種。白者味酸。

木之屬

梧桐：有毛桐、油桐之別。油桐以榨油，毛桐作書櫝不受濕。

柏：實爲藥中上品。擣木爲屑，可以製香。爾雅：柏，椈。柏乃木之有貞德者，故字從白。

杉：疊理含脂者曰油杉。毛桓詩：油杉千歲紅。枝葉下垂者曰柳杉。松、杉兩木，實爲邑出産大宗。由貨木起家，西鄉最多。然簽種培養，亦頗不易。近或二十年，遠或三十年，方可問價於人。

椿：圖經云：椿，木實而葉香，可噉。其不香爲樗。

楠：爾雅：梅枏。注：似杏而酢。廣要以爲似豫章。

榧：子可食，殺蟲。爾雅翼云：似𥻔而材光，文采似柏。吴世涵詩：几憑榧水平。

檀：本草有紫檀、白檀二種。舊志專載白檀，無紫檀。

樟：有紅、白二色。紅者不蛀。

涼樹茶：藤類，俗名老雅莊。實如林，剖食之，細子纍纍。以水搗之，即膠凍如冰而軟，飲之甚涼，呼爲涼樹茶。吴世涵詩：涼茶寒沁骨。

并閭：張楫曰：椶也。俗呼椶櫚。正直無枝，其皮中繩，久經水不壞。

竹之屬

貓竹：華彝考：竹高而堅。其筍有二種：冬至生者爲冬筍，二、三月生者爲春筍。

石竹：异於他竹。節疏質厚，筍亦可食。按：石竹有草本，見群芳譜。

紫竹：小而色紫，宜簫、笛、傘柄。見彙苑詳註。

方竹：群芳譜云：體如削成，勁挺堪爲杖。

慈孝竹：俗名孝順竹。群芳譜云：長榦中聳，群篠外護，向陽則茂。

鳳尾竹：纖小可玩，高二、三尺。見彙苑詳注。

花之屬

蘭：爾雅翼：一幹一花而香有餘者爲蘭，一幹九花爲蕙。曰建蘭者，來自閩中也。邑山谷中蘭尤多，而素心者不易得。

紅蘭：俗呼豬污蘭，以其無香也。生山谷中，一幹十五萼至有二十萼者，葉闊如建蘭而短而軟。按群芳譜：其類紫者有十七種，一幹十二萼或十五萼，惟吳蘭有一幹至二十萼者，此其是歟。

素蘭：俗呼白蘭，有春素、秋素之分。秋素有二種，闊而短色深青者來自福建，葉稍狹而韌色青瘦者爲山中所生，皆一幹數萼，心如玉白，瓣若水碧，邑西鄉士夫家間有藝者。春素則葉細長，一莖一花，香較秋素尤馥，生於山谷中，歲僅一二見，聞諸樵者謂此花生必有偶，苟於此山物色得之，則對山必有焉，然藝植較秋素爲不易。

風蘭：俗名吊蘭。群芳譜謂：温台山陰谷中懸根而生，幹短勁，花黃白，似蘭而細，不必土栽，取大窠者盛以竹籃，懸於陰處，不使乾燥，冬夏長青，亦奇品也。又云可催生，將産掛房中有效。

木樨：八月花，有四季花、月月花者。文廟及明倫堂兩株高聳數丈，枝葉尤茂，近百年物。

牡丹：有黄、紫、白數種。

海紅：一名海棠，花淡紅，蘂如金粟，中有紫鬚，無香。

玉芙蓉：舊志所載均不詳注，應即十月間所開紅、白芙蓉兩種。蓮花亦名芙蓉。泮池有千瓣白蓮最佳。按雍正七年泮池生并蒂蓮，於科第先兆尤歷歷不爽。相傳道光戊子、辛卯，咸豐辛亥并蒂蓮見，而吴世涵、朱渭、葉永英皆於是科登第。

菊米：惟遂昌有之，出西鄉蔡源者最佳，入茶中尤清香。吴世涵詩：菊米能明目。

杜鵑：叢生山谷中，有紅、紫、白數色。

山茶：葉似茶，深冬開花，花紅蘂白者貴。

草之屬

芝：芝爲瑞草，不經見。宋靖國元年芝生壽光宫，明崇禎九年生教諭廳，國朝雍正十三年生明倫堂，凡三見。

芭蕉：白紅二種，可學書，見格物總論。

山茹菰：生湖山者佳，爲製造紫金錠要品，故湖山魯氏紫金錠爲最。

夏枯草：莖方，種有子，夏至後即枯。

茺蔚：方莖，白花，一名益母草。

薄荷：方莖，青色，其葉對生。

黄精：五符經云：得天地之精英，故名爲戊己芝，山中皆有之。

何首烏：本草：本名交藤，何翁服之而首烏，故名。

土茯苓：本草：一名禹餘糧。

冬术：天生者佳，近不多得。吴世涵詩：野术自天生。

茯苓：山多松，必出茯苓，近多種成者。

草河車：舊志：七葉一枝花，即此。又名金線重樓，見衢州府志。

羽之屬

鵲：説文：鵲知太歲之所在，俗呼喜鵲。

烏：説文：孝烏也，俗呼老鴉。

花鴨：一名番鴨，毛兼五色。

鵁鶄：按湯臨川來宰遂昌，有大史應占老鶄鵁之句，鶄鵁又名鵁鶄。

竹雞：喜食白蟻，諺云：家有竹雞嘑，白蟻化爲泥。又喜食蘭花。朱炯敬詩有『幽谷蘭香吽竹雞』，註云：喜食蘭花。

畫眉：淵鑑類函：畫眉似鶯而小，黄黑色，其眉如畫，聲如百舌。

青翠：翠鳥也。

白鷴：似山雞而色白，背有細黑文，尾長三、四尺。

海青。

錦雞：一名山雞，毛采如錦。

鴛鴦：玉篇：匹鳥，雄曰鴛，雌曰鴦。

倉庚：正字通：黄鸝也，一名黄鶯。

鷓鴣：説文：鷓鴣，狀類斑鳩。其鳴自呼云：格磔，行不得也哥哥。

毛之屬

虎：似貓而大，黄質黑章。格物論謂：山獸之君，邑前有虎患，近久不聞。

豹：本草釋名：性暴，故曰豹。勺物而取，程度而食，故字從勺。似虎而小，其文如錢。

麂：説文：大麋也。本草注：麂，麞屬，小於獐，口角露牙而長，喜鬬。本草集解：麂皮細膩，韡韈珍之，冬春時有，其肉可食。

山豬：即豪猪也。説文：豕鬛如筆管，出南郡。山海經：竹田有獸，其狀如豚。白毛，大如笄而黑端，能以脊上毫射物。邑西北山中，歲有弋獲，毛僅兩寸許，鋭韌若巨鍼。

熊：説文：熊獸似豕。山居，春出冬蟄，而性輕捷，遇人則人立而攫之，故俗呼人熊。

鹿：春秋運斗樞：瑤光星散爲鹿。馬身羊尾，牡者有角，夏至則解。

猴：形似人，能人立而行。白虎通云：猴，候也，善於候者也。

山羊：身似兕，在出厓。爾雅疏云：角直而長，惟一面有節。又方書云：其骨熬膏補虛寒，血可治肝疾。

猨：猨似猴，大而黑，見春秋繁露。埤雅：猨性静緩，故猨從爰。爰，緩也。

玉面貍：一名果子貍。正字通：野貓也。吴世涵詩：果貍團玉面。

竹䶉：一名竹豚，居土穴中，食竹根。吴世涵詩：肥看竹䶉烹。

獺：字説：獺知報本反始，獸之多賴者，故字從犬從賴。鄉人冬日蓄田水令滿，陰張弩水底以射之。毛桓詩云：水弩張獱獺。

鱗介之屬

鯉：陶宏景本草：鯉爲魚中之主，有黑、白、黄三種。有脅鱗一道，從頭至尾皆三十六鱗，每鱗有小黑點。

鯽：本草：形似鯉，色黑，體促，腹大。

香魚：雁蕩山澗中有魚，長二三寸，身長圓，無鱗，炙乾供茶酒，味香耐久。邑西山澗中亦有之，然不多。山之人藏以供客，臨用滲以油椒，味尤美。

鯖：正字通：即青魚。

鰻：本草：鰻魚似鱓而差大。

鱓：爾雅翼：似蛇無鱗，體多涎沫。

穿山甲：有鱗有介，生山谷，力能穿山，故名。見本草。

跳魚：似蛙，黑色而大。吴世涵詩有『美有跳魚膾』之句。何美期竹枝詞有『番鴨會飛魚會跳，可人口卻駭人聞』之句。

鼈：廣雅：甲屬也，以眼聽，水居陸生。

蚌：爾雅：蚌含漿。本草：殼堪爲粉。又月望則蚌蛤實。

蟲之屬

蘄蛇：即花白蛇，狀與蘄産同。

水蛭：俗名馬蟥。

守宫：俗名虎蟻。

蝦蟆：易林：穴有狐鳥，坎生蝦蟆。一名青蛙，又曰水雞。

崖蜜：出自山崖者，蜜尤佳。

坑冶附

地不愛其寶，坑冶尤貨財所自出。而沈珠於水，捐金於山，貨財爲王者所不道。明季礦使四出，匪徒嘯聚，邑曾罹其害。舊有數坑，今久廢，特附物産之後。

梭溪坑：在二十三都，去治八十里。嶺崖峻絶，人迹罕至。礦脉微細，盜採者一朝無十文之利，徒羅法網，卒以散止。

黄岩坑：在四都梧桐内源，去治西四十里。今絶。

檡樹欄坑：在十一都外源，去治五十里。今絶。

金雞石下坑：在十一都雞鳴坳，去治五十里。今絶。按：舊志物産所載甚略兮，擇其尤者補入之。

兵戎

地瘠民貧，山峻路嶇，非必争之地。而山寇竊發，往往盜弄潢池。我朝康熙間，猶不免蠢動。嗣後休養生息垂二百年，而咸同間粤寇之難，遂昌兩被其災，罹害尤酷。據事直書，無謂僻陋可恃也。

唐

中和元年，遂昌盧約乘黄巢亂，攻劫青田等縣，命姪佶陷處州，即據守之。及吴越王錢鏐遣兵取温州，捕逮佶至臘口而死。約來據州，自爲刺史，多所建置。刺史施史君率兵屯寨，號召義勇，討約誅之。案：此據括蒼彙記所書如此。但考盧約廢興前後二十八年，非僅中和年間事。施史君又未詳所刺何州。據麗水志稱：梁開平元年，錢傳璙討盧約，約降。姑存此以俟考。

元

至正十七年五月，縉雲黄村、松陽白岩村、遂昌大柘村、麗水浮雲、泉溪村各群聚劫掠，勢甚猖獗。以石抹宜孫爲行樞密院判官，鎮處州。既至，置胡深行軍都事。深攻泉溪，拔其寨，浮雲亦敗。白岩賊懼，遂降。黄村賊望風遁去。深移師攻大柘，賊酋周天覺、方友元傾其精鋭迎戰。深分部接戰，伏奇兵夾擊之，别遣游擊入山，搜其伏匿。賊大敗，斬首數十級，生擒八百人，獲方友元，梟其首，周天覺降。乘勝移兵討青田賊，賊黨金德安殺潘惟賢兄弟降。七月，山民乘流賊之亂，群聚爲盜，由浦城、松溪直入龍泉。胡深檄屬縣募壯士屯竹口，因下令賊中曰：爾等因驅脅爲亂，弃械即良民。賊知胡深長者，盡毁其巢，投戈以降。

明

永樂二十二年五月，龍游、柯山諸賊作亂，劫掠郡縣，逼松陽，勢甚猖獗，東南震動，所過遭其殺戮。剽掠至松陽，民皆逃匿，縣治幾爲所據。鎮撫陳滋統所部兵出擊，而官兵亦四至，合力併戰，遂剿平焉。

正統十三年十二月，礦徒陳鑑湖、陶得二與朱閶八、齊熮等盜福建寶豐諸坑，參議竺淵往捕，被執死。遂流寇福建、江西境，自稱大王。官兵屢失利，因進掠遂昌。監守銀冶御史李俊命麗水人葉鉅詣松陽，督典史杜英、社首毛孔機等抵街亭橋，賊出迎，大敗，斬齊熮等百千餘級，鑑湖遁還宣鄉。鑑湖之起也，倚閩賊茂七爲聲援，茂七死而鑑湖之勢孤。陶得二屢受撫，屢叛。賊至縣淤頭，指揮弓禮、縣丞張智率官兵迎戰，敗績，殺軍快五十餘人，禮、智死之。賊乘勢陷縣治，焚廨舍，縱獄囚，市落爲墟，脅從至數萬人。後都御史張楷討降之。

嘉靖二十四年，慶元賊吴主姑自號八先生，嘯聚千餘人，出入閩越，刼掠松浦間。得勝長驅，景、慶、龍、遂之墟悉爲震駭。知縣陳澤引兵邀擊，先鋒吴元備鼓勇先驅，獨斬數人，以大兵後至，遇害。繼衆至，賊大敗，殲焉。後論殺賊功，爲元備立祠祀之。

隆慶元年，常山礦徒作亂，西陷婺源。賊多松、遂無賴民，事敗潛回。議者以湖山當衢、婺之衝，特委萬户一人領兵駐守，以制不逞者出入。既而兵多騷擾，地方益苦之。縣令池浴德議置保長，撤官兵，俾鄉兵自爲守，至今稱便。

崇禎十一年，閩寇猝起，自金華犯遂昌。初，閩人來浙東諸郡種麻靛者，布滿山谷。久之，與土人爲仇。州人邱淩霄父子與金華人陳海九有隙，勾海賊稱兵作亂。巡撫羅公新莅任，親至勦賊。賊懼，以義烏、湯溪皆有備，陡至遂昌城，殺傷相當，走石練拒守。撫院遣衢州守備成紹譽躡其後，追至石練，大戰於溪灘，衆寡不敵，紹譽死之，寇遁入浦城界。撫院上其事，贈紹譽驃騎將軍。

十四年，靛賊出入罟網潭，爲江山、浦城界。守備葛邦熙追之，不克。賊結巢於二十一都磜下，旋移礱坑。葛邦熙守禦坑西，賊又移巢罟網，刼殺村落，出没無常。十二月，將入邑，過大柘，聞知縣許啟洪親宿西門城樓，督士民晝夜防守，遂繞道至湖山，燒毀房屋。葛守備提兵追之，賊沿途擄掠，被殺鄉勇四人，仍向罟網潭而去。

十五年，閩寇在浙者將歸福建，浦城縣防守甚嚴，不得過，由是聚嘯於遂之西鄉茶園，而江西之永雲，衢之江山并震。知縣許啟洪申請義烏縣升工部主事熊人霖，紹興府推官陳子龍來勦。寇大懼，半詣浦城降，餘并降軍前，解撫院。論者以地界遼闊，議析石練爲練溪縣，升遂昌爲平昌州，以縣丞駐王村口，并龍泉隸之，不果。因立防禦廳於王村口，移温州府通判一員陸昌㬂來，春冬防禦，夏秋仍回温州，復取處州原額兵二百名，借在温州蒲圻所者來縣，永爲防守。甲申，京師陷，各縣并立義兵，防兵遂罷。

國朝

順治二年六月，時江東糧盡，明兵内潰，故明總督田仰兵尚萬人，勳鎮方國安標下方國泰，屠埒鰲等各兵俱不下數千，乏食，入處州，散處各縣，需索掠人家産，勒民獻銀，始免。民苦之，逃匿殆盡。

五年四月，何兆龍、朱匡明等聚衆於青田之油竹、彭桰等處，將犯縣城，陳光魁等應之，游擊劉登瀛與防將史成有率兵禦戰，始退。朱匡明聚遂昌之紫山、芒土坑、馬戍嶺諸處，又屯金竹。官兵禦之，擒江應雄、許世勳等，宣平九峰岩及金公岩賊伍昌篪、徐可畏、吴用等亦被擒。

十月，朱匡明聚王村口，曹飛宇聚澤賽，遇官兵，戰敗。擒王九妹、湯仰溪、吕伯川，斬魏國波，而馮生舜等衆據龍泉西山。官兵進勦，復擒吕廣生、方永用、陳壽等。

七年。二月，遂昌赤葉源盜起。初，典史某赴鄉拘金華喫齋人，指爲無爲教，株連不已，遂致激變。會招降，乃散去。

八年閏二月，賊徐應愷等散掠馬頭、破礑諸處，游擊劉登瀛率官兵會勦，平之。

九年三月，閩賊葉茂龍等流竄遂昌，劫掠湖山諸處，劉登瀛提兵追至福建茶地，前後斬級甚多，餘孽星散。

十年冬，王必高作亂，勢甚猖獗。士民請游擊劉登瀛鎮勦，賊不知也。方從北而東掠，離城僅二十里，登瀛至，不及駐足，即飛騎入山馳勦，斬馘無算，寇望風遁。

十一年春，王必高仍據山四掠，督院遣别駕彭應震入山勦撫，賊散去。必高仍潛擾掠，劉登瀛復至，入山犂穴，計擒必高并其父母兄嫂，械送撫院，殲焉。士民德登瀛，建劉公祠祀之。

康熙十三年，耿精忠據閩地叛，僞黨馬勝入踞遂昌，井邑爲墟。十五年九月，大兵至，蕩平之。

時僞黨胡聯啟尚拒命，據駱山頭，當道命生員華發招之降。

四十七年八月，閩人黄清蘭等爲盜，游食之徒聚嘯山林，不數日就縛。

四十八年三月，閩匪彭子英作亂，至雲和七赤，千總張君聘禦之，復走龍泉，犯遂界。官兵尾其後，遇於大柘，金百總挺身赴鬭，死之。分巡道高公其佩恐其出没滋爲民害，檄温處金衢四府兵及鄉勇會勦，殲其黨於坳頭嶺。鄉兵踴躍踞險以守，賊窘無所食，士人吴時科生縛子英，械之邑，餘黨悉平。

十二月，龍游廟下紙蓬内閩人廖雲山、温顯靈等因饑相聚爲盜，衢郡官兵追至高坪嶺。時防兵無多，人民震驚。知縣繆之弼請兵征勦，隨制造軍器，統率鄉練，阨守要隘。初八日，賊自高坪遁至大柘高山，處協都司張朝臣統兵追勦，以黑夜戰鬭，遂遇害。既而金協孫都司統兵至，斬其渠魁十餘人。衢兵至，賊已遁去。於是處郡把總協同邑練總於上且源斬其黨羽數十人，繆之弼率鄉練入山，追獲三十九人，廖雲山亦就擒。

咸豐八年，粤匪竄逼衢州，攻城累月，於是浙省各郡縣檄辦團練，遂昌戒嚴，知縣鄭崇暄諭四鄉扼要防守。

三月二十一日，賊酋石達開忽由龍游竄北界，倏至遂昌，教諭景采臣全家殉難，旋陷松陽碧湖，直犯郡城，據守松遂。北鄉團長潘永清、李樟義、傅庚，十都畢廷立、王亦貴，蕉川葉桂芳、潘進清、周墉、黄耀堅、張德棋，大柘黄景香、景中、王永清、宋涵，石練吴有森、劉乙照、朱燦榆，湖山包詰、王煊、周公源、徐景福、鄭良、李本榮等，分扼固守。黄景元督帶鄉勇，遇賊先赴，陣亡者數百人。沙口監生鄭廷楨帶勇直至縣城，賊忽自五龍山下，斷其援兵，廷楨戰死於萬壽宫前。各鄉團亦互有殺傷，賊不得逞，退入郡城，攻犯衢州。

六月，賊酋知衢州援兵雲集，不敢犯，潛由龍鼻頭入遂界，鄉勇與戰，衆寡不敵，遂撲湖山，直掠大柘，由門頭嶺過住溪，至龍泉駐處。郡之賊亦由大港頭白岩竄龍泉，直趨閩省。人馬幾數百萬，聯行不斷者十餘日。鄉團各潰散，所過村落，殺掠一空，百姓走匿山谷，擄殺幾徧。雖爲日無多，而已蹂躪不堪言狀。

十一年辛酉九月十三日，粤匪又由金華竄入遂境，仍由原路過湖山，趨大柘，遂據邑城，分踞上旦源一帶，并築土城，立賊營於溪東，時出擄掠。賊目毛禮祥據小金竹，勒民貢獻，後爲鄉勇傅象儀等所殺。彼時深山荒谷之中，無不擄擾。惟大葉坑、蒼里源諸處，扼塞堅守，遇賊即擊，殲賊不少。是冬雪深五尺，百姓遭難者尤慘。

同治元年二月，百姓憤賊盤踞不退，四鄉團長函告各村，密約於初八夜同時并起擊賊。火光燭天，聲震山谷，賊出不備，奔竄入城。東鄉周鎬、項名榮、張書銓等，追賊至松陽界。是役各鄉殲賊不少。賊竟過松陽，出桃花嶺，走金華。

三月十二日，忽又從原路到大柘屯駐，於是各鄉民以前次獲勝，膽氣亦壯，遇賊奮戰，賊退至北界，趨犯龍游。

四月初一，别股賊忽又掩至，人數尤多，日思報復也。猝至湖山，長驅至迴龍橋，鄉勇力不能敵，紛紛潰散，賊遂大肆殺掠，縱焚廬舍。百姓羅害，幾無孑遺。

七月，台灣總兵陳統兵自浦城至，記名總兵林文察初駐龍泉，亦統兵自雲和至，直趨王村口，分紮石練。賊首隊正到大柘，與賊十餘萬大戰於峽口門，潛分兵斷其後路，斬獲無算。賊大敗，由十五都奔竄龍游，有竄回湖山，過金竹、高坪而奔龍游者，有由桐上、大源而竄浦城者。文察乘勝長驅，遂由西鄉進逼遂城，克松陽，復郡城，旋克龍游、湯溪旁郡邑，而遂昌於是無賊蹤。

卷十二

知縣清河胡壽海、史恩緯重修

災祥

左氏曰：陰陽之事，非吉凶所生，而休徵咎徵，洪範言之鑿鑿。保章氏志日月星辰之變，水旱蟲蝝，春秋必書。誠以豐凶災祲，民事所關，君子修德，盡人事以格天心，如斯而已。

宋

嘉定癸未夏，有禾發十八莖，莖生八九穗，并蒂蓮生。時司馬掀典邑，仁愛及民。

靖國元年，壽光宫靈芝生。九莖連葉，色如栗。

元

至正庚戌，晝有大聲如鐘，自天而下，無形。鼓妖也。次年，縣中官民俱災。見草木子。

明

嘉靖八年，大水。二蛟并出，壞橋堰民居，溺者甚衆。

天啟五年七月二日，夜有大星自西流入東。尾長二十餘丈，光芒如月，須臾有聲如雷。是月，每夜流星如織不絕。

崇禎五年冬，天雨粟。形如黑黍，惟西鄉近三衢有之。

六年七月六日午時，五色雲見西北方。

九年，教諭廳前紫色靈芝生。時教諭爲陳士瓚，次年丁丑登進士第。

國朝

康熙四十八年四月七日，天雨花。有形無迹。是年，壽光宫火。

雍正七年，泮池産并蒂蓮。

十三年，明倫堂階下紫色靈芝生。

嘉慶五年六月二十三日，大水。平地數尺，壞田廬無算。二十五日戌時，雷電交作，大雨。川原出蛟，山崩水涌，臨谿民居盡漂没，東西鄉爲尤甚。二十七日，北鄉陡發水，前後漂没數千人。經大吏奏請賑恤。

咸豐四年七月，大水。初三至初七日，暴風猛雨，山水驟發，田廬漂没，不可勝記。

八年，彗星見西北方。

十年三月，彗星見東北方。

同治元年，彗星見西方。

九年，天雨黍，形小似穀，剖之有仁，甘可食。

光緒七年，彗星見東北方。

八年，長星見東南方，形如匹練。

十二年七月，大水。山水陡發，出蛟，壞田畝以千計，長濂尤甚。有巨山崩裂，深不見底。

雜志

施武子志會稽，入瑣事於雜志，厥體最善。神仙怪异，儒者不道，而傳聞往昔，非盡子虛。凡軼事見於他説，以及昔人一藝之長，零文賸句，膾炙人口者，咸搜輯以助見聞。

松陽人葉法善，字道元，年三十，游紫極觀，得煉丹辟穀導引法，後道益顯。唐高宗召方士化金爲丹，法善上言：丹未可遽就，徒費財耳。初，神龍間，叔祖靜能爲尚衣奉御，遷國子祭酒。至先天中，法善拜鴻臚員外，封越國公。黄冠以爲榮。法善又請追贈父惠明銀青光禄大夫、歙州刺史。會李邕爲處州刺史，以文章翰墨名世，法善求邕爲其祖有道先生國重作墓碑。文成，并求書，邕不許。一夕，夢法善請曰：向辱雄文，光賁泉壤，敢再求書。邕從之。書未竟，鐘鳴夢覺，至丁字下數點而止。法善刑畢，持墨本往謝，邕驚曰：始以爲夢，乃真耶！世謂之追魂碑。開元八年卒，距生年百有七歲。元宗詔贈越州都督，併御製碑文。至宋宣和二年，加封靈虛見素真人。

禪月大師者，名貫休，五代時，常結廬於唐山。居十四年，夢异人授以寫梵相十八尊書像，獨一像未就，异人復教以臨水爲之，謂師即此像後身也。及應吴越王召，獻詩有云：滿堂花醉三千客，一劍霜寒十四州。王請改爲四十州，師曰：詩亦不改，州亦不添。蓋先知所據止十四州也。後去蜀，蜀孟氏二女尼欲游天台，師教之來唐山謁尊者。至則衆尊者皆現身，尼乃告其故。及返蜀，述所見。師曰：信爲諸佛之母，汝能信，則種種應期而現，宜再往勿憚。後三年復至，獻袈裟鉢盂盞橐各十六事而歸。

五代劉處靜，字道游，沛國彭城人。其先避地，家遂昌。唐肅宗時，與丞相李泌友善。遇异人，授以吐納之術。肅宗召見，賜緋衣，退居仙都，結廬金龍洞側。咸通十四年六月羽化。自撰元虚志。後數十年，有鄉人見於襄漢間，弟子啟其墓，惟存劍履。

五代道者，名善幽，游邑之重光院。與人無忤，犯之未嘗較。每晨摘野蔬，以腐薪烹之，不累主人絲毫。一日，無疾趺坐而逝。納之棺，趺坐如故。吴越錢氏聞之，爲繪藻其身，建殿祀之。寇亂，院毁。

宋邑人毛會，於廣仁院壁畫一婦乳兒圖，每夜有兒啼聲，衆皆怪之。一日，會至院，僧語及啼狀，會笑曰：欲止啼甚易。乃以筆添乳入口，自後聲遂絶。人以會之畫爲神。

劉應真，字從道，少有逸氣。既長，隸紫極觀，事吴若容爲師。後受業於龍虎山張虚白，傳法於汪惟德。宋元祐間，被召至京師，主上清儲祥宫，賜紫衣，號靈寶虚應師。有道德經解意若干卷。

章思廉，名居簡，以字行。少業儒，經學名播三舍。後棲迹於壽光宫，終日默坐，蓬頭垢面，出則步履如飛，動作言語，皆寓禍福，時以神人目之。宋高宗聞其名，遣黄門董御藥賫香致禱，大書慎乃在位授之。未幾，孝宗名慎，受内禪，每以隱語告人疾病吉凶，如響應。或授之履而人殂，覆其藥而疾愈之類。乾道丙戌，郡守錢公竽迎舍郡齋，兩月不粒食，惟日飲醇酒。忽出游半日而歸，因問吕洞賓何在，答曰：正在張公橋洗紙被。即命駕往謁之，至則若有聞，曰：此思廉小兒饒舌矣。一日語守曰：吾欲歸。乃端坐而逝。舁至天慶觀，七日顔澤不改。越八日，瘞麗水少微山。後有人見其持隻履在東陽洞邊釣魚，發其瘞，惟存隻履。嘗作詩云『得太極全體，見本來面目。先天一點真，後天却是屋』云云。見金丹大要。

范叔寶，字子珉，年十六爲道士，有神仙風骨。宋宣和間，隨師適京師，遇長髯道人，授以畫牛術，由是得名。言人禍福，無不立應，行步若飛。每歷處温台明越婺三衢，率三日而周。至青田，畫一橋三虜人於劉氏壁間，衆莫喻意。未幾，金亮稱兵淮南，乃信其爲异人。隆興間，錢郡守招之，寓天慶觀。一日自郡醉歸，夜半坐逝，瘞少微山。後有人數見於茶肆，或一時數十處皆見之。按青田志：范明我，一名子珉，遂昌人。爲道士，愛青田山水，寓焉。通靈詭异，人莫能測，而所言常依道。久寓館舍，有人問曰：汝與范游，有何所得？其人曰：未也。因歸以質之，明我曰：吾嘗告子矣，疇昔之夜，月明静坐，檻外芙蓉始華，旁有桑木。吾問桑何不花，子答以二物不侔之故。余曰：若此，造物也不巧。此即是道，子其思之。又范成大題道士子珉二牛圖詩：西疇滌場静無塵，原頭遠牧秋草春。一牛疾行離其群，一牛返顧如怒瞋。目光炯炯獰而馴，點綴毫末俱逼真。不顛不狂筆有神，妙哉吾宗散仙人。

項舉之，字彦昇，七歲爲紫極觀道士。宋徽宗大觀庚寅，往汴京九成宮，會金明池旱涸，應詔符召池中龍。舉之挺劍結步，池水即涌溢，有七巨魚浮水上，如北斗之次，雨隨沾足。詔改觀爲紫極壽光宮，賜御書額及田畝。政和丁酉，召赴闕，授紫虚大夫、葆光殿校籍，爵秩視朝散大夫。父禮，年百歲，授宣教郎。

宋董得時，理宗時充御前祈禱符水道士。咸淳丁卯冬，祈雪大應，特賜修真通元演法法師。龍翔宮全真齋高士。

靜空禪師者，閩人，宋時人也。有戒行，嘗創精廬於邑之大樓岩，翌日徙居龍安。洞有第四泓，號龍井。師振錫其側，有黄龍出受戒。至其嶺，虎狼蹲踞。師斥之曰：亟去，吾欲此居。遂結廬其中。後往弋陽白花岩寺，未幾入寂。寺塑其身，置大殿。一夕，其徒夢師至，願還本寺，乃迎以歸。迄今遇水旱，舁像出禱，願往則輶如一羽，否則數人莫能舉。鄉人敬信，悉繪像供之。

宋明慧，婺州人。宋政和初，出家於邑之興覺院。後游四明天童山，謁宏智禪師，頓悟宗旨，衆爲折服。主報願寺。未幾，往南明山，又之永嘉江心龍翔挂西堂。郡守知之，亟請領院，力辭，復還南明。乾道丙戌冬，結跏趺坐，白衆而逝。

宋馴鼠和尚，字明宗，新安人。武林赤佛寺僧，善書畫。後駐錫於關川興善庵，以衮被蔬粥濟行路，常徹夜不眠，終日不食。佛座旁有大鼠數十頭，其出入跳躑，一聽指揮，人咸稱爲馴鼠和尚云。居二十年，復返武林。一日，飲酒大醉，坐江干橋而逝，因名其橋爲化仙橋。

萬曆戊午秋，鹽臺李公宗著爲孝廉時，北上訪友遂昌，問籖於城隍廟，有『此去化龍知有日』句。轉而問來春消息，籖如前。公竊心喜，第有『磨鍊苦煎』之句。又竊自疑，禱於神，求解脱。至杭，果爲病困，夢神來而病愈。然竟淹留數年，至壬戌始得第。及奉簡書入越，乃遣官設醮，以酬前願，并題詩以紀其事。

宋周晳，字孔曾，揚州江都人，任遂昌學，升處州府學教授。因疾，復居遂昌西郭，與异人章思廉善。既歿，思廉囑停棺東廂，閉門七日。啟之，而黄蟻哺泥，護棺成墳。思廉斜插華表於墓，倒地懸尺許，搖之而動，且曰：華表直，我當復出。康熙丙寅洪水後，華表漸直。按：自康熙丙寅至今，二百餘年矣，所謂我當復出，不知何所指也。

萬曆己亥，知縣段宏璧莅任，抵龍邱，夢有遂昌尹姓者來謁。及下車，過堯庵先生祠，見神像，恍與夢符，遂捐俸葺之。

萬曆癸巳，遂昌多虎患，知縣湯顯祖禱於城隍之神，夢神告曰：觀樞密公意何如？因立滅虎祠於報願寺之内。初疑樞密公見夢，必平昌有此神也。後閲志，知張公貴謨起家教授，以吏部郎升樞密參院，欲追祀之社會，有言其曾論朱紫陽僞學而止。謹按：律以能捍大患則祀之例，虎滅則祀之亦宜，不必舉其人以實之也。

萬曆知縣南城萬邦獻未第時，計偕北上，夢中彷彿先聖贈言，有『文廟重新，苟龍薛鳳』之句。

及任遂昌令，下車首新文廟，得巨材爲梁，龍翔鳳舞，脉法天成，故大成殿梁爲龍鳳梁。舊志載：國朝雍正十一年重構文廟，得梁棟紋理甚异，削之有鳳凰蟠舞形。

萬曆末年，痘疹流行，患者恍惚見一女子曰：我馬夫人也，祀我即吉。因遞相供奉，無不獲福，競捐資建廟於五龍山下。有祓麟橋，凡祈禱輒應，遂皆以馬名其子云。按：景甯鸕鷀村祀護國夫人，即馬夫人也。

天啟丁卯，知縣胡順化子孝廉懷北上，至都病劇，夢五人治之而愈。問之，言在遂昌縣前。胡聞子病，正詣廟祈禱，得吉兆，慨然許新廟。不數月而好音至，甫下令鳩材，是日廟忽崩頹，四圍榱桷盡折，獨神像巋然，因舊址式廓之。

乾隆三十八年，西鄉十九都有虎患，斑斕白額，四五成群，出没不常，往往白晝突入村市，傷殘人畜，獵人莫敢攖其鋒。人心惶惶，昕夕相戒，群以蔡相公廟素著靈异，咸往禱之，虎竟先後就獲。按：舊志載：有邑人日夕致禱，每日起視神像，汗出如雨。及虎患既息，神像不復有汗漬云云。神而明之謂神，即使爲民除患，何至汗出如雨？未免附會不經，故削之。

關川、石練、獨山，舊祀蔡相公之神。康熙己丑，流賊彭子英寇鄉里。將至，鄉人禱於神。忽空中有黄赤旗幟隱見，賊疑爲官軍，遁去。明末長濂赤山廟亦著此异，有『神兵卻敵』扁今尚存。

城隍廟，初建於縣治最遠處。明季以來，香煙冷落，人迹罕到。康熙元年，大著靈异。邑有惡人，怙終不悛，夢攝其魂於殿中受杖。及覺，兩腿腫爛。月餘，又凶徒宰牛，亦夢杖責。時後殿初建，飾像未成，衣摺現花紋如織。丙寅大水，殿當其衝，上下前後，民居俱没。忽横倒大樹一枝，欄截殿宇，巋然無恙，至今靈應猶昔。按：邑廟既建在離縣治最遠處，何時建東隅，舊志失於詳載，應亦失考矣。

東鄉九雲峰葉真人殿，歲久將圮。道光五六年間，移真人像於閑曠處，故殿撤修未成，事漸寢。至十四年秋，舁真人像入村報賽。有外來竹工吕姓者，蠢而愚，隨衆往迎。忽中途躍起丈餘，大聲疾呼，自稱葉真人，責以土木未竟，棲息無所。今某等當出資財，某等當爲董理，剋日興工，毋得稍懈，致干神譴。事有衆所未知者，皆詳悉指出，歷歷如繪，踰時始醒。問之，茫無所知。村人驚其神，遂捐資修竣，舁回原處。遠近傳爲异聞。以上均舊志。

草木子，龍泉明葉子奇世傑撰。載有元季遂昌人徐孟芳母舅某，見沙洲一石，忽自行走，异之，拾以歸，碎之，石也。無他异，此爲至陰生陽之兆。

順治四年，西鄉民生一子，眼圓而多白，口闊而牙長，徧體青黑，大倍常兒。民懼爲怪，溺之。六年，西鄉民子三歲殤，瘞園中，雷擊而蘇，取歸養之。有妬之者曰：此雷震子也，不聞於官，當罪。民懼，斃之。

乾隆五十九年，十九都宏岡民家，猪生三豚，似象，越數日俱斃。

嘉慶元年八月，十九都垵下農家，牛産一物，鱗甲徧體，甲縫中生茸毛，赭黄色，口耳紅似丹砂，口闊而扁，目長如鳳，與典籍所謂麒麟、麕身、牛尾、馬蹄者無少异。農不知其爲麟也，以刀刮其鱗，血出而斃。是歲大熟。以上三条，舊志載在災祥門。

遂昌詩萃載：王邦仰陋室記『境以意造，高曠有致』。邦仰字君舜，家湖山，萬曆間廩生。性嗜酒，不樂仕進，恒欲枕山棲谷，擬迹巢由。女兄玉德，好讀書，别有著作，載藝文書目中。而邦仰人物志中，舊志未載，今補録原傳大略，并載其記於藝文輯存。

毛克亭，秉絶特之姿，負宏通之學，而好奇使氣。平昌詩萃小傳，載其搏虎一事，有可述者。關川在萬山中，素多虎。一日夜向午，聞舍旁室歷碌聲，潛視之，見一黑章大虎，目光如炬，方眈眈豕栅旁。急呼其從子儀熹曰：起，起，虎入吾室，盍搏之。於是先謀所以殺其威者，集諸婦女，然松枝，從窗格中出燭之，且燭且譁。火既光出户，而譁聲復如雷。虎驚，突走墻隙地，左爲石垣所搤，右復逼於板屋，勢不得轉移。克亭曰：可矣。手一槍遮其前，儀熹持杖攔其後。虎稍前，則以鎗戮之。卻而後，則杖之。虎咆哮發聲，衝突愈急，則鎗杖交下。相持至夜漏四下，人力憊而虎亦斃矣。其好奇如此。

項氏自元芝中丞後，累世多才，一門風雅。雍正間，教諭陳世修編昌山詩萃，各有所選。其可采者，今亦載入藝文輯存。項生庭以家藏項氏篋中詩鈔見示，頗有傑作。詩萃所未載者，如項完旭感懷云：拙守荒齋晝掩關，坐聽檐雨滴潺潺。貧來始覺人情冷，交久方知古道艱。肝膽疑無甘唾面，窮愁可放且開顔。茫茫塵海都成幻，何用機謀不肯閑。項世臣絶句云：流澌水上影蒼蒼，正值歸鴻半未翔。可惜枝頭春已到，紫騮不見看花郎。丰韻絶佳。出塞行云：獵獵邊風吹不絶，祁連山上雲如結。控來鐵馬冷無聲，萬里沙場踏殘雪。不減唐人風骨。項世溥秋夜吟云：午夜西風雨打窗，凉生衣袂閃銀釭。分明記得孤篷底，月暗潮生下浙江。亦清朗可誦。

舊志所載詩詞，瑜瑕互見。而當時能詩如吴世涵、戴縉，有關本邑掌故者，豈一無吟咏，竟不存一詩，可見當時去取矣。今吴詩已録存數十首。府志雜志中載：嘉慶乙亥，學使汪瑟庵侍郎試士。戴縉煙雨樓云：俯瞰春城似畫圖，一天煙雨影模糊。霏霏瓣落梨雲濕，滑滑聲争竹徑呼。高檻依然平雉堞，前溪錯認是鴛湖。當年霧散登臨日，笠屐風流比大蘇。鶯花亭云：百花深處囀鶯兒，喚醒孤亭客醉時。薄遣任他馳白簡，舊班無復綴彤墀。紉蘭結佩靈均賦，丸藥飛聲杜老詩。宋代銅駝荆棘裏，留傳獨有黨人碑。縉，字蓮峰，力學能詩，淡泊寡營，課徒自給，屢躓棘闈，竟以明經老。其詩散佚不傳，亦憾事也。

遂邑文風，近年以來，稍稍淩替。咸同間，如徐景福、王建瀛、黄景中、包尚清、鄭應辰諸人，有五虎之稱。然五人中，惟徐通藉，餘均以貢生終。

徐公可詩，已略載藝文書目中。其二十四咏，有象鼻垂虹者，小序云：象鼻山，一名大喬山，爲沙口西岸之屏藩，北岸之後障。青田端木國瑚精風鑑，過此裴裒不忍去，謂此中地靈，當應文運。象鼻山樹木鬱茂，皆大數圍，幾百年物。里人以地應文運，將此山購作公地，禁止伐木，特志此以爲後來者告。

大柘龍亭井，於某年苦旱禱雨，適有牧童，自言有异術，能入井取水，但勿作鉦鼓聲。童入井，忽化形似麒麟狀，雷雨大作。鄉人懼，鉦鼓喧起，童竟被龍纏死，尸浮井面，化爲白鶴而去。里人建廟曰鶴仙，禱雨輒應。

粤寇之亂，各鄉蹂躪幾偏，神廟爲一方保障，往往各顯靈异，以保衛閭閻。如蓼樵峰下之關帝廟，牛頭山之天師廟，覆螺山之三仙寺，南門之四侯廟，梭溪之永安廟，長濂之赤山廟，又潺岩嶺之陳大帝廟，或神燈照耀，或兵甲沸騰，英靈所著，當不虛傳。蓮峰葉祠，建於前明嘉靖間，中堂懸『三代孝子』扁額，國朝康熙二十六年，古燕竇石岩書。咸豐辛酉，粤匪亂，居民屋宇，概爲焦土，祠前後亦灰燼，惟中堂扁額獨存，金光燦爛，遠射人目，若冥漠中有神靈呵護，以彰三代孝子盛德者。孝子葉志，子尚木，孫克芬，皆以割股稱，事載孝友本傳。

鈴刀礄在丁嶺，去治三十餘里。捏訣礄在文師廟前，去鈴刀礄里許，前明有文師者，悟道於此。捏訣礄手痕，似模糊可辨。鈴刀礄上鋭下寬，高五尺餘，文師藏器於中，有承其衣鉢者出，其石自開，或强取之，雷雨交作，故老相傳如此。同治丙寅，有鍾巫者，大言欺人，謂寶器是其應得，月夜糾村人，鳴鉦擊鼓，持斧鑿石，叫跳如狂，觀者塞道。忽大雷雹雨風，群相失色，巫奔竄丁嶺亭。而風清月朗，晴霽如故。

今志於去年纂修，至今年三月，刊已過半。貢生劉紹庭，出吴守基含輝洞記一紙，謂得諸故紙堆中。守基爲道光乙未歲貢生，前乙未修志，守基與其事。記爲丁酉重游而作，謂於叢莽中得兩斷碣，一刻『御賜含輝洞天』六字，一刻勑賜靈泉洞五字，旁小字爲『大明嘉靖二十五年元宵吉旦』十二字，二碣皆同，以前年修志，未得搜剔此石，載入志乘爲憾云云。舊志所載，相傳洞爲宋高宗避難之所，本名章仙洞，紹興間，邑宰劉邦光易今名。考高宗本記，建炎二年，金人入寇，帝駐蹕杭州，十二月丙子，至明州，癸巳，次昌國，庚寅，次温州。寇退，三年四月，還駐越州，無幸栝州之説。邦光爲紹興間邑宰，正在高宗之時，東狩之後，相去無多年。若易今名，焉有無一碣一石，將天子蒙塵，蹤迹所至，以記其事之理？且係宋時易名兩斷碣，御勑字之上應必加有『宋』字。如係劉光邦所易，又不得有『御勑』字。似據斷碣所刊，易名當在明世宗時也。詢之王徵君嘉言，據云：聞故老相傳，係明太祖未有天下之前，曾避難至含輝洞，誤傳宋高宗耳。此言卻與兩碣相符。徵君時年七十有四，幼時所聞，當必有據。吴記不佳，故不録。特補此一説，以俟後之考古者。

舊志載宋劉邦光易含輝洞名一説，固不能無疑，而冢墓門載祝妃墓在二都落塢，妃世居二都祝村，則妃爲遂昌人矣。而至今祝氏子姓甚少，無人能道其事，落塢既無碑碣可考，祝氏又無譜牒可稽，文獻無徵，尤大憾事。按四庫全書總目載宋王明清撰揮塵録之第三卷，於宋高宗東狩事獨詳，則避難之説或當載及，惜不得其書一證耳。又今采訪册有大田葉洪，字伯大，尚宋宗室趙王郡主，封郡馬，欽賜御葬，共設三十六疑冢云云，舊志未載其人。按舊志潘材墓有敕葬三十六壙之説，教諭陳世修有『鐵匱人疑上相墳』之句，所謂潘鐵匱是也。豈潘墓即葉墓，誤傳其人歟？詢之故老，謂葉郡馬之事，少時猶聞有人能道及者，葉與郡主以細故不相能，主訴於王，葉恐禍不測，弃主而逃。未至家，爲追者所殺。及赦詔至，葉已被殺矣。家人復恐有後禍，故作疑冢三十六云。查葉氏家譜有三十六冢之説，無被殺一事，或者爲尊親諱，禮亦宜之。至葉出身及何年爲郡馬，譜中又不載，且郡主生卒年月亦失考，惟載郡主矢志廬墓，甘苦存孤，至老未嘗變節。據此則郡主爲賢婦，何至以細故弃主而逃，以至被殺，此又不可信者，姑存其説以俟考。

邑山巒峻削，往往有通衢大道，遇峭險處，岩壁聳立，下臨深澗，過此者咸惴惴重足立。南鄉黄檡岡爲龍泉通衢，而地尤巇險，邑人徐象基於光緒甲申歲捐金立石闌若干丈，又平道路，使往來者履險如夷。又城東三里，地名三十六都，其嶺蜿蜒而下，通温、處兩郡要道，下臨千人潭，潭深不可測。若一失足，必無生理。旌德人汪應亮者，向賈於遂，因採石爲闌，植柱五十餘枚，闌長三十丈，閲一年而工成，行人便之。此皆仁者之用心也。青田周金榮者，遷居邑南，業農。光緒初年，時方仲春，天甚寒，一穉子過荷花橋，失足入水，金榮猝見，忘己身着重棉，亦一躍入水赴救，提穉子出水，衣濕身重，竟同溺橋下。金榮貧甚，與穉子同葬瑞山麓，其忠勇之氣，亦未可湮没也。

補遺

深山邃谷，去治窵遠，動輒數十里或百里而遥，採訪之士既讀且耕，未遑專司其事，故編纂刓剟過半，零星片紙猶接踵於門，擇其不可泯没者補綴之，詩詞不馴雅者缺之，壇廟寺觀層見叠出者省之。

疆域

按栝蒼彙記，東南至松陽縣七十五里，東北至金華縣二百里，至湯溪縣一百五十里，西南至龍泉縣二百四十里，至浦城縣二百六十里，西北至西安縣一百七十里。

都里按舊志，都里不免傳訛，今採訪册又添入數里名。土名相傳，往往各有歧誤，然亦有更正之處，姑照録可以互參。

三都大橋莊，離治十五里，蒼溪、上溪、葛坪、塘里。

五都湖邊莊，離治二十里，珠潭。

六都一圖寺後莊，離治三十里，知里塆、下降兒頭。

六都二圖上市莊，離治三十五里，東菰、潘村、庵後、松樹塢、虎嘯隴、寺頭岡、天塘、九盤嶺、白沙、盤坑口、沙飯鋪、烏陰坑、古嶺、上溪灘、大西坑、上盤坑、岩頭、關昌、高田塆、深坑、水岱塢、邱坑、瓜蘭。

十三都東峰莊、東梅村、金頭塢、蘇村、陳村五處屬北，嶺頭、葉村、周村、墈頭、紙坊五處屬西，源口、會山、川家莊、上簞、三墩、内外莊、潘村、章塢、石板橋、高陂街、大定橋、丁口、陰路十三處田山俱屬十四都，外源糧額撥入十三都，項村、楊門口、大覺、忠村、新宅、葉塢、上高、木岱、坑口九處田山俱屬十六都，糧額亦撥入十三都，其九處屬西，因十三都糧户獨少，故將各都補其不足。

十七都東岱坦。

二十都王村口莊，離治八十里，後穩。

二十三都荷花心、前溪、百萬突、秤鉤灣、迴龍塢、迴龍寨、下山、虎岩、上芸、上老虎岩、高塘、殿後、黄村、田坑、官坑口、官方、大西塢。

坊亭

貞孝坊：在十八都柳村。爲官聖輔妻潘氏立。

雙節坊：在王溪疊石街。爲沈盛鴻妻巫氏、沈麟賜妻巫氏立。

節烈坊：爲王立序妻□□□。在學左忠孝祠後。

節烈坊：在二十都王村口坑根。爲華秉簡妻吴氏立。

節孝坊：在弈山。爲朱璞妻官氏立。

節孝坊：在六都大礦坑。爲葉宗鸞妻王氏立。

孝子坊：在東隅三官殿左傍。爲孝子吴文焕立。

小息亭：在三峰橋左。

清風亭：在北界。

官路亭：在城北三十里。周鼎元倡建。

廉溪亭：在大柘下廉。光緒二十一年，里人何雲煒建。

兩坐亭：在闗川里門之内。龍泉章溢闗川記：往歲石抹公以孤軍破賊，揚威福建，予稍稍效贊勷之勞。既而拯臨海之窮民，救甯海之狂寇，亦微有力焉。公乃深信不疑，命鎮守寶定，招撫松陽、遂昌之不靖，水陸往還，竭蹶靡甯。至正二十四年，自龍泉曉發，窮日之闗川。闗川者，去我邑境土十里許，屬遂昌西鄉之源。余見其山峻拔而水清冽，由里門而入，岡巒菁鬱，竹樹扶疏，疑其爲隱君子之所棲也。既而接其人，其老者皆龎眉皓首，鼓腹以嬉；其少者則風流俊雅，皆率教子弟；其樸者則負耒荷鍤，趨事不暇；其秀者則與語經書古籍，原原本本。余乃知扶輿清淑之氣，磅礴鬱結，將來必克昌厥後，而大發其秀，非尋常村落，苟謀衣食，聚二三隣曲，歲時伏臘，斗酒歡呼而已也。是夕，毛君志光爲予具雞黍之歡，以事阻不得即行。再宿信，信與商榷時事，因託交焉。既而相見於金華，握手道故舊，爲書一紙，以紀往昔云。

長壽亭：在二十三都金竹坳頭。

升口亭：在二十三都金竹村脚。

接壤亭：在龍下松邑通衢。

報賽亭：在周村水口，離治十五里。光緒二十一人捐建。

新亭：又名茶亭，在項村水口，離治二十里。久圮。光緒十五年，里人程樟養重建。

旋龍亭：在白馬山脚，離治二十里。下有龍井，故名。久圮。光緒四年，里人重建。邑人程鵬七里源龍旋亭忠魂壇記：國家休養生息，承平日久，民不知兵。粵寇蹂躪半天下，所到之處，人民震恐，遷徙一空。遂昌爲山陬，其崎嶇峻險處，有如天設。七里源離治二十里。源之右爲半嶺，兩面高山陡絶，石壁立萬丈。居民於此立寨固守，避難者數百家。咸豐八年之亂，賊不敢近。十一年，賊又至，時來奪隘，屢戰屢敗云。時金、嚴、三衢徧賊踪。十二月，賊分兩大股，一由十三都源，一由葉塢源，長驅犯寨。夜半火光燭天，聲震山谷，寡不敵衆，鄉民潰散。賊擄殺各鄉，近村罹害尤酷。賊退去，旋龍亭前横屍徧野，傷心穢目，慘不忍言。於是集同志，各捐租田，於亭下築壇瘞之。每届中元節，備牲醴致祭，以奠忠魂。

淩雲閣：在龍下。里人捐資建。里人徐應華記：龍下，山莊也。在龍山之下，故曰龍下。舊志以爲隴下，以訛傳訛，志書往往有之。龍下去城三十里而遥，與松陽接壤。四山環抱，結平壤爲村落，前後左右皆田疇。龍下之人，負耒者多，而横經之士獨少。文昌有六星，其六曰司禄，相傳主科名。欲得爽塏之地，起傑閣以祀之，冀文運之陰相我里也。去東南數百武，有山曰社山。山不甚高，而秀靈可挹。昔有古社廟，頽敝之後，未及修葺，將即其地更新之。里人皆曰：可。於是建高樓以祀文昌。文昌與魁星相連屬，營小樓以奉魁星。樓之下奉古社神，仍其舊，以不忘古社之意。始於庚寅二月，越六晦朔而成。是役也，實里之人輸材鳩工，相助有成。里人曰：何以名吾閣？余曰：是閣也，傍山聳立，翼然入雲。地在龍山下，雲又從龍後之文崛起。有志之士，躡青雲而直上，又焉知非是閣之肇始乎？謂之淩雲可乎？閣前濬池，廣三四□，形如弦月，故名其池曰弦月池，閣曰淩雲閣。爲記其閣之所由起，與閣之所由名。

青雲亭：在邑南大提街。

文明亭：在北隅。

集福亭：在上南門外里許。光緒九年，汪應亮建。

學校

筆峰書塾：在西鄉獨山，離治八十里。光緒辛卯，葉、鄭兩姓勸捐創建。

山水

馬鞍山：在邑西九十里。山下有一岩，形若猪腰，名猪腰岩。中可容數百人。同治元年，避寇者築寨於此，故又名馬鞍寨。按舊志，馬鞍山在邑東二十里，此則又一馬鞍山也。

荸薺岩：在石姥岩之半。山四圍若削，僅一徑可側足行。

老人峰：即石武尖，在邑西大柘四十里。

雲路山：在北鄉大侯周莊，離村里許。里人讀書者多肄業於此。

戊庚岩：在四鄉湖山，離治八十里。

獅子岩：離治四十五里，形似獅子。岩下有沙一堆，年豐則沙漲，年歉則沙減，屢試屢驗。中有清泉半畝，四時不竭。

石柱：離治八十里。柱高挺百餘丈，大數十圍，秀削天成，人踪罕至。

水利

橋

宏濟橋：在二十都王村口。咸豐八年毁於寇，十年築。又壞於水，光緒三年築。

升恒橋：即小溪橋，在西鄉湖山，離治八十里。包詁助租二十三石。

丙庄橋：張如陵助租田十八石，立有永濟橋碑記。

桐橋：在上旦住前，離治三十五里。

學士橋：在二十三都，離治九十五里。士人集資建造，故名學士橋。

溪心橋：在邑東三都大橋村後，離治二十里。乾隆年間，里人潘國寳建。

永安橋：在坑口，離治二十五里。

通惠橋：在邑東三都連頭庄。道光間，叠石爲橋，高三丈二尺，長二十丈。

界橋：在中畬莊，離治九十里。過株兒嶺，南鄉諸水畢會於此。叠石爲基，架木爲屋，長十餘丈。橋之北爲遂境，橋之南爲龍境，以此分界，故名界橋。距橋百餘步有象山寺，左右修竹，風景幽邃。先時，諸名宿往往聚徒講學其中。

永慶橋：在根竹口莊三里外。向有木橋，爲遂、龍孔道所必經。兩崖陡絶，每淫雨，山水暴發，至此一束，故屢作屢圮，費不資。光緒四年，里人國學生吴錫銓、徐金銘、周積堯議捐資造石橋，以垂永久。越二年而工成，計費五百金。一勞永逸，計深且遠也。

杭山橋：在城東七里許。向爲木橋，光緒二十一年易以石，庶垂久遠。

永渡橋：在北鄉甲路畈。張元瑞、元佑捐建。

望景橋：在北鄉新路灣。張文彪捐建。

金雞橋：在北鄉張村坦。

交秀橋：在西鄉一百二十里上定。里人鄭之璧建。

東川橋：在西鄉一百四十里柘岱口。里人黄會發建。

諱名橋：在城東下黄山，離治三里許。里人徐交垚建。諱名橋記：橋以諱名，名而不名矣；以諱名名，橋不名而名矣。名而不名者何？蘭蕙空谷，無人自芳；松柏本性，非寒亦具。樂善之士，發於至情，本不求名，名何有也？不名而名者何？川有珠者，川自媚；山藴玉者，山自輝。實至名歸，不期其名而名也。以無可之名名而諱名，於是乎名。城東外之下黄山，有溪焉，廣不踰數仞，長不過十尋，曾不容刀，一葦可航。然而積霖雨日，山水怒發，噴薄澎湃，過其地者，兢兢焉有臨流之懼。間者駕木爲橋，往往隨迅流而去。有心人惻然傷之，爰召石工，不謀之人，運甓壘石，傾囊獨成。旬日之間，石梁一新。問之若人，若人不自以爲名，此其所以爲諱名也。諱名者誰？東隅徐交垚也。里人華肇岐記。

永安橋：在二十都關川雙河口，離治一百里。里人毛俊文、毛煥城倡建。雙河口爲關川、盤溪兩水匯處，其路北通三衢，西南達閩省。肩負而擔荷者，貿遷往來，日不知凡幾。合兩水勢，會於一源，灘高水急，漲落無常。初跨□爲□□以木，橋之上建以屋，無何毀於火，橋與屋蕩焉。繼填以石址，橋猶木也，又傷於水，行旅病涉久矣。里人毛俊文、毛漢城聚里之人相與議曰：天下事籌其安而已矣。籌其安而未能久處於安，非安也。爲今橋計，莫如易木以石，合數十百之財以用於一朝，似乎奢矣。竭一朝之力以持數十百年之久，奢也而實儉。衆韙之。於是倡醵金改建石橋，基厚而工固，作一勞永逸計，名曰永安。爲記其略，以告往來孔道者。

大定橋：在邑西十五里。光緒二十二年，法寶庵僧景蓮偕徒道成募貲重造，架石成橋。

渡

朱村渡：即朱村橋下首，在西鄉湖山，離治八十里。李大興助租二十石。

通濟渡：在王溪東亭之右。湍急灘高，溪廣岸峻，爲往來孔道。乾隆初，曾立渡醵金生息，以爲遞年造船之資。後經理不善，而渡亦遂廢。傅作梅、華純一、沈雲程、黃秉權、傅漢箕、嚴書臺、嚴通益等，又醵金權子母以置田。凡修造渡船之費，皆出於田租，其田畝另列外編。

堤堰

大路街：在十九都方村，官學健建。

甲路堤：在十八都，衛田千餘畝。光緒十八年，官承鎮、官育琪倡築，長百四十餘丈。

竹篷堰：在二十三都西岸村脚，灌田四十餘畝。
水碓堰：在二十三都秤鉤彎村下，灌田三十餘畝。
六畝堰：在二十三都秤鉤彎門前，灌田二十餘畝。
大拗堰：在二十三都秤鉤彎村頭，灌田二百餘畝。
七畝堰：在二十三都迴龍塢村下，灌田三十餘畝。
峨堰：在二十三都葉村村脚，灌田一百餘畝。

寺觀

塘塢廟：在西鄉湖山，離治八十里。
鐘山廟：在西鄉湖山，離治八十里。
茂林堂：在邑東連頭嶺，離治二十里。寺建已久，屢遭毀劫。乾隆庚寅里人重建。光緒間合連頭、高坪二坦募捐并建觀音堂、文昌閣暨左右僧房。
法慶庵：在邑東鐵嶺頭，離治二十里。乾隆癸亥僧悟徹、里人等重建。同治戊辰重修。光緒丙申勸募重建，崇祀觀音大士，祈禱輒應。
觀音堂：在二十三都金竹坳頭。
白雲庵：在二十三都白忽嶺。

大公殿：在二十三都百萬突村口。一在二十四都弈山，朱姓建。

夫人殿：在二十三都前溪村口。一在二十四都弈山，朱姓建。一在關川雙溪坡頭。

太虛觀：在邑西象岡東樓峰下。同治元年毁於寇。光緒二十年重建。

西嶺寺：在西鄉，離治三十五里。道光間建，募田若干籮以爲香燈資。

金山寺：在二十四都弈山西南五里山嶺，朱姓建。

萬嵩山：又名香嚴寺，離治三十里。咸豐十一年毁於寇。同治年間里人捐資重建。

奉思庵：在二十四都弈山東四里，朱姓建。圮。道光間募建。

天后宫：在王溪。乾隆五十九年吴開熑、劉訓興、鍾鳴、傅進榮建。咸豐戊午半被毁。光緒壬辰黄德潤、沈沛綸、劉恒書、傅漢宗勸捐重修。

興善寺：在關川橋頭。前名興善庵。宋馴鼠和尚曾駐迹於此，事詳雜志。

祠祀

忠義祠：在十八都。同治五年吴鳳儀、官育僑建。